U0892067

"十四五"职业教育国家规划教材

Daolu Jianzhu Cailiao

道路建筑材料

（第6版）

姜志青 主 编

丁润铎 主 审

人民交通出版社股份有限公司

北 京

内 容 提 要

本书为普通高等教育精品教材、“十四五”职业教育国家规划教材。全书分为两篇，第一篇为基础理论篇，较系统地介绍了砂石材料、石灰与水泥、无机结合料稳定材料、水泥混凝土与砂浆、沥青材料、沥青混合料、土工布与纤维材料、建筑钢材的物理力学性能及工程应用；第二篇为应用技能篇，按照现行国家及行业标准，从适应公路建设需要出发，选取了道路工程常用材料的35个相关试验项目，介绍材料试验目的与适用范围、仪器设备与试验准备、试验步骤、试验结果整理等内容。

本书可作为高等职业教育道路桥梁工程技术及其相关专业教材，亦可供中等职业教育交通土建类专业教学及各类培训使用，还可供从事公路施工、工程监理、试验检测工作的工程技术人员参考。

本教材配有32个动画、视频等数字资源，读者可通过扫知识点旁边的二维码免费观看和学习；本书另配有“电子活页式”试验实训报告表格，读者可在线阅览和下载。

本教材配教学课件，教师可通过加入“职教路桥教学研讨”QQ群（QQ：561416324）获取课件。

图书在版编目（CIP）数据

道路建筑材料／姜志青主编. —6版. —北京：人民交通出版社股份有限公司，2021.6

ISBN 978-7-114-16585-6

Ⅰ.①道… Ⅱ.①姜… Ⅲ.①道路工程—建筑材料—高等学校—教材 Ⅳ.①U414

中国版本图书馆CIP数据核字（2020）第218427号

“十四五”职业教育国家规划教材

书　　名：**道路建筑材料**（第6版）
著 作 者：姜志青
责任编辑：任雪莲
责任校对：席少楠
责任印制：刘高彤
出版发行：人民交通出版社股份有限公司
地　　址：（100011）北京市朝阳区安定门外外馆斜街3号
网　　址：http://www.ccpcl.com.cn
销售电话：（010）59757973
总 经 销：人民交通出版社股份有限公司发行部
经　　销：各地新华书店
印　　刷：北京印匠彩色印刷有限公司
开　　本：787×1092　1/16
印　　张：22.25
字　　数：528千
版　　次：2002年3月　第1版　2005年7月　第2版
2009年7月　第3版　2013年2月　第4版
2015年12月　第5版　2021年6月　第6版
印　　次：2024年7月　第6版　第7次印刷　总第51次印刷
书　　号：ISBN 978-7-114-16585-6
定　　价：62.00元
（印刷、装订质量问题的图书由本公司负责调换）

第6版

前·言

Preface

本教材自2002年首版出版至今，历经5次修订，在全国职业院校中广泛使用，广受师生好评，先后入选普通高等教育“十一五”国家级规划教材、“普通高等教育精品教材”“十二五”职业教育国家规划教材、“十四五”职业教育国家规划教材。目前已更新至第6版。本教材在编写过程中，坚持“以学生为主体，以就业为导向，以课程建设为核心”的编写理念，突出高职教育特色、注重职业核心能力培养。通过行业及企业调研，对道路与桥梁工程技术专业(群)所涵盖的岗位进行职业能力分析，对接专业人才培养目标，选择和调整教材内容。同时根据1+X证书制度试点工作需求，将公路工程试验检测专业技术人员职业技能等级标准融入教材中，力求做到“产教融合、书证融通”。

第6版教材具有以下特色：

(1)强化课程思政与专业知识融合。

本教材在“水泥混凝土与砂浆、沥青混合料、建筑钢材”等部分章节中，引入了大量工程实例，以引导学生理论联系实际，培养学生正确、合理地选择和使用道路建筑材料以及分析问题、解决问题的能力。通过对事故案例的分析，厚植工程伦理，提高学生的法制意识、质量意识和安全意识，培养学生强烈的社会责任感、良好的职业道德以及吃苦耐劳、实事求是的敬业精神。传承民族文化、弘扬家国情怀，贯彻科学发展理念，培养学生为中华民族伟大复兴而奋斗的使命感。

(2)注重理论性与实践性。

本教材形式上体现理实一体化，体例上按照基础理论篇、应用技能篇，两篇共15章编排。基础理论篇，从实用角度出发，对道路建筑材料的定义、来源、分类、技术性能、影响因素、工程应用等方面作了全面叙述。应用技能篇，根据现行国家标准和行业试验规程，从材料试验目的与适用范围，仪器设备与试样制备、试验步骤、试验记录、计算与结果整理及分析等方面，选编了公路建设中常用建筑材料的35个相关试验项目，培养学生理论与实践相结合的能力和诚实守信的工作作风，能做到学以致用。

(3)体现先进性与时效性。

教材中采用了国家及行业最新技术标准和技术规程，选编了具有代表性的新材料、新工艺，如再生混凝土、再生沥青混合料、温拌沥青混合料和废旧橡胶沥青混合料等，充分反映当前道路建筑材料新技术、新方法，以此为切入点，激发学生的科技创新精神及绿色环保意识，适应生产和教学的需要。

(4)突出实用性与科学性。

教材章节重点突出，主次分明。为了便于读者学习，基础理论篇中的每章开头均有"知识目标""能力目标"等提示，结尾附有本章小结、复习思考题、习题，使学生能够掌握学习重点，加深对知识点的理解，把能力结构以及评价标准有机地衔接起来，发挥学生学习的主观能动性。

第6版教材主要修订内容如下：

(1)将第一篇的第四章中"混凝土外加剂""路面水泥混凝土"单列为一节内容，突显了这部分内容的重要性。

(2)将第一篇第六章的内容重新划分章节，使之更科学、更合理。

(3)将第一篇第七章改为"土工布与纤维材料"，对原有内容进行了整合和修改。第三节、第四节的内容分别修改为"纤维及其制品""纤维增强复合材料(FRP)"，符合吸纳新材料、新工艺的编写原则。

(4)对第一篇第八章"建筑钢材"的内容进行了修改，参考最新修订的国家标准《钢筋混凝土用钢　第1部分：热轧光圆钢筋》(GB/T 1499.1—2017)、《钢筋混凝土用钢　第2部分：热轧带肋钢筋》(GB/T 1499.2—2018)、《冷轧带肋钢筋》(GB/T 13788—2017)、《预应力混凝土用螺纹钢筋》(GB/T 20065—2016)对教材内容进行修订，保证了内容的先进性。

(5)在第二篇中增加了"岩石单轴抗压强度试验""粗集料磨耗试验(洛杉矶法)""矿粉密度试验""水泥砂浆拌和及稠度试验方法"

“水泥砂浆保水性试验方法”“水泥砂浆立方体抗压强度试验方法”“沥青旋转薄膜加热试验”7个试验项目,使教学试验更接近工程实际。

(6)采用最新行业标准《公路工程水泥及水泥混凝土试验规程》(JTG 3420—2020),对第二篇中相关的试验内容进行了修改,确保编写教材的时效性。

此外,本次修订按照最新颁布的国家、行业标准和规范对相应章节内容也进行了修订、调整,使之更科学、更系统、更完善。

本版教材配有32个数字资源,包括动画、视频等,并有与教材配套使用的“电子活页式”试验实训报告表格(见后页说明),同时配套教学课件,以辅助教师教学。通过大量丰富的材料试验及重要知识点的动画视频展示,更加有助于学生学习和掌握知识,实现了教材的立体化、可视化。

鉴于我国幅员辽阔,各地环境不一,地域特色明显,并考虑各院校具体情况,讲授过程中教师可对教材内容作取舍并对维度进行把握。教材中次要和提高的部分,使用了不同字体(仿宋字体)印刷,各院校可根据学时要求酌情选用,教学参考意见附于书末。

本教材由吉林交通职业技术学院姜志青主编并统稿。参加编写的人员还有吉林交通职业技术学院崔岩、汤红丽、姚晓荣、申建;湖南交通职业技术学院吴丽君。具体编写分工如下:绪论、第一篇的第一章第一节、第二章、第四章、第五章、第六章,第二篇的第五章、第六章由姜志青编写;第一篇的第一章第二节、第八章、第二篇第二章、第三章由崔岩编写;第二篇第四章由崔岩和申建编写;第二篇的第一章、第七章由汤红丽编写;第一篇第七章由姚晓荣编写;第一篇第三章由吴丽君编写。中路交建(北京)工程材料技术有限公司丁润铎总经理对本教材进行了认真细致的审阅。

本教材在编写过程中,得到了人民交通出版社股份有限公司任雪莲的帮助以及使用本教材的各院校教师的巨大支持,同时对附于书末的参考文献的作者们致以诚挚的谢意!

由于编者学术水平和实践经验有限,教材中难免有不妥之处,恳请读者不吝赐教。

编 者

2020年11月

本书配套资源说明

本教材配套了丰富的教学资源,包括动画、视频、课件等,这些资源可有效激发学生的学习兴趣和积极性,有助于学生更好地理解相关知识,同时还可为教师组织和实施教学服务。

具体资源列表如下,读者可扫描相应知识点旁边的二维码直接在线观看学习。

序号	资源名称	资源类型	页码	序号	资源名称	资源类型	页码
1	材料的抗冻性	动画	012	17	材料的抗渗性	动画	094
2	粗集料密度及吸水率(网篮法)	动画	014	18	混凝土的冻融破坏试验	动画	094
3	材料的堆积密度	动画	017	19	粉体材料的密度	动画	102
4	细集料筛分试验(水洗法)	动画	017	20	减水剂作用机理	动画	112
5	石灰的煅烧	动画	034	21	建筑砂浆流动性试验	动画	134
6	石灰的凝结硬化	动画	035	22	新拌砂浆保水性	动画	135
7	水泥的煅烧过程	动画	038	23	沥青针入度试验	动画	148
8	水泥水化	动画	041	24	沥青混合料马歇尔稳定度动画	动画	181
9	水泥的凝结时间	动画	057	25	沥青混合料车辙试验	动画	181
10	混凝土的制备过程	动画	084	26	钢筋的拉伸性能	动画	231
11	新拌混凝土的分层现象	动画	084	27	钢筋的冷弯性能	动画	233
12	新拌混凝土的泌水	动画	084	28	钢筋的冲击韧性	动画	233
13	混凝土的坍落度	动画	085	29	钢筋的硬度测试	动画	234
14	自密实混凝土坍落扩展度	动画	085	30	钢筋的冷拉时效	动画	234
15	混凝土拌合物维勃稠度试验	动画	085	31	粗集料磨耗试验	动画	262
16	混凝土立方体受压破坏	动画	088	32	沥青取样法	动画	306

本教材配套试验实训报告(电子活页)说明

针对"道路建筑材料"课程试验实训,本教材配套"道路建筑材料"有关45个试验实训报告表格。本实训报告以电子活页形式呈现,便于使用者根据本校开设试验实训课程情况,下载并订印表格,遴选对应内容开展试验实训教学活动。

试验实训报告表目录

序号	试验名称	序号	试验名称
实训1	岩石单轴抗压强度试验	实训22	水泥混凝土拌合物稠度试验方法(坍落度仪法)
实训2-1	粗集料筛分试验(干筛法)	实训23	水泥混凝土拌合物稠度试验方法(维勃仪法)
实训2-2	粗集料筛分试验(水筛法)	实训24	水泥混凝土抗压强度试验方法
实训3	粗集料密度及吸水率试验(网篮法)	实训25	水泥混凝土弯拉强度试验方法
实训4	粗集料堆积密度及空隙率试验	实训26	水泥混凝土立方体劈裂抗拉强度试验方法
实训5	水泥混凝土用粗集料针片状颗粒含量试验(规准仪法)	实训27	水泥砂浆拌和及稠度试验方法
实训6	粗集料针片状颗粒含量(游标卡尺法)	实训28	水泥砂浆保水性试验方法
实训7	粗集料压碎值试验	实训29	水泥砂浆立方体抗压强度试验方法
实训8	粗集料磨耗试验(洛杉矶法)	实训30	沥青针入度试验
实训9	粗集料筛分试验	实训31	沥青延度试验
实训10	细集料表观密度试验	实训32	沥青软化点试验
实训11	细集料堆积密度及紧装密度试验	实训33	沥青旋转薄膜加热试验方法
实训12	矿粉密度试验	实训34	沥青与矿料黏附性试验
实训 13-1	石灰有效氧化钙的测定	实训35	沥青混合料试件制作(击实法)
实训 13-2	石灰氧化镁的测定	实训36	沥青混合料密度试验(表干法)
实训14	水泥细度试验方法(筛析法)	实训37	沥青混合料马歇尔稳定度试验
实训15	水泥标准稠度用水量、凝结时间、安定性试验方法	实训38	沥青混合料车辙试验
实训16	水泥胶砂强度试验方法(ISO法)	实训39	沥青混合料沥青含量试验(离心分离法)
实训17-1	粉煤灰二氧化硅含量测定	实训40	沥青混合料的矿料级配检验方法
实训17-2	粉煤灰中三氧化二铁含量测定	实训41	沥青混合料沥青含量试验(燃烧法)
实训17-3	粉煤灰中三氧化二铝含量测定	实训42	沥青混合料谢伦堡沥青析漏试验
实训18	粉煤灰烧失量试验	实训43	沥青混合料肯塔堡标准飞散试验
实训19	粉煤灰细度试验	实训44	金属材料弯曲试验
实训20	无机结合料稳定材料无侧限抗压强度试验方法	实训45	金属材料室温拉伸试验
实训21	水泥或石灰稳定材料中水泥或石灰剂量的测定方法(EDTA滴定法)		

使用方法：

1. 移动端。打开微信→扫一扫下方的二维码→关注“交通教育”公众号→注册登录后需要再次扫描下方二维码进行激活→点击“我的”→在“我的阅读”中点击《道路建筑材料》(第6版)试验实训报告表格→进行浏览。

2. PC端。打开微信→扫一扫下方的二维码→关注“交通教育”公众号→注册登录后需要再次扫描下方二维码进行激活→在浏览器输入 www. yuetong. cn →第三方微信登录→点击“个人中心”→在“我的书架”中点击《道路建筑材料》(第6版)试验实训报告表格→在左侧选择“在线阅读”进行浏览,点击“下载”进行下载。

欢迎各位读者使用,如有相关问题,可拨打技术服务电话:010-59757817。

目·录

Contents

绪论

INTRODUCTION

道路建筑材料是指道路与桥梁工程及其附属构造物所用的各类建筑材料，是道路与桥梁工程的物质基础。

在人类社会漫长的历史中，建筑材料是随着社会生产力的发展而发展的。天然的土、石、竹、木是古人类的主要建筑材料。到了人类能够用黏土烧制砖瓦、用岩石烧制石灰和石膏之后，建筑材料进入了人工生产阶段。18～19世纪，建筑钢材、水泥、混凝土和钢筋混凝土相继问世，成为不可替代的结构材料。20世纪，出现了预应力混凝土。21世纪，高性能混凝土作为主要结构材料将得到广泛应用。随着技术的进步，传统材料的性能越来越难以满足建筑工程发展的要求，为此，建筑材料将向着再生化、多元化、利废化、节能化和绿色化等方向发展；从建筑工程技术水平的发展来看，建筑材料应向着轻质高强、高耐久性、良好的工艺性、多功能以及智能化等方向发展。

一、“道路建筑材料”课程的研究内容与任务

“道路建筑材料”是研究道路与桥梁用材料的组成、性能和应用的一门课程。

随着道路与桥梁建筑技术的发展，所用的材料不仅在品种上日益增多，而且对其质量也不断提出新的要求。现将本教材涉及的一些常用建筑材料分述如下。

1. 砂石材料

砂石材料是经人工开采的岩石或轧制碎石以及地壳表层岩石经天然风化而得到的松散粒料。砂石材料可以直接应用于铺筑道路或砌筑各种桥梁结构物，也可以作为集料来配制水泥混凝土和沥青混合料。

2. 无机结合料及其制品

在道路与桥梁建筑中最常用到的无机结合料主要是水泥和石灰。水泥是桥梁建筑中水泥混凝土和预应力混凝土结构的主要材料。随着高等级公路的快速发展，水泥混凝土路面已成为主要的路面类型之一。无机结合料稳定材料是以石灰、粉煤灰、水泥与土（或集料）拌制而成的，广泛应用于路面基层，成为无机结合料稳定材料基层的重要组成材料。

此外，砂浆是各种桥梁圬工结构物砌筑的重要结合料。

3. 有机结合料及其混合料

有机结合料主要指沥青材料，它与不同粒径的集料组成沥青混合料，可以铺筑成各种类型的沥青路面。沥青混合料是现代公路建设中一种极为重要的筑路材料。

4. 土工布与纤维材料

近年来，随着我国化学工业的发展，土工布与纤维材料已广泛应用于道路和桥梁工程中，除了直接作为道路与桥梁结构物构件或配件的材料外，其还可对结构进行加固、补强和增韧，同时也可以改善沥青混合料或水泥混凝土的性能，是一类发展前景很好的材料。

5. 建筑钢材

建筑钢材是桥梁钢结构及钢筋混凝土或预应力钢筋混凝土结构的重要材料。

本课程是一门专业基础课，它与物理、化学以及材料力学、工程地质等课程有着密切的联系，也是公路设计与施工、桥梁工程等课程的基础。通过本课程的学习可以使学生全面了解和掌握道路建筑材料的基本概念与理论、技术性能与质量要求、检测手段方面的系统知识，并能够正确使用、准备和鉴定材料。

二、道路建筑材料应具备的工程性质

道路与桥梁建筑物，不仅受到车辆荷载的复杂力系作用，而且要承受各种复杂的自然因素的影响，所以用于道路与桥梁建筑的材料，既要具备一定的力学性能，又要保证在各种自然因素影响下，综合力学性能不会下降。

1. 力学性质

力学性质是材料抵抗车辆荷载复杂力系综合作用的性能。目前，材料的力学性质除可通过测定各种静态的强度（如抗压、抗拉、抗弯、抗剪等强度）来反映外，还可通过磨耗、磨光、冲击等经验指标来反映。

2. 物理性质

材料在使用过程中，其力学强度随温度和湿度等物理因素影响而改变。一般材料随温度的升高、湿度的加大，强度会降低。因此，材料的温度稳定性、水稳定性是材料性能的主要指标。

通常通过测定材料的物理常数，如密度、空隙率、孔隙率、含水率等来了解材料的内部组成结构，并可根据物理常数与力学性能之间一定的相关性，来推断材料的力学性能。

3. 化学性质

在道路与桥梁建筑中，材料自身的化学成分将影响材料及混合材料的性质，由此也影响结构物的受力或使用性能。

化学性质是指材料抵抗各种周围环境对其化学作用的性能。道路与桥梁材料在受到周围介质（如桥墩在工业污水中）的侵蚀时，会导致强度降低；在受到大气因素（如气温的交替变化，日光中的紫外线，空气中的氧、水等）的综合作用下，会引起材料的“老化”，特别是各种有机材料（如沥青材料等）表现更为显著。

4. 工艺性质

工艺性质是指材料适合于按一定工艺要求加工的性能。例如,水泥混凝土拌合物需要一定的和易性,以便浇筑。材料工艺性质可通过一定的试验方法和指标进行控制。

三、道路建筑材料与路桥工程的关系

1. 材料是工程结构物的物质基础

道路建筑材料是道路、桥梁等工程结构物的物质基础。材料质量的好坏、配制是否合理及选用是否适当等,均直接影响结构物的质量。道路工程结构物裸露于大自然中,承受瞬时、反复动荷载的作用,材料的性能和质量对结构物的使用性能影响极大。近年来,由于交通量的迅速增长和交通渠化作用,一些高等级公路路面出现较严重的波浪、车辙等病害现象,这些均与材料的性质有一定的关系。

2. 材料的使用与工程造价密切相关

在道路与桥梁结构的修建费用中,道路材料费用通常在道路工程总造价中占30% ~ 50%,因此合理地选择和使用材料,对节约工程投资、降低工程造价十分必要。

3. 材料科学的进步可以促进工程技术发展

工程建筑设计、工艺的更新换代,往往要依赖于新材料的发展,同时,新材料的出现和使用,必然导致工程建筑设计、工艺的新突破。在道路与桥梁工程建设中,材料同样是促进道路与桥梁工程技术发展的重要基础。

四、道路建筑材料的检验方法和技术标准

1. 道路建筑材料的一般检验方法

道路建筑材料试验是本课程的一个重要组成部分。材料应具有一定的技术性能,而对这些性能的检验,必须通过适当的测试手段来进行。检验测定道路与桥梁结构物中所用材料在实际结构物中的性质,通常可采用试验室内原材料性能测定、试验室内模拟结构检验测定以及现场修筑试验性结构物检定等方法。本课程主要着重于试验室内原材料性能检验测定。室内材料试验包括下列内容:

1)物理性质试验

物理常数是材料内部组成结构的反映。测定道路桥梁用材料的物理常数,除了可为材料组成设计提供原始资料外,还可以间接推断材料的力学性能。

2)力学性质试验

目前,建筑材料的力学性质主要是采用各种试验机测定其静态力学性能(如抗压、抗拉、抗弯、抗剪等强度)来反映。

基础科学的发展,使得测定材料真实性能有了可能。道路建筑材料在不同温度与不同荷载作用及不同时间条件下的动态弹-黏-塑性能,可用以描述材料的真实性能。例如,沥青混合料在不同温度与不同作用时间条件下的动态劲度,以及采用特殊设备或动态三轴仪测定其在复杂应力作用下、不同频率和间歇时间的疲劳强度等,使材料的力学性质与其在路上的实际受

力状态较为接近，也为黏-塑性的路面设计方法提供一定的参数。

3）化学性质试验

对于材料化学性质的试验，通常只作材料简单化合物（如 CaO、MgO）含量或有害物质含量的分析。随着检测技术的进一步发展，可做某些材料（如沥青）的“组分”分析，这样可初步了解材料的组成与性能的关系。例如核磁共振波谱、红外光谱、X 射线衍射和扫描电子显微镜等在沥青材料分析中的应用，促进了沥青化学结构与路用性能的相依性的研究，使得从化学结构上来设计所需性能的沥青材料成为可能。

4）工艺性质试验

现代工艺试验主要是将一些经验指标与工艺要求联系起来，尚缺乏科学理论的分析验证。随着流变力学、断裂力学等的发展，对于许多材料工艺性质的试验，可按照流变-断裂学理论来进行分析，并提出不同的方法。例如，沥青混合料的摊铺性能采用流动性系数等指标来控制。关于这方面的发展，可说是日新月异。

2. 道路建筑材料质量的标准化和技术标准

道路与桥梁结构物所用材料及其制品必须具备一定的技术性质，以适应道路结构物不同建筑结构与施工条件的要求。这些要求由国家标准或有关技术规范规定一些技术指标。在道路设计与建筑过程中，应按这些指标来评价道路建筑材料的质量。

为了保证建筑材料的质量，我国对各种材料制定了专门的技术标准。目前，我国建筑材料的标准分为国家标准、行业标准、地方标准和企业标准（团体标准）四个等级。对需要在全国范围内统一的技术要求需制定“国家标准”，国家标准由国务院标准化行政主管部门编制计划，组织草拟、统一审批、编号、发布。我国国家标准以符号“GB”代表，还要注明编号、制定或修订年份、标准名称等。如《通用硅酸盐水泥》（GB 175—2007），其中的 GB 为国家标准代号，175 为标准编号，2007 为制定或修订年份。

对没有国家标准而又需要在全国某行业范围内统一的技术要求，可以制定行业标准。行业标准由国务院有关行政主管部门制定，并报国务院标准化行政主管部门备案，在公布国家标准之后，该项行业标准即行废止。

地方标准又称为区域标准：对没有国家标准和行业标准而又需要在省、自治区、直辖市范围内统一的工业产品的安全、卫生要求，可以制定地方标准。地方标准由省、自治区、直辖市标准化行政主管部门制定，并报国务院标准化行政主管部门和国务院有关行政主管部门备案，在发布国家标准或者行业标准之后，该地方标准即行废止。

企业标准适用于本企业，凡没有制定国家标准或行业标准的材料或制品，均应制定企业标准。

我国与道路建筑材料有关的几个国家和行业标准示例见表 0-1。

有关道路建筑材料的国家标准和行业标准代号及示例 表 0-1

标准名称	代号（汉语拼音首字母）	示例
国家标准	国标 GB（Guo Biao）	《通用硅酸盐水泥》（GB 175—2007）
交通行业标准	交通 JT（Jiao Tong）	《公路工程沥青及沥青混合料试验规程》（JTG E20—2011）

续上表

标 准 名 称	代号(汉语拼音首字母)	示　　例
建材行业标准	建材 JC(Jian Cai)	《石灰石硅酸盐水泥》(JC/T 600—2010)
石油化工行业标准	石化 SH(Shi Hua)	《道路石油沥青》(NB/SH/T 0522—2010)
黑色冶金行业标准	冶标 YB(Ye Biao)	《碳素工具钢丝》(YB/T 5322—2010)

为研究国外有关道路建筑材料的科学技术,现将国际及国外几个主要国家的标准代号列于表 0-2 中。

有关道路建筑材料的国际标准和国外国家标准代号　　表 0-2

标 准 名 称	缩写(全名)
国际标准	ISO(International Standard Organization)
美国国家标准	ANS(American National Standard)
美国材料与试验学会标准	ASTM(American Society for Testing and Materials)
苏联国家标准	ГОСТ(Государственный Обшюзный СТАНЫарТ)
英国标准	BS(British Standard)
德国工业标准	DIN(Deutsche Industric Normen)
日本工业标准	JIS(Japanese Industrial Standard)
法国标准	NF(Normen Francaies)

第一篇

基础理论篇：道路建筑材料

第一章
CHAPTER ONE
砂石材料

知识目标：

1. 掌握砂石材料的技术性质、技术要求及主要技术指标的测定方法；
2. 掌握矿质混合料的级配理论和组成设计方法。

能力目标：

1. 能根据现行国家及行业标准正确评价砂石材料的技术性质，合理地选用粗细集料；
2. 能根据工程实际和技术规范的要求，确定矿质混合料中各种集料的用量比例，并能根据施工现场的实际情况进行调整。

砂石材料是道路与桥梁建筑中用量最大的一宗建筑材料，它可以直接用于道路或桥梁的圬工结构，亦可以作为水泥混凝土、沥青混合料的集料。用作道路与桥梁建筑的砂石材料都应具备一定的技术性质，以适应不同建筑工程的技术要求，特别是作为水泥(或沥青)混凝土用集料，应严格按照级配理论组成符合一定要求的矿质混合料。因此，掌握矿质混合料的组成设计方法具有重要意义。

第一节 砂石材料的技术性质

砂石材料包括岩石、集料以及冶金矿渣集料，下面将对这些材料的技术性质予以说明。

一、岩石的技术性质

岩石是指在各种地质作用下，按一定方式结合而成的矿物集合体，是构成地壳及地幔的主要物质。

岩石的技术性质主要从物理性质、力学性质和化学性质三方面进行评价。

1. 物理性质

岩石的物理性质包括物理常数(如密度、毛体积密度和孔隙率等)、吸水性(如吸水率、饱和吸水率)和抗冻性。

1)物理常数

岩石的物理常数是岩石矿物组成结构状态的反映,它与岩石的技术性质有着密切的关系。岩石的内部组成结构主要是由矿质实体和孔隙(包括与外界连通的开口孔隙和不与外界连通的闭口孔隙)组成,如图1-1a)所示。各部分质量与体积的关系如图1-1b)所示。

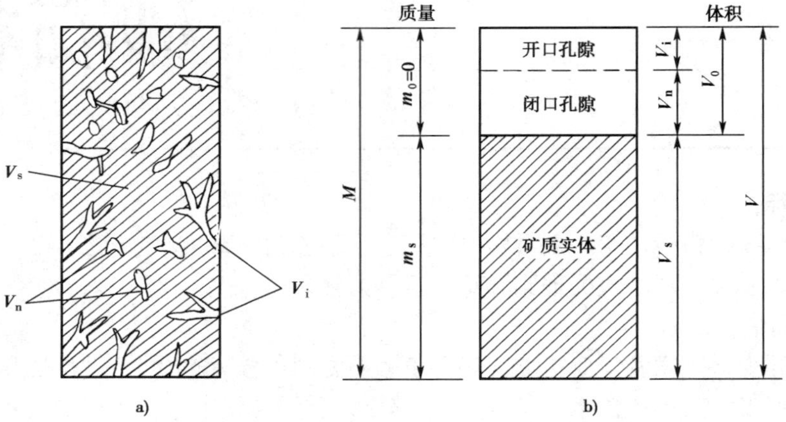

图1-1 岩石组成结构示意图

a)岩石内部结构示意图;b)岩石结构的质量与体积关系示意图

(1)真实密度

真实密度是指在规定条件(105~110℃下烘至恒重,温度20℃±2℃)下,烘干岩石矿质实体单位体积(不包括开口与闭口孔隙体积)的质量,用ρ_t表示。

$$\rho_t=\frac{m_s}{V_s} \tag{1-1}$$

式中:ρ_t——岩石的真实密度(g/cm^3);

m_s——岩石矿质实体的质量(g);

V_s——岩石矿质实体的体积(cm^3)。

岩石真实密度可按《公路工程岩石试验规程》(JTG E41—2005)采用“密度瓶法”测定。要获得矿质实体的体积,必须将岩石粉碎磨细,通过试验测定。

(2)毛体积密度

毛体积密度是指在规定条件下,烘干岩石(包括孔隙在内)的单位体积固体材料的质量。根据岩石含水状态,毛体积密度可分为干密度、饱和密度和天然密度,用字母ρ_b表示。

$$\rho_b=\frac{m_s}{V_s+V_n+V_i} \tag{1-2}$$

式中:ρ_b——岩石的毛体积密度(g/cm^3);

V_n、V_i——分别为岩石闭口孔隙和开口孔隙的体积(cm^3);

其余符号意义同前。

岩石毛体积密度，按《公路工程岩石试验规程》(JTG E41—2005)的规定，采用量积法、水中称量法和蜡封法来测定。

(3)孔隙率

岩石的孔隙率是指岩石孔隙体积占岩石总体积(包括孔隙体积在内)的百分率。岩石孔隙率可用式(1-3a)表示：

$$n = \frac{V_0}{V} \times 100 \tag{1-3a}$$

式中：n——岩石的孔隙率(%)；

V_0——岩石的孔隙(包括开口孔隙和闭口孔隙)的体积(cm^3)；

V——岩石的总体积(cm^3)。

孔隙率亦可用真实密度和毛体积密度计算求得，由式(1-3a)得 $V_0 = V - V_s$，则 $n = [1 - (V_s/V)] \times 100$，故式(1-3a)又可表达为式(1-3b)：

$$n = \left(1 - \frac{\rho_b}{\rho_t}\right) \times 100 \tag{1-3b}$$

式中：n——岩石的孔隙率(%)；

ρ_b——岩石的毛体积密度(g/cm^3)；

ρ_t——岩石的真实密度(g/cm^3)。

2)吸水性

岩石的吸水性是指岩石在规定条件下吸水的能力，采用吸水率和饱和吸水率两项指标来表征。

(1)吸水率

岩石吸水率是指在规定条件下，岩石试样的最大吸水质量与烘干岩石试件质量之比，以百分率表示。根据《公路工程岩石试验规程》(JTG E40—2005)的规定，采用自由吸水法测定，按式(1-4)计算。

$$w_a = \frac{m_1 - m}{m} \times 100 \tag{1-4}$$

式中：w_a——岩石吸水率(%)；

m_1——吸水至恒量时的试件质量(g)；

m——烘至恒量时的试件质量(g)。

(2)饱和吸水率

岩石的饱和吸水率是指在强制条件下，岩石试样的最大吸水质量与烘干岩石试件质量之比，以百分率表示。根据《公路工程岩石试验规程》(JTG E41—2005)的规定，采用煮沸法或真空抽气法测定，按式(1-5)计算。

$$w_{sa} = \frac{m_2 - m}{m} \times 100 \tag{1-5}$$

式中：w_{sa}——岩石饱和吸水率(%)；

m_2——试件经强制吸水饱和后的质量(g)；

m——意义同前。

吸水率、饱和吸水率能有效地反映岩石微裂隙的发育程度，可用来判断岩石的抗冻和抗风化等性能。岩石的吸水率与饱和吸水率之比定义为饱水系数，它是评价岩石抗冻性的一项指标。

3）抗冻性

岩石抗冻性是指岩石在吸水饱和状态下经受规定次数的冻融循环后抵抗破坏的能力，岩石抗冻性对于不同的工程环境气候有不同的要求。关于冻融次数规定：在严寒地区（最冷月的月平均气温低于－15℃）为25次，在寒冷地区（最冷月的月平均气温低于－15～5℃）为15次。

岩石抗冻性试验通常采用直接冻融法。试件在吸水饱和状态下，置于－15℃的冰箱中冻结4h后，放入20℃±5℃水中融解4h，为冻融循环一次，如此反复冻融至规定次数为止。经历规定的冻融循环次数（如10次、15次、25次等），详细检查各试件有无剥落、裂缝、分层及掉角等现象，并记录检查情况。将冻融试验后的试件烘至恒重，称其质量，然后测其抗压强度，并按式（1-6）和式（1-7）分别计算岩石的冻融质量损失率和冻融系数。［**资源1**］

$$L = \frac{m_1 - m_2}{m_1} \times 100 \tag{1-6}$$

式中：L——冻融质量损失率（%）；

m_1——试验前烘干试件的质量（g）；

m_2——试验后烘干试件的质量（g）。

1-材料的抗冻性

$$K = \frac{R_2}{R_1} \tag{1-7}$$

式中：K——冻融系数；

R_2——经若干次冻融试验后的试件饱水抗压强度（MPa）；

R_1——未经冻融试验的试件饱水抗压强度（MPa）。

岩石抗冻性与其矿物成分、结构特征、吸水性密切相关。一般认为冻融系数大于75%、质量损失率小于2%时，岩石的抗冻性好；当岩石的吸水率大于0.5%时，其抗冻性通常较差。此外，岩石的饱水系数为0.5～0.8，饱水系数愈大，说明常压下吸水后留余的空间有限，岩石愈容易冻胀破坏，其抗冻性就差。

如无条件进行冻融试验，也可采用坚固性简易快速测定法。这种方法通过饱和硫酸钠溶液进行多次浸泡与烘干循环后来测定。

2. 力学性质

公路与桥梁工程结构物用岩石，应具备一定的力学性质，如抗压、抗拉、抗剪、抗折强度，还应具备如抗磨光、抗冲击和抗磨耗等力学性能。在此主要讨论确定岩石的抗压强度和磨耗性两项性质。

1）单轴抗压强度

岩石的单轴抗压强度是指按《公路工程岩石试验规程》（JTG E41—2005）的规定，将岩石制备成标准试件（建筑地基用岩石制备成直径为50mm±2mm、高径比为2∶1的圆柱体试件；桥梁工程用岩石制备成边长为70mm±2mm的立方体试件；路面工程用岩石制备成边长为50mm±

2mm 的立方体试件或直径和高均为 50mm ±2mm 的圆柱体试件），经吸水饱和后，单轴受压并在规定的加载条件下，达到极限破坏时单位承压面积的荷载。抗压强度按式(1-8)计算。

$$R = \frac{P}{A} \tag{1-8}$$

式中：R——岩石的抗压强度(MPa)；

P——试件破坏时的荷载(N)；

A——试件的截面面积(mm^2)。

岩石的抗压强度是岩石力学性质中最重要的一项指标，它是岩石强度分级和岩性描述的主要依据。

2)磨耗性

磨耗性是岩石抵抗撞击、边缘剪力和摩擦的联合作用的性能，以磨耗率表示。《公路工程岩石试验规程》(JTG E41—2005)规定，岩石磨耗试验方法与粗集料的磨耗试验方法相同，采用洛杉矶式磨耗试验。

试验采用洛杉矶磨耗试验机，其圆筒内径为 710mm ±5mm，内侧长为 510mm ±5mm，两端封闭。试验时，将规定质量且有一定级配的试样和一定质量的钢球置于试验机中，以 30 ~ 33r/min 的转速转动至要求次数后停止，取出试样，用 1.7mm 的方孔筛筛去试样中的细屑，用水洗净留在筛上的试样，烘至恒重并称其质量。岩石磨耗率按式(1-9)计算。

$$Q = \frac{m_1 - m_2}{m_1} \times 100 \tag{1-9}$$

式中：Q——洛杉矶磨耗率(%)；

m_1——装入圆筒中的试样质量(g)；

m_2——试验后在 1.7mm 筛上洗净烘干的试样质量(g)。

3. 化学性质

早年的研究认为，矿质集料是一种惰性材料，它在混合料(由各种矿质集料与水泥或沥青组成)中只起物理作用。随着科学的发展，科学家们通过研究，认为矿质集料在混合料中与结合料起着物理-化学作用。岩石的化学性质对混合料的物理-力学性质起着极为重要的作用。根据试验研究的结果，岩石的化学性质主要以岩石化学组成中二氧化硅(SiO_2)的含量多少来划分。按克罗斯的分类法，岩石化学组成中二氧化硅(SiO_2)含量大于 65% 的岩石称为酸性岩石，如花岗岩、石英岩等；二氧化硅(SiO_2)含量为 52% ~65% 的岩石称为中性岩石，如闪长岩、辉绿岩等；二氧化硅(SiO_2)含量小于 52% 的岩石称为碱性岩石，如石灰岩、玄武岩等。实践证明，在沥青混合料中，随着二氧化硅(SiO_2)含量的增加，沥青与岩石的黏附性也随之减弱。因此，为保证沥青混合料的强度，在选择岩石时须优先采用碱性岩石。

二、集料的技术性质

集料是指在混合料中起骨架或填充作用的粒料，包括由天然风化而成的砾石、卵石和天然砂等，以及经人为加工处理得到的碎石、破碎砾石、人工砂和石屑等。

工程上一般将集料分为粗集料和细集料两类。

（一）粗集料的技术性质

在沥青混合料中，粗集料是指粒径大于2.36mm的碎石、破碎砾石、筛选砾石和矿渣等；在水泥混凝土中，粗集料是指粒径大于4.75mm的碎石、砾石和破碎砾石等。本节仅对粗集料的一般技术性质进行阐述。

1. 物理性质

1）物理常数

在计算粗集料的物理常数时，不仅要考虑到粗集料颗粒中的孔隙（开口孔隙或闭口孔隙），还要考虑颗粒间的空隙。粗集料的体积和质量的关系如图1-2所示。

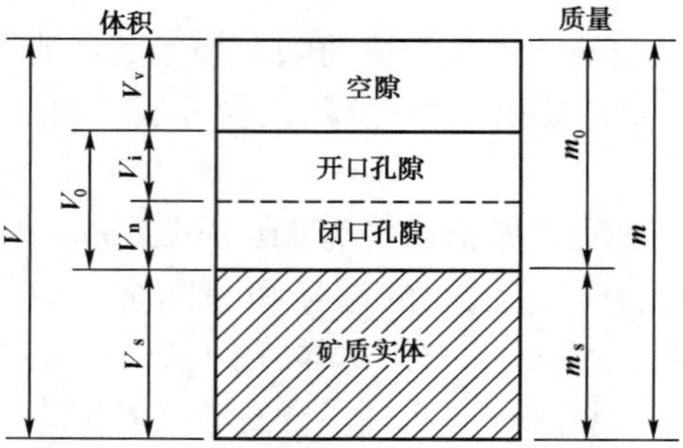

图1-2　粗集料体积与质量关系示意图

（1）表观密度

粗集料的表观密度（亦称视密度）是在规定条件（105℃ ±5℃烘干至恒重）下，单位表观体积（包括集料矿质实体和闭口孔隙的体积）的质量。

粗集料的表观密度以ρ_a表示。

$$\rho_a = \frac{m_s}{V_s + V_n} \tag{1-10}$$

式中：ρ_a——粗集料的表观密度（g/cm^3）；

m_s——矿质实体的质量（g）；

V_s——矿质实体的体积（cm^3）；

V_n——粗集料矿质实体中闭口孔隙的体积（cm^3）。

2-粗集料密度及吸水率（网篮法）

粗集料的表观密度可按《公路工程集料试验规程》（JTG E42—2005）的规定采用网篮法测定[**资源2**]。具体内容见第二篇第一章的砂石材料试验。

（2）毛体积密度

粗集料的毛体积密度是指在规定条件下，单位毛体积（包括矿质实体、闭口孔隙和开口孔隙体积）的质量。根据图1-2所示，粗集料的毛体积密度，可由式（1-11）求得。

$$\rho_b = \frac{m_s}{V_s + V_n + V_i} \tag{1-11}$$

式中：　ρ_b——粗集料毛体积密度（g/cm^3）；

m_s——矿质实体质量（g）；

V_s、V_n、V_i——分别为粗集料矿质实体、闭口孔隙和开口孔隙的体积（cm^3）。

粗集料毛体积密度的测定方法是将已知质量的干燥粗集料经24h饱水后,用湿毛巾擦干而求得饱和面干质量,然后用排水法求得水中的质量,按此测得粗集料质量和饱和面干体积,即求得粗集料的毛体积密度。

(3)堆积密度

粗集料的堆积密度是指单位体积(包括矿质实体、闭口孔隙和开口孔隙及颗粒间空隙体积)物质颗粒的质量,可按式(1-12)求得。

$$\rho = \frac{m_s}{V_s + V_n + V_i + V_v} \tag{1-12}$$

式中: ρ——粗集料的堆积密度(g/cm^3);

m_s——矿质实体的质量(g);

V_s、V_n、V_i、V_v——分别为矿质实体、闭口孔隙、开口孔隙和空隙的体积(cm^3)。

粗集料的堆积密度包括自然堆积状态、振实状态和捣实状态下的堆积密度,计算同式(1-12)。

(4)空隙率

空隙率是指粗集料颗粒之间空隙体积占粗集料总体积的百分率。

粗集料空隙率可按式(1-13)计算。

$$n = \left(1 - \frac{\rho}{\rho_a}\right) \times 100 \tag{1-13}$$

式中:n——粗集料的空隙率(%);

ρ——粗集料的堆积密度(g/cm^3);

ρ_a——粗集料的表观密度(g/cm^3)。

2)级配

粗集料中各组成颗粒的分级和搭配称为级配,级配是通过筛分试验确定的。对水泥混凝土用粗集料可采用干筛法筛分试验,对沥青混合料及基层用粗集料必须采用水洗法筛分试验。筛分试验是将粗集料经过一系列筛孔尺寸的标准筛(标准筛为方孔筛,筛孔尺寸依次为75mm、63mm、53mm、37.5mm、31.5mm、26.5mm、19mm、16mm、13.2mm、9.5mm、4.75mm、2.36mm、1.18mm、0.6mm、0.3mm、0.15mm、0.075mm),测出各个筛上的筛余量,根据集料试样的质量与存留在各筛孔上的集料质量,就可求得一系列与集料级配有关的参数,如分计筛余百分率、累计筛余百分率、通过百分率。粗集料的筛分试验中采用的标准套筛尺寸范围及试样质量与细集料筛分试验有所不同,但级配参数的计算方法与细集料相同,详见“细集料的技术性质”。

3)坚固性

对已轧制成的碎石或天然卵石亦可采用规定级配的各粒级集料,按《公路工程集料试验规程》(JTG E42—2005)选取规定数量,分别装在金属网篮浸入饱和硫酸钠溶液中进行干湿循环试验。经5次循环后,观察其表面破坏情况,并用质量损失百分率来计算其坚固性(也称安定性)。

2. 力学性质

粗集料的力学性质指标主要是压碎值和磨耗率,其次是抗滑表层用集料的三项试验,即磨光值、冲击值和道瑞磨耗值。洛杉矶式磨耗试验已在岩石力学性质中讲过,现将压碎值、磨光值、冲击值和道瑞磨耗值分述如下。

1)压碎值

粗集料压碎值用于衡量集料在逐渐增加的荷载下抵抗压碎的能力，也是集料强度的相对指标，用以评价其在公路工程中的适用性。

按《公路工程集料试验规程》(JTG E42—2005)的规定，粗集料压碎值试验是将 9.5 ~ 13.2mm集料试样 3kg 装入压碎值测定仪的金属筒内，放在压力机上，在 10min 左右时间内均匀地加荷至 400kN，稳压 5s 然后卸载，称其通过 2.36mm 筛孔的筛余质量，按式(1-14)计算。

$$Q'_a = \frac{m_1}{m_0} \times 100 \tag{1-14}$$

式中：Q'_a——石料压碎值(%)；

m_1——试验后通过 2.36mm 筛孔的细料质量(g)；

m_0——试验前试样质量(g)。

2)磨光值(PSV)

在现代高速行车条件下，要求路面集料既不产生较大的磨损，也不被磨光，也就是说，对路面粗糙度提出了更高的要求。集料磨光值是反映集料抵抗轮胎磨光作用能力的指标，利用加速磨光机磨光集料并以摆式摩擦系数测定仪测得的磨光后集料的摩擦系数值来确定。

集料磨光值愈高，表示其抗滑性愈好。

3)冲击值(AIV)

冲击值是反映集料抵抗多次连续重复冲击荷载作用的性能，可采用冲击试验仪测定。

冲击试验方法是选取粒径为 9.5 ~ 13.2mm 的集料试样，用金属量筒分三次捣实的方法确定试验用集料数量，将集料装于冲击值试验仪的盛样器中，用捣实杆捣实 25 次使其初步压实，然后用质量为 13.75kg ± 0.05kg 的冲击锤，沿导杆自 380mm ± 5mm 处自由落下，锤击集料并连续锤击 15 次，每次锤击间隔时间不少于 1s。将试验后的集料用 2.36mm 筛筛分并称量，按式(1-15)计算。

$$\mathrm{AIV} = \frac{m_1}{m} \times 100 \tag{1-15}$$

式中：AIV——集料的冲击值(%)；

m_1——冲击破碎后通过 2.36mm 筛的试样质量(g)；

m——试样的总质量(g)。

4)道瑞磨耗值(AAV)

道瑞磨耗值用于评定公路路面抗滑表层所用粗集料抵抗车轮撞击磨耗的能力。《公路工程集料试验规程》(JTG E42—2005)规定，采用道瑞磨耗试验机来测定集料磨耗值。其方法是选取粒径为 9.5 ~ 13.2mm 的洗净集料试样，单层紧排于两个试模内(不少于 24 粒)，然后排砂并用环氧树脂砂浆填充密实。经养护 24h，拆模取出试件，准确称出试件质量，试件、托盘和配重总质量为 2000g ± 10g。将试件安装在道瑞磨耗机附的托盘上，道瑞磨耗机的磨盘以 28 ~ 30r/min 的转速旋转，磨 500 转后，取出试件，刷净残砂，准确称出试件质量。其磨耗值按式(1-16)计算。

$$\mathrm{AAV} = \frac{3(m_1 - m_2)}{\rho_s} \tag{1-16}$$

式中：AAV——集料的道瑞磨耗值；

m_1——磨耗前试件的质量(g)；

m_2——磨耗后试件的质量(g)；

ρ_s——集料的表干密度(g/cm^3)。

道瑞磨耗值愈高，表示集料耐磨性愈差。

(二)细集料的技术性质

在沥青混合料中，细集料是指粒径小于2.36mm的天然砂、人工砂(包括机制砂)及石屑；在水泥混凝土中，细集料是指粒径小于4.75mm的天然砂、人工砂。在工程中应用较多的细集料是砂。

砂按来源分为两类。一类为天然砂，它是由自然风化、水流冲刷、堆积形成的，粒径小于4.75mm的岩石颗粒。天然砂按生存环境分为河砂、山砂和海砂。河砂颗粒表面圆滑，比较洁净，质地较好，产源广；山砂颗粒表面粗糙、有棱角，含泥量和含有机杂质多；海砂虽然具有河砂的特点，但因在海中，所以常混有贝壳、碎片和盐分等有害杂质。一般工程中多使用河砂，在缺乏河砂的地区，可采用山砂或海砂，但在使用时必须按规定做技术检验。另一类为人工砂，它是经人为加工处理得到的符合规格要求的细集料，通常指岩石加工过程中采取真空抽吸等方法除去大部分土和细粉或将石屑水洗得到的洁净的细集料(机制砂、矿渣砂和煅烧砂都属于人工砂)。其表面多棱角，较洁净，但造价较高，如无特殊情况，一般不采用这种砂。

细集料的技术性质主要包括物理性质、颗粒级配和粗度。

1.物理常数

细集料的物理常数主要有表观密度、堆积密度[**资源3**]和空隙率等，其含义与粗集料完全相同，具体数值可通过试验测定。细集料的物理常数计算方法与粗集料相同，详见“粗集料技术性质”。

3-材料的堆积密度

2.级配

级配是集料各级粒径颗粒的分配情况，通过筛分试验确定。对水泥混凝土用细集料，可采用干筛法，如果需要，也可采用水洗法筛分；对沥青混合料及基层用细集料，必须用水洗法筛分[**资源4**]。

4-细集料筛分试验(水洗法)

筛分试验是将预先通过9.5mm筛(水泥混凝土用天然砂)或4.75mm筛(沥青路面及基层用的天然砂、石屑、机制砂等)的试样，称取约500g(M)置于一套孔径为4.75mm、2.36mm、1.18mm、0.6mm、0.3mm、0.15mm、0.075mm的方孔筛上，分别求出试样存留在各筛上的质量即筛余量，然后按下述方式计算其有关级配参数。

1)级配参数

(1)分计筛余百分率

各号筛的分计筛余百分率为各号筛上的筛余量除以试样总质量(M)的百分率，准确至0.1%，按式(1-17)求得。

$$a_i = \frac{m_i}{M} \times 100 \tag{1-17}$$

式中：a_i——各号筛的分计筛余百分率(%)；

m_i——第 i 号筛上的筛余质量(g)；

M——试样的总质量(g)。

(2)累计筛余百分率

各号筛的累计筛余百分率为该号筛及大于该号筛的各号筛的分计筛余百分率之和，准确至0.1%，按式(1-18)计算。

$$A_i = a_1 + a_2 + \cdots + a_i \tag{1-18}$$

式中：　A_i——各号筛的累计筛余百分率(%)；

a_1、a_2…a_i——4.75mm、2.36mm……至计算的第 i 号筛的分计筛余百分率(%)。

(3)通过百分率

各号筛的通过百分率等于100减去该号筛的累计筛余百分率，准确至0.1%，按式(1-19)计算。

$$P_i = 100 - A_i \tag{1-19}$$

式中：P_i——各号筛的通过百分率(%)；

A_i——各号筛的累计筛余百分率(%)。

2)集料级配曲线的绘制

集料的筛分试验结果以各筛的通过百分率表示，还可以采用级配曲线表示。我国采用半对数坐标系绘制级配曲线的方法，首先要按对数计算出各种颗粒粒径(即筛孔尺寸)在横坐标轴上的位置，而表示通过百分率(或累计筛余百分率)的纵坐标则按普通算术坐标绘制。绘制好纵、横坐标后，将计算所得的各颗粒粒径的通过百分率绘制在坐标图上，再将确定的各点连接为光滑的曲线，如图1-3所示。亦可利用计算机的电子表格功能绘制，其横坐标为筛孔尺寸的0.45次方(表1-1)，纵坐标为普通坐标。

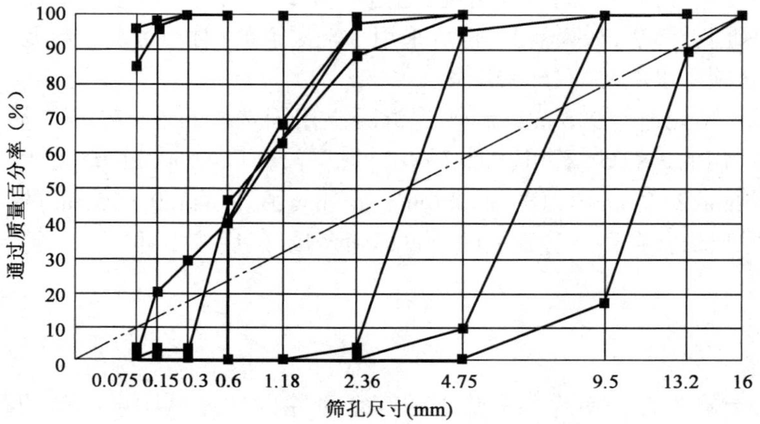

图1-3　集料筛分曲线与矿料级配设计曲线

级配曲线的横坐标（按 $x=d_i^{0.45}$ 计算） 表 1-1

筛孔尺寸 d_i(mm)	0.075	0.15	0.3	0.6	1.18	2.36	4.75
横坐标 x	0.312	0.426	0.582	0.795	1.077	1.472	2.016
筛孔尺寸 d_i(mm)	9.5	13.2	16	19	26.5	31.5	37.5
横坐标 x	2.745	3.193	3.482	3.762	4.370	4.723	5.109

3. 粗度

粗度是评价砂粗细程度的一种指标，通常用细度模数表示。细度模数亦称细度模量，可按式（1-20）计算，准确至 0.01。

$$M_X=\frac{(A_{0.15}+A_{0.3}+A_{0.6}+A_{1.18}+A_{2.36})-5A_{4.75}}{100-A_{4.75}} \tag{1-20}$$

式中：M_X——砂的细度模数；

$A_{0.15}$、$A_{0.3}\cdots A_{4.75}$——分别为 0.15mm、0.3mm……4.75mm 各筛上的累计筛余百分率（%）。

细度模数愈大，表示砂愈粗。《建设用砂》（GB/T 14684—2011）规定，砂的粗度按细度模数可分为下列三级：

$M_X=3.7\sim3.1$ 为粗砂；

$M_X=3.0\sim2.3$ 为中砂；

$M_X=2.2\sim1.6$ 为细砂。

【例 1-1】 某水泥混凝土用砂 500g，筛分试验后的筛分结果见表 1-2。计算该砂的细度模数，并评价其粗细程度。

筛分结果 表 1-2

筛孔尺寸(mm)	4.75	2.36	1.18	0.6	0.3	0.15	筛底
筛余量(g)	10	20	45	100	135	155	35

解：按题所给的筛分结果计算并记入表 1-3。

细集料筛分试验计算表 表 1-3

筛孔尺寸(mm)	4.75	2.36	1.18	0.6	0.3	0.15	筛底
筛余量(g)	10	20	45	100	135	155	35
分计筛余百分率(%)	2	4	9	20	27	31	7
累计筛余百分率(%)	2	6	15	35	62	93	100
通过百分率(%)	98	94	85	65	38	7	0

根据式（1-20）计算细度模数：

$$\begin{aligned}M_X&=\frac{(A_{0.15}+A_{0.3}+A_{0.6}+A_{1.18}+A_{2.36})-5A_{4.75}}{100-A_{4.75}}\\&=\frac{(93+62+35+15+6)-5\times2}{100-2}=2.05\end{aligned}$$

由于细度模数为 2.05，在 2.2 ~ 1.6 之间，所以此砂为细砂。

细度模数虽能表示砂的粗细程度，但不能完全反映出砂的颗粒级配情况，因为相同细度模数的砂可有不同的颗粒级配。因此，要全面表征砂的颗粒性质，必须同时使用细度模数和级配两个指标。

三、冶金矿渣集料的技术性质

冶金矿渣是在冶金生产过程中由矿石、燃料及助溶剂中易熔硅酸盐化合而成的副产品。冶金矿渣分为黑色金属冶金矿渣与有色金属冶金矿渣两大类。黑色金属冶金矿渣又分为高炉重矿渣和钢渣两类。这些冶金矿渣从熔炉排出后，在空气中自然冷却，形成坚硬材料，是一种很好的路用材料。其既可作为基层材料，又可作为修筑水泥混凝土路面用的集料。

（一）矿渣的化学成分和矿物组成

（1）高炉矿渣

矿渣的化学成分随着矿物成分、燃料、助溶剂及熔化金属的化学成分的不同而变化。其主要化学成分为 SiO_2、Al_2O_3、CaO 及少量 MgO、CaO、FeO、MnO 等，根据化学成分采用碱度（或酸度）作为矿渣分类基础。

碱性氧化物：CaO、MgO、FeO、MnO；

酸性氧化物：SiO_2、P_2O_5、TiO_2；

中性成分：FeS、MnS；

两面性氧化物：Al_2O_3。此氧化物遇碱时呈弱酸作用，遇酸时起弱碱作用。

矿渣的酸性和碱性可用下列模数表示：

碱性矿渣：

$$M_{bc}=\frac{CaO+MgO}{SiO_2+Al_2O_3}>1 \tag{1-21}$$

酸性矿渣：

$$M_{ac}=\frac{CaO+MgO+Al_2O_3}{SiO_2}<1 \tag{1-22}$$

中性矿渣：

$$M_{bc}<1\ \text{且}\ M_{ac}>1$$

矿渣中常见矿物成分有黄长石、辉石、橄榄石及少量的硫化物，路用矿渣中一般 CaO、Al_2O_3 含量较高，而 SiO_2 含量较低者，活性较大，质量较高。

（2）钢渣

钢渣与高炉矿渣虽然都是工业冶金矿渣，但它们的化学成分及矿物组成有着明显的区别。由于在炼铁的过程中需要使用部分石灰，这部分石灰在未能完全钢渣化的情况下将成为游离氧化钙。一般情况下，转炉钢渣中的游离氧化钙含量在3%左右，电炉钢渣中的游离氧化钙含量只有0.3%左右。如果将钢渣进行破碎，并在空气中长期存放，也会降低钢渣中游离氧化钙含量。钢渣的活性可用式（1-23）计算的碱度 M 反映。碱度 M 越大，钢渣的活性越大。《公路工程集料试验规程》（JTG E42—2005）规定，采用钢渣膨胀量评价钢渣的活性。

$$M=\frac{M_{CaO}}{M_{SiO_2}+M_{P_2O_5}} \tag{1-23}$$

（二）矿渣的物理力学性质

矿渣的密度与矿物成分有关，在2.97 ~ 3.32g/cm^{3}之间。矿渣的堆积密度在1900kg/m^{3}以上，空隙率大多在35%以下，耐冻性(或坚固性)一般均能符合路用要求。

矿渣的力学强度一般均较高，其强度与孔隙率有关。通常其极限抗压强度在50MPa以上，高者可达150MPa，相当于石灰岩～花岗岩的强度。其他性能如压碎值、冲击值、磨光值等均能符合路用石料的要求。

第二节 矿质混合料的组成设计

道路与桥梁用砂石材料，大多数是以矿质混合料的形式与各种结合料(如水泥或沥青等)组成混合料使用。欲使水泥混凝土和沥青混合料具备优良的路用性能，除各种矿质集料的技术性质应符合技术要求外，矿质混合料还必须满足最小空隙率和最大摩擦力的基本要求。

最小空隙率：不同粒径的各级矿质集料按一定比例搭配，使其组成一种具有最大密实度(即最小空隙率)的矿质混合料。

最大摩擦力：各级矿质集料在进行比例搭配时，应使各级集料达到紧密排列，形成一个多级空间骨架结构，从而具有最大的摩擦力。

为达到上述要求，必须对矿质混合料进行组成设计，其内容包括：

(1)级配理论和级配范围的确定；

(2)基本组成的设计方法。

一、矿质混合料的级配理论

(一)级配类型

各种不同粒径的集料，按照一定比例搭配起来，以达到最大密实度和最大摩擦力的要求。一般可采用两类级配：连续级配和间断级配。

1. 连续级配

连续级配是指某一矿料在标准套筛中进行筛分后，矿料的颗粒由大到小连续分布，每一级都占有适当的比例。连续级配曲线平顺圆滑，具有连续性，相邻粒径粒料间有一定的比例关系。

2. 间断级配

间断级配是在矿质混合料中剔除某一个或连续几个粒级而形成一种不连续的级配。

连续级配和间断级配曲线如图1-4所示。

连续级配矿料的空隙率随着粗集料的增加而显著增大；间断级配矿料能较好地发挥粗集料的骨架作用，但在施工过程中易于离析。

(二)级配理论

1. 富勒(W. B. Fuller)理论

富勒根据试验提出一种理想级配，他认为级配曲线愈接近抛物线时，其密度愈大。因此，当级配曲线为抛物线时为最大密度曲线，其方程可表示为式(1-24)。

$$P^2 = kd \tag{1-24}$$

当粒径 d 等于最大粒径 D 时，矿质混合料的通过率等于100%，将此关系代入式(1-23)，则对任意一级粒径 d 的通过率 P 可按式(1-25)求得。

$$P = 100\sqrt{\frac{d}{D}} \tag{1-25}$$

式中：P——欲计算的某级粒径 d(mm)的矿料通过百分率(%)；

d——欲计算的某级矿质混合料的粒径(mm)；

D——矿质混合料的最大粒径(mm)。

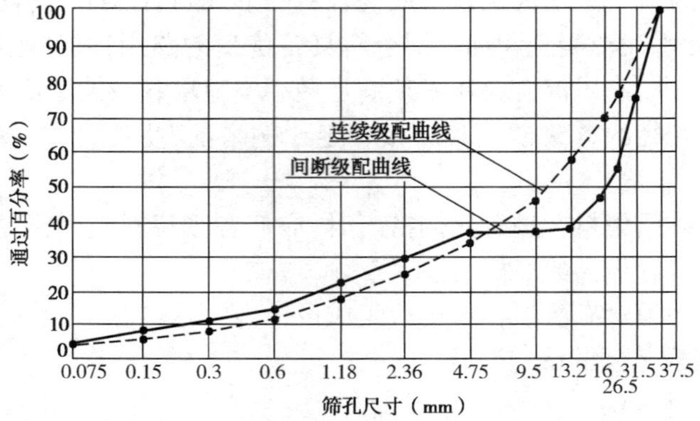

图1-4　连续级配曲线和间断级配曲线比较

2. 泰波(A. N. Talbal)理论

泰波认为富勒曲线是一种理想曲线，实际矿料的级配应允许有一定的波动范围，故将富勒最大密度曲线改为 n 次幂的通式，即：

$$P = 100\left(\frac{d}{D}\right)^n \tag{1-26}$$

式中：n——试验指数；

其余符号意义同前。

在工程实践中，矿质混合料的最大密实曲线接近试验指数 $n=0.45$ 的级配曲线。根据试验，认为 $n=0.3\sim0.7$ 时，矿质混合料具有较好的密实度。将指数 $n=0.3$ 和0.7代入式(1-26)进行计算，并绘制级配曲线，级配曲线范围如图1-5所示。

泰波理论可用来解决连续级配的级配范围问题，故具有重要的实用意义。

3. 魏矛斯(C. A. G. Weymouth)粒子干涉理论

魏矛斯提出的粒子干涉理论，认为颗粒之间的空隙应由次一级颗粒所填充；其所余空隙又为再次一级颗粒所填充，但填隙的颗粒不得大于其间隙的距离，否则大小颗粒粒子之间势必发生干涉现象，如图1-6所示。为避免干涉，大小粒子之间应按一定比例分配。

目前用于计算连续级配的理论有富勒理论、泰波理论；魏矛斯理论既可用于连续级配计算，亦可用于间断级配计算。

二、矿质混合料的组成设计方法

天然的或人工轧制的单一集料的级配一般很难完全符合某一合适级配范围的要求，因此，必须采用几种集料按照一定比例进行搭配才能达到级配范围的要求,这就需要对矿质混合料进行配合组成设计。确定矿质混合料配合比的方法很多,一般主要采用数解法和图解法。

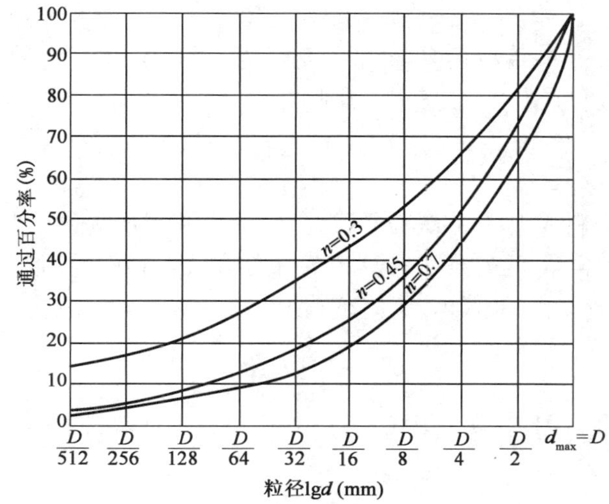

图 1-5 泰波级配曲线范围图

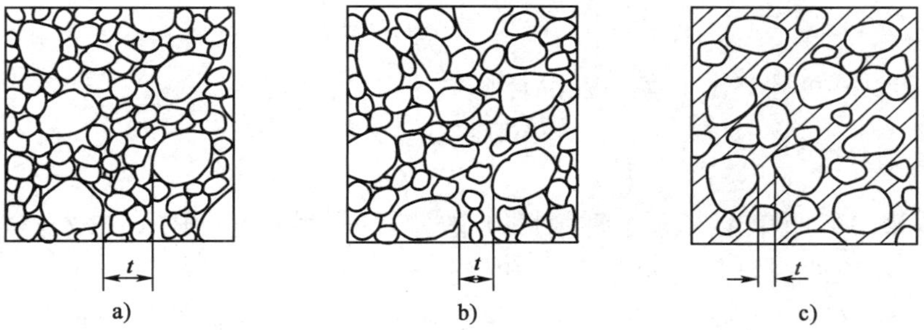

图 1-6 魏矛斯粒子干涉理论模式

a) $t>d$ 时;b) $t=d$ 时;c) $t<d$ 时

注:t 为间隙距离;d 为颗粒粒径。

无论采用哪种方法,首先必须具备两项已知条件:

(1)各种集料的筛分结果;

(2)按技术规范(或理论级配)要求确定矿质混合料的级配范围。

(一)数解法

1. 试算法

1)基本原理

试算法适用于 2 ~ 3 种集料组成的混合料,是最简单的一种方法。此方法的基本原理是:现有几种矿质集料,欲配制成某一种符合一定级配要求的矿质混合料,在决定各组成集料在混合料中的比例时,先假定混合料中某种粒径的颗粒是由某一种对这一粒径占优势的集料组成,而其他各种集料中不含有此粒径颗粒。这样即可根据各个主要粒径去试算各种集料在混合料中的大致比例,再经过校核调整,最终获得满足混合料级配要求的各集料的配合比例。

例如,现有 A、B、C 三种集料,欲配制成某一级配要求的混合料 M。确定这三种集料在混合料 M 中的配合比例(即配合比)，按题意作下列两点假设：

①设 X、Y、Z 为 A、B、C 三种集料组成矿质混合料 M 的配合比例，则：

$$X+Y+Z=100 \tag{1-27}$$

②又设混合料 M 中某一级粒径(i)要求的含量为 $a_{M(i)}$，A、B、C 三种集料在原来级配中此粒径(i)颗粒的含量分别为 $a_{A(i)}$、$a_{B(i)}$、$a_{C(i)}$，则：

$$a_{A(i)} \cdot X + a_{B(i)} \cdot Y + a_{C(i)} \cdot Z = a_{M(i)} \tag{1-28}$$

2)计算步骤

(1)由假设①，混合料 M 中某一级粒径(i)主要由 A 集料所提供(即 A 集料占优势)，而忽略其他集料在此粒径的含量，这样即可计算出 A 集料在混合料中的用量比例。

按假设①得 $a_{B(i)}=a_{C(i)}=0$，代入式(1-28)，得 $a_{A(i)} \cdot X = a_{M(i)}$，故：

$$X=\frac{a_{M(i)}}{a_{A(i)}} \times 100 \tag{1-29}$$

(2)由假设②，混合料 M 中某一级粒径(j)由 C 集料占优势，同理可计算出 C 集料在混合料中的用量比例。

按假设②得 $a_{C(j)} \cdot Z = a_{M(j)}$，故：

$$Z=\frac{a_{M(j)}}{a_{C(j)}} \times 100 \tag{1-30}$$

(3)由式(1-27)可计算出 B 集料在混合料中的用量比例，即：

$$Y=100-(X+Z) \tag{1-31}$$

(4)校核。

按上述步骤即可计算 A、B、C 三种集料组成矿质混合料的配合比 X、Y、Z，经校核如不在要求的级配范围内，应调整配合比，重新计算和校核。

【例 1-2】 现有碎石、砂和矿粉三种集料，经筛分试验，各集料的分计筛余百分率列于表 1-4，并列出按推荐要求设计混合料的级配范围，试求碎石、砂和矿粉三种集料在矿质混合料中的用量比例。

原有集料的分计筛余和混合料要求的级配范围 表 1-4

筛孔尺寸 d_i (mm)	碎石的分计筛余 $a_{A(i)}$ (%)	砂的分计筛余 $a_{B(i)}$ (%)	矿粉的分计筛余 $a_{C(i)}$ (%)	矿质混合料要求级配范围通过百分率(%)
13.2	0.8	—	—	100
4.75	60.0	—	—	63～78
2.36	23.5	10.5	—	40～63
1.18	14.4	22.1	—	30～53
0.6	1.3	19.4	4.0	22～45
0.3	—	36.0	4.0	15～35
0.15	—	7.0	5.5	12～30
0.075	—	3.0	3.2	10～25
<0.075	—	2.0	83.3	—

解：(1)先将矿质混合料要求级配范围的通过百分率换算为分计筛余百分率，计算结果列于表 1-5，并设碎石、砂、矿粉的配合比为 X、Y、Z。

(2)由表1-5可知,碎石中4.75mm粒径颗粒含量占优势,假设混合料中4.75mm的颗粒全部由碎石提供,$a_{B(4.75)}=a_{C(4.75)}=0$,由式(1-29)可得碎石在矿质混合料中的用量比例:

$$X=\frac{a_{M(4.75)}}{a_{A(4.75)}}\times 100=\frac{29.5}{60.0}\times 100=49(\%)$$

原有集料和要求级配范围的分计筛余 表1-5

筛孔尺寸 d_i (mm)	碎石的分计筛余 $a_{A(i)}$ (%)	砂的分计筛余 $a_{B(i)}$ (%)	矿粉的分计筛余 $a_{C(i)}$ (%)	要求级配范围通过率的中值 $P_{M(i)}$ (%)	要求级配范围累计筛余中值 $A_{M(i)}$ (%)	要求级配范围分计筛余中值 $a_{M(i)}$ (%)
13.2	0.8	—	—	100	—	—
4.75	60.0	—	—	70.5	29.5	29.5
2.36	23.5	10.5	—	51.5	48.5	19.0
1.18	14.4	22.1	—	41.5	58.5	10.0
0.6	1.3	19.4	4.0	33.5	66.5	8.0
0.3	—	36.0	4.0	25.0	75.0	8.5
0.15	—	7.0	5.5	21.0	79.0	4.0
0.075	—	3.0	3.2	17.5	82.5	3.5
<0.075	—	2.0	83.3	—	100.0	17.5

(3)同理,由表1-5可知,矿粉中小于0.075mm粒径颗粒含量占优势,忽略碎石和砂中此粒径颗粒的含量,即$a_{A(<0.075)}=a_{B(<0.075)}=0$,则由式(1-30)可得矿粉在矿质混合料中的用量比例:

$$Z=\frac{a_{M(<0.075)}}{a_{C(<0.075)}}\times 100=\frac{17.5}{83.3}\times 100=21(\%)$$

(4)由式(1-31)可得砂在矿质混合料中的用量比例:

$$Y=100-(X+Z)=100-(49+21)=30(\%)$$

(5)校核。以试算所得配合比$X=49\%$,$Y=30\%$,$Z=21\%$,按表1-6进行校核。

矿质混合料配合组成计算校核 表1-6

筛孔尺寸 d_i (mm)	碎石			砂			矿粉			矿质混合料			要求级配范围通过率 (%)
	原来级配分计筛余百分率 $a_{A(i)}$ (%)	用量比例 X (%)	占混合料百分率 $a_{A(i)}X$ (%)	原来级配分计筛余百分率 $a_{B(i)}$ (%)	用量比例 Y (%)	占混合料百分率 $a_{B(i)}Y$ (%)	原来级配分计筛余百分率 $a_{C(i)}$ (%)	用量比例 Z (%)	占混合料百分率 $a_{C(i)}Z$ (%)	分计筛余百分率 $a_{M(i)}$ (%)	累计筛余百分率 $A_{M(i)}$ (%)	通过百分率 $P_{M(i)}$ (%)	
13.2	0.8		0.4	—		—	—		—	0.4	0.4	99.6	100
4.75	60.0		29.4	—		—	—		—	29.4	29.8	70.2	63~78
2.36	23.5	49	11.5	10.5		3.2	—		—	14.7	44.5	55.5	40~63
1.18	14.4		7.1	22.1		6.6	—		—	13.7	58.2	41.8	30~53
0.6	1.3		0.6	19.4		5.8	4.0		0.8	7.2	65.4	34.6	22~45

续上表

筛孔尺寸 d_i（mm）	碎石			砂			矿粉			矿质混合料			要求级配范围通过率（%）
	原来级配分计筛余百分率 $a_{A(i)}$（%）	用量比例 X（%）	占混合料百分率 $a_{A(i)}X$（%）	原来级配分计筛余百分率 $a_{B(i)}$（%）	用量比例 Y（%）	占混合料百分率 $a_{B(i)}Y$（%）	原来级配分计筛余百分率 $a_{C(i)}$（%）	用量比例 Z（%）	占混合料百分率 $a_{C(i)}Z$（%）	分计筛余百分率 $a_{M(i)}$（%）	累计筛余百分率 $A_{M(i)}$（%）	通过百分率 $P_{M(i)}$（%）	
0.3	—		—	36.0	30	10.8	4.0		0.8	11.6	77.0	23.0	15~35
0.15	—		—	7.0		2.1	5.5	21	1.2	3.3	80.3	19.7	12~30
0.075	—		—	3.0		0.9	3.2		0.7	1.6	81.9	18.1	10~25
<0.075	—		—	2.0		0.6	83.3		17.5	18.1	100	—	—
校核	Σ=100		Σ=49	Σ=100		Σ=30	Σ=100		Σ=21	Σ=100			

根据校核结果，该配合比符合级配范围要求。如不符合级配范围，应调整配合比再进行试算，经几次调整，逐步接近，直至达到要求。如经计算确实不能符合级配要求，应调整或增加集料品种。

2. 规划求解法

规划求解法采用 Microsoft Office 软件 Excel 电子表格中的规划求解分析工具进行，通过设置规划求解中的约束条件，可较为准确地计算出各种集料的用量。

（二）图解法

我国现行规范推荐采用的图解法为修正平衡面积法。由三种以上的多种集料进行组配时，采用此方法进行设计十分方便。

修正平衡面积法的设计步骤如下：

1. 绘制级配曲线图

（1）计算要求级配范围通过百分率的中值，作为设计依据。

（2）根据级配范围中值，确定相应的横坐标位置。先绘制一长方形图框，通常纵坐标通过百分率取 10cm，横坐标筛孔尺寸取 15cm。连接对角线 OO'（图 1-7）作为合成级配的中值。纵坐标按算术坐标，标出通过百分率（0~100%）。根据合成级配中值要求的各筛孔通过百分率，从纵坐标引平行线与对角线相交，再从交点作垂线与横坐标相交，其交点即为级配范围中值所对应的各筛孔尺寸（mm）的位置。

（3）在坐标图上绘制各种集料的级配曲线（图 1-8）。

2. 确定各种集料的用量比例

从级配曲线图（图 1-8）上最粗集料开始，依次分析两种相邻集料的级配曲线，直至最细集料。在分析过程中，两相邻集料的级配曲线可能出现的情况有图 1-8 所示的三种情况。

（1）两相邻级配曲线重叠。如集料 A 级配曲线下部与集料 B 级配曲线上部重叠，此时应在两级配曲线相重叠的部分引一条垂线 AA'，使其余 A、B 集料的级配曲线截距相等，即 $a = a'$

再通过垂线 AA' 与对角线 OO' 的交点 M 作一水平线交纵坐标于 P 点，OP 即为集料 A 的用量比例。

(2)两相邻级配曲线相接。如集料 B 的级配曲线末端与集料 C 的级配曲线首端正好在一垂直线上，此时将集料 B 级配曲线的末端与集料 C 级配曲线的首端相连，即得垂线 BB'，再通过垂线 BB' 与对角线 OO' 的交点 N 作一水平线交纵坐标于 Q 点，PQ 即为集料 B 的用量比例。

(3)两相邻级配曲线相离。如集料 C 级配曲线的末端与集料 D 级配曲线的首端相距一段距离，此时作一垂线 CC' 平分该距离，使 $b=b'$，再通过垂线 CC' 与对角线 OO' 的交点 R 作一水平线交纵坐标于 S 点，QS 即为集料 C 的用量比例。

剩余部分 ST 即为集料 D 的用量比例。

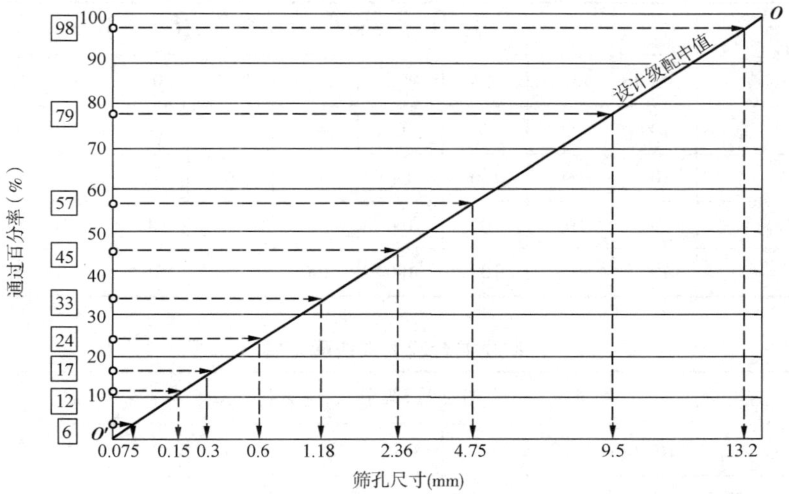

图 1-7 图解法用级配曲线坐标图

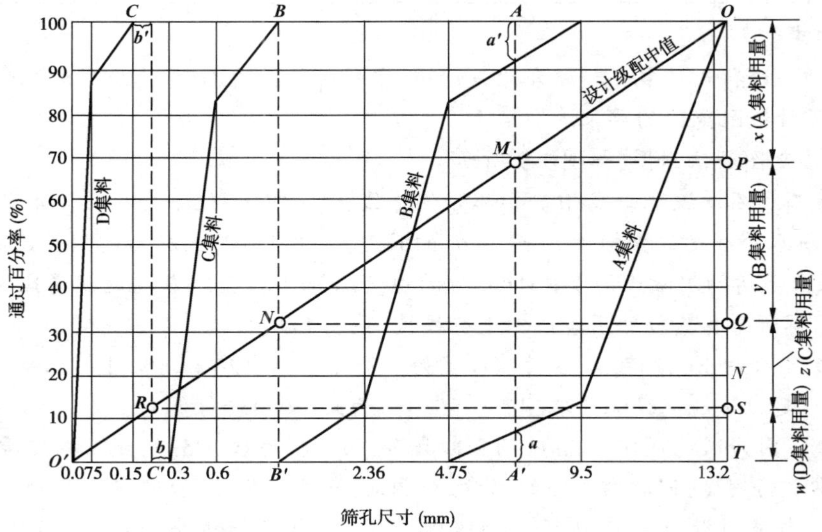

图 1-8 组成集料级配曲线和要求

3. 校核

按图解所得各种集料的用量比例校核计算合成级配是否符合要求，如超出级配范围要求，应调整各集料的比例，直至符合要求为止。

【例1-3】 试用图解法设计某高速公路上面层用沥青混凝土混合料的矿质混合料的配合比。

[设计资料]

现有碎石、石屑、砂和矿粉四种集料，筛分试验结果列于表1-7。选用的矿质混合料的级配范围见表1-8。

组成材料筛分试验结果 表1-7

材料名称	通过以下筛孔尺寸（方孔筛，mm）的百分率（%）									
	16.0	13.2	9.5	4.75	2.36	1.18	0.6	0.3	0.15	0.075
碎石	100	93	17	0	—	—	—	—	—	—
石屑	100	100	100	84	14	8	4	0	—	—
砂	100	100	100	100	92	82	42	21	11	5
矿粉	100	100	100	100	100	100	100	100	96	87

矿质混合料要求级配范围 表1-8

级配范围及中值		通过以下筛孔尺寸（方孔筛，mm）的百分率（%）									
		16.0	13.2	9.5	4.75	2.36	1.18	0.6	0.3	0.15	0.075
细粒式沥青混凝土（AC-13）	级配范围	100	90～100	68～85	38～68	24～50	15～38	10～28	7～20	5～15	4～8
	级配中值	100	95	77	53	37	27	19	14	10	6

[设计要求]

采用图解法进行矿质混合料配合比设计，确定各种集料的比例，校核矿质混合料的合成级配是否符合设计级配范围的要求。

解：(1)绘制图解法用图，如图1-9所示。

(2)在碎石和石屑级配曲线相重叠部分作垂线 AA'（即使得 $a=a'$），自 AA' 与对角线 OO' 的交点 M 引一水平线交纵坐标于 P 点。OP 的长度 $X=35\%$，即为碎石的用量比例。

同理，求出石屑的用量比例 $Y=31\%$，砂的用量比例 $Z=26\%$，矿粉的用量比例 $W=8\%$。

(3)按图解所得各集料的用量比例进行校核，见表1-9。

从表1-9可以看出，按碎石:石屑:砂:矿粉＝35%:31%:26%:8%计算结果，合成级配中 $P_{0.075}=8.3\%$，超出了规范级配要求（4%～8%）。为此，必须进行调整。

(4)调整。因为通过0.075mm筛的颗粒太多，而粒径为0.075mm的颗粒主要分布于矿粉中，故应减少矿粉用量，同时增加砂的用量。经调试，采用碎石:石屑:砂:矿粉＝35%:31%:28%:6%的比例时，合成级配正好在规范要求级配范围内，并且接近中值（见表1-9中括号内的数值）。

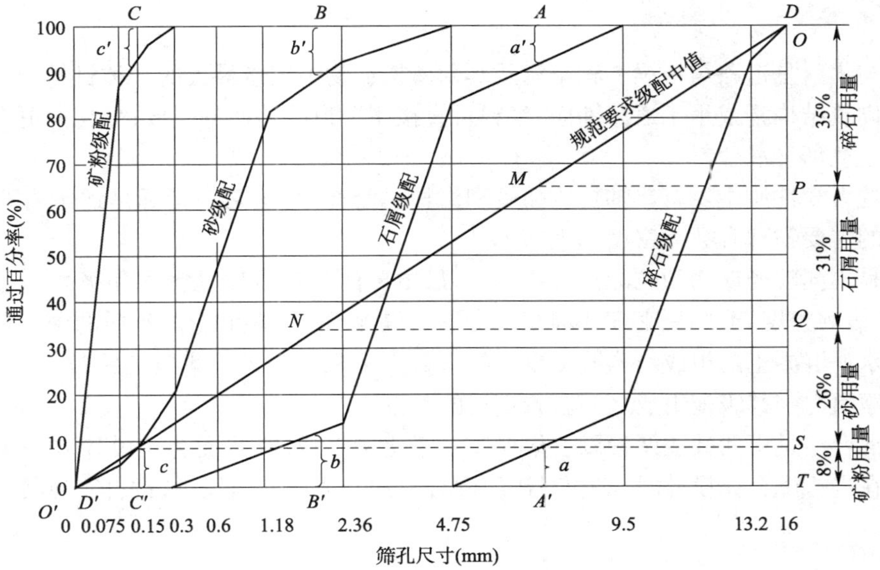

图 1-9　级配曲线图

矿质混合料组成配合校核表　　表 1-9

材料组成		通过以下筛孔尺寸(方筛孔,mm)的百分率(%)									
		16.0	13.2	9.5	4.75	2.36	1.18	0.6	0.3	0.15	0.075
原材料级配	碎石 100%	100	93	17	0	—	—	—	—	—	—
	石屑 100%	100	100	100	84	14	8	4	0	—	—
	砂 100%	100	100	100	100	92	82	42	21	11	5
	矿粉 100%	100	100	100	100	100	100	100	100	96	87
各矿质材料在混合料中的级配	碎石 35% (35%)	35.0 (35.0)	32.6 (32.6)	6.0 (6.0)	0 (0)	—	—	—	—	—	—
	石屑 31% (31%)	31.0 (31.0)	31.0 (31.0)	31.0 (31.0)	26.0 (26.0)	4.3 (4.3)	2.5 (2.5)	1.2 (1.2)	0 (0)	—	—
	砂 26% (28%)	26.0 (28.0)	26.0 (28.0)	26.0 (28.0)	26.0 (28.0)	23.9 (25.8)	21.3 (23.0)	10.9 (11.8)	5.5 (5.9)	2.9 (3.1)	1.3 (1.4)
	矿粉 8% (6%)	8.0 (6.0)	8.0 (6.0)	8.0 (6.0)	8.0 (6.0)	8.0 (6.0)	8.0 (6.0)	8.0 (6.0)	8.0 (6.0)	7.7 (5.8)	7.0 (5.2)
合成级配		100 (100)	97.6 (97.6)	71.0 (71.0)	60.0 (60.0)	36.2 (36.1)	31.8 (31.5)	20.1 (19.0)	13.5 (11.9)	10.6 (8.9)	8.3 (6.6)
级配范围(AC-13)		100	90 ~ 100	68 ~ 85	38 ~ 68	24 ~ 50	15 ~ 38	10 ~ 28	7 ~ 20	5 ~ 15	4 ~ 8
级配中值		100	95	77	53	37	27	19	14	10	6

注:括号内的数字为级配调整后的各项相应数值。

小结

岩石与集料是道路与桥梁工程结构及其附属构造物中用量最大的一类材料。岩石制品可直接用于砌筑结构物或用于道路铺面；集料可直接用于道路路面基层或垫层，但更多用于制成水泥混凝土或沥青混合料。

岩石的力学性质主要有单轴抗压强度和洛杉矶磨耗率，这两项指标是评定岩石质量的依据。岩石的主要物理常数为密度和吸水率。

集料是不同粒径矿物颗粒的混合物，集料最主要的物理常数是密度和级配。密度可分为真实密度、表观密度、毛体积密度和堆积密度等。包含不同孔隙和空隙集料的密度是计算沥青混合料和水泥混凝土的组成结构非常重要的参数。级配用来表示集料的颗粒组成，集料的密实度和内摩阻力与其级配组成之间有着直接的关系。

矿质混合料是由两种或两种以上集料按一定比例组成的，其配合比设计方法有数解法和图解法。在进行配合比设计时，必须对矿质混合料的合成级配曲线进行校核，使其满足设计级配范围。

复习思考题

1-1　岩石的主要物理常数有哪几项？简述它们的含义。

1-2　影响岩石抗压强度的主要因素(内因和外因)有哪些？

1-3　集料的主要物理常数有哪几项？与岩石的物理常数有何区别？

1-4　岩石的饱和吸水率与吸水率有何不同？

1-5　何谓“级配”？表示级配的参数有哪些？

1-6　试述级配与粗度的区别与联系。

1-7　磨光值是表征集料什么性能的指标？在路面工程中有何实际意义？

1-8　对沥青路面抗滑表层，尤其需要鉴定哪些力学指标？

1-9　何谓连续级配和间断级配？

1-10　对矿质混合料进行组成设计的目的是什么？

1-11　矿质混合料的级配理论具有什么实际意义？

1-12　试述富勒最大密度曲线的含义。泰波公式较富勒公式有何发展？它在实际应用中所起的作用是什么？

1-13　试述试算法和修正平衡面积法的步骤。

习题

1-1　某桥工地现有一批砂，欲配制水泥混凝土，经取样筛分后，其筛分结果见表1-10，试计算其分计筛余百分率、累计筛余百分率和通过百分率。绘出级配曲线及规范要求的级配曲线范围，以判定该砂的工程适应性，并用细度模数评价其粗度。

筛分结果 表 1-10

筛孔尺寸 d_i(mm)	4.75	2.36	1.18	0.6	0.3	0.15	筛底
筛余量 m_i(g)	25	35	90	140	115	70	25
规范要求通过百分率范围(%)	100~90	100~75	90~50	59~30	30~8	10~0	—

1-2 试用图解法设计某矿质混合料的配合比。

[设计资料]

某高速公路的沥青路面上面层，选用的矿质混合料的级配范围见表 1-11。现有碎石、石屑、砂和矿粉四种集料，筛分试验结果列于表 1-12。

矿质混合料要求级配范围 表 1-11

矿质混合料级配	通过以下筛孔尺寸(方孔筛，mm)的百分率									
	16.0	13.2	9.5	4.75	2.36	1.18	0.6	0.3	0.15	0.075
级配范围	100	95~100	70~88	48~68	36~53	24~41	18~30	12~22	8~16	4~8
级配范围中值	100	98	79	58	45	33	24	17	12	6

组成材料筛分试验结果 表 1-12

材料名称	通过以下筛孔尺寸(方孔筛，mm)的百分率(%)									
	16.0	13.2	9.5	4.75	2.36	1.18	0.6	0.3	0.15	0.075
碎石	100	94	26	0	0	0	0	0	0	0
石屑	100	100	100	80	40	17	0	0	0	0
砂	100	100	100	100	94	90	76	38	17	0
矿粉	100	100	100	100	100	100	100	100	100	83

[设计要求]

采用图解法进行矿质混合料配合比设计，确定各种集料的比例，校核矿质混合料的合成级配是否符合设计级配范围的要求。

1-3 试计算某大桥桥面铺装用细粒式沥青混凝土的矿质混合料的配合比。

[设计资料]

(1)现有碎石、石屑和矿粉三种矿质集料，筛分结果按分计筛余百分率列于表 1-13。

原有集料的分计筛余百分率和矿质混合料要求级配范围　　表1-13

筛孔尺寸 d_i（mm）	碎石分计筛余百分率 $a_{A(i)}$（%）	石屑分计筛余百分率 $a_{B(i)}$（%）	矿粉分计筛余百分率 $a_{C(i)}$（%）	矿质混合料要求级配范围通过百分率 $P_{(n_1-n_2)}$（%）
16.0	—	—	—	100
13.2	5.2	—	—	90～100
9.5	41.7	—	—	68～85
4.75	50.5	1.6	—	38～68
2.36	2.6	24.0	—	24～50
1.18	—	22.5	—	15～38
0.6	—	16.0	—	10～28
0.3	—	12.4	—	7～20
0.15	—	11.5	—	5～15
0.075	—	10.8	13.2	4～8
<0.075	—	1.2	86.8	—

（2）根据《公路沥青路面施工技术规范》（JTG F40—2004）的规定，细粒式沥青混凝土AC-13的要求级配范围列于表1-12。

［设计要求］

（1）按试算法确定碎石、石屑和矿粉在矿质混合料中所占比例。

（2）按题给的现行规范要求校核矿质混合料计算结果，确定其是否符合级配范围。

第二章
CHAPTER TWO

石灰与水泥

知识目标：

1. 掌握石灰的消化和硬化过程、技术性质和质量评定标准；
2. 掌握硅酸盐水泥熟料矿物组成特性、凝胶硬化的机理；
3. 掌握通用硅酸盐水泥的技术性质、技术标准及主要技术指标的测定方法；
4. 了解其他品种水泥的特性及应用。

能力目标：

1. 能根据现行技术标准正确评价和合理选择石灰；
2. 能针对不同的工程环境，根据现行技术标准正确评价和合理选择通用硅酸盐水泥。

在建筑工程中，能以自身的物理化学作用将松散材料（如砂、石）胶结成为具有一定强度的整体结构的材料，统称为胶凝材料。胶凝材料按其化学成分不同分为有机胶凝材料（如各种沥青和树脂）和无机胶凝材料两大类。无机胶凝材料根据其硬化条件不同又分为气硬性胶凝材料和水硬性胶凝材料。气硬性胶凝材料只能在空气中硬化、保持或继续提高强度，如石灰、石膏、菱苦土和水玻璃等。水硬性胶凝材料则不仅能在空气中硬化，还能在水中更好地硬化，且可在水中或适宜的环境中保持并继续提高强度。各种水泥都属于水硬性胶凝材料。

第一节 石灰

石灰又称白灰，根据成品加工方法的不同，可分为：

(1)块状生石灰。由原料煅烧而成的原产品，主要成分为 CaO。

(2)生石灰粉。由块状生石灰磨细而得到的细粉，其主要成分亦为 CaO。

(3)消石灰。将生石灰用适量的水消化而得到的粉末，亦称熟石灰，其主要成分为 $Ca(OH)_2$。

(4)石灰浆。将生石灰加多量的水（为石灰体积的 3 ~4 倍）消化而得可塑性浆体，称为石灰膏，主要成分为 $Ca(OH)_2$ 和水。如果加更多水，则呈白色悬浮液，称为石灰乳。

由于石灰原料中常含有碳酸镁成分，因而石灰中含有氧化镁成分。在建材行业标准中，根据石灰中氧化镁含量将石灰分为钙质石灰和镁质石灰两类，见表2-1、表2-2。

一、石灰的生产工艺概述

将主要成分为碳酸钙和碳酸镁的岩石经高温煅烧（加热至900℃以上），逸出二氧化碳（CO_2）气体，得到白色或灰白色的块状材料即为生石灰，其主要化学成分为氧化钙（CaO）和氧化镁（MgO）［**资源5**］。化学反应如下：

$$CaCO_3 \xrightarrow{\text{大于}900℃} CaO + CO_2\uparrow \tag{2-1}$$

5-石灰的煅烧

优质的石灰，色质洁白或略带灰色，质量较轻，其堆积密度为800～1000kg/m^3。石灰在烧制过程中，往往由于石灰石原料尺寸过大或窑中温度不匀等原因，使得石灰中含有未烧透的内核，这种石灰即称为“欠火石灰”。欠火石灰的颜色发青且未消化残渣含量高，有效氧化钙和氧化镁含量低，使用时缺乏黏结力。另一种情况是，由于煅烧温度过高、时间过长而使石灰表面出现裂缝或玻璃状的外壳，体积收缩明显，颜色呈灰黑色，块体密度大，消化缓慢，这种石灰称为“过火石灰”。“过火石灰”使用时消解缓慢，甚至用于建筑结构物中仍能继续消化，以致引起体积膨胀，导致灰层表面剥落或产生裂缝等破坏现象，故危害极大。

二、石灰的消化和硬化

1.石灰的消化

生石灰在使用前一般都需加水消解，这一过程称为“消化”或“熟化”。消化后的石灰称为“消石灰”或“熟石灰”。其化学反应式如下：

$$CaO + H_2O \longrightarrow Ca(OH)_2 + 64.9kJ/mol \tag{2-2}$$

此反应为放热反应，消化过程石灰体积增大1～2.5倍。消解石灰的理论加水量为石灰质量的32%，但由于消化过程中水分的损失，实际加水量需达70%以上。在石灰的消解过程中应严格控制加水量和加水速度。对消解速度快、活性大的石灰，消解时加水要快，水量要足，并加速搅拌，避免已消解的石灰颗粒包围于未消化颗粒周围，使内部石灰不易消解。对消解速度慢的石灰，则应采用相反措施，使生石灰充分消解，尽量减少未消化颗粒含量。石灰在消化时，为了消除“过火石灰”的危害，可在消化后“陈伏”半个月左右再使用。石灰浆在陈伏期间，其表面应覆一层水，使之与空气隔绝，以防止碳化。

2.石灰的硬化［**资源6**］

6-石灰的凝结硬化

石灰的硬化过程包括干燥硬化和碳化两部分。

（1）石灰浆的干燥硬化（结晶作用）

石灰浆在干燥过程中游离水逐渐蒸发，或被周围砌体吸收，氢氧化钙从饱和溶液中结晶析出，固体颗粒互相靠拢粘紧，强度也随之提高。其反应如下：

$$Ca(OH)_2 + nH_2O \xrightarrow{\text{晶化}} Ca(OH)_2 \cdot nH_2O \tag{2-3}$$

(2)硬化石灰浆的碳化(碳化作用)

氢氧化钙与空气中的二氧化碳作用生成碳酸钙晶体,石灰碳化作用只有在有水条件下才能进行。

$$Ca(OH)_2 + CO_2 + H_2O \xrightarrow{碳化} CaCO_3 + (n+1)H_2O \tag{2-4}$$

石灰浆体的硬化包括上面两个同时进行的过程,即表层以碳化为主,内部则以干燥硬化为主。纯石灰浆硬化时会发生收缩开裂,所以工程上常配制成石灰砂浆使用。

〔工程实例 2-1〕

某工地急需配制石灰砂浆。当时有消石灰粉、生石灰粉及生石灰材料可供选用。生石灰因价格相对较便宜而被选用,并马上加水配制石灰膏,再配制石灰砂浆。使用数日后,石灰砂浆出现众多凸出的膨胀性裂缝。

〔原因分析〕

该石灰的陈伏时间不够。数日后部分过火石灰在已硬化的石灰砂浆中熟化,造成体积安定性不良,体积膨胀,以致产生膨胀性裂纹。

〔防治措施〕

若无现成合格的石灰膏,可选用消石灰粉。消石灰粉在磨细过程中,过火石灰被磨成了细粉,易于克服过火石灰的危害。

三、石灰的技术要求和技术标准

1. 技术要求

用于道路或桥梁工程的石灰,应符合下列技术要求:

(1)有效氧化钙和氧化镁含量

石灰中产生黏结性的有效成分是活性氧化钙和氧化镁。它们的含量是评价石灰质量的主要指标,其含量愈多,石灰活性愈高,质量也愈好。有效氧化钙和氧化镁含量的测定方法,按《公路工程无机结合料稳定材料试验规程》(JTG E51—2009)的规定,有效氧化钙含量用中和滴定法测定,氧化镁含量用络合滴定法测定。具体内容参见第二篇第二章试验 2-1。

(2)生石灰产浆量和未消化残渣含量

产浆量是单位质量(10kg)的生石灰经消化后所产石灰浆体的体积(L)。石灰产浆量愈高,表示其质量愈好。

未消化残渣含量是生石灰消化后,未能消化而存留在 2.36mm 方孔筛上的残渣质量占试样质量的百分率。其含量愈多,石灰质量愈差,须加以限制。

(3)二氧化碳(CO_2)含量

控制生石灰或生石灰粉中 CO_2 含量,是为了检验石灰石在煅烧时"欠火"造成产品中未分解完成的碳酸盐的含量。CO_2 含量越高,即表示未完全分解的碳酸盐含量越高,则有效氧化钙和氧化镁含量相对降低,导致石灰的胶结性能下降。

(4)消石灰游离水含量

游离水含量指化学结合水以外的含水量。生石灰在消化过程中加入的水是理论需水量的 2 ~ 3 倍,除部分水被石灰消化过程中放出的热蒸发掉外,多加的水分残留于氢氧化钙(除结合水外）中，残余水分蒸发后，留下孔隙会加剧消石灰粉碳化作用，以致影响石灰的使用质量，因此对消石灰粉的游离水含量须加以限制。

（5）细度

细度与石灰的质量有密切联系，过量的筛余物会影响石灰的黏结性。现行标准规定以0.6mm和0.15mm方孔筛筛余百分率控制。

试验方法是称取试样50g，倒入0.6mm、0.15mm方孔筛套筛内进行筛分，分别称量筛余物质量。通过筛余物质量除以试样质量来计算其筛余百分率。

2. 技术标准

《公路路面基层施工技术细则》（JTG/T F20—2015）将生石灰、消石灰划分为三个等级，具体要求见表2-1、表2-2。

生石灰的技术要求 表2-1

指标	钙质生石灰			镁质生石灰		
	Ⅰ	Ⅱ	Ⅲ	Ⅰ	Ⅱ	Ⅲ
有效氧化钙+氧化镁含量（%）	≥85	≥80	≥70	≥80	≥75	≥65
未消化残渣含量（%）	≤7	≤11	≤17	≤10	≤14	≤20
钙镁石灰的分类界限，氧化镁含量（%）	≤5			>5		

消石灰的技术要求 表2-2

指标		钙质消石灰			镁质消石灰		
		Ⅰ	Ⅱ	Ⅲ	Ⅰ	Ⅱ	Ⅲ
有效氧化钙+氧化镁含量（%）		≥65	≥60	≥55	≥60	≥55	≥50
含水率（%）		≤4	≤4	≤4	≤4	≤4	≤4
细度	0.60mm方孔筛的筛余（%）	0	≤1	≤1	0	≤1	≤1
	0.15mm方孔筛的筛余（%）	≤13	≤20	—	≤13	≤20	—
钙镁石灰的分类界限，氧化镁含量（%）		≤4			>4		

四、石灰的应用和储存

1. 石灰的应用

（1）石灰砂浆。石灰砂浆主要用于地面以上部分的砌筑工程，并可用于抹面等装饰工程。

（2）加固软土地基。在软土地基中打入生石灰桩，可利用生石灰吸水产生膨胀对桩周土起挤密作用，利用生石灰和黏土矿物间产生的胶凝反应使周围的土固结，从而达到提高地基承载力的目的。

（3）石灰和黏土按一定比例拌和制成石灰土，或与黏土、砂石、炉渣制成三合土，用于道路工程的垫层。

（4）在道路工程中，随着无机结合料稳定材料基层在高速公路和一级公路中的应用，石灰稳定土、石灰粉煤灰稳定土及石灰粉煤灰稳定碎石等广泛用于路面基层。在桥梁工程中，石灰砂浆、石灰水泥砂浆、石灰粉煤灰砂浆广泛用于圬工砌体。

2. 石灰的储存

(1)磨细的生石灰粉应储存于干燥仓库内,采取严格防水措施。

(2)如需较长时间储存生石灰,最好将其消解成石灰浆,并使表面隔绝空气,以防碳化。

第二节 水泥

水泥是一种水硬性胶凝材料,也是建筑工程中用量最大的建筑材料之一。水泥的品种很多,按化学成分分为硅酸盐水泥、铝酸盐水泥、硫铝酸盐水泥、铁铝酸盐水泥等,按用途和性能分为通用水泥、专用水泥及特性水泥。通用水泥是指用于一般土木工程中的水泥,主要为通用硅酸盐水泥;专用水泥是指有专门用途的水泥,如道路硅酸盐水泥;特性水泥是指某种性能比较突出的水泥,如快硬硅酸盐水泥、低热水泥、抗硫酸盐水泥、膨胀水泥等。

通用硅酸盐水泥是以硅酸盐水泥熟料和适量石膏以及规定的混合材料制成的水硬性胶凝材料。按混合材料的品种和掺量,其分为硅酸盐水泥、普通硅酸盐水泥、矿渣硅酸盐水泥、火山灰质硅酸盐水泥、粉煤灰硅酸盐水泥和复合硅酸盐水泥。现将通用硅酸盐水泥的品种、代号与组分构成汇总于表2-3。

通用硅酸盐水泥的品种、代号与组分 表2-3

品种	代号	组分(质量分数)				
		熟料+石膏	粒化高炉矿渣	火山灰质混合材料	粉煤灰	石灰石
硅酸盐水泥	P·Ⅰ	100	—	—	—	—
	P·Ⅱ	≥95	≤5	—	—	—
		≥95	—	—	—	≤5
普通硅酸盐水泥	P·O	≥80且<95	>5且≤20			—
矿渣硅酸盐水泥	P·S·A	≥50且<80	>20且≤50	—	—	—
	P·S·B	≥30且<50	>50且≤70	—	—	—
火山灰质硅酸盐水泥	P·P	≥60且<80	—	>20且≤40	—	—
粉煤灰硅酸盐水泥	P·F	≥60且<80	—	—	>20且≤40	—
复合硅酸盐水泥	P·C	≥50且<80	>20且≤50			

目前在道路和桥梁工程中常用的是通用硅酸盐水泥,其中以硅酸盐水泥和普通硅酸盐水泥为主。本节着重对硅酸盐水泥的成分及其主要性能进行详细阐述,对其他水泥仅作一般介绍。

一、硅酸盐水泥

硅酸盐水泥(即国外通称的波特兰水泥)是通用硅酸盐水泥品种之一。根据《通用硅酸盐水泥》(GB 175—2007)的规定,硅酸盐水泥分两种类型:一种是不掺加混合材料,全部用硅酸盐水泥熟料和石膏磨细制成的水硬性胶凝材料,称Ⅰ型硅酸盐水泥,代号为P·Ⅰ;另一种是掺加不大于5%的粒化高炉矿渣或石灰石，与硅酸盐水泥熟料和石膏磨细制成的水硬性胶凝材料，称Ⅱ型硅酸盐水泥，代号为P·Ⅱ。

（一）硅酸盐水泥生产工艺概述

1. 硅酸盐水泥生产原料

生产硅酸盐水泥的原料，主要是石灰质原料和黏土质原料两类。石灰质原料（如石灰石、白垩、石灰质凝灰岩等）主要提供氧化钙（CaO），黏土质原料（如黏土、黏土质页岩、黄土等）主要提供氧化硅（SiO_2）、氧化铝（Al_2O_3）以及氧化铁（Fe_2O_3）。两种原料化学组成不能满足要求时，还要加入少量校正原料（如黄铁矿渣）等调整。硅酸盐水泥生产原料的化学组成见表2-4。

硅酸盐水泥生产原料的化学组成 表2-4

氧化物名称	化学成分	常用缩写	大致含量（%）
氧化钙	CaO	C	62～67
氧化硅	SiO_2	S	19～24
氧化铝	Al_2O_3	A	4～7
氧化铁	Fe_2O_3	F	2～5

2. 硅酸盐水泥的生产过程

（1）把几种原材料按适当比例配合，在磨机中磨成生料。

（2）将制备好的生料入窑进行煅烧，至1450℃左右生成以硅酸钙为主要成分的硅酸盐水泥"熟料"［**资源7**］。

（3）为调节水泥的凝结速度，在烧成的熟料中加入质量为熟料的3%左右的石膏共同磨细，即为硅酸盐水泥。

因此，硅酸盐水泥生产工艺概括起来为"两磨一烧"。其生产流程示意如图2-1所示。

7-水泥的煅烧过程

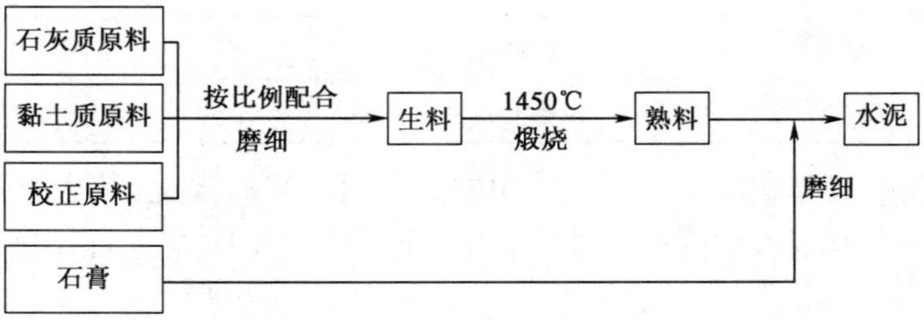

图2-1 硅酸盐水泥生产流程图

（二）硅酸盐水泥熟料的矿物组成及性质

硅酸盐水泥熟料是由主要含CaO、SiO_2、Al_2O_3、Fe_2O_3的原料，按适当比例磨成细粉烧至部分熔融所得，以硅酸钙为主要矿物成分的水硬性胶凝物质。其中，硅酸钙矿物含量（质量分数)不小于66%,氧化钙和氧化硅质量比不小于2.0。

1. 硅酸盐水泥熟料的矿物组成

硅酸盐水泥的主要化学成分是CaO、SiO_2、Al_2O_3和Fe_2O_3。

经过高温煅烧后,CaO、SiO_2、Al_2O_3、Fe_2O_3四种成分化合为熟料中的主要矿物组成,具体如下:

硅酸三钙($3CaO \cdot SiO_2$,简式为C_3S);

硅酸二钙($2CaO \cdot SiO_2$,简式为C_2S);

铝酸三钙($3CaO \cdot Al_2O_3$,简式为C_3A);

铁铝酸四钙($4CaO \cdot Al_2O_3 \cdot Fe_2O_3$,简式为$C_4AF$)。

硅酸盐水泥熟料四种主要矿物化学组成与含量见表2-5。

硅酸盐水泥熟料的矿物组成　　表2-5

矿物组成	化学组成	常用缩写	大致含量(%)
硅酸三钙	$3CaO \cdot SiO_2$	C_3S	37~60
硅酸二钙	$2CaO \cdot SiO_2$	C_2S	15~37
铝酸三钙	$3CaO \cdot Al_2O_3$	C_3A	7~15
铁铝酸四钙	$4CaO \cdot Al_2O_3 \cdot Fe_2O_3$	C_4AF	10~18

2. 硅酸盐水泥熟料主要矿物组成的性质

1)硅酸三钙

硅酸三钙是硅酸盐水泥中最主要的矿物组分,其含量通常在50%左右,它对硅酸盐水泥性质有着重要的影响。硅酸三钙水化速度较快,水化热高,且早期强度高,28d强度可达一年强度的70%~80%。

2)硅酸二钙

硅酸二钙在硅酸盐水泥中的含量为15%~37%,亦为主要矿物组分,遇水时对水反应较慢,水化热很低。硅酸二钙的早期强度较低而后期强度高,耐化学侵蚀性和干缩性较好。

3)铝酸三钙

铝酸三钙在硅酸盐水泥中含量通常在15%以下,它是四种组分中遇水反应速度最快,水化热最高的组分。铝酸三钙的含量决定水泥的凝结速度和释热量。通常为调节水泥凝结速度需掺加石膏或硅酸三钙与石膏形成的水化产物,对提高水泥早期强度起一定作用。铝酸三钙耐化学侵蚀性差,干缩性大。

4)铁铝酸四钙

铁铝酸四钙在硅酸盐水泥中含量通常为10%~18%。其遇水反应较快,水化热较高;强度较低,但对水泥抗折强度起重要作用;耐化学侵蚀性好,干缩性小。

3. 水泥熟料主要矿物组成的性质比较

硅酸盐水泥熟料中这四种矿物组成的主要特性比较如下:

(1)反应速度。C_3A最快,C_3S较快,C_4AF也较快,C_2S最慢。

(2)释热量。C_3A 最大，C_3S 较大，C_4AF 居中，C_2S 最小。

(3)强度。C_3S 最高，C_2S 早期低，但后期增长率较大，故 C_3S 和 C_2S 为水泥强度的主要来源；C_3A 强度不高，C_4AF 含量对抗折强度有利。

(4)耐化学侵蚀性。C_4AF 最优，其次为 C_2S、C_3S，C_3A 最差。

(5)干缩性。C_4AF 和 C_2S 最小，C_3S 居中，C_3A 最大。

硅酸盐水泥的主要矿物组成的特性归纳见表2-6。

硅酸盐水泥主要矿物组成及其特性 表2-6

矿物组成		硅酸三钙（C_3S）	硅酸二钙（C_2S）	铝酸三钙（C_3A）	铁铝酸四钙（C_4AF）
与水反应速度		中	慢	快	中
水化热		中	低	高	中
对强度的作用	早期	高	低	低	中
	后期	低	高	低	低
耐化学侵蚀		中	良	差	优
干缩性		中	小	大	小

水泥中矿物成分水化后抗压强度和释热量随龄期的增长如图2-2、图2-3所示。

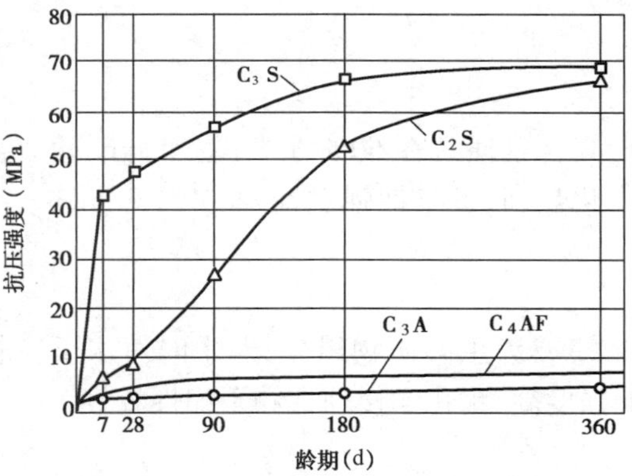

图2-2 水泥熟料矿物在不同龄期的抗压强度

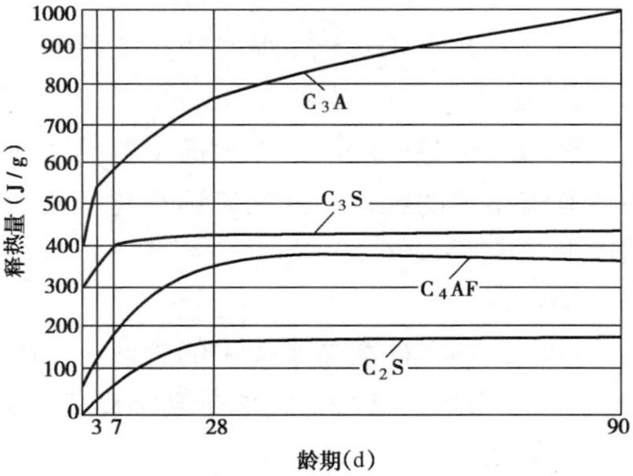

图2-3 水泥熟料矿物在不同龄期的释热量

4. 矿物组成对水泥性能的影响

水泥是由多种矿物组分组成的，改变各矿物组分的含量比例以及它们之间的匹配，可生产各种性能各异的水泥。例如，提高 C_3S 含量，可制得高强度水泥；降低 C_3S、C_3A 含量，提高 C_2S 含量，可制得低热大坝水泥；提高 C_4AF 和 C_3S 含量，可制得较高抗折强度的道路水泥。

〔工程实例2-2〕

某大体积的混凝土工程，浇筑两周后拆模，发现挡墙有多道贯穿型的纵向裂缝。该工程使用某立窑水泥厂生产的42.5Ⅱ型硅酸盐水泥，其熟料矿物组成如下：

C_3S 61% ；C_2S 14%；C_3A 14%；C_4AF 11%

〔原因分析〕

由于该工程所使用的水泥中 C_3A 和 C_3S 含量高，导致该水泥的水化热高，且在浇筑混凝土中，混凝土的整体温度高，以后混凝土温度随环境温度下降，混凝土产生冷缩，造成混凝土贯穿型的纵向裂缝。

〔防治措施〕

①对大体积的混凝土工程宜选用低水化热，即 C_3A 和 C_3S 含量较低的水泥。

②对水泥用量及水灰比也需适当控制。

(三)硅酸盐水泥的凝结和硬化

水泥加水拌和后成为可塑的水泥浆，由于水泥的水化作用，水泥浆逐渐变稠失去流动性和可塑性而未具有强度的过程，称为水泥的“凝结”；随后强度逐渐发展成为坚硬的人造石的过程称为水泥的“硬化”。凝结和硬化是人为划分的两个阶段，实际上是一个连续而复杂的物理化学变化过程。

1. 水泥的水化作用[**资源8**]

8-水泥水化

水泥遇水后，发生下列水化反应。

(1)硅酸三钙

$$3CaO \cdot SiO_2 + nH_2O \longrightarrow xCaO \cdot SiO_2 \cdot yH_2O + (3-x)Ca(OH)_2 \quad (2\text{-}5)$$

硅酸三钙　　水化硅酸钙　　氢氧化钙

(2)硅酸二钙

$$2CaO \cdot SiO_2 + mH_2O \longrightarrow xCaO \cdot SiO_2 \cdot yH_2O + (2-x)Ca(OH)_2 \quad (2\text{-}6)$$

硅酸二钙　　水化硅酸钙　　氢氧化钙

(3)铝酸三钙

$$3CaO \cdot Al_2O_3 + 6H_2O \longrightarrow 3CaO \cdot Al_2O_3 \cdot 6H_2O \quad (2\text{-}7)$$

铝酸三钙　　水化铝酸钙

C_3A 在纯水中反应可生成水化铝酸钙，但这些水化物都是不稳定的，不是最后的生成物，在有石膏存在的情况下，其水化反应为：

$$3CaO \cdot Al_2O_3 + 3CaSO_4 \cdot 2H_2O + 26H_2O \longrightarrow 3CaO \cdot Al_2O_3 \cdot 3CaSO_4 \cdot 32H_2O \quad (2\text{-}8)$$

铝酸三钙　　石膏　　三硫型水化铝酸钙(钙矾石)

当石膏消耗完毕后，水泥中尚未水化的 C_3A 与式(2-8)中钙矾石(AFt)生成单硫型水化铝酸钙(AFm)。

$$3CaO \cdot Al_2O_3 \cdot 3CaSO_4 \cdot 32H_2O + 2[3CaO \cdot Al_2O_3] + 4H_2O \longrightarrow$$

三硫型水化铝酸钙(钙矾石)

$$3[3CaO \cdot Al_2O_3 \cdot CaSO_4 \cdot 12H_2O] \quad (2\text{-}9)$$

单硫型水化铝酸钙

(4)铁铝酸四钙

$$4CaO \cdot Al_2O_3 \cdot Fe_2O_3 + 7H_2O \longrightarrow 3CaO \cdot Al_2O_3 \cdot 6H_2O + CaO \cdot Fe_2O_3 \cdot H_2O \quad (2\text{-}10)$$

铁铝酸四钙　　水化铝酸钙　　水化铁酸钙

从以上各化学反应方程式可以看出，硅酸盐水泥水化后主要有表2-7所列几种水化产物。

硅酸盐水泥水化产物的化学组成　　表2-7

水化产物名称	化学组成	常用缩写
水化硅酸钙	$x\mathrm{CaO}\cdot\mathrm{SiO_2}\cdot y\mathrm{H_2O}$	C-S-H
氢氧化钙	$\mathrm{Ca(OH)_2}$	CH
三硫型水化硫铝酸钙(钙矾石)	$\mathrm{3CaO\cdot Al_2O_3\cdot 3CaSO_4\cdot 32H_2O}$	$\mathrm{C_3A3CS\cdot H_{32}}$(或AFt)
单硫型水化硫铝酸钙(单硫盐)	$\mathrm{3CaO\cdot Al_2O_3\cdot CaSO_4\cdot 12H_2O}$	$\mathrm{C_3ACS\cdot H_{12}}$(或AFm)
三硫型水化铁铝酸钙	$\mathrm{3CaO(Al_2O_3,Fe_2O_3)\cdot 3CaSO_4\cdot 32H_2O}$	$\mathrm{C_3(A,F)3CSH_{32}}$
单硫型水化铁铝酸钙	$\mathrm{3CaO(Al_2O_3,Fe_2O_3)\cdot CaSO_4\cdot 12H_2O}$	$\mathrm{C_3(A,F)CSH_{12}}$

充分水化的水泥浆体中，主要水化产物为水化硅酸钙(C-S-H)凝胶，约占70%，氢氧化钙(CH)结晶约占20%，钙矾石(AFt)和单硫盐(AFm)约占7%，其余是未水化的水泥和次要组分。

2. 硅酸盐水泥的凝结和硬化

水泥浆体由可塑态逐渐失去塑性，进而硬化产生强度，这样一个物理化学过程，从物态变化可分为以下四个阶段来描述。

(1)初始反应期。水泥与水接触后立即发生水化反应。初期 $\mathrm{C_3S}$ 水化，释放出的 $\mathrm{Ca(OH)_2}$ 立即溶解于溶液中，浓度达到过饱和后，$\mathrm{Ca(OH)_2}$ 结晶析出。暴露在水泥颗粒表面的铝酸三钙也溶解于水，并与已溶解的石膏反应，生成钙矾石结晶析出。在此阶段，1%左右的水泥产生水化。

(2)诱导期。在初始反应期后，水泥微粒表面覆盖一层以 C-S-H 凝胶为主的渗透膜，使水化反应缓慢进行。这期间生成的水化产物数量不多，水泥颗粒仍然分散，水泥浆体基本保持塑性。

(3)凝结期。由于渗透压的作用，包裹在水泥微粒表面的渗透膜破裂，水泥微粒进一步水化，除继续生成 $\mathrm{Ca(OH)_2}$ 及钙矾石外，还生成了大量的 C-S-H 凝胶。水泥水化产物不断填充了水泥颗粒之间的空隙，随着接触点的增多，结构趋向密实，使水泥浆体逐渐失去塑性。

(4)硬化期。水泥继续水化，除已生成的水化产物的数量继续增加外，$\mathrm{C_4AF}$ 的水化物也开始形成，硅酸钙继续进行水化。水化生成物以凝胶与结晶状态进一步填充孔隙，水泥浆体逐渐产生强度，进入硬化阶段。只要温度、湿度合适，且无外界腐蚀，水泥强度在几年甚至几十年后还能继续增长。图2-4为硅酸盐水泥凝结硬化过程示意图。

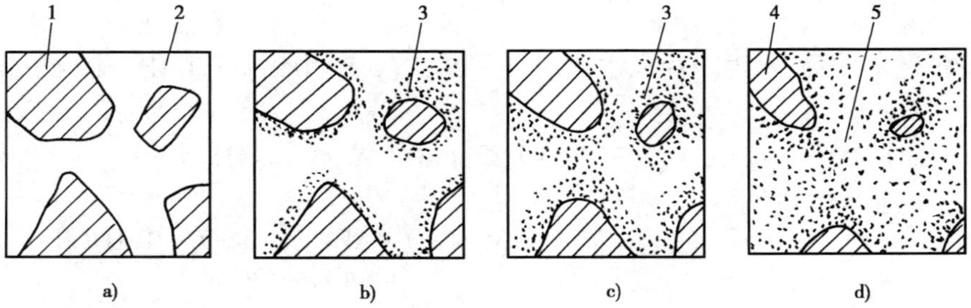

图2-4　水泥凝结硬化过程示意图

a)分散在水中未水化的水泥颗粒；b)在水泥颗粒表面形成水化物膜层；c)膜层长大并互相连接(凝结)；d)水化物进一步发展，填充毛细孔(硬化)

1-水泥颗粒；2-水分；3-凝胶；4-水泥颗粒的未水化内核；5-毛细孔

(四)硅酸盐水泥的技术性质和技术标准

1.技术性质

按照《通用硅酸盐水泥》(GB 175—2007)的规定,硅酸盐水泥的技术性质包括下列项目。

1)化学性质

水泥的化学指标主要是控制水泥中有害化学成分的含量,超过最大允许限量,即意味着对水泥性能和质量可能产生有害或潜在的影响。

(1)氧化镁含量

在水泥熟料中,常含有少量未与其他矿物结合的游离氧化镁,这种多余的氧化镁是高温时形成的方镁石,它水化为氢氧化镁的速度很慢,常在水泥硬化以后才开始水化,产生体积膨胀,可导致水泥石结构产生裂缝甚至破坏。因此,它是引起水泥安定性不良的原因之一。

《通用硅酸盐水泥》(GB 175—2007)规定,硅酸盐水泥的氧化镁含量(质量分数)不应大于5.0%。如果水泥经压蒸安定性试验合格,则水泥中氧化镁的含量(质量分数)允许放宽到6%。

(2)三氧化硫含量

水泥中的三氧化硫主要是在生产时为调节凝结时间加入石膏而产生的。石膏超过一定限量后,水泥性能会变差,甚至引起硬化后水泥石体积膨胀,导致结构物破坏。

《通用硅酸盐水泥》(GB 175—2007)规定,水泥中三氧化硫的含量(质量分数)应不大于3.5%。

(3)烧失量

水泥煅烧不佳或受潮后,均会导致烧失量增加。烧失量是以水泥试样在950~1000℃下灼烧15~20min后冷却至室温称量测定。如此反复灼烧,直至恒重,计算灼烧前后质量损失百分率。

《通用硅酸盐水泥》(GB 175—2007)规定,Ⅰ型硅酸盐水泥中烧失量(质量分数)不得大于3.0%,Ⅱ型硅酸盐水泥中烧失量(质量分数)应不大于3.5%。普通硅酸盐水泥中烧失量(质量分数)不应大于5.0%。

(4)不溶物

水泥中不溶物是用盐酸溶解滤去不溶残渣,经碳酸钠处理再用盐酸中和,高温灼烧至恒重后称量,灼烧后不溶物质量占试样总质量的比例为不溶物。

《通用硅酸盐水泥》(GB 175—2007)规定,Ⅰ型硅酸盐水泥中不溶物(质量分数)应不大于0.75%,Ⅱ型硅酸盐水泥中不溶物(质量分数)不应大于1.50%。

(5)氯离子

水泥中的氯离子含量过高,其主要原因是掺加了混合材料和外加剂(如工业废渣、助磨剂等)。同时,氯离子又是混凝土中钢筋锈蚀的重要因素,所以《通用硅酸盐水泥》(GB 175—2007)规定,水泥生产中允许加入不大于0.5%的助磨剂,水泥中的氯离子含量须不大于0.06%。

(6)碱含量

水泥熟料中含有少量的碱性氧化物(Na_2O、K_2O)。若水泥中碱含量高,当选用含有活性的集料配制混凝土时,会产生碱-集料反应,引起水泥石胀裂。《通用硅酸盐水泥》(GB 175—

2007）规定，水泥中的碱含量按 $Na_2O+0.658K_2O$ 计算值表示。若使用活性集料，当用户要求提供低碱水泥时，水泥中的碱含量应不大于0.60%，或由买卖双方协商确定。

2）物理性质

（1）细度（选择性指标）

细度是指水泥颗粒粗细的程度。颗粒愈细，水泥与水起反应的面积愈大，水化愈充分，水化速度愈快。所以，相同矿物组成的水泥，细度愈大，早期强度愈高，凝结速度愈快，析水量愈少。实践表明，细度提高，可使水泥混凝土的强度提高，工作性得到改善。但是，水泥细度提高，在空气中的硬化收缩也较大，会使水泥发生裂缝的可能性增加。因此，对水泥细度必须予以合理控制。水泥细度有以下两种表示方法：

①筛析法。以45μm方孔筛的筛余量百分率表示。《公路工程水泥及水泥混凝土试验规程》（JTG 3420—2020）规定，筛析法有负压筛法、水筛法和手工筛析法，结果有争议时，以负压筛法为准。

②比表面积法。以每千克水泥总表面积（m^2/kg）表示，其测定采用勃氏法。

《通用硅酸盐水泥》（GB 175—2007）规定，硅酸盐水泥和普通硅酸盐水泥的细度以比表面积表示，不小于300m^2/kg，试验方法参见第二篇第二章试验2-3。

（2）标准稠度用水量

为了使水泥凝结时间、安定性等的测量具有准确的可比性，水泥浆体达到统一稠度的用水量称为标准稠度用水量。

《公路工程水泥及水泥混凝土试验规程》（JTG 3420—2020）规定，水泥净浆标准稠度用水量的标准测定方法为试杆法，以标准稠度试杆沉入净浆，并以距离底板6mm±1mm的水泥净浆为标准稠度净浆，其拌和用水量为该水泥标准稠度用水量（P），按水泥质量的百分比计。以试锥法（调整水量法和不变水量法）为代用法，采用调整水量法测定标准稠度用水量时，拌和水量应按经验确定加水量；采用不变水量法测定时，拌和水量为142.5mL，水量精确到0.5mL。如发生争议时，以调整水量法为准。

（3）凝结时间

水泥的凝结时间是从加水开始到水泥浆失去可塑性所需的时间，分为初凝时间和终凝时间。初凝时间是指水泥全部加入水中至初凝状态所经历的时间，以分钟（min）计。初凝状态是指试针自由沉入标准稠度的水泥净浆，试针沉至距底板4mm±1mm时的稠度状态。终凝时间是指由水泥全部加入水中至终凝状态所经历的时间，以分钟（min）计。终凝状态是指试针沉入试体0.5mm，即环形附件开始不能在试体上留下痕迹时的稠度状态。

水泥的凝结时间对水泥混凝土的施工有重要意义。初凝时间太短，将影响混凝土拌合料的运输和浇灌；终凝时间过长，则影响混凝土工程的施工进度。《通用硅酸盐水泥》（GB 175—2007）规定，硅酸盐水泥初凝不小于45min，终凝不大于390min。

（4）安定性

水泥的安定性是反映水泥浆在凝结、硬化过程中，体积膨胀变形的均匀程度。各种水泥在凝结硬化过程中，如果产生不均匀变形或变形太大，使构件产生膨胀裂缝，就是水泥安定性不良，影响工程质量。

影响安定性的因素主要为熟料中的氧化镁含量、水泥中的三氧化硫含量。

《公路工程水泥及水泥混凝土试验规程》(JTG 3420—2020)规定,检验水泥安定性的标准法为雷氏法,以试饼法为代用法,有矛盾时以标准法为准。

①雷氏法是将标准稠度的水泥净浆装于雷氏夹的环形试模中,经湿养24h后,在沸煮箱中加热30min±5min至沸,继续恒沸3h±5min。测定试件两指针尖端距离,沸煮后两个试件在针尖端增加的距离平均值不大于5.0mm时,即认为该水泥安定性合格。

②试饼法是将水泥拌制成标准稠度的水泥净浆,制成直径70~80mm、中心厚约10mm的试饼,在湿汽养护箱中养护24h,然后在沸煮箱中加热30min±5min至沸,恒沸3h±5min,最后根据试饼有无弯曲、裂缝等外观变化,判断其安定性。

(5)强度

强度是水泥技术要求中最基本的指标,也是水泥的重要技术性质之一。

水泥强度除了与水泥本身的性质(熟料矿物成分、细度等)有关外,还与水灰比、试件制作方法、养护条件和时间有关。按《公路工程水泥及水泥混凝土试验规程》(JTG 3420—2020)的规定,用水泥胶砂强度法(ISO法)作为水泥强度的标准检验方法。此方法采用的水泥与ISO标准砂的质量比为1:3,水灰比为0.5,用标准制作方法制成40mm×40mm×160mm的标准试件,在标准温度20℃±1℃的水中养护,达到规定龄期(3d,28d)时,测其抗折强度和抗压强度。按《通用硅酸盐水泥》(GB 175—2007)规定的最低强度值来评定其所属强度等级。

①水泥强度等级。按规定龄期抗压强度和抗折强度来划分,硅酸盐水泥各龄期强度不低于表2-8中的数值。在规定各龄期的抗压强度和抗折强度均符合某一强度等级的最低强度值要求时,以28d抗压强度值(MPa)作为强度等级,硅酸盐水泥强度等级分为42.5、42.5R、52.5、52.5R、62.5、62.5R六个强度等级。

硅酸盐水泥的强度指标 表2-8

品种	强度等级	抗压强度(MPa)		抗折强度(MPa)	
		3d	28d	3d	28d
硅酸盐水泥	42.5	≥17.0	≥42.5	≥3.5	≥6.5
	42.5R	≥22.0		≥4.0	
	52.5	≥23.0	≥52.5	≥4.0	≥7.0
	52.5R	≥27.0		≥5.0	
	62.5	≥28.0	≥62.5	≥5.0	≥8.0
	62.5R	≥32.0		≥5.5	

水泥28d以前强度称为早期强度,28d及其以后强度称为后期强度。

②水泥型号。为提高水泥早期强度,我国现行标准将水泥分为普通型和早强型(或称R型)两个型号。早强型水泥3d的抗压强度较同强度等级的普通型强度可提高10%~24%;早强型水泥的3d抗压强度可达28d抗压强度的50%。水泥混凝土路面用水泥,在供应条件允许时,应尽量优先选用早强型水泥,以缩短混凝土养护时间,提早通车。

为确保水泥在工程中的使用质量,生产厂在控制出厂水泥28d的抗压强度时,均留有一定的富余强度。在设计混凝土强度时,可采用水泥实际强度。通常富余强度系数为1.00~1.13。

2. 技术标准

硅酸盐水泥的技术标准，按《通用硅酸盐水泥》(GB 175—2007)的有关规定列于表2-9。

硅酸盐水泥的技术标准 表2-9

技术标准	细度[比表面积(m^2/kg)]	凝结时间(min)		安定性(沸煮法)	强度(MPa)	不溶物(质量分数)		MgO(质量分数)	SO_3(质量分数)	烧失量(质量分数)		碱含量(按 Na_2O + $0.658K_2O$ 计,质量分数)	氯离子(质量分数)
		初凝	终凝			P·Ⅰ	P·Ⅱ			P·Ⅰ	P·Ⅱ		
指标	≥300	≥45	≤390	必须合格	见表2-8	≤0.75	≤1.50	≤5.0①	≤3.5	≤3.0	≤3.5	≤0.60②	≤0.06③
试验方法	GB/T 8074—2008	GB/T 1346—2011		GB/T 1346—2011	GB/T 17671—1999	GB/T 176—2008							

注：①如果水泥经压蒸安定性试验合格，则水泥中 MgO 含量允许放宽到6.0%。

②水泥中碱含量为选择性指标，用 $Na_2O+0.658K_2O$ 计算值来表示，若使用活性集料，用户要求低碱水泥时，水泥中碱含量不得大于0.60%或由供需双方商定。

③当有更低要求时，该指标由供需双方确定。

《通用硅酸盐水泥》(GB 175—2007)规定，检验结果符合不溶物、烧失量、氧化镁、三氧化硫、氯离子、初凝时间、终凝时间、安定性及强度的规定为合格品；任何一项检验结果不符合上述规定的为不合格品。

(五)硅酸盐水泥石的腐蚀和防腐蚀措施

1. 水泥石的腐蚀

用硅酸盐类水泥配制成的混凝土，在正常环境中，水泥石强度将不断增长，但在某些环境中，水泥石的强度反而降低，甚至引起混凝土结构物的破坏，这种现象称为水泥石的腐蚀。水泥石的腐蚀一般有以下几种类型：

1)溶析性侵蚀

溶析性侵蚀，又称溶出侵蚀或淡水侵蚀，即硬化后混凝土中的水泥水化产物被淡水溶解而带走的一种侵蚀现象。

在硅酸盐水泥的水化产物中，$Ca(OH)_2$在水中的溶解度最大，首先被溶出。在水量小、静水或无压情况下，由于$Ca(OH)_2$的迅速溶出，周围的水很快饱和，溶出作用很快就终止。但在大量或流动的水中，由于$Ca(OH)_2$不断被溶析，不仅使混凝土的密度和强度降低，还将导致水化硅酸钙和水化铝酸钙的分解，最终可能引起整体结构物的破坏。

2)硫酸盐的侵蚀

海水、沼泽水、工业污水中，常含有易溶的硫酸盐类，它们与水泥石中的氢氧化钙反应生成石膏，石膏在水泥石孔隙中结晶时体积膨胀，且石膏与水泥中的水化铝酸钙作用，生成水化硫铝酸钙(即钙矾石)，其体积可增大1.5倍，因此水泥石中会产生很大的内应力，使混凝土结构的强度降低，甚至破坏。

3)镁盐侵蚀

在海水、地下水或矿泉水中,常含有较多的镁盐,如氯化镁、硫酸镁。镁盐与水泥石中的氢氧化钙反应生成无胶结能力、极易溶于水的氯化钙,或生成二水石膏,导致水泥石结构破坏。

4)碳酸侵蚀

在工业污水或地下水中常溶解有较多的二氧化碳(CO_2)。CO_2与水泥石中的氢氧化钙作用,生成不溶于水的碳酸钙,碳酸钙再与水中的碳酸作用生成易溶于水的碳酸氢钙,其可溶性使水泥石的强度下降。

2. 水泥石的防腐蚀措施

(1)根据腐蚀环境特点,合理选用水泥品种。

选用硅酸三钙含量低的水泥,使水化产物中$Ca(OH)_2$的含量减少,可提高抗淡水侵蚀能力;选用铝酸三钙含量低的水泥,则可降低硫酸盐的腐蚀作用。

(2)提高水泥石的密实度。

水泥石内部存在的孔隙是水泥石产生腐蚀的内因之一。通过采取诸如合理设计混凝土配合比、降低水灰比、合理选择集料、掺外加剂及改善施工方法等措施,可以提高水泥石的密实度,增强其抗腐蚀能力。另外,也可以对水泥石表面进行处理,如碳化等,增加其表层密实度,从而达到防腐的目的。

(3)敷设耐蚀保护层。

当腐蚀作用较强时,可在混凝土表面敷设一层耐腐蚀性强且不透水的保护层,通常可采用耐酸石料、耐酸陶瓷、玻璃、塑料或沥青等。

二、普通硅酸盐水泥

普通硅酸盐水泥(简称普通水泥),代号P·O。《通用硅酸盐水泥》(GB 175—2007)规定,普通硅酸盐水泥组分中熟料和石膏大于或等于80%且小于95%,掺加大于5%且小于或等于20%的粒化高炉矿渣、火山灰质混合材料和粉煤灰等活性混合材料,其中允许用不超过水泥质量8%的非活性混合材料或不超过水泥质量5%的窑灰代替。

普通硅酸盐水泥由于掺加混合材料的数量少,性质与不掺混合材料的硅酸盐水泥相近。普通硅酸盐水泥的强度等级分为42.5、42.5R、52.5、52.5R四个强度等级。各强度等级在规定龄期的抗压和抗折强度不得低于表2-10所列值,其他技术性能要求如表2-11所列。

普通硅酸盐水泥各龄期强度 表2-10

品种	强度等级	抗压强度(MPa)		抗折强度(MPa)	
		3d	28d	3d	28d
普通硅酸盐水泥	42.5	≥17.0	≥42.5	≥3.5	≥6.5
	42.5R	≥22.0		≥4.0	
	52.5	≥23.0	≥52.5	≥4.0	≥7.0
	52.5R	≥27.0		≥5.0	

普通硅酸盐水泥的技术指标

表 2-11

技术标准	细度[比表面积(m^2/kg)]	凝结时间(min)		安定性(沸煮法)	强度(MPa)	不溶物(质量分数)	MgO(质量分数)	SO_3(质量分数)	烧失量(质量分数)	碱含量(按 $Na_2O + 0.658K_2O$ 计,质量分数)	氯离子(质量分数)
		初凝	终凝								
指标	≥300	≥45	≤600	必须合格	见表 2-10	—	≤5.0①	≤3.5	≤5.0	0.60②	≤0.06③
试验方法	GB/T 8074—2008	GB/T 1346—2011		GB/T 1346—2011	GB/T 17671—1999	GB/T 176—2017					

注:①如果水泥经压蒸安定性试验合格,则水泥中 MgO 含量允许放宽到 6.0%。
②水泥中碱含量为选择性指标,用 $Na_2O + 0.658K_2O$ 计算值来表示,若使用活性集料,用户要求低碱水泥时,水泥中碱含量不得大于 0.60% 或由供需双方商定。
③当有更低要求时,该指标由供需双方确定。

〔工程实例 2-3〕

某立窑水泥厂生产的普通硅酸盐水泥游离氧化钙含量较高,加水拌和后初凝时间仅 40min,本属于不合格品。但放置 1 个月后,凝结时间又恢复正常,而强度下降。

〔原因分析〕

①该立窑水泥厂生产的普通硅酸盐水泥游离氧化钙含量较高,该氧化钙部分煅烧温度较低。加水拌和后,水与氧化钙迅速反应生成氢氧化钙,并放出水化热,加速了其他熟料矿物的水化速度,从而产生了较多的水化产物,短时间凝结。

②水泥放置一段时间后,吸收了空气中的水汽,大部分氧化钙生成氢氧化钙,或进一步与空气中的二氧化碳反应,生成碳酸钙。故此时加入拌和水后,不会出现原来的水泥浆体温度升高、水化速度过快、凝结时间过短的现象,但其他水泥熟料矿物也会与空气中的水汽反应,部分产生结团、结块,使强度下降。

三、掺混合材料的硅酸盐水泥

为改善硅酸盐水泥的某些性能,同时达到增加产量和降低成本的目的,在硅酸盐水泥熟料中掺加适量的各种混合材料与石膏共同磨细的水硬性胶凝材料,称为掺混合材料的硅酸盐水泥。

(一)混合材料

1. 活性混合材料

磨成细粉掺入水泥后,其成分能与水泥中的矿物成分起化学反应,生成具有胶凝功能的水化产物,且既能在水中又能在空气中硬化的称为活性混合材料。常用的活性混合材料有粒化高炉矿渣、粒化高炉矿渣粉、火山灰质混合材料和粉煤灰。

1）粒化高炉矿渣及粒化高炉矿渣粉

将高炉炼铁矿渣在高温液态卸出时经冷淬处理，使其成为颗粒状态，质地疏松、多孔，称为粒化高炉矿渣。将其干燥、粉磨（或添加少量石膏一起粉磨）达到相当细度且符合相应活性指数的粉体称为粒化高炉矿渣粉（简称矿渣粉）。其主要化学成分为 CaO、SiO_2和 Al_2O_3，它们的总含量在 90% 以上，此外，还有 MgO、FeO 和一些硫化物。其中，CaO 和 SiO_2 含量均可高达 40% 或更高，其自身具有一定水硬性。

2）火山灰质混合材料

火山灰、凝灰岩、硅藻石、烧黏土、煤渣、煤矸石渣等都属于火山灰质混合材料。这些材料都含有活性氧化硅和活性氧化铝，经磨细后，在 $Ca(OH)_2$的碱性作用下，可在空气中硬化，而后在水中继续硬化，增加强度。

3）粉煤灰

火电厂的燃料煤粉燃烧后收集的飞灰称粉煤灰。粉煤灰中含有较多的 SiO_2、Al_2O_3，与 $Ca(OH)_2$化合能力较强，具有较高的活性。根据煤粉品质，粉煤灰分为 F 类和 C 类。

F 类粉煤灰是由无烟煤或烟煤煅烧收集的，C 类粉煤灰是由褐煤或次煤煅烧收集的，其理化性能应满足《用于水泥和混凝土中的粉煤灰》（GB/T 1596—2017）的要求，见表 2-12。

水泥活性混合材料用粉煤灰理化性能要求 表 2-12

项　目	理化性能要求	
烧失量（%）	F 类粉煤灰	≤8.0
	C 类粉煤灰	
含水率（%）	F 类粉煤灰	≤1.0
	C 类粉煤灰	
三氧化硫（SO_3）质量分数（%）	F 类粉煤灰	≤3.5
	C 类粉煤灰	
游离氧化钙质量分数（%）	F 类粉煤灰	≤1.0
	C 类粉煤灰	≤4.0
二氧化硅（SiO_2）、三氧化二铝（Al_2O_3）和三氧化二铁（Fe_2O_3）总质量分数（%）	F 类粉煤灰	≥70.0
	C 类粉煤灰	≥50.0
密度（g/cm^3）	F 类粉煤灰	≤2.6
	C 类粉煤灰	
安定性（雷氏法）（mm）	C 类粉煤灰	≤5.0
强度活性指数（%）	F 类粉煤灰	≥70.0
	C 类粉煤灰	

2. 非活性混合材料

非活性混合材料经磨细后加入水泥中不具有或只具有微弱的化学活性，在水泥水化中基本上不参加化学反应，仅起提高产量、调节水泥强度、节约水泥熟料的作用，因此又称为填充性混合材料。常用的非活性混合材料包括不符合技术要求的粒化高炉矿渣、粒化高炉矿渣粉、粉煤灰及火山灰质混合材料，以及石灰石和砂岩，其中石灰石中的 Al_2O_3 含量不应大于 2.5%。

（二）矿渣硅酸盐水泥

1. 矿渣硅酸盐水泥的组分

矿渣硅酸盐水泥简称矿渣水泥，《通用硅酸盐水泥》（GB 175—2007）规定，矿渣硅酸盐水泥分两种类型，一种熟料和石膏≥50%且<80%，掺加>20%且≤50%的粒化高炉矿渣，其中允许用不超过水泥质量8%的其他活性混合材料、非活性混合材料或窑灰中的任一种材料代替，代号为P·S·A；另一种熟料和石膏≥30%且<50%，掺加>50%且≤70%的粒化高炉矿渣，其中允许用不超过水泥质量8%的其他活性混合材料、非活性混合材料或窑灰中的任一种材料代替，代号为P·S·B。

2. 矿渣硅酸盐水泥的水化和硬化过程

矿渣硅酸盐水泥的水化过程分两步进行。首先是水泥熟料矿物水化，生成水化硅酸钙、水化铝酸钙、水化铁酸钙、氢氧化钙、水化硫铝酸钙等水化物；其次，$Ca(OH)_2$起着碱性激发剂的作用，与矿渣中的活性SiO_2和活性Al_2O_3作用形成具有胶凝性能的水化硅酸钙和水化铝酸钙等水化产物。两次反应是交替进行而又相互制约的。由于二次反应消耗了水泥熟料的水化生成物，因此又加速了水泥熟料的水化反应。

矿渣中的C_2S也和熟料中的C_2S一样参与水化作用，生成水化硅酸钙。

矿渣硅酸盐水泥中加入的石膏，一方面可调节水泥熟料的凝结时间，另一方面也是矿渣的硫酸盐激发剂，与水化铝酸钙结合，生成水化硫铝酸钙。如掺量适当，可加速矿渣的水化，但若掺量过多，则会降低水泥的质量。

3. 矿渣硅酸盐水泥的性能和应用

由于矿渣硅酸盐水泥中水泥熟料含量比硅酸盐水泥的少，并掺有大量的粒化高炉矿渣，因此与硅酸盐水泥相比，矿渣硅酸盐水泥的性能及应用具有以下特点：

（1）抗软水及硫酸盐腐蚀的能力较强

矿渣硅酸盐水泥中熟料相对减少，C_3S和C_3A的含量也随之减少，其水化所析出的$Ca(OH)_2$含量比硅酸盐水泥析出的少，而且矿渣中活性SiO_2、Al_2O_3与$Ca(OH)_2$作用又消耗了大量的$Ca(OH)_2$，这样水泥石中$Ca(OH)_2$则更少，因此提高了抗软水及硫酸盐腐蚀的能力。但因起缓冲作用的$Ca(OH)_2$较少，其抵抗酸性水和镁盐腐蚀的能力不如普通硅酸盐水泥。

矿渣硅酸盐水泥适用于要求耐淡水腐蚀和耐硫酸盐侵蚀的水工或海港工程。

（2）水化热低

矿渣硅酸盐水泥中熟料减少，相对降低了C_3S和C_3A的含量，水化和硬化过程较慢，因此水化热比普通硅酸盐水泥小，适用于大体积工程。

（3）早期强度低，后期强度高

矿渣硅酸盐水泥的水化过程，首先是熟料的水化，矿渣活性组分的水化要在熟料水化产物$Ca(OH)_2$的激发下进行。矿渣硅酸盐水泥中熟料含量少，而且常温下化合反应缓慢，因此强度增长速度较缓慢。到后期随着水化硅酸钙凝胶数量的增多，其28d以后的强度将超过强度等级相同的硅酸盐水泥。矿渣掺量越多，早期强度越低，后期强度增长率越大。此外，矿渣硅酸盐水泥的水化反应对温度敏感，提高养护温度、湿度，有利于其强度发展。若采用蒸汽养护，其强度增长较普通硅酸盐水泥快，且后期强度仍能很好地增长。

矿渣硅酸盐水泥不宜用于温度太低、养护条件差的工程。

(4)耐热性较强

矿渣硅酸盐水泥中的 $Ca(OH)_2$ 含量较低，且矿渣本身又是水泥的耐热掺料，故具有较好的耐热性，适用于受热(200℃以下)的混凝土工程，还可掺入耐火砖粉等配制成耐热混凝土。

(5)干缩性较大

矿渣硅酸盐水泥中混合材料掺量较大，且磨细粒化高炉矿渣有尖锐棱角，故标准稠度需水量较大，保持水分能力较差，泌水性较大，因而干缩性较大。如养护不当，易产生裂缝。因此，矿渣硅酸盐水泥的抗冻性、抗渗性和抵抗干湿交替的性能均不及普通硅酸盐水泥，且碱度低，抗碳化能力差。

(三)火山灰质硅酸盐水泥

1. 火山灰质硅酸盐水泥的组分

火山灰质硅酸盐水泥(简称火山灰水泥)，代号为 P·P。《通用硅酸盐水泥》(GB 175—2007)规定，火山灰质硅酸盐水泥中熟料和石膏≥60%且<80%，掺加>20%且≤40%的火山灰活性混合材料。

2. 火山灰质硅酸盐水泥的水化和硬化过程

火山灰水泥的水化和硬化过程及水化产物均与矿渣硅酸盐水泥相似。水泥加水后，先是熟料矿物水化，水化生成的 $Ca(OH)_2$ 再与火山灰质混合材料中的活性 SiO_2 和活性 Al_2O_3 等产生二次反应，生成以水化硅酸钙为主的一系列水化产物。火山灰质混合材料品种多，组成与结构差异大，虽然各种火山灰水泥的水化、硬化过程基本相似，但水化速度和水化产物等却随着混合材料、硬化环境和水泥熟料的不同而发生变化。

3. 火山灰质硅酸盐水泥的性能和应用

(1)火山灰水泥凝结硬化缓慢，早期强度低，后期强度高。火山灰水泥的凝结硬化过程对环境温度、湿度变化较为敏感，故火山灰水泥宜用蒸汽或压蒸养护，不宜用于有早强要求的工程及低温工程。

(2)火山灰水泥具有良好的抗渗性、耐水性及一定的抗腐蚀能力。火山灰水泥在硬化过程中形成了大量的水化硅酸钙凝胶，提高了水泥石的致密程度，从而提高了抗渗性、耐水性及抗硫酸盐腐蚀能力，且由于其氢氧化钙含量低，因而有良好的抗淡水侵蚀性。但是，当混合材料中活性氧化铝含量较多时，其抗硫酸盐腐蚀能力较差。故火山灰水泥宜用于抗渗性要求较高的工程。

(3)火山灰水泥保水性差，在干燥环境中会由于失水而使水化反应停止，强度不再增长，且水化硅酸钙凝胶的干燥会产生收缩和内应力，使水泥石产生很多细小的裂缝。由于水化硅酸钙抗碳化能力差，会使水泥石表面产生“起粉”现象。因此，火山灰水泥不宜用于干燥环境中的地上工程。

(4)火山灰水泥具有较低的水化热，适用于大体积工程。

此外，这种水泥需水量大，干缩性大，抗冻性差，使用时需注意。

火山灰水泥是我国常用水泥品种之一。

(四)粉煤灰硅酸盐水泥

1.粉煤灰硅酸盐水泥的组分

粉煤灰硅酸盐水泥(简称粉煤灰水泥)，代号为 P·F。《通用硅酸盐水泥》(GB 175—2007)规定，粉煤灰硅酸盐水泥中熟料和石膏≥60%且<80%，掺加>20%且≤40%的活性粉煤灰。

2.粉煤灰硅酸盐水泥的水化和硬化过程

粉煤灰水泥的水化和硬化过程与矿渣硅酸盐水泥相似，但也有不同之处。粉煤灰的活性组分主要是玻璃体(玻璃珠或空心玻璃珠)，这种玻璃体比较稳定而且结构致密，不易水化。在 $Ca(OH)_2$的激发作用下，经过28d到3个月的水化龄期，才能在玻璃体表面形成水化硅酸钙和水化铝酸钙。

3.粉煤灰硅酸盐水泥的性能和应用

(1)粉煤灰水泥的凝结硬化慢，早期强度低，后期强度高，甚至可以赶上或明显超过硅酸盐水泥。粉煤灰活性愈高，细度愈细，则强度增长速度愈快。因此，这种水泥宜用于工程后期才会承受荷载的情况。

(2)粉煤灰内比表面积较小，吸附水能力较差，需水量小，因而这种水泥干缩性小，抗裂性较强。

(3)粉煤灰水泥泌水较快，易引起失水裂缝，故应在硬化早期加强养护，并采取一定的工艺措施。

(4)粉煤灰水泥水化产物的碱度低，不宜用于有抗碳化要求的工程。

另外，粉煤灰水泥还有一些与火山灰水泥类似的特性，如水化热小、抗硫酸盐腐蚀能力强及抗冻性差等特点。因此，粉煤灰水泥除同样能用于工业与民用建筑外，还非常适用于大体积水工混凝土以及水中结构、海港工程等。

粉煤灰硅酸盐水泥亦是我国常用水泥品种之一。

按《通用硅酸盐水泥》(GB 175—2007)的规定，矿渣硅酸盐水泥、火山灰质硅酸盐水泥、粉煤灰硅酸盐水泥的技术要求都是相同的，其强度等级分为32.5、32.5R、42.5、42.5R、52.5、52.5R六个。其各龄期强度值和技术指标见表2-13、表2-14所列值。

矿渣硅酸盐水泥、火山灰质硅酸盐水泥、粉煤灰硅酸盐水泥强度 表2-13

强度等级	抗压强度(MPa)		抗折强度(MPa)	
	3d	28d	3d	28d
32.5	≥10.0	≥32.5	≥2.5	≥5.5
32.5R	≥15.0		≥3.5	

续上表

强度等级	抗压强度(MPa)		抗折强度(MPa)	
	3d	28d	3d	28d
42.5	≥15.0	≥42.5	≥3.5	≥6.5
42.5R	≥19.0		≥4.0	
52.5	≥21.0	≥52.5	≥4.0	≥7.0
52.5R	≥23.0		≥4.5	

矿渣硅酸盐水泥、火山灰质硅酸盐水泥、粉煤灰硅酸盐水泥、复合硅酸盐水泥技术指标

表 2-14

技术性能	细度		凝结时间		安定性(沸煮法)	强度(MPa)	水泥中 MgO(质量分数)		水泥中 SO_3(质量分数)		碱含量(按 $Na_2O + 0.658K_2O$ 计,质量分数)	氯离子(质量分数)
	80μm 方孔筛筛余量(%)	45μm 方孔筛筛余量(%)	初凝(min)	终凝(min)			P·S·B	P·S·A P·P P·F P·C	P·S·A P·S·B	P·P P·F P·C		
指标	≤10	≤30	≥45	≤600	必须合格	见表 2-13	—	≤6.0①	≤4.0	≤3.5	供需双方商定②	≤0.06③
试验方法	GB/T 1345—2005		GB/T 1346—2011		GB/T 1346—2011	GB/T 17671—1999	GB/T 176—2017					

注:①如果水泥中 MgO 含量(质量分数)大于 6.0% 时,需进行水泥压蒸安定性试验并合格。

②水泥中碱含量为选择性指标,用 $Na_2O + 0.658K_2O$ 计算值来表示,若使用活性集料,用户要求低碱水泥时,水泥中碱含量不得大于 0.60% 或由供需双方商定。

③当有更低要求时,该指标由供需双方确定。

(五)复合硅酸盐水泥

复合硅酸盐水泥(简称复合水泥),代号为 P·C。《通用硅酸盐水泥》(GB 175—2007)规定,复合硅酸盐水泥中熟料和石膏≥50% 且 <80%,掺加两种或两种以上的活性或非活性混合材料,掺加量 >20% 且≤50%,其中允许用不超过水泥质量 8% 的窑灰代替,掺矿渣时混合材料掺量不得与矿渣硅酸盐水泥重复。

复合硅酸盐水泥的特性取决于其所掺的两种或两种以上混合材料的种类、掺量及相对比例。其特性与矿渣硅酸盐水泥、火山灰质硅酸盐水泥、粉煤灰硅酸盐水泥有不同程度的相似之处,其适用范围可根据其掺入混合材料的种类,参照上述三种水泥适用范围选用。

按《通用硅酸盐水泥》(GB 175—2007)的规定,复合硅酸盐水泥的强度等级分为 42.5、42.5R、52.5、52.5R 四个等级。其各龄期强度值见表 2-15。

复合硅酸盐水泥强度 表2-15

强度等级	抗压强度(MPa)		抗折强度(MPa)	
	3d	28d	3d	28d
42.5	≥15.0	≥42.5	≥3.5	≥6.5
42.5R	≥19.0		≥4.0	
52.5	≥21.0	≥52.5	≥4.0	≥7.0
52.5R	≥23.0		≥4.5	

通用硅酸盐水泥在土建工程中应用最广，其特性及适用范围列于表2-16。

通用硅酸盐水泥的主要特性及适用范围 表2-16

名称		硅酸盐水泥		普通硅酸盐水泥	矿渣硅酸盐水泥	火山灰质硅酸盐水泥	粉煤灰硅酸盐水泥	复合硅酸盐水泥
简称		硅酸盐水泥		普通水泥	矿渣水泥	火山灰水泥	粉煤灰水泥	复合水泥
		Ⅰ型	Ⅱ型					
代号		P·Ⅰ	P·Ⅱ	P·O	P·S	P·P	P·F	P·C
密度(g/cm^3)		3.00～3.15		3.00～3.15	2.80～3.10	2.80～3.10	2.80～3.10	2.80～3.10
堆积密度(kg/m^3)		1 000～1 600		1 000～1 600	1 000～1 200	900～1 000	900～1 000	1 000～1 200
特性	1.硬化	快		较快	慢	慢	慢	慢
	2.早期强度	高		较高	低	低	低	低
	3.水化热	高		高	低	低	低	低
	4.抗冻性	好		好	差	差	差	差
	5.耐热性	差		较差	好	较差	较差	好
	6.干缩性	较小		较小	较大	较大	较小	较小
	7.抗渗性	较好		较好	差	较好	较好	较好
	8.耐蚀性	较差		较差	较强	除混合材料含Al_2O_3较多者抗硫酸盐腐蚀性较弱外，一般均较强		较强
	9.泌水性	较小		较小	明显	小	小	小
适用条件		1.一般地上工程，无腐蚀、无压力水作用的工程； 2.要求早期强度较高和低温施工无蒸汽养护的工程； 3.有抗冻性要求的工程			1.一般地上、地下和水中工程； 2.有硫酸盐侵蚀的工程； 3.大体积混凝土工程； 4.有耐热性要求的工程； 5.有蒸汽养护的工程	除不适于有耐热性要求的工程外，其他与矿渣硅酸盐水泥相同	同火山灰水泥	1.大体积混凝土结构； 2.普通气候环境中的混凝土； 3.在高湿度环境下或水下的混凝土； 4.有抗渗要求的混凝土

续上表

名　　称	硅酸盐水泥	普通硅酸盐水泥	矿渣硅酸盐水泥	火山灰质硅酸盐水泥	粉煤灰硅酸盐水泥	复合硅酸盐水泥
不适用条件	1. 大体积混凝土工程； 2. 有腐蚀作用和压力水作用的工程		1. 要求早期强度高的工程； 2. 有耐冻性要求的工程	1. 与矿渣硅酸盐水泥各项相同； 2. 干热地区和耐磨性要求较高的工程	1. 与矿渣硅酸盐水泥各项相同； 2. 有抗碳化要求的工程	1. 要求快硬混凝土工程； 2. 有抗冻要求的混凝土工程

四、其他品种水泥

(一)道路硅酸盐水泥

由道路硅酸盐水泥熟料、适量石膏和混合材料磨细制成的水硬性胶凝材料，称为道路硅酸盐水泥(简称道路水泥)，代号为 P·R。其中，道路硅酸盐水泥中熟料和石膏为 90% ~100%，活性混合材料为 0 ~10%。活性混合材料主要有符合要求的粉煤灰、粒化高炉矿渣、粒化高炉矿渣粉、粒化电炉磷渣、钢渣、钢渣粉等。

1. 道路硅酸盐水泥熟料的矿物组成

道路硅酸盐水泥熟料是以适当成分的生料烧至部分熔融所得，是以硅酸钙为主要成分和铁铝酸钙含量较多的硅酸盐水泥熟料。根据《道路硅酸盐水泥》(GB/T 13693—2017)的规定，铝酸三钙的含量不应大于 5%，铁铝酸四钙的含量不应小于 15%，游离氧化钙的含量不应大于 1.0%。

2. 技术要求

道路硅酸盐水泥按照 28d 抗折强度分为 7.5 和 8.5 两个等级，如 P·R7.5。各强度等级在规定龄期的抗压和抗折强度不得低于表 2-17 所列值，其他技术性能要求见表 2-18。

道路硅酸盐水泥的强度等级与各龄期强度　　表 2-17

强度等级	抗折强度(MPa)		抗压强度(MPa)	
	3d	28d	3d	28d
7.5	≥4.0	≥7.5	≥21.0	≥42.5
8.5	≥5.0	≥8.5	≥26.0	≥52.5

道路硅酸盐水泥的技术性能　　表 2-18

技术标准	细度(比表面积)(m^2/kg)	凝结时间(min)		安定性(沸煮法)	强度(MPa)	28d干缩率(%)	28d磨耗量(kg/m^2)	MgO(质量分数)	SO_3(质量分数)	烧失量(质量分数)	碱含量(按 $Na_2O+0.658K_2O$ 计，质量分数)	氯离子(质量分数)
		初凝	终凝									
指标	300 ~ 450	≥90	≤720	用雷氏夹检验合格	见表 2-17	≤0.10	≤3.00	≤5.0①	≤3.5	≤3.0	≤0.60②	≤0.06

续上表

技术标准	细度(比表面积)(m^2/kg)	凝结时间(min)		安定性(沸煮法)	强度(MPa)	28d干缩率(%)	28d磨耗量(kg/m^2)	MgO(质量分数)	SO_3(质量分数)	烧失量(质量分数)	碱含量(按 Na_2O + 0.658K_2O 计,质量分数)	氯离子(质量分数)
		初凝	终凝									
试验方法	GB/T 8074—2008	GB/T 1346—2011			GB/T 17671—1999	JC/T 603—2004	JC/T 421—2004	GB/T 176—2017				

注:①如果水泥经压蒸安定性试验合格,则水泥中 MgO 含量允许放宽到 6.0%。

②水泥中碱含量为选择性指标,用 Na_2O + 0.658K_2O 计算值来表示,若使用活性集料,用户要求提供低碱水泥时,水泥中碱含量不得大于 0.60% 或由买卖双方商定。

3. 工程应用

道路硅酸盐水泥是一种强度高,特别是抗折强度高、耐磨性好、干缩性小、抗冲击性好、抗冻性和抗硫酸侵蚀能力较强的专用水泥。它适用于道路路面、机场跑道道面、城市广场等工程。由于道路水泥具有干缩性小、耐磨、抗冲击等特性,可减少水泥混凝土路面的裂缝和磨耗等病害,减少维修,延长路面使用年限,因而可获得显著的社会效益和经济效益。

(二)快硬水泥

1. 快硬硅酸盐水泥

凡以硅酸盐水泥熟料和适量石膏磨细制成,以 3d 抗压强度表示强度等级的水硬性胶凝材料,称为快硬硅酸盐水泥(简称快硬水泥)。

快硬水泥具有早期强度增进率高的特点,其 3d 抗压强度可达到强度等级要求,后期强度仍有一定增长,因此适用于紧急抢修工程、冬季施工工程。它用于制造预应力钢筋混凝土或混凝土预制构件时,可提高早期强度,缩短养护期,加快周转。但不宜用于大体积工程。快硬水泥的缺点是干缩率较大,容易吸湿,降低温度,储存期超过一个月时,须重新检验。

2. 快硬硫铝酸盐水泥

快硬硫铝酸盐水泥是由适当成分的硫铝酸盐水泥熟料和少量石灰石(石灰石掺加量应不大于水泥质量的 15%)、适量石膏共同磨细制成的早期强度高的水硬性胶凝材料,代号为 R·SAC。硫铝酸盐水泥熟料是以适当成分的生料经煅烧所得的以无水硫铝酸钙和硅酸二钙为主要矿物成分的水泥熟料。

《硫铝酸盐水泥》(GB 20472—2006)规定,快硬硫铝酸盐水泥的初凝时间不早于 25min,终凝时间不迟于 180min,比表面积应大于 350m^2/kg。快硬硫铝酸盐水泥有 42.5、52.5、62.5 和 72.5 四个强度等级,其 1d 抗压强度应达到 28d 抗压强度的 65% 以上,3d 抗压强度应达到 28d 抗压强度的 95% 以上。

快硬硫铝酸盐水泥适用于配制早强、抗冻、抗渗和抗硫酸盐侵蚀等用途的混凝土,可用于抢修工程、堵漏工程、冬季施工及一般工程等,但不得用于耐热工程或经常处于 100℃ 以上的混凝土工程。

(三)铝酸盐水泥

铝酸盐水泥,又称矾土水泥,代号为 CA,是以铝酸钙为主的铝酸盐水泥熟料磨细制成的水硬性胶凝材料。根据需要，也可在磨制 Al_2O_3 含量大于 68% 的水泥时掺加适量的 $\alpha\text{-}Al_2O_3$ 粉。高铝水泥是铝酸盐水泥的一个主要品种。

铝酸盐水泥按 Al_2O_3 含量百分数分为四类：

CA-50，$50\% \leqslant Al_2O_3 < 60\%$；

CA-60，$60\% \leqslant Al_2O_3 < 68\%$；

CA-70，$68\% \leqslant Al_2O_3 < 77\%$；

CA-80，$77\% \leqslant Al_2O_3$。

1. 技术性质

(1) 细度。比表面积不小于 $300m^2/kg$ 或 0.045mm 筛余不大于 20%，发生争议时以比表面积为准。

9-水泥的凝结时间

(2) 凝结时间[**资源 9**]。CA-50、CA-70、CA-80 初凝时间不得早于 30min，终凝时间不得迟于 360min；CA-60 初凝时间不得早于 60min，终凝时间不得迟于 1080min。

(3) 强度。各类型水泥各龄期强度值不得低于表 2-19 中数值。

铝酸盐水泥在不同龄期强度要求 表 2-19

水泥类型	抗压强度(MPa)				抗折强度(MPa)			
	6h	1d	3d	28d	6h	1d	3d	28d
CA-50	20*	40	50		3.0*	5.5	6.5	
CA-60		20	45	85		2.5	5.0	10.0
CA-70		30	40			5.0	6.0	
CA-80		25	30			4.0	5.0	

注：* 当用户需要时，生产厂应提供结果。

2. 工程应用

铝酸盐水泥的特点是早期强度增长快、强度高，主要用于紧急抢修和早期强度要求高的工程、冬季施工工程。同时，铝酸盐水泥具有较高的抵抗矿物水和硫酸盐侵蚀的能力，以及较高的耐热性，因而也适用于处于海水或其他侵蚀介质作用的重要工程，或制作耐热混凝土、制造膨胀水泥等。

在使用铝酸盐水泥时，应避免与硅酸盐水泥混合使用，否则会造成水泥石强度的降低。

(四) 膨胀水泥

膨胀水泥是指硬化过程中不产生收缩而具有一定膨胀性能的水泥。它通常由胶凝材料和膨胀剂混合而成。膨胀剂使水泥在水化过程中形成膨胀性物质(如水化硫铝酸钙)，导致体积稍有膨胀。由于这一过程是在未硬化浆体中进行，所以不致引起破坏和有害的应力。

1. 分类

1) 按胶结材料不同分类

(1) 硅酸盐型膨胀水泥。用硅酸盐熟料、铝酸盐水泥和二水石膏按适当比例共同粉磨或分别研磨再混合均匀，可制得硅酸盐型膨胀水泥。由于水化后生成钙矾石、水化氢氧化钙等水化产物，因这些水化生成物的体积均大于原固相的体积，因而造成硬化水泥浆体的体积膨胀。

(2) 铝酸盐型膨胀水泥。用高铝水泥熟料和二水石膏按适当比例，再加助磨剂经磨细制成铝酸盐型膨胀水泥。

(3)硫铝酸盐型膨胀水泥。以中、低品位的矾土、石灰和石膏为原料，适当配合磨细后经煅烧得到的以硫铝酸钙、硅酸二钙为主要矿物的熟料，再配以二水石膏磨细制得的具有膨胀性的水硬性胶凝材料，称为硫铝酸盐型膨胀水泥。

2)按膨胀值分类

(1)收缩补偿水泥。这种水泥膨胀性能较弱，膨胀时所产生的压应力大致能抵消干缩引起的应力，可防止混凝土产生干缩裂缝。

(2)自应力水泥。这种水泥具有较强的膨胀性能，当它用于钢筋混凝土中时，其膨胀性能使钢筋受到较大的拉应力，而混凝土则受到相应的压应力。当外界因素使混凝土结构产生拉应力时，就可被预先具有的压应力抵消或降低。这种靠水泥自身水化产生膨胀来张拉钢筋达到的预应力称为自应力。混凝土中所产生的压应力数值即为自应力值。

2. 技术性质

各种膨胀水泥的膨胀性不同，技术指标亦不尽相同。通常规定技术指标检验项目包括比表面积、凝结时间、膨胀率、强度等。现将自应力水泥技术标准列于表2-20中供参考。

自应力水泥技术标准 表2-20

类别性能指标		硅酸盐自应力水泥	铝酸盐自应力水泥		硫铝酸盐自应力水泥	
比表面积(cm^2/g)		>3400	>5600		>3700	
凝结时间(min)	初凝	≥30	≥30		≥30	
	终凝	≤480	≤180		≤240	
砂浆(或混凝土)膨胀率(%)		≤3	7d	>1.2	7d	>1.5
			28d	>1.5	28d	>2.0
砂浆(或混凝土)自应力值(MPa)		2~4	7d	>3.5	>4.5	
			28d	>4.5		
强度(MPa)	抗压	>8.0	7d	>30	3d	>35
			28d	>35	28d	>52.5
	抗折	—	—		3d	4.8
					28d	6.0

3. 工程应用

在道桥工程中，膨胀水泥常用于水泥混凝土路面、机场道面或桥梁修补用混凝土。此外，还可在越江隧道或山区隧道用于配制防水混凝土、自应力混凝土以及堵漏工程、修补工程等。

小结

石灰是一种气硬性胶凝材料，其强度主要来源于$Ca(OH)_2$碳化形成的$CaCO_3$和$Ca(OH)_2$的晶化。石灰中产生黏结性的有效成分是活性氧化钙和氧化镁，其含量是评价石灰质量的主要指标，有效氧化钙含量用中和滴定法测定，氧化镁含量用EDTA络合滴定法测定。

硅酸盐水泥是一种水硬性胶凝材料，由硅酸三钙、硅酸二钙、铝酸三钙和铁铝酸四钙四种矿物组分组成。水泥的凝结、硬化是一个复杂的物化过程，水泥水化后由可塑性的水泥浆体逐步凝结硬化成具有一定强度的水泥石。

水泥的主要技术指标有细度、凝结时间、安定性和强度，道路水泥还应具备一定的抗干缩性和耐磨性，并具有较高的抗折强度。

硅酸盐水泥、普通硅酸盐水泥、矿渣硅酸盐水泥、火山灰质硅酸盐水泥、粉煤灰硅酸盐水泥和复合硅酸盐水泥，统称为通用硅酸盐水泥。它们在硅酸盐水泥熟料中掺加了适量的混合材料，目的是改善水泥某些性能，增加水泥产量。

此外，还有专供道路路面和机场道面使用的道路硅酸盐水泥，道路与桥梁工程中经常用到的是铝酸盐水泥、膨胀水泥和自应力水泥等。

复习思考题

2-1　试述石灰的煅烧、消化和硬化的化学反应过程，并说明其强度形成原理。

2-2　何谓有效氧化钙？简述测定石灰有效氧化钙和氧化镁的意义和方法要点。

2-3　硅酸盐水泥熟料是由哪些矿物成分组成的？它们在水泥中的含量对水泥的强度、反应速度和释热量有何影响？

2-4　试述硅酸盐水泥的水化和硬化机理。

2-5　什么是水泥的初凝和终凝？凝结时间对道路与桥梁施工有何影响？

2-6　我国现行标准中水泥的强度等级是采用什么方法确定的？为什么相同强度等级的水泥要分为普通型和早强型（R 型）两种型号？道路路面选用水泥时，在条件允许的情况下，为什么要选用 R 型水泥？

2-7　如何按技术性质来判定水泥为合格品还是不合格品？

2-8　什么是混合材料及掺混合材料的硅酸盐水泥？试比较通用硅酸盐水泥的性质及适用范围。

2-9　道路硅酸盐水泥在矿物组成上有什么特点？在技术性质方面有什么特殊要求？

2-10　复合硅酸盐水泥的矿物组成和技术性质有什么特点？

2-11　试述铝酸盐水泥的技术性质及主要工程特性。

习题

表 2-21 所列为矿渣硅酸盐水泥强度测试值。请确定该矿渣硅酸盐水泥的强度等级。

水泥强度测试结果　　　表 2-21

编　号	抗折强度（MPa）		抗压强度（MPa）			
	3d	28d	3d		28d	
1	3.0	6.2	18.9	21.3	36.8	37.6
2	2.9	6.0	21.8	19.9	36.7	38.3
3	3.0	6.0	23.1	22.7	36.8	38.8

第三章
CHAPTER THREE
无机结合料稳定材料

知识目标：

1. 了解无机结合料稳定材料的基本特点及分类方法；
2. 熟悉无机结合料稳定材料的组成及各组成材料的技术要求；
3. 掌握无机结合料稳定材料的技术性质及主要技术指标的测定方法。

能力目标：

1. 能正确选择合适的材料来配制无机结合料稳定材料；
2. 能进行无机结合料稳定材料的组成设计。

无机结合料稳定材料是指以石灰、水泥或粉煤灰等为结合料，通过加水与被稳定材料共同拌和形成的混合料。

无机结合料稳定材料具有稳定性好、结构本身自成板体、抗冻性较好等特点，但容易产生干缩和温缩裂缝，耐磨性差。其强度和刚度介于刚性水泥混凝土和柔性粒料之间，且强度和刚度有随时间增长的特征，因此亦称之为半刚性材料。

按照所用结合料的不同，无机结合料稳定材料分为以下四种。

(1)水泥稳定材料：以水泥为结合料，通过加水与被稳定材料共同拌和形成的混合料，包括水泥稳定级配碎石、水泥稳定级配砾石、水泥稳定石屑、水泥稳定土、水泥稳定砂等。

(2)石灰稳定材料：以石灰为结合料，通过加水与被稳定材料共同拌和形成的混合料，包括石灰碎石土、石灰土等。

(3)综合稳定材料：以两种或两种以上材料为结合料，通过加水与被稳定材料共同拌和形成的混合料，包括水泥石灰稳定材料、水泥粉煤灰稳定材料、石灰粉煤灰稳定材料等。在工程中，石灰粉煤灰稳定材料又常被简称为二灰稳定材料。

(4)工业废渣稳定材料：以石灰或水泥为结合料，以煤渣、钢渣、矿渣等工业废渣为主要被稳定材料，通过加水拌和形成的混合料。

第一节 无机结合料稳定材料的组成

一、被稳定材料

1. 粗集料

用作被稳定材料的粗集料宜采用各种硬质岩石或砾石加工成的碎石，也可直接采用天然砾石。粗集料应符合表3-1中Ⅰ类规定，用作级配碎石的粗集料应符合表3-1中Ⅱ类规定。作为高速公路、一级公路底基层和二级及二级以下公路基层、底基层被稳定材料的天然砾石材料除宜满足表3-1的要求外，还应满足级配稳定，塑性指数不大于9的要求。

粗集料技术要求 表3-1

指标	层位	高速公路和一级公路				二级及二级以下公路	
		极重、特重交通		重、中、轻交通			
		Ⅰ类	Ⅱ类	Ⅰ类	Ⅱ类	Ⅰ类	Ⅱ类
压碎值(%)	基层	≤22*	≤22	≤26	≤26	≤35	≤30
	底基层	≤30	≤26	≤30	≤26	≤40	≤35
针片状颗粒含量(%)	基层	≤18	≤18	≤22	≤18	—	≤20
	底基层	—	≤20	—	≤20	—	≤20
0.075mm以下粉尘含量(%)	基层	≤1.2	≤1.2	≤2	≤2	—	—
	底基层	—	—	—	—	—	—
软石含量(%)	基层	≤3	≤3	≤5	≤5	—	—
	底基层	—	—	—	—	—	—

注：* 对花岗岩石料，压碎值可放宽至25%。

基层、底基层的粗集料规格要求宜符合表3-2的规定。级配碎石或砾石用作基层时，高速公路和一级公路公称最大粒径不应大于26.5mm，二级及二级以下公路公称最大粒径不应大于31.5mm；用作底基层时，公称最大粒径不应大于37.5mm。

粗集料规格要求 表3-2

规格名称	工程粒径(mm)	通过下列筛孔(mm)的质量百分率(%)									公称粒径(mm)
		53	37.5	31.5	26.5	19.0	13.2	9.5	4.75	2.36	
G1	20~40	100	90~100	—	—	0~10	0~5	—	—	—	19~37.5
G2	20~30	—	100	90~100	—	0~10	0~5	—	—	—	19~31.5
G3	20~25	—	—	100	90~100	0~10	0~5	—	—	—	19~26.5
G4	15~25	—	—	100	90~100	—	0~10	0~5	—	—	13.2~26.5
G5	15~20	—	—	—	100	90~100	0~10	0~5	—	—	13.2~19
G6	10~30	—	100	90~100	—	—	—	0~10	0~5	—	9.5~31.5

续上表

规格名称	工程粒径(mm)	通过下列筛孔(mm)的质量百分率(%)									公称粒径(mm)
		53	37.5	31.5	26.5	19.0	13.2	9.5	4.75	2.36	
G7	10~25	—	—	100	90~100	—	—	0~10	0~5	—	9.5~26.5
G8	10~20	—	—	—	100	90~100	—	0~10	0~5	—	9.5~19
G9	10~15	—	—	—	—	100	90~100	0~10	0~5	—	9.5~13.2
G10	5~15	—	—	—	—	100	90~100	40~70	0~10	0~5	4.75~13.2
G11	5~10	—	—	—	—	—	100	90~100	0~10	0~5	4.75~9.5

2. 细集料

细集料应洁净、干燥、无风化、无杂质，并有适当的颗粒级配。高速公路和一级公路用细集料技术要求应符合表3-3的规定。

细集料的技术要求 表3-3

项目	水泥稳定①	石灰稳定	石灰粉煤灰综合稳定	水泥粉煤灰综合稳定
颗粒分析	满足级配要求			
塑性指数②	≤17	适宜范围15~20	适宜范围12~20	—
有机质含量(%)	<2	≤10	≤10	<2
硫酸盐含量(%)	≤0.25	≤0.8	—	≤0.25

注：①水泥稳定包括水泥石灰综合稳定。
②应测定0.075mm以下颗粒材料的塑性指数。

细集料规格要求应符合表3-4的规定，其中对0~3mm和0~5mm的细集料应分别严格控制粒径大于2.36mm和4.75mm的颗粒含量，对3~5mm的细集料应严格控制粒径小于2.36mm的颗粒含量。在高速公路和一级公路中，细集料中粒径小于0.075mm的颗粒含量不应大于15%；二级及二级以下公路，细集料中粒径小于0.075mm的颗粒含量不应大于20%。

细集料规格要求 表3-4

规格名称	工程粒径(mm)	通过下列筛孔(mm)的质量百分率(%)								公称粒径(mm)
		9.5	4.75	2.36	1.18	0.6	0.3	0.15	0.075	
XG1	3~5	100	90~100	0~15	0~5	—	—	—	—	2.36~4.75
XG2	0~3	—	100	90~100	—	—	—	—	0~15	0~2.36
XG3	0~5	100	90~100	—	—	—	—	—	0~20	0~4.75

二、无机结合料

1. 石灰

在土中掺加石灰可使土粒胶结成整体，密实性、水稳定性、强度均能得到提高。

在石灰剂量不大的情况下，钙质石灰稳定土比镁质石灰稳定土的初期强度高。石灰剂量较大时，镁质石灰稳定土的后期强度优于钙质石灰稳定土。

石灰的技术指标应符合表2-1、表2-2的规定(见第二章第一节石灰的技术标准)。高速公路和一级公路用石灰应不低于Ⅱ级技术要求,二级及以下公路用石灰应不低于Ⅲ级技术要求。高速公路和一级公路的基层,宜采用磨细消石灰。二级以下公路使用等外石灰时,有效氧化钙含量应在20%以上,且混合料强度应满足要求。

2. 水泥

水泥在稳定土中的作用是与水反应后能大大降低土的塑性,增加土的强度和水稳定性。

强度等级为32.5级或42.5级的普通硅酸盐水泥等均可用于水泥稳定材料,所用水泥初凝时间应大于3h,终凝时间应大于6h且小于10h。在水泥稳定材料中掺加缓凝剂或早强剂时,应对混合料进行试验验证,缓凝剂和早强剂的技术要求也应符合现行规范的规定。

3. 粉煤灰

粉煤灰加入土中既能起填充作用,与石灰反应的产物同时可起胶结作用,由此可达到改善稳定土强度、密实性和水稳定性的目的。

大多数粉煤灰的主要成分是二氧化硅(SiO_2)和三氧化二铝(Al_2O_3),其总含量常超过70%,氧化钙(CaO)含量一般在2%~6%之间,这种粉煤灰称为硅铝粉煤灰。个别地方的粉煤灰含有10%~40%的氧化钙,称为高钙粉煤灰。干排或湿排的硅铝粉煤灰和高钙粉煤灰等均可用作基层或底基层的结合料。粉煤灰技术要求应符合表3-5的规定。

粉煤灰技术要求 表3-5

检测项目	SiO_2、Al_2O_3和Fe_2O_3总含量(%)	烧失量(%)	比表面积(cm^2/g)	0.3mm筛孔通过率(%)	0.075mm筛孔通过率(%)	湿粉煤灰含水率(%)
技术要求	>70	≤20	>2500	≥90	≥70	≤35

高速和一级公路的底基层、二级及二级以下公路的基层使用的粉煤灰,通过率不满足表3-5的要求时,应进行混合料强度试验,达到相关强度要求后,方可使用。

三、水

符合《生活饮用水卫生标准》(GB 5749—2006)的饮用水可直接作为基层、底基层材料拌和与养护用水,对拌和使用的非饮用水应进行水质检验,技术要求应符合表3-6的规定。对于养护用水,可不检验不溶物含量,其他指标应符合表3-6的规定。

非饮用水技术要求 表3-6

项次	项目	技术要求
1	pH值	≥4.5
2	Cl^-含量(mg/L)	≤3500
3	SO_4^{2-}含量(mg/L)	≤2700
4	碱含量(mg/L)	≤1500
5	可溶物含量(mg/L)	≤10000
6	不溶物含量(mg/L)	≤5000
7	其他杂质	不应有漂浮的油脂和泡沫及明显的颜色和异味

第二节 无机结合料稳定材料的技术性质

一、强度

在土中掺入适量的石灰或水泥，在最佳含水率下拌和均匀并压实，由于无机结合料与土发生的一系列物理、化学作用，无机结合料稳定材料逐渐形成较高的强度。

1. 无机结合料稳定材料强度的测定方法

无机结合料稳定材料的强度采用7d龄期的无侧限抗压强度指标来表征，方法是按最佳含水率和工地要求达到的压实度计算出干密度及材料用量，将试件制成高径比为1∶1的圆柱体（图3-1），在标准养护条件（温度为20℃ ±2℃，相对湿度在95%以上）下养护6d，浸水1d，进行无侧限抗压强度测定（图3-2）。

图3-1 无侧限抗压强度试件

图3-2 无侧限抗压强度测定

2. 影响无机结合料稳定材料强度的因素

1）土质

对于石灰稳定材料，塑性指数为15～20的黏性土较适宜，稳定效果显著，强度高。塑性指数过大的重黏土，难以粉碎和拌和，用石灰稳定易产生收缩裂缝，用水泥稳定则水泥用量过高，不经济。

对于水泥稳定材料，可用各种碎石、砂砾、粉质土和黏质土，其中级配良好的碎石和砂砾效果最好，不但强度高，而且水泥用量少。

2）结合料品种及用量

对于石灰稳定材料，石灰的质量主要取决于其活性 $CaO + MgO$ 的含量，活性成分越多，稳定效果越好。在相同剂量下，石灰细度越大，石灰与土粒作用越充分，反应进行得越快，稳定效果也越好。

随着石灰剂量的增加，土的塑性、膨胀量、吸水量减小，强度随之提高；但剂量超过一定值时，强度反而下降。因此，石灰稳定材料中存在一个最佳石灰剂量。

对于水泥稳定材料，通常情况下，硅酸盐水泥的稳定效果好，而铝酸盐水泥较差。随着水泥分散度的增加,其活性程度和硬化能力有所增大,从而水泥稳定材料的强度也大大提高。

水泥稳定材料的强度随水泥剂量的增加而增长,但过多的水泥用量,虽获得强度的增加,但不经济,效果也不一定显著,且容易开裂。

二灰稳定材料中粉煤灰用量越多,则初期强度越低,但后期的强度增长幅度越大。若需提高二灰稳定材料的早期强度,可以掺加少量水泥或某些早强剂。

3)含水率

一般情况下,在最佳含水率下压实,无机结合料稳定材料的干密度较大,强度也高。因此,实际施工时,应尽可能达到最佳含水率,并注意养护中水分的蒸发,以保证被稳定材料中水泥的充分水化。

4)密实度

无机结合料稳定材料的密实度越大,强度越高,受水影响的可能性越小。施工时可通过改善被稳定材料的级配和采用合适的施工工艺,严格控制混合料的压实度,以确保其密实度。

5)养护条件

无机结合料稳定材料的强度发展需要适当的温度、湿度,它们必须在潮湿的条件下养护,同时,养护温度越高,强度增长越快。

6)施工时间

施工时间的长短主要是针对水泥稳定材料而言,水泥稳定材料从开始加水拌和到完全压实的时间要尽可能短,一般不要超过6h。若时间过长,则水泥凝结,在碾压时,不但达不到压实度要求,而且会破坏已结硬水泥的胶凝作用,反而使水泥稳定材料的强度下降。

二、缩裂

无机结合料稳定材料在温度和湿度变化时容易产生裂缝。当采用其做沥青路面的基层时,这些裂缝易于反射到面层,造成路面裂缝,进而严重影响沥青路面的使用性能。

1. 缩裂特性

1)干缩

随着无机结合料稳定材料的强度不断形成,水分逐渐消耗和蒸发,体积收缩。当收缩受到约束时,会逐渐产生裂缝,称为干缩裂缝。影响干缩的因素主要有:

(1)土的类别及粒料含量

土中黏粒含量愈多,稳定材料的干缩愈大;土的塑性愈大,即塑性指数愈大,干缩愈大。对于含细粒土较多的无机结合料稳定材料,常以干缩为主。而粒料的增加,则可对干缩产生一定的抑制作用。

(2)结合料的种类及剂量

通常石灰稳定材料比水泥稳定材料容易产生干缩裂缝。对于稳定细粒材料,三种稳定材料的干缩性大小排序为:石灰土 > 水泥土和水泥石灰土 > 石灰粉煤灰土;对于稳定粒料类,干缩性大小排序为:石灰稳定类 > 石灰粉煤灰稳定类 > 水泥稳定类。为减小收缩,在满足强度要求的情况下,宜尽可能选择较低剂量的无机结合料。

(3)养护条件

在养护初期，应保证无机结合料稳定材料表面潮湿，使稳定材料尽早成型，形成比较高的早期强度，可减轻其干缩裂缝。同时，随着龄期的增长，干缩也会逐渐减小。

(4)含水率和密实度

采用稳定材料制作试件时，含水率增加，其干缩应变也会明显增大。密实度越大，干缩应变则越小。

2)温缩

无机结合料稳定材料具有热胀冷缩性，随着气温的降低，稳定材料会冷却产生收缩，一旦变形受到约束，即逐渐形成裂缝，称为温缩裂缝。实践表明：

(1)石灰稳定材料比水泥稳定材料的温缩大。

对于稳定细粒材料，三种稳定材料的温缩性大小排序为：石灰土 > 石灰粉煤灰土 > 水泥土和水泥石灰土；对于稳定粒料类，温缩性大小排序为：石灰稳定类 > 石灰粉煤灰稳定类 > 水泥稳定类。

(2)细粒土比粗粒土的温缩大。

原材料中砂粒以上颗粒的温度收缩系数较小，黏土的温度收缩系数较大，故细粒土比粗粒土的温缩大。当采用稳定粒料做基层时，为减小基层材料的收缩性和减轻基层裂缝，集料中也不宜含有塑性指数大的土。

根据《公路路面基层施工技术细则》(JTG/T F20—2015)的规定，无机结合料稳定细粒材料，如水泥稳定土、水泥稳定石屑，强度可以满足技术要求，但是抗冲刷性和抗裂性不足，并不适用于基层。其主要原因是无机结合料稳定细粒材料的干缩和温缩较明显，容易产生严重的收缩裂缝。此外，无机结合料稳定细粒材料还具有遇水表层易软化、抗冲刷能力差等缺点。

(3)掺加一定数量的粉煤灰可以降低无机结合料稳定材料的温缩系数。

(4)无机结合料稳定材料的温缩系数随温度的降低而增大。

2. 缩裂的防治措施

(1)改善土质。

稳定材料用土越黏，则缩裂越严重。因此可采用黏性较小的土，或在黏性土中掺加砂土、粉煤灰等，以降低土的塑性指数。

(2)控制压实时的含水率及压实度。

稳定材料因含水率过大产生的干缩裂缝显著，压实度小时产生的干缩比压实度大时严重，因此，稳定材料压实时含水率以比最佳含水率略小为好，并尽可能达到最佳压实效果。

(3)掺加粗粒料。

掺入一定数量(掺入量为60% ~70%)的粗粒料，如砂、碎石、砾石等，使混合料满足最佳级配要求，可以提高其强度和稳定性，减少裂缝产生，同时可以节约结合料和改善碾压时的拥挤现象。

(4)加强初期养护。

无机结合料稳定材料在成型初期，干缩比较大，因此要重视初期养护，保证稳定材料表面潮湿，严禁干晒。

(5)为防止无机结合料稳定材料基层的缩裂反射到沥青路面面层，可采取以下措施：

①设置沥青碎石或沥青灌入式联结层。

②设置碎石上基层。采用优质级配碎石作为上基层可有效防止或减少无机结合料稳定材料基层收缩引起的反射裂缝。

〔工程实例 3-1〕

某高速公路路面基层采用水泥稳定砂砾,施工配合比为 0~3.15cm 砂砾:水泥 =100:6,最佳含水率为 9.6%,基层施工设计强度标准值为 5MPa。养护期采用水车洒水,使基层在整个养护期内始终保持湿润。基层集料采用筛分后的天然砂砾,由于受自然条件的限制,集料中细集料含量较高,并含有一定的粒径小于 0.075mm 的细粒土,塑性指数为 7.8。基层施工养护完毕后,基层顶面每隔 15~20m 出现一条横向贯通裂缝,且在烈日暴晒下,裂缝宽度扩展较明显。

〔原因分析〕

①由于基层采用的天然砂砾级配较差,细集料含量高,且含有较多粒径小于 0.075mm 的土,为达到施工设计强度,水泥用量相对较高,含水率相对较大,水泥稳定粒料碾压成型后干缩较大,导致裂缝产生。

②施工中抽样检验强度明显偏高,也导致水泥含量增加,增大了裂缝出现的可能性。

③施工时正值炎热的夏季,在 7d 的养护期后,由于路面面层混凝土未能及时铺筑,导致基层长时间处在烈日暴晒下,从而加大了裂缝的扩展。

〔防治措施〕

①在级配砂砾中掺入一定量的 1~3cm 碎石,改善基层稳定粒料的级配。

②经专题讨论,将基层设计强度标准值调整为 4.0MPa,以控制水泥用量。

③要求施工单位尽量确保基层养护完毕且验收合格后立即进行水泥混凝土面层的铺筑。对确实不能保证按时铺筑路面面层的,在 7d 养护期结束后应继续保持湿润状态,直至铺筑水泥混凝土面层。

三、抗疲劳性能

所谓疲劳,是指在荷载反复作用下,材料的极限强度随着作用次数的增加而降低的现象。材料从开始至出现疲劳破坏的荷载作用次数称为疲劳寿命。无机结合料稳定材料一般采用劈裂疲劳或小梁疲劳试验测定其抗疲劳性能。试验表明,石灰粉煤灰稳定材料的抗疲劳性能优于水泥砂砾。

在一定的应力水平条件下,材料的疲劳寿命取决于材料的强度和刚度,强度越大,刚度越小,疲劳寿命则越长。

四、水稳定性和抗冻性

稳定类基层材料除具有适当的强度,能承受设计荷载以外,还应具备一定的水稳定性和冰冻稳定性;否则,稳定类基层由于面层开裂、渗水或者两侧路肩渗水将使稳定土含水率增加,强度降低,从而使路面过早破坏。在冰冻地区,冰冻将加剧这种破坏。评价材料的水稳定性和抗冻性可用浸水强度和冻融循环试验。影响水稳定性和冰冻稳定性的主要因素如下:

(1)土类。细土含量多、塑性指数大的土,水稳定性和抗冻性能差。

(2)稳定剂种类和剂量。石灰粉煤灰粒料和水泥粒料的水稳定性最好。当稳定剂剂量不足时,胶结作用弱,透水性大,强度达不到要求,其稳定性也差。

(3)密实度。密实度增大时,透水能力降低,水稳定性增强。

(4)龄期。由于某些稳定剂,如水泥、石灰或二灰(石灰和粉煤灰)的强度形成需要一定的时间,因此这类稳定材料的水稳定性随龄期的增长而增长。

第三节 无机结合料稳定材料的组成设计

无机结合料稳定材料组成设计的主要目的是:根据强度指标和使用性能要求,确定稳定土中组成材料的比例;根据击实试验确定稳定土的最大干密度和最佳含水率,作为工地现场进行质量控制的参考依据。所配制的稳定土各项使用性能应符合路面结构的设计要求,并能够准确地进行生产质量控制,易于摊铺与压实,比较经济。

一、强度要求

根据《公路路面基层施工技术细则》(JTG/T F20—2015),对无机结合料稳定材料进行组成设计时,应采用7d龄期无侧限抗压强度作为主要控制指标,对于高速公路和一级公路还应验证所用材料的7d龄期无侧限抗压强度与90d或180d龄期弯拉强度的关系。各种无机结合料稳定材料的强度标准 R_d(按7d龄期)见表3-7。

无机结合料稳定材料的7d无侧限抗压强度标准 R_d(MPa) 表3-7

结构层		公路等级	极重、特重交通	重交通	中、轻交通
水泥稳定材料	基层	高速公路和一级公路	5.0~7.0	4.0~6.0	3.0~5.0
		二级及二级以下公路	4.0~6.0	3.0~5.0	2.0~4.0
	底基层	高速公路和一级公路	3.0~5.0	2.5~4.5	2.0~4.0
		二级及二级以下公路	2.5~4.5	2.0~4.0	1.0~3.0
石灰粉煤灰稳定材料	基层	高速公路和一级公路	≥1.1	≥1.0	≥0.9
		二级及二级以下公路	≥0.9	≥0.8	≥0.7
	底基层	高速公路和一级公路	≥0.8	≥0.7	≥0.6
		二级及二级以下公路	≥0.7	≥0.6	≥0.5
水泥粉煤灰稳定材料	基层	高速公路和一级公路	4.0~5.0	3.5~4.5	3.0~4.0
		二级及二级以下公路	3.5~4.5	3.0~4.0	2.5~3.5
	底基层	高速公路和一级公路	2.5~3.5	2.0~3.0	1.5~2.5
		二级及二级以下公路	2.0~3.0	1.5~2.5	1.0~2.0

续上表

结构层		公路等级	极重、特重交通	重交通	中、轻交通
石灰稳定材料	基层	高速公路和一级公路	—		
		二级及二级以下公路	≥0.8①		
	底基层	高速公路和一级公路	≥0.8		
		二级及二级以下公路	0.5～0.7②		

注：1. 公路等级高或交通荷载等级高或结构安全性要求高时，推荐取上限强度标准。

2. 表中强度标准是指7d龄期无侧限抗压强度的代表值。

3. 石灰粉煤灰稳定材料强度不满足表中要求时，可外加混合料质量1%～2%的水泥。

4. 石灰土强度达不到表中规定的抗压强度标准时，可添加部分水泥，或改用另一种土。塑性指数过小的土，不宜用石灰稳定，宜改用水泥稳定。

①在低塑性材料（塑性指数小于7）地区，石灰稳定砾石土和碎石土的7d龄期无侧限抗压强度应大于0.5MPa（100g平衡锥测液限）。

②低限用于塑性指数小于7的黏性土，且低限值宜仅用于二级以下公路；高限用于塑性指数大于7的黏性土。

二、材料组成设计步骤

无机结合料稳定材料组成设计应包括原材料检验、混合料的目标配合比设计、混合料的生产配合比设计和施工参数确定四部分。其中生产配合比设计和施工参数确定均是在目标配合比设计的基础上，借助施工单位的拌和、摊铺和碾压设备，在进行试生产的基础上完成的。因此，本节主要介绍混合料的目标配合比设计方法。

1. 原材料检验

（1）土：检验含水率、液限、塑限、颗粒分析、有机质和硫酸盐含量等。

（2）砾石（碎石）：检验含水率、级配、液限、塑限、毛体积相对密度和吸水率、压碎值、粉尘含量、针片状颗粒含量、软石含量等。

（3）细集料：检验含水率、级配、液限、塑限、毛体积相对密度和吸水率、有机质和硫酸盐含量等。

（5）石灰：检验含水率、有效钙镁含量、残渣含量。

（6）水泥：检验强度等级和初、终凝时间。

（7）粉煤灰：检验含水率、烧失量、细度、二氧化硅等氧化物含量。

2. 拟定混合料配合比，制备试件

（1）对于某种结合料，选择不少于5种不同剂量，分别制备混合料，规范建议的剂量见表3-8～表3-11。

水泥稳定材料配合比试验推荐水泥试验剂量表 表3-8

被稳定材料	条件		推荐试验剂量(%)
有级配的碎石或砾石	基层	$R_d \geq 5.0$MPa	5、6、7、8、9
		$R_d < 5.0$MPa	3、4、5、6、7
土、砂、石屑等		塑性指数<12	5、7、9、11、13
		塑性指数≥12	8、10、12、14、16

续上表

被稳定材料	条件		推荐试验剂量(%)
有级配的碎石或砾石	底基层	—	3、4、5、6、7
土、砂、石屑等	底基层	塑性指数＜12	4、5、6、7、8
土、砂、石屑等	底基层	塑性指数≥12	6、8、10、12、14
碾压混凝土	基层	—	7、8.5、10、11.5、13

水泥的最小剂量(%) 表3-9

被稳定材料类型	拌和方法	
	路拌法	集中厂拌法
中、粗粒材料	4	3
细粒材料	5	4

注:1. 粗粒材料是指公称最大粒径不小于26.5mm的材料。

2. 中粒材料是指公称最大粒径不小于16mm且小于26.5mm的材料。

3. 细粒材料是指公称最大粒径小于16mm的材料。

石灰粉煤灰稳定材料和石灰煤渣稳定材料推荐比例 表3-10

材料类型	材料名称	使用层位	结合料比例	结合料与被稳定材料的比例
石灰粉煤灰	硅铝粉煤灰的石灰粉煤灰类①	基层或底基层	石灰:粉煤灰=1:2~1:9	—
石灰粉煤灰	石灰粉煤灰土	基层或底基层	石灰:粉煤灰=1:2~1:4②	石灰粉煤灰:细粒材料=30:70③~10:90
石灰粉煤灰	石灰粉煤灰稳定级配碎石或砾石	基层	石灰:粉煤灰=1:2~1:4	石灰粉煤灰:被稳定材料=20:80~15:85④
石灰煤渣	石灰煤渣稳定材料	基层或底基层	石灰:煤渣=20:80~15:85	—
石灰煤渣	石灰煤渣土	基层或底基层	石灰:煤渣=1:1~1:4	石灰煤渣:细粒材料=1:1~1:4⑤
石灰煤渣	石灰煤渣稳定材料	基层或底基层	石灰:煤渣:被稳定材料=(7~9):(26~33):(67~58)	

注:①CaO含量为2%~6%的硅铝粉煤灰。

②粉土以1:2为宜。

③采用此比例时,石灰与粉煤灰之比宜为1:2~1:3。

④石灰粉煤灰与粒料之比为15:85~20:80时,在混合料中,粒料形成骨架,石灰粉煤灰起填充孔隙和胶结作用,这种混合料称骨架密实式石灰粉煤灰粒料。

⑤混合料中石灰应不少于10%,可通过试验选取强度较高的配合比。

水泥粉煤灰稳定材料和水泥煤渣稳定材料推荐比例 表3-11

材料类型	材料名称	使用层位	结合料间比例	结合料与被稳定材料间比例
水泥粉煤灰	硅铝粉煤灰的水泥粉煤灰类①	基层或底基层	水泥:粉煤灰=1:3~1:9	—
水泥粉煤灰	水泥粉煤灰土	基层或底基层	水泥:粉煤灰=1:3~1:5	水泥粉煤灰:细粒材料=30:70②~10:90
水泥粉煤灰	水泥粉煤灰稳定级配碎石或砾石	基层	水泥:粉煤灰=1:3~1:5	石灰粉煤灰:被稳定材料=20:80~15:85③

续上表

材料类型	材料名称	使用层位	结合料间比例	结合料与被稳定材料间比例
水泥煤渣	水泥煤渣稳定材料	基层或底基层	水泥:煤渣=5:95~15:85	—
	水泥煤渣土	基层或底基层	水泥:煤渣=1:2~1:5	水泥煤渣:细粒材料=1:2~1:5④
	水泥煤渣稳定材料	基层或底基层	水泥:煤渣:被稳定材料=(3~5):(26~33):(71~62)	

注:①CaO 含量为2%~6%的硅铝粉煤灰。
②采用此比例时,水泥与粉煤灰之比宜为1:2~1:3。
③水泥粉煤灰与粒料之比为15:85~20:80时,在混合料中,粒料形成骨架,水泥粉煤灰起填充孔隙和胶结作用。
④混合料中水泥应不少于4%,可通过试验选取强度较高的配合比。

(2)采用重型击实法(或振动压实法)确定各种不同结合料剂量混合料的最佳含水率和最大干密度。

(3)按规定压实度分别计算不同剂量时试件的干密度。

(4)按最佳含水率和计算得到的干密度制备试件。试件采用静压法成型,径高比应为1:1。无机结合料稳定细粒材料的试件直径应为100mm,无机结合料稳定中、粗粒材料的试件直径应为150mm。进行强度试验时,平行试验的最少数量应符合表3-12的规定。试验结果的变异系数大于表中规定值时,应重做试验或增加试件数量。

平行试验的最少试件数量 表3-12

材料类型	变异系数要求		
	<10%	10%~15%	15%~20%
细粒材料	6	9	—
中粒材料	6	9	13
粗粒材料	—	9	13

3. 试件的强度试验

试件在规定温度下保湿养护6d、浸水1d后,进行无侧限抗压强度试验。根据试验结果,按式(3-1)计算强度代表值R_d^0:

$$R_d^0=\overline{R}\cdot(1-Z_\alpha C_V) \tag{3-1}$$

式中:$\overline{R}$——一组试验的强度平均值;

Z_α——标准正态分布表中随保证率或置信度α而变的系数,高速公路和一级公路应取保证率95%,即$Z_\alpha=1.645$;二级及二级以下公路应取保证率90%,即$Z_\alpha=1.282$;

C_V——一组试验的强度变异系数。

4. 选定结合料剂量

根据表3-7的强度标准,选定合适的结合料剂量,此剂量试件室内试验结果的强度代表值R_d^0应不小于强度标准值R_d,当$R_d^0<R_d$时,应重新进行配合比试验。

对水泥稳定材料，工地实际采用的水泥剂量宜比室内试验确定的剂量多0.5% ~1.0%。采用集中厂拌法施工时宜增加0.5%，采用路拌法施工时宜增加1%。

【例3-1】 设计某地二级公路路面基层用水泥稳定碎石的配合比。

解：1. 设计要求

水泥稳定碎石的设计7d无侧限抗压强度标准值为3.0 ~3.5MPa，工地要求压实度为98%，工地上采用集中厂拌法施工。

2. 原材料选用

(1)集料：选用4种单级配集料，集料规格为4号(19 ~31.5mm)、3号(9.5 ~19mm)、2号(4.75 ~9.5mm)、1号(0.075 ~4.75mm)。根据混合料级配要求，确定掺配比例为4号:3号:2号:1号 =19%:28%:22%:31%。

(2)水泥：矿渣硅酸盐水泥，强度等级为32.5。

3. 设计计算

(1)确定水泥剂量范围。

查表3-8，选用4.0%、4.5%、5.0%、5.5%、6.0%五种不同的水泥剂量，分别与掺配的集料拌制水泥稳定碎石。

(2)测定水泥稳定碎石的最佳含水率和最大干密度。

采用重型击实法，测定五种不同水泥剂量的水泥稳定碎石的最佳含水率和最大干密度，试验结果见表3-13。

击实试验及强度检测结果 表3-13

水泥剂量(%)	最佳含水率 w_0 (%)	最大干密度 γ_{max} (g/cm^3)	计算干密度 $\gamma_{i,max}$ (g/cm^3)	抗压强度 $\overline{R}$ (MPa)	强度代表值 R_d^0	强度标准值 R_d	$R_d^0 \geq R_d$
(1)	(2)	(3)	(4)	(5)	(6)	(7)	(8)
4.0	4.8	2.198	2.154	3.5	2.9	3.0 ~3.5	否
4.5	5.2	2.201	2.157	3.6	3.0		否
5.0	5.5	2.202	2.158	4.0	3.5		是
5.5	5.9	2.205	2.161	4.3	3.8		是(偏高)
6.0	6.0	2.207	2.163	5.0	4.5		是(偏高)

(3)强度检验。

根据工程要求，工地预定压实度为98%，将98%乘以最大干密度，计算出不同水泥剂量下的水泥稳定碎石试件的干密度，见表3-13第4列中的数据，按此干密度和最佳含水率制备试件。水泥稳定碎石试件在标准条件下养护，进行7d无侧限抗压强度试验，每一组强度平均值列入表3-13第5列，并计算强度代表值R_d^0，列入表3-13第6列。

(4)确定水泥的最佳剂量。

从表3-13可知，满足$R_d^0 \geq R_d$的水泥最佳剂量为5.0%，既符合技术质量要求，又符合经济效益要求。根据施工条件，工地上实际采用的水泥剂量为5.5%，该水泥稳定碎石的最大干密度为2.205g/cm^3，最佳含水率为5.9%。

小结

无机结合料稳定材料是指在粉碎的或原来松散的材料中，掺入足量的无机结合料(如石灰、水泥、粉煤灰或其他工业废渣等)和水，经拌和得到的混合料，其在压实和养护后，整体性强、后期强度高、水稳性较好。主要用于各种路面的基层、底基层，因刚度较大，又被称为半刚性基层材料。

按其结合料的不同，无机结合料稳定材料可分为石灰稳定材料、水泥稳定材料、综合稳定材料及工业废渣稳定材料。

无机结合料稳定材料的主要技术要求为强度、抗裂性及水稳定性，这些性质取决于结合料的质量与掺量、稳定土的种类、含水率、养护温度与龄期等。

无机结合料稳定材料的组成设计采用无侧限抗压强度为主要控制指标，设计内容包括原材料检验、混合料的目标配合比设计、混合料的生产配合比设计和施工参数确定四部分。

复习思考题

3-1　何谓无机结合料稳定材料？它具有什么特点？

3-2　无机结合料稳定材料中对各组成原材料有什么要求？

3-3　无机结合料稳定细粒材料为什么不宜用作高速公路、一级公路的基层？

3-4　简述无机结合料稳定材料强度的形成原理，并分析影响强度的主要因素。

3-5　如何防治无机结合料稳定材料的缩裂？

3-6　如何提高无机结合料稳定材料的水稳性和抗冻性？

3-7　简述水泥稳定材料组成设计的基本步骤。

习题

3-1　试设计某一级公路路面基层用抗裂水泥稳定级配碎石的配合比。

1. 设计要求

水泥稳定碎石的设计7d无侧限抗压强度标准值为3.0MPa，工地要求压实度为98%，采用集中厂拌法施工。

2. 原材料选用

(1)集料：选用四档集料混合配制，分别为1号(19～31.5mm)、2号(9.5～19mm)、3号(4.75～9.5mm)和4号(0.075～4.75mm)。根据混合料级配要求，确定掺配比例为1号:2号:3号:4号=30%:36%:15%:19%。

(2)水泥：矿渣硅酸盐水泥，强度等级为32.5。

3. 设计计算

根据施工经验，分别选用2.5%、3.0%、3.5%、4.0%、4.5%五种不同的水泥剂量，与掺配的集料拌制抗裂水泥稳定碎石，试根据以下试验结果（表3-14）分析确定水泥的最佳剂量。

击实试验及强度检测结果　　表3-14

水泥剂量（%）	最佳含水率 w_0（%）	最大干密度 γ_{max}（g/cm^3）	抗压强度 $\overline{R}$（MPa）	变异系数 C_V（%）
2.5	4.8	2.278	3.16	8.0
3.0	4.9	2.302	3.32	8.4
3.5	5.0	2.333	3.66	8.0
4.0	5.0	2.353	3.78	7.3
4.5	5.1	2.3667	3.91	7.0

第四章
CHAPTER FOUR

水泥混凝土与砂浆

知识目标：

1. 掌握普通水泥混凝土的主要技术性质及其影响因素、评价方法与评价指标的测定；
2. 掌握普通水泥混凝土的组成材料的技术要求、普通水泥混凝土的组成设计方法；
3. 了解常用水泥混凝土外加剂的类别、功能及品种；
4. 了解其他功能水泥混凝土的特性及应用；
5. 掌握砂浆的材料组成、技术性质及配合比设计方法。

能力目标：

1. 能正确地选择配制普通水泥混凝土所用的原材料；
2. 能进行普通水泥混凝土的组成设计；
3. 能根据工程实际的要求配制砂浆。

水泥混凝土(简称混凝土)是由水泥浆和粗、细集料按适当比例配合,必要时掺加适量的外加剂、掺合料等配制而成。其中水泥和水起胶凝和填充作用,集料起骨架和密实作用。水泥与水发生水化反应生成具有胶凝作用的水化物,将集料颗粒牢固地黏结成整体,经过一定凝结硬化时间后形成的人造石材。

水泥混凝土用途广泛,是各种建筑物、构造物中用量最大的材料之一,具有许多优点,如具有较高的抗压强度和较好的耐久性,可以浇筑成任意形状、不同强度、不同性能的建筑物,原材料来源广泛,价格低廉。但水泥混凝土也存在着抗拉强度低、受拉时变形能力小、容易受温度湿度变化影响而开裂、自重大等缺点。

第一节 普通水泥混凝土

普通水泥混凝土是指干表观密度为 2000 ~ 2800kg/m^3 的混凝土,它是由水泥、水、砂、石及矿物掺合料配制而成。此外,为了改善混凝土的性能,还加入各种外加剂。一般情况下,其用量不超过水泥质量的5%。

一、普通水泥混凝土的组成材料

（一）水泥

水泥是水泥混凝土的胶结材料，水泥混凝土的性能很大程度上取决于水泥的质量和数量，在保证水泥混凝土性能的前提下，应尽量节约水泥，降低工程造价。首先应根据工程特点、气候与环境条件，正确选择水泥品种及强度等级。配制普通水泥混凝土用水泥，一般可采用硅酸盐水泥、普通硅酸盐水泥、矿渣硅酸盐水泥、火山灰质硅酸盐水泥或粉煤灰硅酸盐水泥，有特殊需要时可采用快硬水泥、抗硫酸盐水泥、大坝水泥或其他水泥。选用水泥时，应注意其特性对水泥混凝土结构强度和使用条件是否有不利影响。当水泥混凝土中采用碱活性集料时，宜选用含碱量不大于0.6%的低碱水泥。

选用水泥强度等级应与要求配制的混凝土强度等级相适应。如选用水泥强度等级过高，则水泥混凝土中水泥用量过低，影响水泥混凝土的和易性和耐久性。反之，如选用水泥强度等级过低，则水泥混凝土中水泥用量太大，非但不经济，而且会降低水泥混凝土的某些技术品质（如收缩率增大等）。

（二）细集料

水泥混凝土用细集料一般应采用粒径小于4.75mm、级配良好、质地坚硬、颗粒洁净的河砂。当河砂不易得到时，可采用符合规定的其他天然砂或人工砂。细集料不宜采用海砂，不得不采用时，应经冲洗处理。配制水泥混凝土时，对细集料的品质有以下几方面的要求：

1. 有害杂质含量

集料中含有的妨碍水泥水化，或能降低集料与水泥石（指硬化后的水泥浆体）黏附性，以及能与水泥水化产物产生不良化学反应的各种物质，称为有害杂质。砂中常含有的有害杂质主要有泥土和泥块、云母、轻物质、硫酸盐和硫化物以及有机质等。

1）含泥量、石粉含量和泥块含量

含泥量是指天然砂中粒径小于0.075mm的颗粒含量；石粉含量是指人工砂中粒径小于0.075mm的颗粒含量；泥块含量是指原颗粒粒径大于1.18mm，经水洗、手捏后可破碎成小于0.6mm的颗粒含量。这些颗粒会影响混凝土的强度和耐久性。含泥量、石粉含量和泥块含量限值规定见表4-1。

2）云母含量

云母呈薄片状，表面光滑，且极易沿节理裂开，因此它与水泥石的黏附性极差，对水泥混凝土拌合物的和易性、硬化后水泥混凝土的抗冻性和抗渗性都有不利影响，云母含量要求见表4-1。

3）轻物质含量

砂中的轻物质是指相对密度小于2.0的颗粒（如煤和褐煤等）。规范规定，轻物质含量不宜大于1%。轻物质的含量用相对密度1.95～2.00的重液进行分离测定。

4)有机质含量

天然砂中有时混杂有有机物质(如动植物的腐殖质、腐殖土等),这类有机物质将延缓水泥的硬化过程,并降低水泥混凝土的强度,特别是早期强度。有机质含量应满足表4-1的要求。

5)硫化物和硫酸盐含量

在天然砂中,常掺杂有硫铁矿(FeS_2)或石膏($CaSO_4 \cdot 2H_2O$)的碎屑,如含量过多,将在已硬化的水泥混凝土中与水化铝酸钙发生反应,生成水化硫铝酸钙结晶,体积膨胀,在水泥混凝土内产生破坏作用。

细集料技术要求 表4-1

项目		技术要求		
		Ⅰ类	Ⅱ类	Ⅲ类
有害杂质含量	云母(按质量计,%)	≤1.0	≤2.0	≤2.0
	轻物质(按质量计,%)	≤1.0	≤1.0	≤1.0
	有机物(比色法)	合格	合格	合格
	硫化物及硫酸盐(按 SO_3 质量计,%)	≤0.5	≤0.5	≤0.5
	氯化物(按氯离子质量计,%)	≤0.01	≤0.02	≤0.06
天然砂含泥量(按质量计,%)		≤1.0	≤3.0	≤5.0
天然砂、机制砂泥块含量(按质量计,%)		0	≤1.0	≤2.0
机制砂的石粉含量(按质量计,%)	MB值≤1.4或快速法试验合格	≤10.0	≤10.0	≤10.0
	MB值>1.4或快速法试验不合格	≤1.0	≤3.0	≤5.0
坚固性(质量损失,%)		≤8	≤8	≤10
机制砂单级最大压碎指标(%)		≤20	≤25	≤30
表观密度(kg/m^3)		≥2500		
松散堆积密度(kg/m^3)		≥1400		
空隙率(%)		≤44		
碱-集料反应		经碱-集料反应试验后,由砂配制的试件无裂缝、酥裂、胶体外溢等现象,在规定试验龄期的膨胀率应小于0.10%		

注:1. Ⅰ类宜用于强度等级大于C60的水泥混凝土。
2. Ⅱ类宜用于强度等级为C30~C60及有抗冻、抗渗或有其他要求的水泥混凝土。
3. Ⅲ类宜用于强度等级小于C30的水泥混凝土。

2. 压碎值和坚固性

水泥混凝土中所用细集料也应具备一定的强度和坚固性。对人工砂应进行压碎值测定,对天然砂采用硫酸钠溶液进行坚固性试验,经5次循环后测其质量损失。

细集料的技术要求应符合《建设用砂》(GB/T 14684—2011)的规定,具体见表4-1。

3. 砂的粗细程度和颗粒级配

砂的粗细程度和颗粒级配应使所配制水泥混凝土达到保证设计强度等级和节约水泥的目的。

水泥混凝土用砂的级配，根据《建设用砂》（GB/T 14684—2011）的规定划分为3个级配区，砂的级配应符合表4-2或图4-1任何一个级配区所规定的级配范围。

砂的级配范围　　表4-2

砂的分类	天然砂			机制砂		
级配区	1区	2区	3区	1区	2区	3区
筛孔尺寸(mm)	累计筛余(%)					
4.75	10～0	10～0	10～0	10～0	10～0	10～0
2.36	35～5	25～0	15～0	35～5	25～0	15～0
1.18	65～35	50～10	25～0	65～35	50～10	25～0
0.6	85～71	70～41	40～16	85～71	70～41	40～16
0.3	95～80	92～70	85～55	95～80	92～70	85～55
0.15	100～90	100～90	100～90	97～85	94～80	94～75

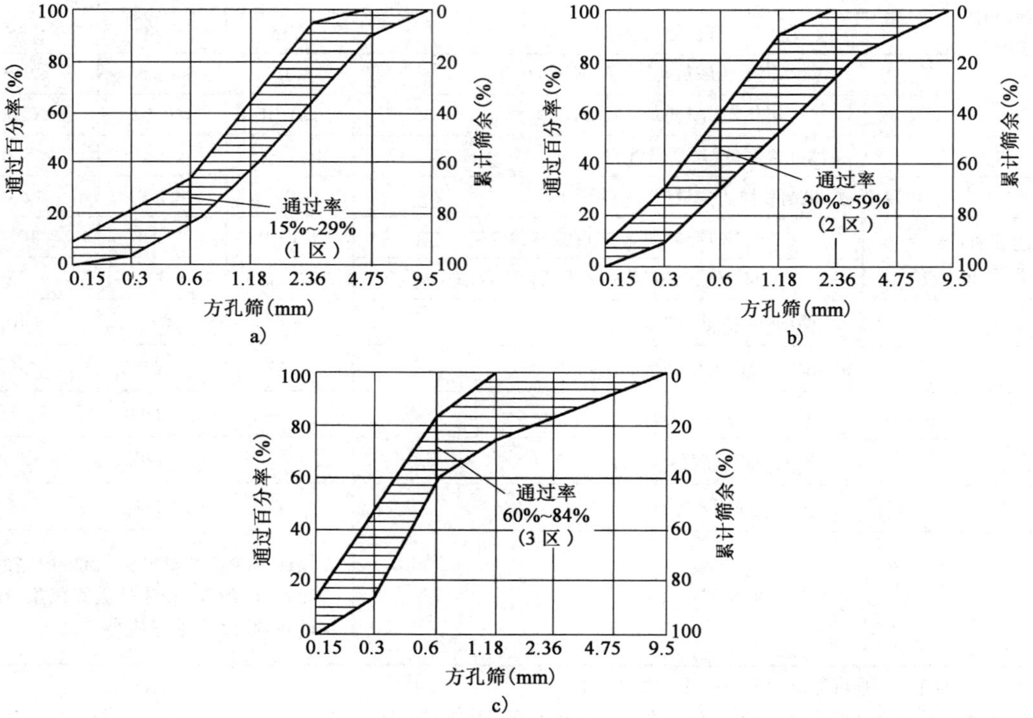

图4-1　水泥混凝土用砂级配范围曲线

a)1区；b)2区；c)3区

1区砂属于粗砂范畴，用1区砂配制混凝土时，应较2区砂采用更大的砂率配制低流动性的混凝土，否则新拌混凝土的内摩擦阻力较大、保水性差、不易捣实成型。2区砂是由中砂和一部分偏粗的细砂组成，宜优先选用配制不同强度等级的混凝土。3区砂是由细砂和一部分偏细的中砂组成。当用3区砂配制混凝土时，应较2区砂采用更小的砂率，以保证混凝土的强度，因用3区砂所配制成的新拌混凝土黏性略大，比较细软，易振捣成型，而且由于3区砂的级配细、比表面积大，所以对新拌混凝土的工作性影响比较敏感。

(三)粗集料

水泥混凝土常用的粗集料是指粒径大于4.75mm的卵石(砾石)和碎石。卵石是在自然条件作用下形成的,根据产源可分为河卵石、海卵石及山卵石。碎石是将天然岩石或大卵石破碎、筛分而得到的,其表面粗糙且带棱角,与水泥浆黏结比较牢固。

水泥混凝土用粗集料的主要技术要求如下:

1.强度和坚固性

1)强度

为保证水泥混凝土的强度要求,粗集料必须具有足够的强度。对于碎石和卵石的强度,采用岩石立方体强度和压碎指标两种方式表示。根据《建设用卵石、碎石》(GB/T 14685—2011)的规定,将粗集料分为Ⅰ类、Ⅱ类、Ⅲ类,具体要求见表4-3。

粗集料技术要求　　表4-3

项目		技术要求		
		Ⅰ类	Ⅱ类	Ⅲ类
碎石压碎指标(%)		≤10	≤20	≤30
卵石压碎指标(%)		≤12	≤14	≤16
坚固性(质量损失,%)		≤5	≤8	≤12
针、片状颗粒总含量(按质量计,%)		≤5	≤10	≤15
有害杂质含量	含泥量(按质量计,%)	≤0.5	≤1.0	≤1.5
	泥块含量(按质量计,%)	0	≤0.2	≤0.5
	有机物(比色法)	合格	合格	合格
	硫化物及硫酸盐(按 SO_3 质量计,%)	≤0.5	≤1.0	≤1.0
吸水率(%)		≤1.0	≤2.0	≤2.0
空隙率(%)		≤43	≤45	≤47
表观密度(kg/m^3)		≥2600		
松散堆积密度(kg/m^3)		报告其实测值		
岩石抗压强度(水饱和状态,MPa)		火成岩应不小于80; 变质岩应不小于60; 水成岩应不小于30		
碱-集料反应		经碱-集料反应试验后,试件无裂缝、酥裂、胶体外溢等现象,在规定试验龄期的膨胀率应小于0.10%		

注:1.Ⅰ类宜用于强度等级大于C60的水泥混凝土。
2.Ⅱ类宜用于强度等级为C30~C60及有抗冻、抗渗或有其他要求的水泥混凝土。
3.Ⅲ类宜用于强度等级小于C30的水泥混凝土。

2)坚固性

为保证水泥混凝土的耐久性,用作水泥混凝土的粗集料应具有足够的坚固性,以抵抗冻融和自然因素的风化作用。《建设用卵石、碎石》(GB/T 14685—2011)规定,用硫酸钠溶液进行坚固性试验,经5次循环后测其质量损失。具体要求见表4-3。

2. 有害杂质含量

粗集料中常含有一些有害杂质,如黏土、淤泥、硫酸盐及硫化物和有机物等,它们的危害作用与在细集料中相同。其含量不应超过表4-3的规定。

3. 公称最大粒径及颗粒级配

1)公称最大粒径

粗集料的公称最大粒径是指全部通过或允许少量不通过(一般允许筛余不超过10%)的最小标准筛筛孔尺寸。集料的粒径越大,其表面积越小,则所需的水泥浆量相应减少,在一定的和易性和水泥用量条件下,能减少用水量而提高混凝土强度。所以,在条件允许的情况下,粗集料的公称最大粒径宜尽量选择大些。但因受到工程结构及施工条件限制,《混凝土结构工程施工质量验收规范》(GB 50204—2015)规定,粗集料的最大粒径不得超过构件截面最小尺寸的1/4,且不得超过钢筋最小净距的3/4;对于混凝土实心板,粗集料的最大粒径不宜超过板厚的1/3,且不得超过31.5mm。

2)颗粒级配

粗集料应具有良好的颗粒级配,以减小空隙率,增强密实性,从而可以节约水泥,保证混凝土拌合物的和易性及混凝土的强度。

粗集料宜根据混凝土最大粒径采用连续两级配或连续多级配,不宜采用单粒级配或间断级配配制,必须使用时,应通过试验验证。粗集料的级配范围应符合《建设用卵石、碎石》(GB/T 14685—2011)的规定,具体要求见表4-4。

粗集料级配范围 表4-4

级配情况	公称粒径(mm)	筛孔尺寸(方孔筛,mm)											
		2.36	4.75	9.5	16	19	26.5	31.5	37.5	53	63	75	90
		累计筛余(按质量计,%)											
连续级配	5~16	95~100	85~100	30~60	0~10	0	—	—	—	—	—	—	—
	5~20	95~100	90~100	40~80	—	0~10	0	—	—	—	—	—	—
	5~25	95~100	90~100	—	30~70	—	0~5	0	—	—	—	—	—
	5~31.5	95~100	90~100	70~90	—	15~45	—	0~5	0	—	—	—	—
	5~40	—	95~100	70~90	—	30~65	—	—	0~5	0	—	—	—
单粒级配	5~10	95~100	80~100	0~15	0								
	10~16		95~100	80~100	0~15								
	10~20	—	95~100	85~100	—	0~15	0	—	—	—	—	—	—
	16~25			95~100	55~70	25~40	0~10						
	16~31.5	—	95~100	—	85~100	—	—	0~10	0	—	—	—	—
	20~40	—	—	95~100	—	80~100	—	—	0~10	0	—	—	—
	40~80	—	—	—	—	95~100	—	—	70~100	—	30~60	0~10	0

4. 颗粒形状及表面特征

粗集料的颗粒形状大致可以分为蛋圆形、棱角形、针状及片状。一般来说,比较理想的颗粒形状是接近正立方体,而针状、片状颗粒不宜较多。针状颗粒是指长度大于其平均粒径2.4倍的颗粒;片状颗粒是指其厚度小于其平均粒径0.4倍的颗粒。当针、片状颗粒含量超过一定界限时,会使集料空隙增加,不仅使混凝土拌合物的和易性变差,而且会使混凝土的强度降低。所以,应当限制混凝土粗集料中针、片状颗粒含量。

集料表面特征主要指集料表面的粗糙程度及孔隙特征等。一般情况下,碎石表面粗糙并且具有吸收水泥浆的孔隙特征,所以它与水泥浆的黏结能力较强;卵石表面圆润光滑,因此与水泥浆的黏结能力较差,但混凝土拌合物的和易性较好。一般来说,在混凝土的水泥用量与用水量相同的情况下,碎石混凝土比卵石混凝土的强度高10%左右。

〔工程实例4-1〕

某构造物发生局部倒塌后曾对设计进行审查,未发现任何问题。在对施工方面进行审查中发现以下问题:

在进行梁的设计时采用C20混凝土,施工时未留试块,事后鉴定其强度等级只有C7.5左右。在梁的断口处可清楚地看出砂石未洗净,集料中混有鸽蛋大小的黏土块、石灰颗粒和树叶等杂质。此外,梁的主筋偏在一侧,梁的受拉区1/3宽度内几乎没有钢筋。

〔原因分析〕

集料中的杂质对混凝土强度有重大影响,必须严格控制集料中的有害杂质含量。树叶等杂质固然会影响混凝土的强度,而泥黏附在集料的表面,妨碍水泥石与集料的黏结,降低混凝土强度,还会增加拌和水量,加大混凝土的干缩,降低抗渗性和抗冻性。泥块对混凝土性质的影响严重。

通过工程事故原因分析,让学生树立安全意识,激发学生的社会责任感。

(四)混凝土用水

混凝土拌制和养护用水不得含有影响水泥正常凝结硬化的有害物质。符合国家标准的饮用水可直接作为混凝土的拌制和养护用水,当采用其他水源或对水质有疑问时,应对水质进行检验。被检验水样应与饮用水样进行水泥凝结时间对比试验、水泥胶砂强度对比试验。对比试验的水泥初凝时间差及终凝时间差均不应大于30min,初凝和终凝时间应符合《通用硅酸盐水泥》(GB 175—2007)的规定;被检验水样配制的水泥胶砂3d和28d强度不应低于饮用水配制的水泥胶砂3d和28d强度的90%。

混凝土拌和用水不应漂浮明显的油脂和泡沫,以及有明显的颜色和异味。严禁将未经处理的海水用于钢筋混凝土和预应力混凝土的拌制。在无法获得水源的情况下,海水可用于拌制素混凝土。混凝土拌和用水水质要求应符合《混凝土用水标准》(JGJ 63—2006)的规定,见表4-5。

混凝土拌和用水水质要求 表4-5

项　目	预应力混凝土	钢筋混凝土	素混凝土
pH值	≥5.0	≥4.5	≥4.5
不溶物(mg/L)	≤2000	≤2000	≤5000
可溶物(mg/L)	≤2000	≤5000	≤10000
Cl^-(mg/L)	≤500	≤1000	≤3500

续上表

项　目	预应力混凝土	钢筋混凝土	素混凝土
SO_4^{2-}(mg/L)	≤600	≤2000	≤2700
碱含量(rag/L)	≤1500	≤1500	≤1500

注：1. 对于设计使用年限为100年的混凝土结构，Cl^-含量不得超过500mg/L；对使用钢丝或经热处理钢筋的预应力混凝土，Cl^-含量不得超过350mg/L。

2. 碱含量以$Na_2O+0.658K_2O$计算值来表示；采用非碱活性集料时，可不检验碱含量。

(五)矿物掺合料

矿物掺合料在混凝土中的作用是改善混凝土拌合物的施工和易性、降低混凝土水化热、调节凝结时间等。混凝土用掺合料有粉煤灰、粒化高炉矿渣粉、钢渣粉、磷渣粉、硅灰及复合掺合料等，其中硅灰是指从冶炼硅铁合金或硅钢等排放的硅蒸汽养护后搜集到的极细粉末颗粒。混凝土用粉煤灰的质量应满足《用于水泥和混凝土中的粉煤灰》(GB/T 1596—2017)的要求，见表4-6。

拌制砂浆和混凝土用粉煤灰理化性能要求　　表4-6

<table>
<tr><th colspan="2" rowspan="2">项　目</th><th colspan="3">理化性能要求</th></tr>
<tr><th>Ⅰ级</th><th>Ⅱ级</th><th>Ⅲ级</th></tr>
<tr><td rowspan="2">细度(45μm方孔筛筛余,%)</td><td>F类粉煤灰</td><td rowspan="2">≤12.0</td><td rowspan="2">≤30.0</td><td rowspan="2">≤45.0</td></tr>
<tr><td>C类粉煤灰</td></tr>
<tr><td rowspan="2">需水量比(%)</td><td>F类粉煤灰</td><td rowspan="2">≤95</td><td rowspan="2">≤105</td><td rowspan="2">≤115</td></tr>
<tr><td>C类粉煤灰</td></tr>
<tr><td rowspan="2">烧失量(%)</td><td>F类粉煤灰</td><td rowspan="2">≤5.0</td><td rowspan="2">≤8.0</td><td rowspan="2">≤10.0</td></tr>
<tr><td>C类粉煤灰</td></tr>
<tr><td rowspan="2">含水率(%)</td><td>F类粉煤灰</td><td colspan="3" rowspan="2">≤1.0</td></tr>
<tr><td>C类粉煤灰</td></tr>
<tr><td rowspan="2">三氧化硫(SO_3)质量分数(%)</td><td>F类粉煤灰</td><td colspan="3" rowspan="2">≤3.0</td></tr>
<tr><td>C类粉煤灰</td></tr>
<tr><td rowspan="2">游离氧化钙(CaO)质量分数(%)</td><td>F类粉煤灰</td><td colspan="3">≤1.0</td></tr>
<tr><td>C类粉煤灰</td><td colspan="3">≤4.0</td></tr>
<tr><td rowspan="2">二氧化硅(SiO_2)、三氧化二铝(Al_2O_3)和三氧化二铁(Fe_2O_3)总质量分数(%)</td><td>F类粉煤灰</td><td colspan="3">≥70.0</td></tr>
<tr><td>C类粉煤灰</td><td colspan="3">≥50.0</td></tr>
<tr><td rowspan="2">密度(g/cm^3)</td><td>F类粉煤灰</td><td colspan="3" rowspan="2">≤2.6</td></tr>
<tr><td>C类粉煤灰</td></tr>
<tr><td>安定性(雷氏法)(mm)</td><td>C类粉煤灰</td><td colspan="3">≤5.0</td></tr>
<tr><td rowspan="2">强度活性指数(%)</td><td>F类粉煤灰</td><td colspan="3" rowspan="2">≥70.0</td></tr>
<tr><td>C类粉煤灰</td></tr>
</table>

矿物掺合料在混凝土中的掺量应通过试验确定。采用硅酸盐水泥或普通硅酸盐水泥时,钢筋混凝土矿物掺合料最大掺量宜符合表4-7的规定,预应力混凝土中矿物掺合料最大掺量宜符合表4-8的规定。对大体积混凝土基础,粉煤灰、粒化高炉矿渣粉和复合掺合料的最大掺量可增加5%。采用掺量大于30%C类粉煤灰的混凝土,应以实际使用的水泥和粉煤灰掺量进行安定性检验。

钢筋混凝土中矿物掺合料最大掺量 表4-7

矿物掺合料种类	水胶比	最大掺量(%)	
		硅酸盐水泥	普通硅酸盐水泥
粉煤灰	≤0.40	45	35
	>0.40	40	30
粒化高炉矿渣粉	≤0.40	65	55
	>0.40	55	45
钢渣粉	—	30	20
磷渣粉	—	30	20
硅灰	—	10	10
复合掺合料	≤0.40	65	55
	>0.40	55	45

注:1. 采用其他通用硅酸盐水泥时,宜将水泥混合材料掺量20%以上的混合材料计入矿物掺合料。
2. 复合掺合料中各组分的掺量不宜超过任一组分单掺时的最大掺量。
3. 在混合使用两种或两种以上矿物掺合料时,矿物掺合料总量应符合表中复合掺合料的规定。

预应力混凝土中矿物掺合料最大掺量 表4-8

矿物掺合料种类	水胶比	最大掺量(%)	
		硅酸盐水泥	普通硅酸盐水泥
粉煤灰	≤0.40	35	30
	>0.40	25	20
粒化高炉矿渣粉	≤0.40	55	45
	>0.40	45	35
钢渣粉	—	20	10
磷渣粉	—	20	10
硅灰	—	10	10
复合掺合料	≤0.40	55	45
	>0.40	45	35

注:1. 采用其他通用硅酸盐水泥时,宜将水泥混合材料掺量20%以上的混合材料计入矿物掺合料。
2. 复合掺合料中各组分的掺量不宜超过任一组分单掺时的最大掺量。
3. 在混合使用两种或两种以上矿物掺合料时,矿物掺合料总量应符合表中复合掺合料的规定。

〔工程实例4-2〕

某钢筋混凝土基墩使用5年后出现大量裂纹,经检查,混凝土环境水的pH值为5.5,SO_4^{2-}含量为6000mg/L,Cl^-含量为400mg/L。拌制该混凝土采用的是普通硅酸盐水泥。

〔原因分析〕

此混凝土产生裂纹的关键原因是硫酸盐腐蚀,所使用的水泥品种不当。

该环境水pH值为5.5,对于钢筋混凝土,属弱腐蚀(pH值4.5~6为弱腐蚀);Cl^-含量≤

1000mg/L，环境水无氯离子腐蚀；SO_4^{2-}含量 >4000mg/L，属强硫酸盐腐蚀，仅使用普通硅酸盐水泥是不当的。

〔防治措施〕

应选用高抗硫酸盐硅酸盐水泥。在混凝土表面敷设一层耐腐蚀性强且不透水的保护层。

通过工程事故原因分析，让学生树立安全意识，培养科学严谨的职业素养。

〔工程实例 4-3〕

某糖厂建宿舍，以自来水拌制混凝土，浇筑后用曾装过食用糖的麻袋覆盖于混凝土表面，再淋水养护。后来发现该水泥混凝土两天仍未凝结，而水泥经检验无质量问题。

〔原因分析〕

由于养护水淋于曾装过食用糖的麻袋，养护水已成糖水，而含糖分的水对水泥的凝结有抑制作用，故使混凝土凝结异常。

通过工程事故原因分析，培养学生尊重科学、规范操作、精益求精的敬业精神。

二、普通水泥混凝土的技术性质

普通水泥混凝土的技术性质主要包括新拌混凝土的工作性、硬化后混凝土的力学性质和耐久性[**资源 10**]。

(一)新拌混凝土的工作性(和易性)

水泥混凝土在尚未凝结硬化以前，称为新拌混凝土或混凝土拌合物。

1. 新拌混凝土工作性的概念

新拌混凝土的工作性，也称和易性，是指混凝土拌合物易于施工操作(拌和、运输、浇筑、振捣)且成型后质量均匀、密实的性能。实际上，混凝土拌合物的和易性是一项综合技术性质，包括流动性、黏聚性和保水性三方面含义。流动性是指混凝土拌合物在自重或机械振捣作用下，能产生流动，并均匀密实地填满模板的性能。黏聚性是指混凝土拌合物在施工过程中其组成材料之间有一定的黏聚力，不致产生分层[**资源 11**]和离析的现象。保水性是指混凝土拌合物在施工过程中，具有一定的保水能力，不致产生严重的泌水现象[**资源 12**]。

10-混凝土的制备过程　　11-新拌混凝土的分层现象　　12-新拌混凝土的泌水

2. 新拌混凝土工作性的测定方法

目前，国际上还没有一种能够全面表征新拌混凝土工作性的测定方法，通常是测定混凝土拌合物的流动性，辅以其他方法或凭经验综合评定混凝土拌合物的工作性。按《公路工程水泥及水泥混凝土试验规程》(JTG 3420—2020)的规定，测定流动性的方法有坍落度试验和维勃稠度试验两种方法。

(1)坍落度试验[**资源 13**]。适用于集料公称最大粒径不大于 31.5mm、坍落度值大于

10mm 的新拌混凝土。方法是将新拌混凝土按规定方法分三层装入标准坍落度筒内，每层装料高度为筒高的 1/3，每层用弹头棒均匀地插捣 25 次，装满刮平后，立即将筒垂直提起，新拌混凝土拌合物在自重作用下的下沉量（mm）即为坍落度。以此作为流动性指标，如图 4-2 所示。坍落度越大，表示混凝土拌合物的流动性越大［**资源 14**］。

13-混凝土的坍落度　　14-自密实混凝土坍落扩展度

做坍落度试验时，还需测定棍度、含砂情况、黏聚性、保水性，以评定新拌混凝土的工作性。

（2）维勃稠度试验。对于集料公称最大粒径不大于 31.5mm 的混凝土及维勃时间在 5～30s 之间的干稠性水泥混凝土，可采用维勃稠度仪测定稠度。测定方法是将坍落度筒放在直径 240mm、高 200mm 的圆筒中，圆筒安装在专用的振动台上，按坍落度试验的方法将新拌混凝土装于坍落度筒中，小心垂直提起坍落度筒，在新拌混凝土顶上置一透明圆盘，开动振动台并记录时间，从开始振动至透明圆盘底面被水泥浆布满的瞬间为止，所经历的时间［以秒（s）计］即为新拌混凝土的维勃稠度值，维勃稠度仪如图 4-3 所示［**资源 15**］。

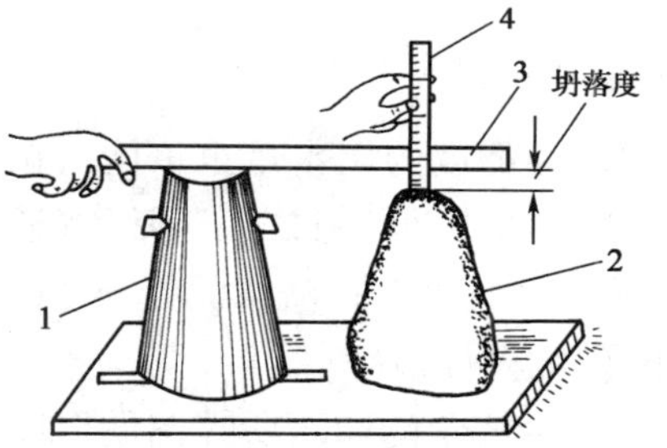

图 4-2　坍落度测定

1-坍落度筒；2-拌合物试体；3-木尺；4-钢尺

图 4-3　维勃稠度仪

15-混凝土拌合物维勃稠度试验

3. 影响新拌混凝土工作性的主要因素

（1）水泥浆的数量。混凝土拌合物中的水泥浆，除了填充集料间的空隙外，还包裹在集料表面并略有富余，使拌合物有一定的流动性。在水灰比一定的条件下，水泥浆愈多，流动性愈大，但如水泥浆过多，集料则相对减少，将出现流浆现象，使拌合物的稳定性变差，不仅浪费水泥，而且会使拌合物的强度和耐久性降低；若水泥浆用量过少，则无法很好地包裹集料表面及填充其空隙，拌合物易产生崩坍现象，失去稳定性。因此，拌合物中水泥浆的数量应以满足流动性为宜。

（2）水胶比的影响。在固定用水量的条件下，水胶比小（胶凝材料用量多）时，会使胶凝材料浆体变稠，拌合物流动性小；若加大水胶比（减少胶凝材料用量），可使胶凝材料浆体变稀，流动性增大，但会使拌合物流浆、离析，严重影响混凝土的强度。因此，应合理地选择水胶比。

（3）单位用水量。实践证明，对坍落度影响最大的因素是单位用水量。增加用水量，流动性增大，但混凝土硬化后会产生较大的孔隙，从而降低混凝土的强度和耐久性。另外，用水量过多会使新拌混凝土产生分层、泌水现象，反而降低其工作性。因此，应在保证混凝土强度和耐久性的条件下，根据流动性要求来确定单位用水量。

(4)砂率。砂率是指混凝土中砂(或细集料)用量占砂石(或粗细集料)总用量的百分率。砂率反映了粗细集料的相对比例，它影响混凝土集料的空隙和总表面积。当水泥浆用量一定时，砂率过大，则集料的总表面积增大，包裹砂子的水泥浆层变薄，砂粒间的摩阻力加大，拌合物的流动性减小；砂率过小，虽然表面积减小，但由于砂浆量不足，水泥砂浆除填充石子空隙外，包裹在石子表面的水泥砂浆层变薄，拌合物的流动性变小，同时由于砂量不足，也易导致离析、泌水现象，影响混凝土的工作性。混凝土拌合物坍落度与砂率的关系如图4-4所示，因此，砂率应有一个合理值。在水泥浆用量一定时，能使新拌混凝土获得最大流动性，又不离析、不泌水时的砂率，即合理砂率。

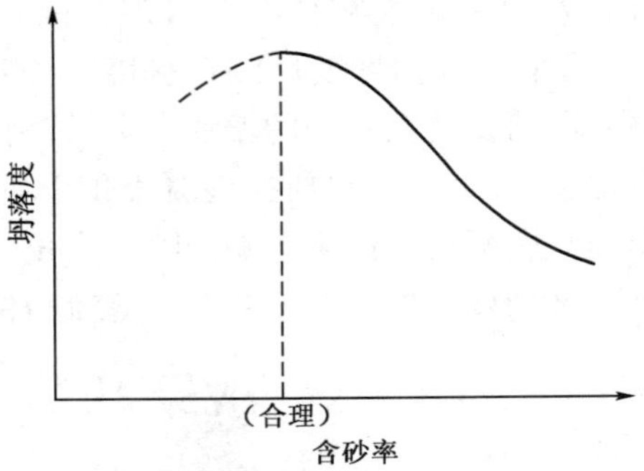

图4-4 砂率与坍落度的关系(水与水泥用量一定)

(5)水泥的品种和集料的性质。水泥品种不同，达到标准稠度的用水量也不同。在其他条件相同的情况下，标准稠度用水量小的水泥，其混凝土拌合物流动性较好。通常，普通水泥的混凝土拌合物比矿渣水泥和火山灰水泥的混凝土拌合物工作性好。矿渣水泥拌合物的流动性虽大，但黏聚性差，易泌水、离析；火山灰水泥流动性小，但黏聚性最好。

在单位用水量相同的条件下，集料表面光滑、形状圆滑、少棱角的卵石所拌制的混凝土拌合物的流动性大于碎石混凝土拌合物。

(6)外加剂、矿物掺合料。在混凝土拌合物中加入少量的外加剂，如减水剂和引气剂，可在不增加用水量和水泥用量的情况下，有效改善混凝土拌合物的工作性，同时可提高混凝土的强度和耐久性。

在混凝土拌合物中掺入矿物掺合料，能增加新拌混凝土的黏聚性，减少离析和泌水。当同时加入优质粉煤灰、硅灰等超细微粒掺合料时，还能增加新拌混凝土的流动性。

(7)温度与搅拌时间。混凝土拌合物的流动性随着温度的升高而降低，温度每升高10℃，坍落度减小20～40mm，夏季施工必须注意这一点。新拌混凝土的流动性随时间的延长而逐渐变差，称为坍落度损失。

另外，搅拌时间的长短，也会影响混凝土拌合物的工作性。若搅拌时间不足，混凝土拌合物的工作性就差，质量也不均匀。规范规定最少搅拌时间为1～3min。

4. 改善新拌混凝土工作性的主要措施

(1)调节混凝土的材料组成。在保证混凝土强度、耐久性和经济性的前提下，适当调整混凝土组成的配合比可以提高工作性。

(2)掺加各种外加剂(如减水剂、流化剂等),提高混凝土拌合物的工作性,同时提高其强度和耐久性。

(3)提高振捣机械的效能。由于振捣效能的提高,可降低施工条件对混凝土拌合物工作性的要求,因而保持原有工作性也能达到捣实的性能。

〔工程实例 4-4〕

某构造物墩柱发生严重工程质量事故,在 14 根钢筋混凝土柱子中有 13 根有严重的蜂窝现象。具体情况是:柱全部侧面面积为 $142m^2$,蜂窝面积为 $7.41m^2$,占 5.2%;其中最严重的是仅蜂窝中露筋面积就有 $0.56m^2$。露筋位置在地面以上 1m 处,正是钢筋的搭接部位。对设计进行审查,未发现任何问题。在对施工方面进行审查中发现以下问题:

①混凝土灌注高度太高。7 米多高的柱子在模板上未留灌注混凝土的洞口,倾倒混凝土时未用串筒、溜管等设施。

②灌注混凝土厚度太厚,振捣不实、漏振。施工时未用振捣棒,而采用 6m 长的木杆振捣,并且规定每次灌注厚度以一车混凝土为准(约厚 40cm),灌注后只捣固 30 下。

③现场浇灌混凝土时,施工人员随意向混凝土拌合物中加水。

④柱子实际钢筋布置与图纸偏差较大,有的位置钢筋间距过小,在某些位置,钢筋甚至紧挨在一起。

〔原因分析〕

①混凝土灌注高度太大,违反了《混凝土结构工程施工规范》(GB 50666—2011)中关于“混凝土自由倾落高度不宜超过 2m”及“柱子分段灌注高度不应大于 3.0m”的规定,使混凝土产生离析。

②灌注厚度太大,违反了《混凝土结构工程施工规范》(GB 50666—2011)中关于“柱子灌注厚度不得超过 20cm”的规定,导致振捣不实、漏振。

③柱子钢筋搭接处的设计净距太小,只有 31 ~37.5mm,小于《混凝土结构设计规范(2015 年版)》(GB 50010—2010)规定的柱纵筋净距应≥50mm 的要求。故混凝土无法进行浇筑,造成空洞、露筋。

④随意向混凝土中加水,改变混凝土配合比,使黏聚性、保水性变差,工作性变差。

〔处理措施〕

①剔除全部蜂窝四周的松散混凝土,用湿麻袋塞在凿剔面上,经 24h 使混凝土湿透厚度至少大 40 ~50mm;按照蜂窝尺寸支以有喇叭口的模板。

②灌注加有早强剂的 C30(旧混凝土为 C20)混凝土,养护 14 昼夜,拆模后将喇叭口上的混凝土凿除。

③除以上补强措施外,还应对柱进行超声波探伤,查明是否有其他隐患。

通过工程事故原因分析,培养学生尊重科学、规范操作、精益求精的敬业精神;弘扬工匠精神,培育学生爱岗敬业、追求卓越的创新精神。

(二)硬化后混凝土的强度特性

1. 强度

硬化后的水泥混凝土在路面结构、桥梁构件以及建筑结构中,将受到复杂的应力作用,因此要求水泥混凝土材料必须具备各种力学强度，如立方体抗压强度、棱柱体抗压强度、劈裂抗拉强度、抗剪强度、抗弯拉强度等。

1）抗压强度（f_{cu}）

按照标准的制作方法制成150mm×150mm×150mm的立方体试件，在标准养护条件（温度为20℃±2℃，相对湿度在95%以上）下，养护至28d龄期，按照标准的测定方法测定其抗压强度值，以f_{cu}表示，按式（4-1）计算，以MPa计。［**资源16**］

$$f_{cu} = \frac{F}{A} \tag{4-1}$$

16-混凝土立方体受压破坏

式中：F——试件破坏荷载（N）；

A——试件承压面积（mm^2）。

以三个试件为一组，取三个试件强度的算术平均值作为每组试件的强度代表值。

若采用非标准尺寸试件，应将其抗压强度乘以尺寸折算系数，折算为标准试件的立方体抗压强度。当混凝土强度等级低于C60时，换算系数见表4-9。当混凝土强度等级不低于C60时，宜采用标准尺寸试件；使用非标准尺寸试件时，尺寸折算系数应由试验确定，其试件数量不应少于30个对组。

试件尺寸折算系数 表4-9

试件尺寸（mm）	100×100×100	150×150×150	200×200×200
换算系数	0.95	1.00	1.05

（1）立方体抗压强度标准值（$f_{cu,k}$）。混凝土立方体抗压强度标准值的定义是按照标准的方法制作和养护的边长为150mm的立方体试件，在28d龄期，用标准试验方法测得的具有95%保证率的抗压强度（即强度低于该值的百分率不超过5%），以MPa计，立方体抗压强度标准值以$f_{cu,k}$表示。

（2）强度等级。混凝土强度等级是根据“立方体抗压强度标准值”来确定的。强度等级的表示方法是用符号“C”和“立方体抗压强度标准值”表示。如“C30”即表示混凝土立方体抗压强度标准值$f_{cu,k}$为30MPa。

按照《混凝土结构设计规范》（GB 50010—2010）的规定，普通混凝土强度等级按立方体抗压强度标准值划分为C15、C20、C25、C30、C35、C40、C45、C50、C55、C60、C65、C70、C75、C80共14个强度等级。

2）弯拉强度（f_{cf}）

道路路面或机场道面用水泥混凝土，以弯拉强度为主要强度指标，抗压强度为参考强度指标。

水泥混凝土弯拉强度是以标准方法制成150mm×150mm×550mm的棱柱体试件，在标准条件下，经养护28d后，按三分点加荷方式（图4-5），测定其抗弯拉强度（f_f），按式（4-2）计算，以MPa计。

$$f_{cf} = \frac{FL}{bh^2} \tag{4-2}$$

式中：F——试件破坏荷载（N）；

L——支座间距(mm);
b——试件宽度(mm);
h——试件高度(mm)。

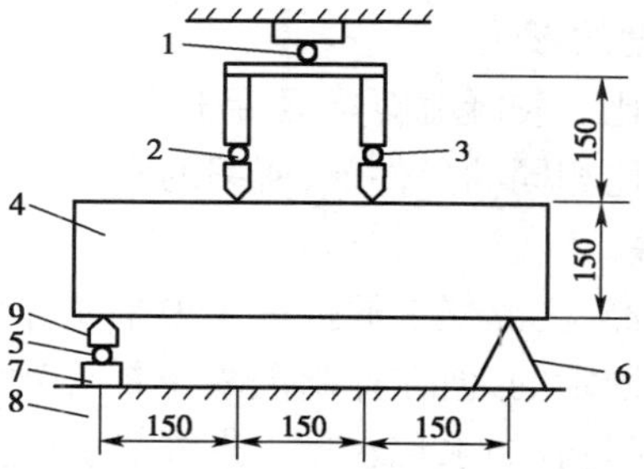

图 4-5 抗弯拉试验装置(尺寸单位:mm)
1、2-一个钢球;3、5-两个钢球;4-试件;6-固定支座;7-活动支座;8-机台;9-活动船形垫块

3)棱柱体轴心抗压强度(f_{cp})

确定混凝土强度等级时采用立方体试件,但实际上钢筋混凝土结构形式极少是立方体的,大部分是棱柱体或圆柱体。为使测得的混凝土强度接近混凝土结构的实际情况,在钢筋混凝土结构计算中,计算轴心受压构件时,均以混凝土的轴心抗压强度(f_{cp})为依据。

《公路工程水泥及水泥混凝土试验规程》(JTG 3420—2020)规定,采用 150mm × 150mm × 300mm 的棱柱体作为测定轴心抗压强度的标准试件,棱柱体轴心抗压强度(f_{cp})按式(4-3)计算,以 MPa 计。

$$f_{cp} = \frac{F}{A} \tag{4-3}$$

式中:F——试件破坏荷载(N);
A——试件承压面积(mm^2)。

4)立方体劈裂抗拉强度(f_{ts})

混凝土在直接受拉时,很小的变形就会使其开裂,这是一种脆性破坏。混凝土的抗拉强度值较低,通常为抗压强度的 1/20 ~ 1/10,且这个比值随着混凝土强度等级的提高而有所降低。因此,在使用混凝土时不依靠其抗拉强度,但抗拉强度对于开裂现象有重要影响,是确定混凝土抗裂度的重要指标。

《公路工程水泥及水泥混凝土试验规程》(JTG 3420—2020)采用 150mm × 150mm × 150mm 的立方体作为标准试件,在立方体试件中心面内用圆弧为垫条施加两个方向相反、均匀分布的压应力。当压力增大至一定程度时,试件就沿此平面劈裂破坏,这样测得的强度称为劈裂抗拉强度,简称劈拉强度(f_{ts}),按式(4-4)计算,以 MPa 计。

$$f_{ts} = \frac{2F}{\pi A} = \frac{0.637F}{A} \tag{4-4}$$

式中:F——试件破坏荷载(N);
A——试件劈裂面面积(mm^2)。

2. 影响混凝土强度的因素

影响混凝土强度的因素很多，主要是组成原材料的影响，包括原材料的特征和各材料之间的组成比例等内因，以及养护条件和试验检测条件等外因。

（1）材料组成对混凝土强度的影响

①胶凝材料的强度和水胶比。胶凝材料是混凝土中的活性组分，其强度的大小直接影响着混凝土强度的高低。在配合比相同的条件下，所用的水泥强度等级越高，胶凝材料的强度就越高，制成的混凝土强度也越高。

根据理论研究和工程实践经验，混凝土的强度主要取决于水胶比的大小。这是因为胶凝材料水化时所需的结合水量是固定的，但在拌制混凝土拌合物时，为了获得必要的流动性，常需要较多的水，远远超过了胶凝材料的水化水量。当混凝土硬化后，多余的水分残留在混凝土中，蒸发后形成气孔，使混凝土的密实度和强度降低。因此，当采用同种水泥（品种及强度等级相同）及矿物掺合料时，混凝土强度随着水胶比的增大而降低。

②集料特征。集料特征对混凝土的强度有明显的影响，特别是粗集料的形状和表面性质与混凝土强度有着直接的关系。碎石表面粗糙、有棱角，黏结力较大；卵石表面光滑、浑圆，黏结力较小。因此，在配合比相同的条件下，碎石混凝土比卵石混凝土的强度高。

集料的公称最大粒径对混凝土的强度具有影响，集料的公称最大粒径过大，会降低界面强度，同时还会因振捣不密实而降低混凝土的强度。这种影响在水胶比较小时更为明显。

（2）养护温度和湿度

混凝土拌合物浇捣完毕后，必须保持适当的温度和湿度，使水泥充分水化，以保证混凝土强度不断提高。标准养护温度为20℃ ±2℃，相对湿度在95%以上。

一般情况下，水泥的水化和混凝土强度发展的速度随环境温度的变化而变化，如图4-6所示。当温度降至0℃时，混凝土中的水分大部分结冰，水泥几乎不再发生水化反应，混凝土强度不仅停止增长，严重时由于孔隙内水结冰而引起膨胀，特别是水化初期，混凝土强度较低时，遭遇严寒会使混凝土产生微小裂缝。

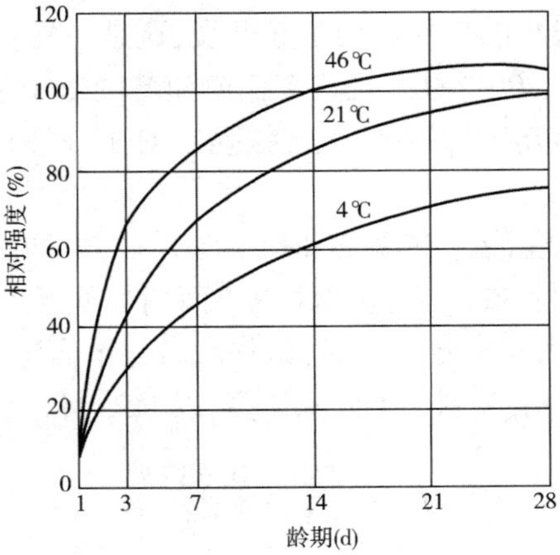

图4-6　养护温度条件对混凝土强度的影响

混凝土浇筑后,必须有较长时间在潮湿环境中养护。如果湿度适当,水泥水化得以顺利进行,使混凝土强度得到充分发展;如果湿度不够,混凝土会失水干燥,影响水泥水化的正常进行,甚至停止水化。这不仅会严重降低混凝土的强度,而且会因水泥水化作用未能完成,使混凝土结构疏松,渗水性增大,或形成干缩裂缝,从而影响混凝土的耐久性。

(3)龄期

混凝土在正常养护条件下(保证一定温度和湿度),强度随龄期的增长而提高,初期增长较快,后期增长较缓慢。但在空气中养护时,其强度后期有所下降。

在标准养护条件下,混凝土强度与其龄期的对数大致成正比,如图4-7所示。工程中常常利用这一关系,根据混凝土早期强度,推算其后期强度,用式(4-5)表示。当混凝土早期强度不足时,可及时采取措施来保证混凝土的施工质量并避免损失。

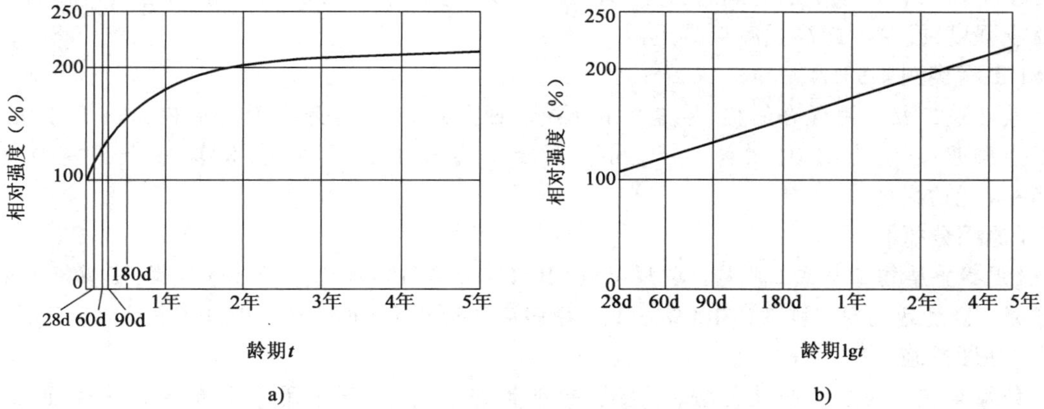

图4-7 水泥混凝土的强度随时间的增长

a)龄期为常坐标;b)龄期为对数坐标

$$f_{cu,n} = \frac{\lg n}{\lg a} f_{cu,a} \tag{4-5}$$

式中:$f_{cu,n}$——n 天龄期的混凝土抗压强度(MPa);

$f_{cu,a}$——a 天龄期的混凝土抗压强度(MPa)。

(4)试验条件对混凝土强度的影响

相同材料组成、制备条件和养护条件下制成的混凝土试件,其力学强度取决于试验条件。影响混凝土力学强度的试验条件主要有试件形状与尺寸、试件表面状态与含水程度、试验温度、支承条件和加荷速度等。

3.提高混凝土强度的措施

(1)采用高强度的水泥和早强型水泥

为了提高混凝土强度可采用强度等级高的水泥,对于紧急抢修工程、桥梁拼装接头、严寒下的冬季施工以及其他要求早期强度高的结构物,可优先选用早强型水泥配制混凝土。

(2)增加混凝土的密实度

降低水胶比,增加混凝土的密实度,则混凝土的强度会明显提高。提高混凝土密实度的措施,可采用加压(0.07MPa)脱水成型法或超声波振动法,以排除混凝土中的气泡,使混凝土更加密实。

(3)蒸汽养护和蒸压养护

蒸汽养护是将混凝土放在温度低于100℃的常压蒸汽中养护，一般混凝土经过16～20h蒸汽养护后，其强度可达正常养护条件下养护28d强度的70%～80%。蒸汽养护最适宜的温度随水泥的品种不同而异，用普通水泥时，最适宜的养护温度为80℃左右，而用矿渣水泥和火山灰水泥时，则为90℃左右。蒸汽养护方法主要是用来提高混凝土早期强度。

蒸压养护是将浇灌完的混凝土构件静停8～10h后，置于175℃、0.8MPa蒸压釜内进行养护，使水泥水化加速、硬化加快，明显提高混凝土的强度。

(4)掺加外加剂、矿物掺合料

在混凝土中掺加外加剂，可改善混凝土的技术性质。掺加早强剂，可提高混凝土的早期强度；掺加减水剂，在不改变流动性的条件下，可减小水胶比，从而提高混凝土的强度。此外，在混凝土中掺入高效减水剂的同时，掺入磨细的矿物掺合料，如硅灰、优质粉煤灰等，可显著提高混凝土强度，配制出超高强度混凝土。

〔工程实例4-5〕

某建筑工程采用混合结构，屋盖采用现浇混凝土梁板，为矩形截面，高800mm，宽400mm，混凝土强度等级为C20，梁跨度为9m。混凝土浇筑14d后拆模，发现梁上面有0.1～0.35mm宽的裂缝。

〔原因分析〕

《混凝土结构工程施工质量验收规范》(GB 50204—2015)规定：大于8m的梁，底模拆除要求是混凝土强度达到规定强度的100%。此例中强度只达到了80%，原因是强度不足导致开裂。

〔处理措施〕

经检查发现裂缝无明显开裂，不会影响结构安全使用，可采用环氧胶泥涂抹表面，封闭裂缝。

(三)硬化后混凝土的变形特性

硬化后混凝土的变形包括非荷载作用下的化学变形、干湿变形和温度变形，以及荷载作用下的弹-塑性变形和徐变。

1. 非荷载作用变形

1)化学收缩

由于混凝土拌合物中水泥水化产物的体积比反应前物质的总体积要小，因而产生收缩，称为化学收缩。这种收缩随龄期的增长而增加，40d以后渐趋稳定。化学收缩是不能恢复的，一般对结构没有影响。

2)干湿变形

这种变形主要表现为湿胀干缩。混凝土在干燥空气中硬化时，随着水分的逐渐蒸发，体积也将逐渐发生收缩。在水中或潮湿条件下养护时，混凝土的干缩将随之减少或略产生膨胀，混凝土收缩值较膨胀值大。混凝土的干缩往往是表面较大，常在表面产生细微裂缝。当干缩变形受到约束时，常会引起构件的翘曲或开裂，影响混凝土的耐久性。因此，应通过调节集料级配、增大粗集料粒径，减少水泥浆用量，适当选择水泥品种，以及采用振动捣实、早期养护等措施来减小混凝土的干缩。

3)温度变形

混凝土具有热胀冷缩的性质,温度变化引起的热胀冷缩对大体积及大面积混凝土工程极为不利。因为混凝土是不良导体,水泥水化初期放出的大量热量难于散发,浇筑后大体积混凝土内部温度远远高于外部温度,温差有时可达 50 ~ 70℃,这将使内部混凝土产生显著的体积膨胀,而外部混凝土却随气温降低而冷却收缩。内部膨胀和外部收缩互相制约,将产生很多应力,当外部混凝土所受拉应力一旦超过混凝土当时的极限抗拉强度,将产生裂缝。因此,对大体积混凝土工程,应设法降低混凝土的发热量,如采用低热水泥,减少水泥用量,采用人工降温等措施。对于纵向较长的钢筋混凝土结构物,应每隔一段长度设置温度伸缩缝。

2. 荷载作用变形

1)弹-塑性变形与弹性模量

混凝土是一种弹-塑性体,在持续荷载作用下会产生可以恢复的弹性变形(ε_t)和不可恢复的塑性变形(ε_s),其应力-应变关系图如图 4-8 所示。

在桥梁工程中,以应力为棱柱体极限抗压强度 40% 时的割线弹性模量作为混凝土的弹性模量。

在道路路面及机场跑道工程中,对水泥混凝土,应测定其抗弯拉时的平均弹性模量作为设计参数,取抗弯拉强度 50% 时的加荷割线模量。

在路面工程中,要求混凝土有较高的抗弯拉强度,并且有较低的抗折弹性模量,以适应混凝土路面承受荷载后具有较大变形能力的情况。

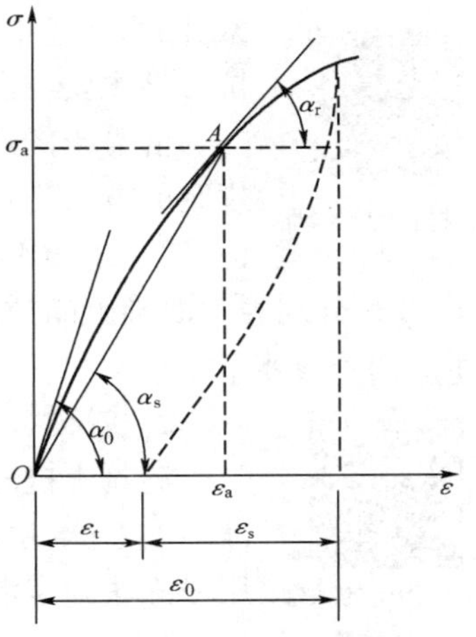

图 4-8 混凝土应力-应变曲线

ε_0-全部变形;ε_s-塑性变形;ε_t-弹性变形

2)徐变

混凝土在持续荷载作用下,随时间增加的变形称为徐变,也称蠕变。徐变是在恒定荷载作用下随着时间的增长而产生的变形,是不可恢复的。徐变初期增长较快,以后逐渐变慢,到一定时期后,一般为 2 ~ 3 年,可以稳定下来。

混凝土的徐变与许多因素有关:混凝土水胶比大,龄期短,徐变大;荷载作用时大气湿度小,徐变大;荷载应力大,徐变大;混凝土水泥用量多时,徐变大。另外,混凝土弹性模量小,徐变大。混凝土无论是受压、受拉或受弯时,均有徐变现象。在预应力混凝土桥梁构件中,混凝土的徐变可使钢筋的预加应力受到损失,但是,徐变也能消除钢筋混凝土的部分应力集中,使应力较均匀地分布,对于大体积混凝土,能消除一部分由于温度变形所产生的破坏应力。混凝土的变形与荷载作用时间的关系如图 4-9 所示。

(四)混凝土的耐久性

1. 耐久性概念

混凝土的耐久性是指混凝土在使用过程中,抵抗周围环境介质作用保持其质量和使用质量的能力,是一项综合技术指标,包括抗渗性、抗冻性、耐磨性和碱-集料反应等。混凝土的耐久性直接影响结构物的安全性和使用性能。

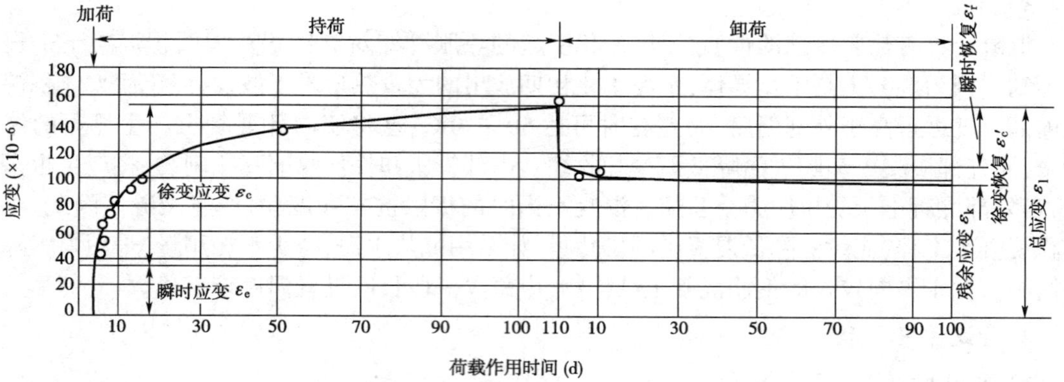

图 4-9　混凝土的变形与荷载作用时间的关系曲线

1)抗渗性

混凝土的抗渗性是指混凝土抵抗液体渗透的能力。它是决定混凝土耐久性的最主要因素,因为环境中各种侵蚀介质均要通过渗透才能进入混凝土内部。混凝土的抗渗性主要与混凝土的密实度和孔隙率及孔隙结构有关。[**资源 17**]

17-材料的抗渗性

混凝土的抗渗性以抗渗等级来表示。采用标准养护 28d 的标准试件,按规定的方法进行试验,以其所能承受的最大水压力来计算。《混凝土质量控制标准》(GB 50164—2011)规定:混凝土的抗渗等级分为 P4、P6、P8、P10、P12、大于 P12,分别表示混凝土能抵抗 0.4MPa、0.6MPa、0.8MPa、1.0MPa、1.2MPa、1.2MPa 以上的水压力而不渗水。

2)抗冻性

混凝土抗冻性是指混凝土在饱水状态下,能经受多次冻融循环作用而不破坏的性能,由混凝土的抗冻性试验[**资源 18**]来确定抗冻性指标。其中,采用慢冻法确定混凝土抗冻强度等级(以 D 表示),采用快冻法确定混凝土抗冻等级(以 F 表示)。混凝土工程结构(包括构件)基本都采用快冻法确定的抗冻等级作为抗冻性指标。

18-混凝土的冻融破坏试验

快冻法是以 100mm × 100mm × 400mm 棱柱体混凝土试件,经养护 28d,在吸水饱和后于 -18℃ ±2℃和 5℃ ±2℃条件下快速冻结和融化循环。每隔 25 次冻融循环,对试件进行一次横向基频的测试并称重。当冻融至 300 次循环,或相对动弹性模量下降至 60% 以下,或试件的质量损失率达 5% 时,即可停止试验。根据混凝土所能承受的最大冻融循环次数来划分混凝土的抗冻等级。《混凝土质量控制标准》(GB 50164—2011)规定:混凝土的抗冻等级分为 F50、F100、F150、F200、F250、F300、F350、F400、大于 F400,表示混凝土抗冻性试验能经受 50 次、100 次、150 次、200 次、250 次、300 次、350 次、400 次、400 次以上的冻融循环。

3)耐磨性

耐磨性是指混凝土抵抗表层损伤的能力,是路面和桥梁用混凝土的重要性能之一。

作为高速公路、一级公路用的水泥混凝土,必须具有抵抗车辆轮胎磨耗和磨光的性能;作为大型桥梁的墩台用水泥混凝土,也需要具有抵抗湍流空蚀的能力。混凝土耐磨性评价,按照《公路工程水泥及水泥混凝土试验规程》(JTG 3420—2020)的规定,水泥混凝土耐磨试验方法是以 150mm × 150mm × 150mm 立方体试件，养护至 27d 龄期，在 60℃烘干至恒重，然后在带有花轮磨头的混凝土磨耗试验机上，在 200N 负荷下磨 30 转，记下相应质量为试件原始质量 m_1，然后在 200N 负荷下磨 60 转，记录剩余质量 m_2，计算单位面积磨损量。磨损量越大，混凝土耐磨性越差。

4）碱-集料反应

水泥混凝土中，水泥中的碱与集料中的活性物质发生化学反应，可引起混凝土产生膨胀、开裂，甚至破坏，这种化学反应称为碱-集料反应。碱-集料反应是引发水泥混凝土破损的原因，会导致路面或桥梁墩台的开裂和破坏，并且这种破坏会继续发展下去，维修困难，因此引起了世界各国的普遍关注。

碱-集料反应有三种类型：

①碱-硅反应：是指碱与集料中活性二氧化硅反应。

②碱-碳酸盐反应：是指碱与集料中活性碳酸盐反应。

③碱-硅酸盐反应：是指碱与某些硅酸盐岩石反应。

碱-集料反应必须具备三个条件：①水泥中碱含量高；②混凝土中的集料含有活性二氧化硅成分；③环境潮湿，水分存在。为防止碱-集料反应的危害，《通用硅酸盐水泥》（GB 175—2007）规定应使用碱含量小于 0.6% 的水泥。

2. 提高混凝土耐久性的措施

提高混凝土的耐久性应注意合理选择水泥品种，选用良好的砂石材料，改善集料的级配，采用减水剂或加气剂，改善混凝土的施工操作方法，提高混凝土的密实度、强度等。在进行混凝土配合比设计时，为保证混凝土的耐久性，可根据混凝土结构的环境类别（表 4-10）进行设计，混凝土的"最大水胶比"和"最小胶凝材料用量"应符合表 4-11、表 4-12 的规定。

混凝土结构的环境类别 表 4-10

环境类别	条件
一	室内干燥环境； 无侵蚀性静水浸没环境
二 a	室内潮湿环境； 非严寒和非寒冷地区的露天环境； 非严寒和非寒冷地区与无侵蚀性的水或土直接接触的环境； 严寒和寒冷地区的冰冻线以下与无侵蚀性的水或土直接接触的环境
二 b	干湿交替环境； 频繁变动环境； 严寒和寒冷地区的露天环境； 严寒和寒冷地区的冰冻线以上与无侵蚀性的水或土直接接触的环境
三 a	严寒和寒冷地区冬季水位变动区环境； 受除冰盐影响环境； 海风环境
三 b	盐渍土环境； 受除冰盐影响环境； 海岸环境

续上表

环境类别	条件
四	海水环境
五	受人为或自然的侵蚀性物质影响的环境

结构混凝土材料的耐久性基本要求 表4-11

环境等级	最大水胶比	最低强度等级	最大氯离子含量（%）	最大碱含量（kg/m³）
一	0.60	C20	0.30	不限制
二a	0.55	C25	0.20	3.0
二b	0.50（0.55）	C30（C25）	0.15	
三a	0.45（0.50）	C35（C30）	0.15	
三b	0.40	C40	0.10	

注：1. 氯离子含量是指其占胶凝材料总量的百分比。
2. 预应力构件混凝土中的最大氯离子含量为0.05%，最低混凝土强度等级按表中的规定提高两个等级。
3. 素混凝土构件的水胶比及最低强度等级的要求可适当放松。
4. 有可靠工程经验时，二类环境中的最低混凝土强度等级可降低一个等级。
5. 处于严寒和寒冷地区二b、三a类环境中的混凝土应使用引气剂，并可采用括号中的有关参数。
6. 当使用非碱活性集料时，对混凝土中的碱含量可不作限制。

混凝土的最小胶凝材料用量 表4-12

最大水胶比	最小胶凝材料用量（kg/m³）		
	素混凝土	钢筋混凝土	预应力混凝土
0.60	250	280	300
0.55	280	300	300
0.50	320		
≤0.45	330		

〔工程实例4-6〕

20世纪80年代，我国三北地区（指我国东北、华北和西北地区）的某些机场水泥混凝土道面发生了不同程度的碱-集料反应，道面表面出现树枝状、网状裂缝（龟裂），在集料处膨胀、开裂。混凝土集料的周围和缝隙间有白色的碳酸钙和碳酸钠析出。

〔原因分析〕

研究发现：这些机场大部分是20世纪70年代中期以后修建的，从地理位置上看均位于长江以北的三北地区。发生碱-集料反应与三北地区水泥含碱量大、盐碱土多和三北地区的气候特征有关，特别是这个时期生产的水泥含碱量大都在1.2%以上，有的高达1.6%，加上高含碱量外加剂的使用，使单位混凝土中的含碱量增大，提供了产生碱-集料反应的内在条件。另外，粗集料多为白云石，水泥中的碱与粗集料中的白云石在水的作用下反应，体积膨胀，使混凝土开裂。

〔防治措施〕

①选择没有碱活性或碱活性较低的料源。

②应尽量使用含碱量小于0.6%的低碱水泥。

③在混凝土中掺入某些水硬性材料,如粉煤灰、矿渣、硅灰等矿物混合材料。

④为混凝土创造相对干燥的外部环境。

⑤使用化学阻制剂来抑制碱-集料反应,即在混凝土道(路)面上喷洒锂盐,尤以氢氧化锂溶液最好。

三、普通混凝土的组成设计

(一)概述

混凝土中各组成材料用量之比即为混凝土的配合比。混凝土配合比设计就是根据原材料的性能和对混凝土的技术要求,通过计算和试配调整,确定出满足工程技术经济指标的混凝土各组成材料的用量。

1. 混凝土配合比表示方法

水泥混凝土配合比表示方法,有下列两种:

(1)单位用量表示法

以每立方米混凝土中各种材料的用量表示。例如,水泥:矿物掺合料:水:细集料:粗集料=264kg:66kg:150kg:706kg:1264kg。

(2)相对用量表示法

以水泥的质量为1,并按“水泥:矿物掺合料:细集料:粗集料;水胶比”的顺序排列表示。例如,1:0.25:2.67:4.79;$W/B=0.45$。

2. 配合比设计的基本要求

混凝土配合比设计,应满足下列4项基本要求:

(1)满足结构物设计强度的要求

无论混凝土路面还是桥梁,在设计时都会对不同的结构部位提出不同的“设计强度”要求。为了保证结构物的可靠性,采用比设计强度高的“配制强度”,才能满足设计强度的要求。

(2)满足施工工作性的要求

按照结构物断面尺寸和形状、配筋的疏密以及施工方法和设备来确定工作性(坍落度或维勃稠度)。

(3)满足环境耐久性的要求

根据结构物所处环境条件,如严寒地区的路面或桥梁等,为保证结构的耐久性,在设计混凝土配合比时应考虑允许的“最大水胶比”和“最小胶凝材料用量”。

(4)满足经济性的要求

在保证工程质量的前提下,尽量节约水泥,多采用当地材料以及一些替代物(如工业废渣)等措施,合理地使用材料,以降低成本。

3. 混凝土配合比设计的步骤

混凝土配合比设计可按下列步骤进行:

(1)计算“初步配合比”

根据原始资料，按我国现行的配合比设计方法，计算初步配合比，即水泥∶矿物掺合料∶水∶细集料∶粗集料 = $m_{co}:m_{fo}:m_{wo}:m_{so}:m_{go}$。

(2)提出“基准配合比”

根据初步配合比，采用施工实际材料，进行试拌，测定混凝土拌合物的工作性(坍落度或维勃稠度)，调整材料用量，提出一个满足工作性要求的“基准配合比”，即 $m_{ca}:m_{fa}:m_{wa}:m_{sa}:m_{ga}$。

(3)确定“试验室配合比”

以基准配合比为基础，增加和减少水胶比，拟定几组(通常为三组)适合工作性要求的配合比，通过制备试块、测定强度，确定既符合强度和工作性要求，又较经济的试验室配合比，即 $m_{cb}:m_{fb}:m_{wb}:m_{sb}:m_{gb}$。

(4)换算“施工配合比”

根据工地现场材料的实际含水率，将试验室配合比换算为施工配合比，即 $m_c:m_f:m_w:m_s:m_g$。

(二)普通水泥混凝土配合比设计方法(以抗压强度为指标的计算方法)

1.初步配合比的计算

1)确定混凝土的配制强度($f_{cu,o}$)

(1)当混凝土的设计强度等级小于C60时，配制强度应按式(4-6)确定。

$$f_{cu,o} \geqslant f_{cu,k} + 1.645\sigma \tag{4-6}$$

式中：$f_{cu,o}$——混凝土配制强度(MPa)；

$f_{cu,k}$——混凝土立方体抗压强度标准值，取混凝土设计强度等级值(MPa)；

σ——混凝土强度标准差(MPa)。

(2)当混凝土的设计强度等级不小于C60时，配制强度应按式(4-7)确定。

$$f_{cu,o} \geqslant 1.15 f_{cu,k} \tag{4-7}$$

(3)混凝土标准差应按照下列规定确定：

①当具有近1~3个月的同一品种、同一强度等级混凝土的强度资料，且试件组数不小于30时，其混凝土强度标准差 σ 应按式(4-8)计算。

$$\sigma = \sqrt{\frac{\sum_{i=1}^{n} f_{cu,i}^2 - n m_{f_{cu}}^2}{n-1}} \tag{4-8}$$

式中：$f_{cu,i}$——第 i 组的试件强度(MPa)；

$m_{f_{cu}}$——n 组试件的强度平均值(MPa)；

n——试件组数。

对于强度等级不大于C30的混凝土，当混凝土强度标准差计算值不小于3.0MPa时，应按式(4-8)计算结果取值；当混凝土强度标准差计算值小于3.0MPa时，应取3.0MPa。

对于强度等级大于C30且小于C60的混凝土，当混凝土强度标准差计算值不小于4.0MPa时，应按式(4-8)计算结果取值；当混凝土强度标准差计算值小于4.0MPa时，应取4.0MPa。

②当没有近期的同一品种、同一强度等级混凝土强度资料时，其强度标准差 σ 可按表4-13取值。

标准差 σ 值(MPa) 表 4-13

混凝土强度标准值	≤C20	C25 ~ C45	C50 ~ C55
σ	4.0	5.0	6.0

2)计算水胶比(W/B)

(1)当混凝土强度等级小于 C60 时,混凝土水胶比宜按式(4-9)计算。

$$\frac{W}{B}=\frac{\alpha_a \cdot f_b}{f_{cu,o}+\alpha_a \cdot \alpha_b \cdot f_b} \tag{4-9}$$

式中:$\frac{W}{B}$——混凝土水胶比;

α_a、α_b——回归系数,根据工程所使用的原材料,通过试验建立的水胶比与混凝土强度关系式来确定;当不具备试验统计资料时,可按表 4-14 选用;

f_b——胶凝材料 28d 胶砂抗压强度(MPa),可实测,且试验方法应按《水泥胶砂强度检验方法(ISO 法)》(GB/T 17671—1999)执行;无实测值时,可按式(4-10)计算。

$$f_b=\gamma_f \gamma_s f_{ce} \tag{4-10}$$

式中:γ_f、γ_s——粉煤灰影响系数和粒化高炉矿渣粉影响系数,可按表 4-15 选用;

f_{ce}——水泥 28d 胶砂抗压强度(MPa),可实测;无实测值时,也可按式(4-11)计算。

$$f_{ce}=\gamma_c \cdot f_{ce,g} \tag{4-11}$$

式中:γ_c——水泥强度等级值的富余系数,可按实际统计资料确定;当缺乏实际统计资料时,可按表 4-16 选用;

$f_{ce,g}$——水泥强度等级值(MPa)。

回归系数 α_a、α_b 取值表 表 4-14

粗集料品种系数	碎　石	卵　石
α_a	0.53	0.49
α_b	0.20	0.13

粉煤灰影响系数和粒化高炉矿渣粉影响系数 表 4-15

掺量(%)	粉煤灰影响系数 γ_f	粒化高炉矿渣粉影响系数 γ_s
0	1.00	1.00
10	0.85 ~ 0.95	1.00
20	0.75 ~ 0.85	0.95 ~ 1.00
30	0.65 ~ 0.75	0.90 ~ 1.00
40	0.55 ~ 0.65	0.80 ~ 0.90
50	—	0.70 ~ 0.85

注:1. 采用Ⅰ级、Ⅱ级粉煤灰宜取上限值。

2. 采用 S75 级粒化高炉矿渣粉宜取下限值,采用 S95 级粒化高炉矿渣粉宜取上限值,采用 S105 级粒化高炉矿渣粉可取上限值加 0.05。

3. 当超出表中的掺量时,粉煤灰和粒化高炉矿渣粉影响系数应经试验确定。

水泥强度等级值的富余系数 γ_c 表4-16

水泥强度等级值	32.5	42.5	52.5
富余系数	1.12	1.16	1.10

(2)按耐久性校核水胶比。按式(4-11)计算所得的水胶比，还应根据混凝土所处环境条件(参见表4-10)、耐久性要求的允许最大水胶比(参见表4-11)进行校核。如计算的水胶比大于耐久性允许的最大水胶比，应采用允许的最大水胶比。

3)确定单位用水量(m_{wo})和外加剂用量(m_{ao})

(1)干硬性或塑性混凝土的用水量(m_{wo})

根据粗集料的品种、粒径及施工要求的混凝土拌合物稠度，每立方米干硬性或塑性混凝土的用水量(m_{wo})应符合下列规定：

①混凝土水胶比在0.40～0.80范围时，可按表4-17和表4-18选取。

干硬性混凝土的用水量(kg/m^3) 表4-17

拌合物稠度		卵石最大公称粒径(mm)			碎石最大公称粒径(mm)		
项目	指标	10.0	20.0	40.0	16.0	20.0	40.0
维勃稠度(s)	16～20	175	160	145	180	170	155
	11～15	180	165	150	185	175	160
	5～10	185	170	155	190	180	165

塑性混凝土的用水量(kg/m^3) 表4-18

拌合物稠度		卵石最大公称粒径(mm)				碎石最大公称粒径(mm)			
项目	指标	10.0	20.0	31.5	40.0	16.0	20.0	31.5	40.0
坍落度(mm)	10～30	190	170	160	150	200	185	175	165
	35～50	200	180	170	160	210	195	185	175
	55～70	210	190	180	170	220	205	195	185
	75～90	215	195	185	175	230	215	205	195

注：1. 本表用水量采用中砂时的取值；采用细砂时，每立方米混凝土用水量可增加5～10kg；采用粗砂时，可减少5～10kg。
2. 掺用矿物掺合料和外加剂时，用水量应相应调整。

②混凝土水胶比小于0.40时，可通过试验确定。

(2)掺外加剂时，流动性和大流动性混凝土用水量(m_{wo})

每立方米流动性和大流动性混凝土用水量(m_{wo})可按式(4-12)计算。

$$m_{wo} = m'_{wo}(1-\beta) \tag{4-12}$$

式中：m_{wo}——计算配合比每立方米混凝土的用水量(kg/m^3)；

m'_{wo}——未掺外加剂时推定的满足实际坍落度要求的每立方米混凝土用水量(kg/m^3)，以表4-18中90mm坍落度的用水量为基础，按每增大20mm坍落度相应增加5kg/m^3用水量来计算，当坍落度增大到180mm以上时，随坍落度相应增加的用水量可减少；

β——外加剂的减水率(%)，应经混凝土试验确定。

(3)确定混凝土中外加剂用量(m_{ao})

每立方米混凝土中外加剂用量(m_{ao})按式(4-13)计算。

$$m_{ao} = m_{bo}\beta_a \tag{4-13}$$

式中:m_{ao}——计算配合比每立方米混凝土中外加剂用量(kg/m^3);

m_{bo}——计算配合比每立方米混凝土中胶凝材料用量(kg/m^3);

β_a——外加剂掺量(%),应经试验确定。

4)计算胶凝材料用量(m_{bo})、矿物掺合料用量(m_{fo})和水泥用量(m_{co})

(1)每立方米混凝土的胶凝材料用量(m_{bo})按式(4-14)计算。

$$m_{bo} = \frac{m_{wo}}{W/B} \tag{4-14}$$

式中:m_{bo}——计算配合比每立方米混凝土中胶凝材料用量(kg/m^3);

m_{wo}——计算配合比每立方米混凝土中的用水量(kg/m^3);

W/B——混凝土水胶比。

按耐久性要求校核单位胶凝材料用量。根据耐久性要求,混凝土的最小胶凝材料用量,依混凝土结构的环境类别、结构混凝土材料的耐久性基本要求确定。按强度要求由式(4-14)计算所得的单位胶凝材料用量,应不低于表4-12规定的最小胶凝材料用量。

(2)每立方米混凝土的矿物掺合料用量(m_{fo})按式(4-15)计算。

$$m_{fo} = m_{bo}\beta_f \tag{4-15}$$

式中:m_{fo}——计算配合比每立方米混凝土中矿物掺合料用量(kg/m^3);

β_f——矿物掺合料掺量(%),可结合矿物掺合料和水胶比的规定确定。

(3)每立方米混凝土的水泥用量(m_{co})按式(4-16)计算。

$$m_{co} = m_{bo} - m_{fo} \tag{4-16}$$

式中:m_{co}——计算配合比每立方米混凝土中水泥用量。

5)选定砂率(β_s)

当无历史资料可参考时,混凝土砂率的确定应符合下列规定:

(1)坍落度小于10mm的混凝土,其砂率应经试验确定。

(2)坍落度为10~60mm的混凝土,其砂率可根据粗集料品种、最大公称粒径及水胶比按表4-19选取。

混凝土的砂率(%) 表4-19

水胶比	卵石最大公称粒径(mm)			碎石最大公称粒径(mm)		
	10.0	20.0	40.0	16.0	20.0	40.0
0.40	26~32	25~31	24~30	30~35	29~34	27~32
0.50	30~35	29~34	28~33	33~38	32~37	30~35
0.60	33~38	32~37	31~36	36~41	35~40	33~38
0.70	36~41	35~40	34~39	39~44	38~43	36~41

注:1.本表数值系中砂的选用砂率,对细砂或粗砂,可相应地减小或增大砂率。

2.采用人工砂配制混凝土时,砂率可适当增大。

3.使用单粒级粗集料配制混凝土时,砂率应适当增大。

(3)坍落度大于60mm的混凝土,其砂率可按经验确定,也可在表4-19的基础上,按坍落度每增大20mm、砂率增大1%的幅度予以调整。

6)计算粗、细集料用量(m_{go}、m_{so})

(1)质量法

计算混凝土配合比时,粗、细集料用量可按式(4-17)计算。

$$\begin{cases} m_{fo} + m_{co} + m_{go} + m_{so} + m_{wo} = m_{cp} \\ \beta_s = \dfrac{m_{so}}{m_{go} + m_{so}} \times 100\% \end{cases} \tag{4-17}$$

式中:m_{go}——计算配合比每立方米混凝土的粗集料用量(kg/m^3);

m_{so}——计算配合比每立方米混凝土的细集料用量(kg/m^3);

m_{cp}——每立方米混凝土拌合物的假定质量(kg),可取2350~2450kg/m^3;

β_s——砂率(%)。

(2)体积法

计算混凝土配合比时,粗、细集料用量可按式(4-18)计算。

19-粉体材料的密度

$$\begin{cases} \dfrac{m_{co}}{\rho_c} + \dfrac{m_{fo}}{\rho_f} + \dfrac{m_{go}}{\rho_g} + \dfrac{m_{so}}{\rho_s} + \dfrac{m_{wo}}{\rho_w} + 0.01\alpha = 1 \\ \beta_s = \dfrac{m_{so}}{m_{go} + m_{so}} \times 100\% \end{cases} \tag{4-18}$$

式中:ρ_c——水泥密度(kg/m^3),可取2900~3100kg/m^3;[**资源19**]

ρ_f——矿物掺合料密度(kg/m^3);

ρ_g——粗集料的表观密度(kg/m^3);

ρ_s——细集料的表观密度(kg/m^3);

ρ_w——水的密度(kg/m^3),可取1000kg/m^3;

α——混凝土的含气量百分数,在不使用引气剂或引气型外加剂时,α可取1。

在实际工作中,混凝土配合比设计通常采用质量法。混凝土配合比设计也允许采用体积法,可视具体技术需要选用。与质量法比较,体积法需要测定水泥和矿物掺合料的密度以及粗、细集料的表观密度等,对技术条件要求略高。

2. 试配、调整、提出基准配合比

1)试配

(1)试配材料要求

试配混凝土所用各种原材料,要与实际工程使用的材料相同;配合比设计所采用的细集料含水率应小于0.5%,粗集料含水率应小于0.2%。

(2)搅拌方法和拌合物数量

混凝土搅拌方法,应尽量与生产时使用方法相同。试配时,每盘混凝土的最小搅拌量应符合表4-20的规定。采用机械搅拌时,其搅拌量不应小于搅拌机公称容量的1/4且不应大于搅拌机公称容量。

混凝土试配的最小搅拌量 表4-20

粗集料最大公称粒径(mm)	拌合物数量(L)	粗集料最大公称粒径(mm)	拌合物数量(L)
≤31.5	20	40.0	25

2)校核工作性,确定基准配合比

按计算出的初步配合比进行试配,以校核混凝土拌合物的工作性。如试拌得出的拌合物的坍落度(或维勃稠度)不能满足要求,或黏聚性和保水性能不好时,应在保证水胶比不变的条件下相应调整用水量或砂率,直到符合要求为止。然后提出供混凝土强度校核用的"基准配合比",即 $m_{ca}:m_{fa}:m_{wa}:m_{sa}:m_{ga}$。

3. 检验强度、确定试验室配合比

1)制作试件、检验强度

为校核混凝土的强度,至少拟定三个不同的配合比。当采用三个不同的配合比时,其中一个为按上述得出的基准配合比,另外两个配合比的水胶比值,应较基准配合比分别增加、减少0.05,其用水量应与基准配合比相同,砂率可分别增加、减少1%。

制作检验混凝土强度试验的试件时,应检验混凝土拌合物的坍落度(或维勃稠度)、黏聚性、保水性及拌合物的体积密度,并以此结果表征该配合比的混凝土拌合物的性能。

为检验混凝土强度,每个配合比至少制作一组(三块)试件,在标准养护28d条件下进行抗压强度测试。有条件的单位可同时制作几组试件,供快速检验或较早龄期(3d、7d等)时抗压强度测试,以便尽早提出混凝土配合比供施工使用。但必须以标准养护28d强度的检验结果为依据调整配合比。

2)确定试验室配合比

根据"强度"检验结果和"体积密度"测定结果,进一步修正配合比,即可得到"试验室配合比设计值"。

(1)根据强度检验结果修正配合比

①确定用水量(m_{wb})。取基准配合比中的用水量(m_{wa}),并根据制作强度检验试件时测得坍落度(或维勃稠度)值加以适当调整确定。

②确定胶凝材料用量(m_{cb})。取用水量乘以由"强度-胶水比"关系定出的、为达到配制强度($f_{cu,o}$)所必需的胶水比值。

③确定粗、细集料用量(m_{gb}、m_{sb})。应在用水量和胶凝材料用量调整的基础上,进行相应的调整。取基准配合比中的砂、石用量,并按定出的水胶比作适当调整。

(2)根据实测混凝土拌合物体积密度校正配合比

①根据强度检验结果校正后定出的混凝土配合比,按式(4-19)计算出混凝土拌合物表观密度计算值($\rho_{c,c}$),即:

$$\rho_{c,c}=m_{cb}+m_{fb}+m_{wb}+m_{sb}+m_{gb} \tag{4-19}$$

②将混凝土拌合物的体积密度实测值($\rho_{c,t}$)除以混凝土拌合物体积密度计算值($\rho_{c,c}$)得

出“校正系数”δ，即：

$$\delta=\frac{\rho_{c,t}}{\rho_{c,c}} \tag{4-20}$$

③当混凝土拌合物体积密度实测值与计算值之差的绝对值不超过计算值的2%时，$m_{cb}:m_{fb}:m_{wb}:m_{sb}:m_{gb}$的比值即为确定的试验室配合比；当二者之差超过2%时，应将配合比中每项材料用量均乘以校正系数δ，即得最终确定的试验室配合比设计值。

$$\begin{cases} m'_{cb}=m_{cb}\cdot\delta \\ m'_{fb}=m_{fb}\cdot\delta \\ m'_{wb}=m_{wb}\cdot\delta \\ m'_{sb}=m_{sb}\cdot\delta \\ m'_{gb}=m_{gb}\cdot\delta \end{cases} \tag{4-21}$$

即$m'_{cb}:m'_{fb}:m'_{wb}:m'_{sb}:m'_{gb}$为最终试验室配合比。

4. 施工配合比换算

试验室最后确定的配合比，是按干燥状态集料计算的。而施工现场砂、石材料为露天堆放，都有一定的含水率。因此，施工现场应根据现场砂、石的实际含水率的变化，将试验室配合比换算为施工配合比。

设施工现场实测砂、石含水率分别为$a\%$、$b\%$，则施工配合比的各种材料单位用量为：

$$\begin{cases} \text{水泥} & m_c=m'_{cb} \\ \text{矿渣掺合料} & m_f=m'_{fb} \\ \text{砂} & m_s=m'_{sb}(1+a\%) \\ \text{石} & m_g=m'_{gb}(1+b\%) \\ \text{水} & m_w=m'_{wb}-(m'_{sb}\cdot a\%+m'_{gb}\cdot b\%) \end{cases} \tag{4-22}$$

施工配合比：

$$\text{水泥}:\text{矿物掺合料}:\text{水}:\text{砂}:\text{石}=m_c:m_f:m_w:m_s:m_g$$

水泥混凝土配合比设计例题（一）

（以抗压强度为指标的设计方法）

［题目］ 试设计某桥梁工程桥台用钢筋混凝土的配合比。

［原始资料］

（1）已知混凝土设计强度等级为C30，无强度历史统计资料，要求混凝土拌合物坍落度为30～50mm。桥梁所在地区属寒冷地区。

(2)组成材料:普通硅酸盐水泥 42.5 级,密度 $\rho_c=3100kg/m^3$,水泥 28d 胶砂抗压强度实测值为 44.5MPa;砂为中砂,表观密度 $\rho_s=2650kg/m^3$,施工现场含水率为 3%;碎石最大公称粒径为 31.5mm,表观密度 $\rho_g=2700kg/m^3$,施工现场含水率为 1%;粉煤灰为Ⅱ级,表观密度 $\rho_f=2200kg/m^3$,掺量 $\beta_f=20\%$。

[设计要求]

(1)按题给资料计算出初步配合比。

(2)按初步配合比在试验室进行试料调整,得出试验室配合比。

(3)按提供的现场材料含水率折算为施工配合比。

[设计步骤]

(一)计算初步配合比

1. 确定混凝土配制强度($f_{cu,o}$)

由题意已知:设计要求混凝土强度标准值 $f_{cu,k}=30MPa$,无强度历史统计资料,查表 4-13 得强度标准差 σ 为 5.0MPa。按式(4-6),混凝土配制强度 $f_{cu,o}$ 为:

$$f_{cu,o}=f_{cu,k}+1.645\sigma=30+1.645\times5=38.2(MPa)$$

2. 计算水胶比(W/B)

(1)按强度要求计算水胶比。

①计算胶凝材料强度。由题意已知采用Ⅱ级粉煤灰,掺量为 20%,查表 4-15 取粉煤灰影响系数 $\gamma_f=0.85$、粒化高炉矿渣粉影响系数 $\gamma_s=1.00$。已知水泥 28d 胶砂抗压强度实测值为 44.5MPa,将 $f_{ce}=44.5MPa$ 代入式(4-10)计算胶凝材料的强度,则 f_b 为:

$$f_b=\gamma_f\gamma_s f_{ce}=0.85\times1.00\times44.5=37.8(MPa)$$

②计算混凝土水胶比。已知混凝土配制强度 $f_{cu,o}=38.2MPa$,胶凝材料的强度 $f_b=37.8MPa$。本单位无混凝土强度回归系数统计资料,故采用表 4-14 中数值,碎石 $\alpha_a=0.53$,$\alpha_b=0.20$。按式(4-9)计算水胶比:

$$\frac{W}{B}=\frac{\alpha_a\cdot f_b}{f_{cu,o}+\alpha_a\cdot\alpha_b\cdot f_b}=\frac{0.53\times37.8}{38.2+0.53\times0.20\times37.8}=0.47$$

(2)按耐久性校核水胶比。

根据混凝土所处环境条件属于寒冷地区,查表 4-11 可知,允许最大水胶比为 0.50。按强度计算水胶比为 0.47,符合耐久性要求,采用计算水胶比 $W/B=0.47$。

3. 确定单位用水量(m_{wo})和外加剂用量(m_{ao})

由题意已知,要求混凝土拌合物坍落度为 30~50mm,碎石最大公称粒径为 31.5mm。查表 4-18,选用混凝土用水量 $m_{wo}=185kg/m^3$。由于没有掺入外加剂,故 $m_{ao}=0$。

4. 计算胶凝材料用量(m_{bo})、矿物掺合料用量(m_{fo})和水泥用量(m_{co})

(1)计算每立方米混凝土的胶凝材料用量(m_{bo})。

①已知混凝土单位用水量 $m_{wo}=185kg/m^3$,水胶比 $W/B=0.47$,按式(4-14)计算每立方米

混凝土胶凝材料用量：

$$m_{bo}=\frac{m_{wo}}{W/B}=\frac{185}{0.47}=394(kg/m^3)$$

②按耐久性要求校核单位胶凝材料用量。由题意已知，混凝土所处环境条件属寒冷地区，根据耐久性要求，查表4-12，混凝土的最小胶凝材料用量为320kg/m³。按强度计算每立方米混凝土胶凝材料用量为394kg/m³，符合耐久性要求。

(2)计算每立方米混凝土粉煤灰用量(m_{fo})。

由题意已知，粉煤灰的掺量为20%，代入式(4-15)计算得：

$$m_{fo}=m_{bo}\beta_f=394\times 20\%=79(kg/m^3)$$

(3)每立方米混凝土的水泥用量(m_{co})按式(4-16)计算。

$$m_{co}=m_{bo}-m_{fo}=394-79=315(kg/m^3)$$

5.选定砂率(β_s)

已知集料采用碎石的最大公称粒径为31.5mm，水胶比$W/B=0.47$。查表4-19，通过内插法计算得出混凝土砂率$\beta_s=33\%$。

6.计算粗、细集料用量(m_{go}、m_{so})

1)质量法

已知：每立方米混凝土的水泥用量$m_{co}=315kg/m^3$，粉煤灰用量$m_{fo}=79kg/m^3$，用水量$m_{wo}=185kg/m^3$，混凝土拌合物假定质量$m_{cp}=2400kg/m^3$，砂率$\beta_s=33\%$。按式(4-17)计算粗、细集料用量m_{go}、m_{so}：

$$\begin{cases} m_{go}+m_{so}=2400-79-315-185 \\ \dfrac{m_{so}}{m_{go}+m_{so}}\times 100\%=33\% \end{cases}$$

解得：砂用量$m_{so}=601kg/m^3$，碎石用量$m_{go}=1220kg/m^3$。

按质量法计算得初步配合比：

$$m_{co}:m_{fo}:m_{wo}:m_{so}:m_{go}=315:79:185:601:1220$$

2)体积法

已知：水泥密度$\rho_c=3100kg/m^3$，粉煤灰密度$\rho_f=2200kg/m^3$，砂表观密度$\rho_s=2650kg/m^3$，碎石表观密度$\rho_g=2700kg/m^3$，非引气混凝土$\alpha=1$，由式(4-18)得：

$$\begin{cases} \dfrac{m_{go}}{2700}+\dfrac{m_{so}}{2650}=1-\dfrac{315}{3100}-\dfrac{79}{2200}-\dfrac{185}{1000}-0.01\times 1 \\ \dfrac{m_{so}}{m_{go}+m_{so}}\times 100\%=33\% \end{cases}$$

解得：砂用量$m_{so}=591kg/m^3$，碎石用量$m_{go}=1200kg/m^3$。

按体积法计算得初步配合比：

$$m_{co}:m_{fo}:m_{wo}:m_{so}:m_{go}=315:79:185:591:1200$$

(二)调整工作性、提出基准配合比

1.计算试拌材料用量

按计算初步配合比(以绝对体积法计算结果为例)试拌20L混凝土拌合物,各种材料用量为:

水泥:315×0.020=6.3(kg)

粉煤灰:79×0.020=1.6(kg)

水:185×0.020=3.7(kg)

砂:591×0.020=11.8(kg)

碎石:1200×0.020=24.0(kg)

2.调整工作性

按计算材料用量拌制混凝土拌合物,测定其坍落度为20mm,不满足题目中的施工和易性要求。为此,保持水胶比不变,增加3%的水和胶凝材料用量。再经拌和,测坍落度为40mm,黏聚性和保水性亦良好,满足题目中的施工和易性要求。此时,混凝土拌合物各组成材料实际用量为:

水泥:6.3×(1+3%)=6.5(kg)

粉煤灰:1.6×(1+3%)=1.65(kg)

水:3.7×(1+3%)=3.8(kg)

砂:11.8kg

碎石:24.0kg

3.提出基准配合比

调整工作性后,混凝土拌合物的基准配合比为:

$$m_{ca}:m_{fa}:m_{wa}:m_{sa}:m_{ga}=324:81:191:591:1200$$

(三)检验强度、确定试验室配合比

1.检验强度

采用水胶比$(W/B)_A=0.42$、$(W/B)_B=0.47$和$(W/B)_C=0.52$拌制三组混凝土拌合物。砂、碎石用量不变,基准用水量亦保持不变。除基准配合比一组外,其他两组亦经测定坍落度并观察其黏聚性和保水性均满足要求。

按三组配合比经拌制成型,在标准条件下养护28d后,按规定方法测定其立方体抗压强度值,列于表4-21中。

不同水胶比的混凝土强度值　　表4-21

组　别	水胶比(W/B)	胶水比(B/W)	28d立方体抗压强度$f_{cu,28}$(MPa)
A	0.42	2.38	45.3
B	0.47	2.13	39.5
C	0.52	1.92	34.2

根据表4-21中的试验结果，绘制混凝土28d立方体抗压强度（$f_{cu,28}$）与胶水比（B/W）关系，如图4-10所示。

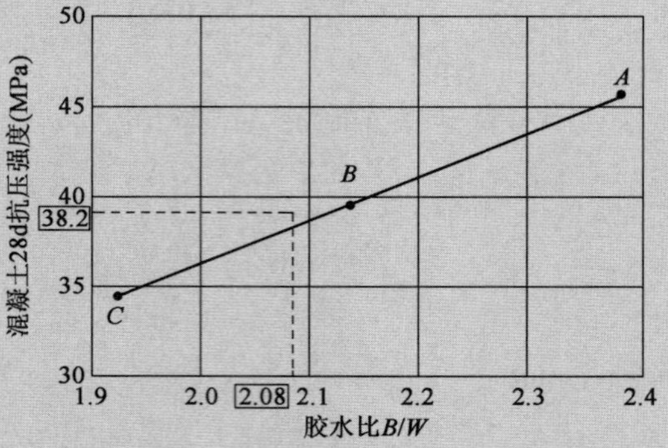

图4-10　混凝土28d抗压强度与胶水比关系曲线

由图4-10可知，相应混凝土配制强度 $f_{cu,o}=38.2\text{MPa}$ 的胶水比 $B/W=2.08$，即水胶比为0.48。

2. 确定试验室配合比

（1）按强度试验结果修正配合比，各材料用量为：

用水量：$m_{wb}=191\text{kg/m}^3$

胶凝材料用量：$m_{bb}=191/0.48=398(\text{kg/m}^3)$

粉煤灰用量：$m_{fb}=398\times20\%=80(\text{kg/m}^3)$

水泥用量：$m_{fb}=398-80=318(\text{kg/m}^3)$

砂、石用量按体积法：

$$\begin{cases}\dfrac{m_{gb}}{2700}+\dfrac{m_{sb}}{2650}=1-\dfrac{318}{3100}-\dfrac{80}{2200}-\dfrac{191}{1000}-0.01\times1\\[2ex]\dfrac{m_{sb}}{m_{gb}+m_{sb}}\times100\%=33\%\end{cases}$$

解得：砂用量 $m_{sb}=590\text{kg/m}^3$，碎石用量 $m_{gb}=1197\text{kg/m}^3$。

修正后的配合比为：

$$m_{cb}:m_{fb}:m_{wb}:m_{sb}:m_{gb}=318:80:191:590:1197$$

（2）根据实测混凝土拌合物表观密度校正配合比。

混凝土拌合物表观密度计算值：$\rho_{c,c}=318+80+191+590+1197=2376(\text{kg/m}^3)$

混凝土拌合物表观密度实测值：$\rho_{c,t}=2425\text{kg/m}^3$

校正系数：$\delta=2425/2376=1.02$

因混凝土拌合物表观密度实测值与计算值之差的绝对值超过计算值的2%（为2.1%），则按实测表观密度校正后各种材料用量：

水泥用量：$m'_{cb}=318\times1.02=324(\text{kg/m}^3)$

粉煤灰用量：$m'_{fb}=80\times1.02=82(kg/m^3)$

水用量：$m'_{wb}=191\times1.02=195(kg/m^3)$

砂用量：$m'_{sb}=590\times1.02=602(kg/m^3)$

碎石用量：$m'_{gb}=1197\times1.02=1221(kg/m^3)$

因此，试验室配合比为 $m'_{cb}:m'_{fb}:m'_{wb}:m'_{sb}:m'_{gb}=324:82:195:602:1221$。

(四)换算施工配合比

根据工地现场实测，砂的含水率 $w_s=3\%$，碎石的含水率 $w_g=1\%$。各种材料的用量为：

水泥用量：$m_c=324kg/m^3$

粉煤灰用量：$m_f=82kg/m^3$

砂用量：$m_s=602\times(1+3\%)=620(kg/m^3)$

碎石用量：$m_g=1221\times(1+1\%)=1233(kg/m^3)$

水用量：$m_w=195-(602\times3\%+1221\times1\%)=165(kg/m^3)$

因此，施工配合比为 $m_c:m_f:m_w:m_s:m_g=324:82:165:620:1233$。

四、普通混凝土的质量评定

(一)混凝土质量的评价方法

混凝土的质量一般以立方体抗压强度来评定，为此，必须有足够数量的混凝土试验值来反映混凝土总体的质量。混凝土强度的评价方法如下：

1. 统计方法

(1)已知标准差方法

当连续生产的混凝土，生产条件在较长时间内能保持一致，且同一品种、同一强度等级混凝土的强度变异性能保持稳定时，应由连续的三组试件代表一个检验批。其强度应同时符合式(4-23)、式(4-24)和式(4-25)或式(4-26)的要求。

$$m_{f_{cu}}\geqslant f_{cu,k}+0.7\sigma_0 \tag{4-23}$$

$$f_{cu,min}\geqslant f_{cu,k}-0.7\sigma_0 \tag{4-24}$$

当混凝土强度等级不高于 C20 时，其强度最小值尚应满足式(4-25)的要求：

$$f_{cu,min}\geqslant 0.85f_{cu,k} \tag{4-25}$$

当混凝土强度等级高于 C20 时，其强度最小值尚应满足式(4-26)的要求：

$$f_{cu,min}\geqslant 0.90f_{cu,k} \tag{4-26}$$

式中：$m_{f_{cu}}$——同一检验批混凝土立方体抗压强度的平均值(MPa)；

$f_{cu,k}$——混凝土立方体抗压强度标准值(MPa)；

$f_{cu,min}$——同一检验批混凝土立方体抗压强度的最小值(MPa)；

σ_0——前一检验期内同一品种、同一强度等级混凝土立方体抗压强度的标准差(MPa)，按式(4-27)计算。当计算值小于2.5MPa时，取2.5MPa。

$$\sigma_0=\sqrt{\frac{\sum_{i=1}^{n}f_{cu,i}^2-nm_{f_{cu}}^2}{n-1}} \tag{4-27}$$

式中：$f_{cu,i}$——前一检验期内同一品种、同一强度等级的第 i 组混凝土试件的立方体抗压强度代表值强度(MPa)；

$m_{f_{cu}}$——前一检验期内同一品种、同一强度等级的混凝土立方体抗压强度平均值(MPa)；

n——前一检验期内的试件组数。

注：上述检验期不应少于60d且不宜超过90d，且在该期内样本容量不应少于45。

(2)未知标准差方法

当混凝土生产条件不能满足前述规定，或在前一个检验期内的同一品种混凝土没有足够的数据用以确定检验批混凝土强度的标准差时，应由不少于10组的试件代表一个检验批，其强度应同时符合式(4-28)和式(4-29)的要求。

$$m_{f_{cu}}\geqslant f_{cu,k}+\lambda_1\cdot S_{f_{cu}} \tag{4-28}$$

$$f_{cu,min}\geqslant\lambda_2\cdot f_{cu,k} \tag{4-29}$$

式中：λ_1、λ_2——合格判定系数，按表4-22取用；

$S_{f_{cu}}$——同一检验批混凝土立方体抗压强度标准差(MPa)可按式(4-30)计算，当计算值小于2.5MPa时，取2.5MPa。

$$S_{f_{cu}}=\sqrt{\frac{\sum_{i=1}^{n}f_{cu,i}^2-nm_{f_{cu}}^2}{n-1}} \tag{4-30}$$

式中：n——本检验期内混凝土试件的总组数。

混凝土强度的合格判定系数 表4-22

试件组数	10～14	15～19	≥20
λ_1	1.15	1.05	0.95
λ_2	0.90	0.85	

2. 非统计方法

对零星生产的预制构件的混凝土或现场搅拌批量不大的混凝土，按非统计方法评定混凝土强度。试件小于10组时，其所保留强度应同时满足式(4-31)和式(4-32)的要求。

$$m_{f_{cu}}\geqslant\lambda_3\cdot f_{cu,k} \tag{4-31}$$

$$f_{cu,min}\geqslant\lambda_4\cdot f_{cu,k} \tag{4-32}$$

式中：λ_3、λ_4——合格判定系数，按表4-23取用。

混凝土强度的非统计方法合格判定系数 表4-23

混凝土强度等级	<C60	≥C60
λ_3	1.15	1.10
λ_4	0.95	

(二)混凝土强度的合格性评定

当检验结果满足统计方法评定和非统计方法评定的各项规定时,该批混凝土强度评定为合格;当不能满足上述规定时,该批混凝土强度评定为不合格。

第二节 混凝土外加剂

一、概述

混凝土外加剂亦称化学外加剂,是指在拌制混凝土过程中掺入,用以改善混凝土性能的材料,其掺量一般不大于水泥质量的5%。

掺入外加剂的主要目的是减少混凝土浇筑施工的费用,更有效地获得所需的混凝土性能,保证混凝土在不利的搅拌、输送、浇筑和养护条件下仍有所需的施工质量,满足混凝土在施工过程中的一些特殊要求。

混凝土外加剂的种类繁多,按其主要功能归纳有以下几种,见表4-24。

混凝土外加剂分类 表4-24

类别		使用效果
减水剂	普通减水剂	减水、提高强度或改善和易性
	高效减水剂(流化剂或称超塑剂)	配制流动混凝土或早强高强混凝土
引气剂		增加含气量,改善和易性,提高抗冻性
调凝剂	缓凝剂	延缓凝结时间,降低水化热
	早强剂(促凝剂)	提高混凝土早期强度
	速凝剂	速凝、提高早期强度
防冻剂		使混凝土在负温下水化,达到预期强度
防水剂		提高混凝土抗渗性,防止潮气渗透
膨胀剂		减少干缩

二、常用混凝土外加剂

1. 减水剂

减水剂是在混凝土坍落度基本相同的条件下,能减少拌和用水的外加剂。减水剂可以改善混凝土性能,如提高强度和耐久性。

高效减水剂是指在不改变新拌混凝土工作性条件下,能大幅度减少用水量,并显著提高混凝土强度,或在不改变用水量的条件下,可显著提高新拌混凝土工作性的减水剂。

常用的减水剂品种及功能见表4-25。

常用减水剂品种及功能 表4-25

减水剂类别	主 要 功 能	品 种
普通减水剂	具有5%以上减水、增强作用	木质素磺酸盐类(M剂)
缓凝减水剂	兼具缓凝功能	糖蜜类
引气减水剂	兼有引气作用	糖蜜类
高效减水剂（又称超塑化剂、流化剂）	具有12%以上减水、增强作用	多环芳香族磺酸盐类、水溶性树脂磺酸盐类
复合减水剂	兼具减水、早强作用，降低混凝土成本	

（1）减水剂作用机理

大多数减水剂均为表面活性剂，其分子由亲水基团和憎水基团组成。在水泥浆中，亲水基团吸附水分子，而憎水基团指向水泥颗粒表面，形成吸附水膜层，降低了水与水泥颗粒之间的界面张力，并使水泥颗粒表面均带上相同的电荷，加大了水泥颗粒的静电斥力，使水泥颗粒互相分散，而形成了絮凝结构，如图4-11所示。絮凝结构中的水被释放出来，大部分减水剂均为有机化合物，在拌制过程中易带入一些气泡，因此，在减水剂的分散和引气作用下，使混凝土拌合物在不增加用水量的情况下，大幅度地增加了流动性，如图4-12所示。另外，减水剂对水泥的分散作用使水泥颗粒的比表面加大，水化比较充分，进一步提高了水泥混凝土的强度。[**资源20**]

20-减水剂作用机理

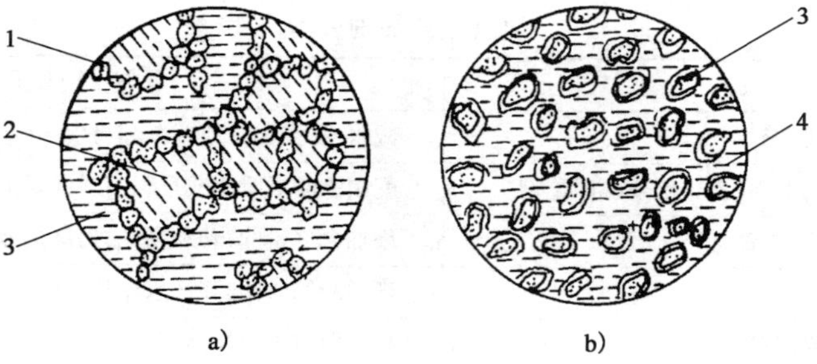

图4-11 减水剂对水泥絮凝结构的分散作用

a）未掺减水剂的水泥——絮凝结构；b）掺入减水剂后水泥——分散结构

1-水泥颗粒；2-包裹在水泥颗粒絮凝结构中的游离水；3-游离水；4-带有电性斥力和溶剂化水膜的水泥颗粒

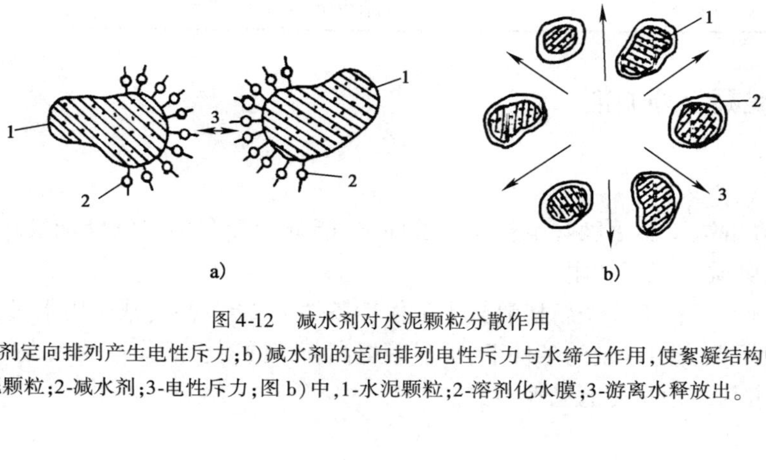

图4-12 减水剂对水泥颗粒分散作用

a）水泥颗粒间减水剂定向排列产生电性斥力；b）减水剂的定向排列电性斥力与水缔合作用，使絮凝结构中的游离水释放出

注：图a）中，1-水泥颗粒；2-减水剂；3-电性斥力；图b）中，1-水泥颗粒；2-溶剂化水膜；3-游离水释放出。

(2)减水剂对混凝土性能的影响

减水剂对新拌混凝土与硬化混凝土的性能都具有不同的改善作用。

①在混凝土中掺入减水剂后,在保持流动性的条件下可以显著降低水灰比。高效减水剂的减水率可达10%~25%,而普通减水剂的减水率为5%~15%。

②在混凝土中掺入减水剂后,可在保持水灰比不变的情况下增加流动性。在保持水泥用量不变的情况下,普通减水剂可使新拌混凝土坍落度增大10cm以上,高效减水剂可配制出坍落度达到25cm的混凝土。

③混凝土中掺入水泥质量0.2%~0.5%的普通减水剂。在保持和易性不变的情况下,能减水8%~20%,使混凝土强度提高10%~30%,高效减水剂提高强度的效果更明显。如掺入水泥质量0.5%~1.5%的高效减水剂,能减水15%~25%,使混凝土强度提高20%~50%。

④混凝土掺入减水剂(如引气减水剂),由于减水增强作用及引入一定数量独立微小气泡,使混凝土的耐久性特别是抗冻性有明显提高。

⑤如果保持混凝土强度和流动性不变,掺入减水剂则可节约水泥用量10%~15%。

减水剂适用于现浇或预制混凝土、钢筋混凝土或预应力混凝土。高效减水剂宜用于0℃以上施工的大流动性混凝土、高强混凝土和蒸养混凝土,普通减水剂不宜单独用于蒸养混凝土。在掺硬石膏或工业废料石膏的水泥中,是否能够掺用木质素磺酸盐类减水剂,需要经过试验,证明对混凝土无害后方可使用。

2. 引气剂

引气剂是掺入混凝土中经搅拌能引入大量分布均匀的微小气泡,以改善混凝土拌合物的和易性,并在硬化后仍能保留微小气泡以改善混凝土抗冻性的外加剂。

我国目前常用的引气剂有松香热聚物、松香皂和烷基苯磺酸钠等,此外还有烷基磺酸钠等。引气剂的掺量一般为水泥质量的0.005%~0.015%。引气剂也可与减水剂、促凝剂等复合使用,效果较好。

(1)引气剂作用机理

引气剂为憎水表面活性物质,它能降低水泥-水-空气的界面能,同时由于它的定向排列,形成单分子吸附膜,使气泡排开水分而吸附于固相粒子表面,因而能使搅拌过程混进的空气形成微小而稳定的气泡,均匀分布于混凝土中。

(2)引气剂对混凝土性能的影响

①对于新拌混凝土,可改善工作性,减少泌水和离析。

②掺入引气剂能使混凝土的含气量增加至3%~6%。对硬化后的混凝土,由于气泡存在使水分不易渗入,又可缓冲其水分结冰膨胀的作用,因而提高了混凝土的抗冻性、抗渗性和抗蚀性。在水泥用量及坍落度不变的条件下,能使混凝土的抗冻性提高3倍。

③由于气泡的存在,混凝土的强度及弹性模量有所降低。一般地,混凝土的含气量每增加1%,抗压强度降低4%~6%,抗弯拉强度降低2%~3%。在引气量相同的情况下,若引入的气泡细小,分布均匀,则强度降低就少一些,甚至不降低。

3. 缓凝剂

缓凝剂是指延缓混凝土的凝结时间,并对其后期强度无不良影响的外加剂。常用的缓凝剂有酒石酸钠、柠檬酸、糖蜜、含氧有机酸、多元醇等，其掺量一般为水泥质量的0.01%～0.20%。

(1)缓凝剂作用机理

缓凝剂的缓凝作用是由于在水泥颗粒表面形成了不溶性物质，使水泥悬浮体的稳定程度提高并抑制水泥颗粒凝聚，因而延缓水泥的水化和凝聚。

(2)缓凝剂对混凝土性能的影响

缓凝剂能延长混凝土的凝结时间，使新拌混凝土在较长时间内保持塑性，有利于浇筑成型和提高施工质量及降低水泥初期水化热。但掺量过大时，会引起强度降低。

4. 早强剂

早强剂是指能提高混凝土早期强度，并对后期强度无显着影响的外加剂。常用的早强剂有氯化物系早强剂、硫酸盐系早强剂、三乙醇胺系早强剂。

(1)早强剂作用机理

早强剂对水泥中的硅酸三钙和硅酸二钙等矿物成分的水化有催化作用，能加速水泥的水化和硬化，具有早强作用。

(2)早强剂对混凝土性能的影响

①混凝土中掺入早强剂，可缩短混凝土的凝结时间，提高早期强度，常用于混凝土的快速低温施工。

②改变混凝土的抗硫酸盐侵蚀性。

③提高混凝土的抗冻融能力。

④提高混凝土的弹性模量。

⑤掺加氯化钙早强剂，会加速钢筋的锈蚀，为此对氯化钙的掺加量应加以限制，通常配筋混凝土不得超过1%，无筋混凝土掺量亦不宜超过3%。为了防止氯化钙对钢筋的锈蚀，氯化钙早强剂一般与阻锈剂复合使用。

5. 速凝剂

速凝剂是促使水泥迅速凝结的外加剂，可以保证水泥初凝在5min之内、终凝在10min内完成。

在水化初期，石膏与速凝剂中的反应生成物NaOH作用生成Na_2SO_4，使液相的SO_4^{2-}浓度明显降低，此时，铝酸三钙就迅速水化析出水化铝酸钙，石膏的缓凝作用失效，从而导致水泥浆速凝。速凝剂可用于道路、桥梁、隧道的修补、抢修等工程。

6. 防冻剂

防冻剂是指在一定负温条件下，能显著降低冰点，使混凝土不遭受冻害，同时保证水与水泥进行水化反应，并在一定时间内获得预期强度的外加剂。分为氯盐防冻剂、氯盐阻锈防冻剂和非氯盐防冻剂三类。

混凝土中加入防冻剂的主要作用是降低水的冰点，防冻剂还参与水泥的水化过程，改变熟料矿物的溶解性及水化产物，并且对水化生成物的稳定性起促进作用。

防冻剂主要用于有抗冻要求的混凝土以及冬季施工用混凝土。使用防冻剂时，应严格控制混凝土水灰比不宜过大，严格控制掺量，加强养护，10d内养护温度不低于-10℃。

7. 防水剂

混凝土防水剂是一种能减少孔隙和堵塞毛细通道，用以降低混凝土在静水压力下透水性的外加剂。防水剂分为无机防水剂，如三氯化铁、水玻璃等，以及有机防水剂，如有机硅、沥青、橡胶液和树脂乳液等。

掺入防水剂后，混凝土的抗渗性会大大增强。但有些防水剂含有氯离子，使用时应适当控制掺入量。对于水工结构、地下室、隧道等混凝土工程，由于抗渗和防水要求均较高，因此可选用适宜的防水剂或防水复合外加剂。

第三节 路面水泥混凝土

路面水泥混凝土是指满足混凝土路面摊铺工作性(和易性)、弯拉强度、耐久性与经济性要求的水泥混凝土。

由于路面水泥混凝土直接承受车辆荷载的作用，其组成材料选择、配合比设计标准应根据路面的交通等级确定。《公路水泥混凝土路面设计规范》(JTG D40—2011)按设计基准期内设计车道所承受的标准轴载累计作用次数，将路面所承受的交通轴载作用分为五级，分级范围见表4-26。

交通荷载分级　表4-26

交通荷载等级	极重	特重	重	中	轻
设计基准期内设计车道承受设计轴载(100kN)累计作用次数 N_e($\times 10^4$)	$>1\times10^6$	$1\times10^6\sim2000$	$2000\sim100$	$100\sim3$	<3

一、路面水泥混凝土的组成材料

1. 水泥

水泥是路面水泥混凝土的重要组成材料，直接影响混凝土的强度、早期干缩、温度变形和抗磨性。极重、特重、重交通荷载等级公路面层水泥混凝土应采用旋窑生产的道路硅酸盐水泥、硅酸盐水泥、普通硅酸盐水泥，中、轻交通荷载等级公路面层水泥混凝土可采用矿渣硅酸盐水泥。高温期施工宜采用普通型水泥，低温期施工宜采用早强型水泥。

《公路水泥混凝土路面施工技术细则》(JTG/T F30—2014)规定：路面水泥混凝土所用水泥的技术要求除应满足《道路硅酸盐水泥》(GB 13693—2005)或《通用硅酸盐水泥》(GB 175—2007)的规定(表2-14、表2-15)外，各龄期的实测抗折强度、抗压强度应满足表4-27的规定。

路面水泥混凝土用水泥各龄期的实测强度值　表4-27

混凝土设计弯拉强度标准值(MPa)	5.5		5.0		4.5		4.0	
龄期(d)	3	28	3	28	3	28	3	28
水泥实测抗折强度(MPa)≥	5.0	8.0	4.5	7.5	4.0	7.0	3.0	6.5
水泥实测抗压强度(MPa)≥	23.0	52.5	17.0	42.5	17.0	42.5	10.0	32.5

2. 粉煤灰

使用道路硅酸盐水泥或硅酸盐水泥时，可在混凝土中掺入适量的粉煤灰；使用其他水泥时，不应掺入粉煤灰。粉煤灰质量不应低于表4-6中Ⅱ级粉煤灰的要求。不得掺用高钙粉煤灰或Ⅲ级及Ⅲ级以下低钙粉煤灰。

3. 粗集料与再生粗集料

1）质量要求

粗集料应使用质地坚硬、耐久、洁净的碎石、破碎卵石和卵石。极重、特重、重交通荷载等级公路面层水泥混凝土用粗集料质量不应低于表4-28中Ⅱ级的要求，中、轻交通荷载等级公路面层水泥混凝土用粗集料可使用Ⅲ级粗集料。

粗集料质量标准　　表4-28

项目		技术要求		
		Ⅰ级	Ⅱ级	Ⅲ级
压碎值（%）		≤18.0	≤25.0	≤30.0
卵石压碎值（%）		≤21.0	≤23.0	≤26.0
坚固性（按质量损失计，%）		≤5.0	≤8.0	≤12.0
针、片状颗粒含量（按质量计，%）		≤8.0	≤15.0	≤20.0
含泥量（按质量计，%）		≤0.5	≤1.0	≤2.0
泥块含量（按质量计，%）		≤0.2	≤0.5	≤0.7
吸水率（按质量计，%）		≤1.0	≤2.0	≤3.0
硫化物及硫酸盐含量（按 SO_3 质量计，%）		≤0.5	≤1.0	≤1.0
洛杉矶磨耗损失（%）		≤28.0	≤32.0	≤35.0
有机物含量（比色法）		合格	合格	合格
岩石抗压强度（MPa）	岩浆岩	≥100		
	变质岩	≥80		
	沉积岩	≥60		
表观密度（kg/m^3）		≥2500		
松散堆积密度（kg/m^3）		≥1350		
空隙率（%）		≤47		
磨光值（%）		≥35.0		
碱活性反应		不得有碱活性反应或疑似碱活性反应		

中、轻交通荷载等级公路面层水泥混凝土可使用再生粗集料，其质量应符合表4-29的规定。再生粗集料是指利用旧结构混凝土经机械破碎筛分制得的粗集料，可单独或掺配新集料后使用，有抗冰冻、抗盐冻要求时，再生粗集料不应低于Ⅱ级；无抗冰冻、抗盐冻要求时，可使用Ⅲ级再生粗集料。再生粗集料不得用于裸露粗集料的水泥混凝土抗滑表层，不得使用出现碱活性反应的混凝土为原料破碎生产的再生粗集料。

再生粗集料的质量标准　　表 4-29

项目	技术要求		
	Ⅰ级	Ⅱ级	Ⅲ级
压碎值(%)	≤21.0	≤30.0	≤43.0
坚固性(按质量损失计,%)	≤5.0	≤10.0	≤15.0
针、片状颗粒含量(按质量计,%)	≤10.0	≤10.0	≤10.0
微粉含量(按质量计,%)	≤1.0	≤2.0	≤3.0
泥块含量(按质量计,%)	≤0.5	≤0.7	≤1.0
吸水率(按质量计,%)	≤3.0	≤5.0	≤8.0
硫化物及硫酸盐含量(按 SO_3 质量计,%)	≤2.0	≤2.0	≤2.0
氯化物含量(以氯离子质量计,%)	≤0.06	≤0.06	≤0.06
洛杉矶磨耗损失(%)	≤35	≤40	≤45
杂物含量(按质量计,%)	≤1.0	≤1.0	≤1.0
表观密度(kg/m^3)	≥2450	≥2350	≥2250
空隙率(%)	≤47	≤50	≤53

2)公称最大粒径和级配

粗集料与再生粗集料应根据混凝土配合比的公称最大粒径分为 2~4 个单粒级的集料,并掺配使用。粗集料与再生粗集料的合成级配及单粒级级配范围宜符合表 4-30 的要求。不得使用不分级的统料。

粗集料与再生粗集料的级配范围　　表 4-30

方孔筛尺寸(mm)		2.36	4.75	9.50	16.0	19.0	26.5	31.5	37.5
级配类型		累计筛余(以质量计,%)							
合成级配	4.75~16.0	95~100	85~100	40~60	0~10	—	—	—	—
	4.75~19.0	95~100	85~95	60~75	30~45	0~5	0	—	—
	4.75~26.5	95~100	90~100	70~90	50~70	25~40	0~5	0	—
	4.75~31.5	95~100	90~100	75~90	60~75	40~60	20~35	0~5	0
单粒级级配	4.75~9.5	95~100	80~100	0~15	0	—	—	—	—
	9.5~16.0	—	95~100	80~100	0~15	0	—	—	—
	9.5~19.0	—	95~100	85~100	40~60	0~15	0	—	—
	16.0~26.5	—	—	95~100	55~70	25~40	0~10	0	—
	16.0~31.5	—	—	95~100	85~100	55~70	25~40	0~10	0

各种面层水泥混凝土配合比的不同种类粗集料与再生粗集料公称最大粒径宜符合表 4-31 的规定。

各种面层水泥混凝土配合比不同种类粗集料与再生粗集料公称最大粒径(mm)　　表 4-31

交通荷载等级		极重、特重、重		中、轻	
面层类型		水泥混凝土	纤维混凝土、配筋混凝土	水泥混凝土	碾压混凝土、砌块混凝土
公称最大粒径	碎石	26.5	16.0	31.5	19.0
	破碎卵石	19.0	16.0	26.5	19.0
	卵石	16.0	9.5	19.0	16.0
	再生粗集料	—	—	26.5	19.0

4. 细集料

1)质量要求

细集料应采用质地坚硬、耐久、洁净的天然砂或机制砂,不宜使用再生细集料。极重、特重、重交通荷载等级公路面层水泥混凝土用天然砂的质量不应低于表4-32规定的Ⅱ级,中、轻交通荷载等级公路面层水泥混凝土可用Ⅲ级天然砂。

天然砂的质量标准 表4-32

项目	技术要求		
	Ⅰ级	Ⅱ级	Ⅲ级
坚固性(按质量损失计,%)	≤6.0	≤8.0	≤10.0
含泥量(按质量计,%)	≤1.0	≤2.0	≤3.0
泥块含量(按质量计,%)	0	≤0.5	≤1.0
氯离子含量(按质量计,%)	≤0.02	≤0.03	≤0.06
云母含量(按质量计,%)	≤1.0	≤1.0	≤2.0
硫化物及硫酸盐含量(按SO_3质量计,%)	≤0.5	≤0.5	≤0.5
海砂中的贝壳类物质含量(按质量计,%)	≤3.0	≤5.0	≤8.0
轻物质含量(按质量计,%)	≤1.0		
吸水率(按质量计,%)	≤2.0		
表观密度(kg/m^3)	≥2500.0		
松散堆积密度(kg/m^3)	≥1400.0		
空隙率(%)	≤45.0		
有机物含量(比色法)	合格		
碱活性反应	不得有碱活性反应或疑似碱活性反应		
结晶态二氧化硅含量(%)	≥25.0		

机制砂宜采用碎石作为原料用专用设备生产。极重、特重、重交通荷载等级公路面层水泥混凝土用机制砂的质量不应低于表4-33规定的Ⅱ级,中、轻交通荷载等级公路面层水泥混凝土可用Ⅲ级机制砂。

机制砂的质量标准 表4-33

项目	技术要求		
	Ⅰ级	Ⅱ级	Ⅲ级
机制砂母岩的抗压强度(MPa)	≥80.0	≥60.0	≥30.0
机制砂母岩的磨光值	≥38.0	≥35.0	≥30.0
机制砂单粒级最大压碎指标(%)	≤20.0	≤25.0	≤30.0
坚固性(按质量损失计,%)	≤6.0	≤8.0	≤10.0
氯离子含量(按质量计,%)	≤0.01	≤0.02	≤0.06
云母含量(按质量计,%)	≤1.0	≤2.0	≤2.0

续上表

项目		技术要求		
		Ⅰ级	Ⅱ级	Ⅲ级
硫化物及硫酸盐含量(按 SO_3 质量计,%)		≤0.5	≤0.5	≤0.5
泥块含量(按质量计,%)		0	≤0.5	≤1.0
石粉含量(%)	MB 值<1.40 或合格	<3.0	<5.0	<7.0
	MB 值≥1.40 或不合格	<1.0	<3.0	<5.0
轻物质含量(按质量计,%)		≤1.0		
吸水率(按质量计,%)		≤2.0		
表观密度(kg/m^3)		≥2500.0		
松散堆积密度(kg/m^3)		≥1400.0		
空隙率(%)		≤45.0		
有机物含量(比色法)		合格		
碱活性反应		不得有碱活性反应或疑似碱活性反应		

2)级配和细度

天然砂的级配范围宜符合表4-34的规定,面层水泥混凝土使用的天然砂细度模数宜在2.0~3.7之间。

天然砂的推荐级配范围 表4-34

砂分级	细度模数	通过以下各筛孔(mm)的质量百分率(%)							
		9.5	4.75	2.36	1.18	0.6	0.3	0.15	0.075
粗砂	3.1~3.7	100	90~100	65~95	35~65	15~30	5~20	0~10	0~5
中砂	2.3~3.0	100	90~100	75~100	50~90	30~60	8~30	0~10	0~5
细砂	1.6~2.2	100	90~100	85~100	75~100	60~84	15~45	0~10	0~5

机制砂的级配范围宜符合表4-35的规定,面层水泥混凝土使用的机制砂细度模数宜在2.3~3.1之间。

机制砂的级配范围 表4-35

机制砂分级	细度模数	水洗法通过以下各筛孔(mm)的质量百分率(%)						
		9.5	4.75	2.36	1.18	0.6	0.3	0.15
Ⅰ级砂	2.3~3.1	100	90~100	80~95	50~85	30~60	10~20	0~10
Ⅱ、Ⅲ级砂	2.8~3.9	100	90~100	50~95	30~65	15~29	5~20	0~10

5. 水

饮用水可以直接作为混凝土搅拌与养护用水，非饮用水应进行水质检验，并应符合表4-5的规定，还应与蒸馏水进行水泥凝结时间与水泥胶砂强度的对比试验。对比试验的水泥初凝与终凝时间差均不应大于30min，水泥胶砂3d和28d强度不应低于蒸馏水配制的水泥胶砂3d和28d强度的90%。

6. 外加剂

外加剂可以改善混凝土的性能，通常掺入的外加剂有减水剂、引气剂、缓凝剂、早强剂、阻锈剂等，其主要功能为减少用水量、适当引气、提高抗弯拉强度、延长凝结时间、提高早期强度等。不管选用何种外加剂，都应根据设计要求和现场具备的材料品质及施工条件具体情况，选用适当的外加剂品种及合适的掺量。在路面混凝土中所使用的高效减水剂，其减水率应达到15%，引气减水剂的减水率应达到12%。

二、路面水泥混凝土的技术性质

路面水泥混凝土既要受到车辆荷载的反复作用，又要受到大自然、气候的直接影响，因而需要具备优良的技术性质。

1. 弯拉强度

各种交通荷载等级，对水泥混凝土弯拉强度要求不低于表4-36的标准，条件许可时尽量采用较高的设计强度。

路面水泥混凝土弯拉强度标准值 表4-36

交通荷载等级	极重、特重、重	中等	轻
水泥混凝土弯拉强度标准值(MPa)	≥5.0	4.5	4.0

2. 工作性(和易性)

混凝土拌合物在施工拌和、运输、浇筑、捣实和抹平等过程中不分层、不离析、不泌水，能均匀密实地填充在结构物模板内，即具有良好的工作性，符合施工要求。《公路水泥混凝土路面施工技术细则》(JTG/T F30—2014)规定：碎石混凝土滑模摊铺时的坍落度宜为10～30mm，卵石混凝土滑模摊铺时的坍落度宜为5～20mm，振动黏度系数宜为200～500N·s/m^2。三辊轴机组摊铺时，拌合物的现场坍落度宜为20～40mm，小型机具摊铺时，拌合物的现场坍落度宜为5～20mm。拌和机出口拌合物坍落度值，应根据不同工艺摊铺时的坍落度值加上运输过程中坍落度损失值确定。

三辊轴机组、小型机具摊铺的路面混凝土的最大单位用水量也要满足相应要求，具体见表4-37。

面层水泥混凝土最大单位用水量(kg/m^3) 表4-37

施工工艺	碎石混凝土	卵石混凝土	施工工艺	碎石混凝土	卵石混凝土
小型机具摊铺	150	145	三辊轴机组摊铺	153	148

注：破碎卵石混凝土最大单位用水量可在碎石和卵石混凝土之间内插取值。

3. 耐久性

混凝土与大自然接触，受到干湿、冷热、水流冲刷、行车磨耗和冲击、腐蚀等作用，要求混凝土路面必须具有良好的耐久性。在进行混凝土配合比设计时，采用限制最大水灰(胶)比和最小水泥用量，来满足路面耐久性的要求，具体见表4-38。最大单位水泥用量不宜大于420kg/m³；使用掺合料时，最大单位胶凝材料总量不宜大于450kg/m³。

各级公路面层水泥混凝土最大水灰(胶)比和最小单位水泥用量 表4-38

公路等级		高速、一级	二级	三、四级
最大水灰(胶)比		0.44	0.46	0.48
有抗冰冻要求时最大水灰(胶)比		0.42	0.44	0.46
有抗盐冻要求时最大水灰(胶)比		0.40	0.42	0.44
最小单位水泥用量(kg/m³)	52.5级	300	300	290
	42.5级	310	310	300
	32.5级	—	—	315
有抗冰冻、抗盐冻要求时最小单位水泥用量(kg/m³)	52.5级	310	310	300
	42.5级	320	320	315
	32.5级	—	—	325
掺粉煤灰时最小单位水泥用量(kg/m³)	52.5级	250	250	245
	42.5级	260	260	255
	32.5级	—	—	265
有抗冰冻、抗盐冻要求时掺粉煤灰混凝土最小单位水泥用量(kg/m³)	52.5级	265	260	255
	42.5级	280	270	265

注：1. 处在除冰盐、海风、酸雨或硫酸盐等腐蚀性环境中，或在大纵坡等加减速车道上的混凝土，最大水灰(胶)比可比表中数值降低0.01~0.02。
2. 掺粉煤灰，并有抗冰冻、抗盐冻要求时，面层不应使用32.5级水泥。

另外，严寒与寒冷地区面层水泥混凝土的抗冻等级不应低于表4-39的要求。各等级公路面层水泥混凝土磨损量宜符合表4-40的要求。

严寒与寒冷地区面层水泥混凝土的抗冻等级要求 表4-39

公路等级		高速、一级		二、三、四级	
试件		基准配合比	现场取芯	基准配合比	现场取芯
抗冻等级(F)≥	严寒地区	300	250	250	200
	寒冷地区	250	200	200	150

各等级公路面层水泥混凝土磨损量要求 表4-40

公路等级	高速、一级	二级	三、四级
磨损量(kg/m²)≤	3.0	3.5	4.0

三、路面水泥混凝土配合比设计

路面水泥混凝土的配合比设计应满足其弯拉强度、工作性、耐久性要求，兼顾经济性。各级公路面层水泥混凝土配合比设计宜采用正交试验法，二级及二级以下公路可采用经验公式法。混凝土配合比设计包括目标配合比设计和施工配合比设计两个阶段，此处主要介绍目标配合比设计。

（一）配制弯拉强度 f_c

面层水泥混凝土配制 28d 弯拉强度均值 f_c 按式(4-33)计算。

$$f_c = \frac{f_r}{1 - 1.04C_v} + t \cdot s \tag{4-33}$$

式中：f_r——混凝土的设计弯拉强度标准值(MPa)，按设计确定，且不低于表 4-36 的规定；

t——保证率系数，按表 4-41 取值；

s——弯拉强度试验样本的标准差(MPa)，有试验数据时应使用试验样本的标准差；无试验数据时可按公路等级及设计弯拉强度，参考表 4-42 规定范围确定；

C_v——弯拉强度变异系数，应按照统计数据取值，小于 0.05 时取 0.05；无统计数据时，可在表 4-43 的规定范围内取值，其中高速公路、一级公路变异水平应为“低”，二级公路变异水平应不低于“中”。

保证率系数 t　　表 4-41

公路等级	判别概率 p	样本数 n(组)			
		6～8	9～14	15～19	≥20
高速	0.05	0.79	0.61	0.45	0.39
一级	0.10	0.59	0.46	0.35	0.30
二级	0.15	0.46	0.37	0.28	0.24
三、四级	0.20	0.37	0.29	0.22	0.19

各级公路水泥混凝土面层弯拉强度试验样本的标准差 s　　表 4-42

公路等级	高速	一级	二级	三级	四级
目标可靠度(%)	95	90	85	80	70
目标可靠指标	1.64	1.28	1.04	0.84	0.52
样本的标准差 s(MPa)	$0.25 \leq s \leq 0.50$		$0.45 \leq s \leq 0.67$	$0.40 \leq s \leq 0.80$	

变异系数 C_v 的范围　　表 4-43

弯拉强度变异水平等级	低	中	高
弯拉强度变异系数允许范围	$0.05 \leq C_v \leq 0.10$	$0.10 \leq C_v \leq 0.15$	$0.15 \leq C_v \leq 0.20$

（二）二级及二级以下公路采用经验公式法

1. 计算水灰比 W/C

无掺合料时，可按经验公式(4-34)和式(4-35)计算。

碎石或破碎卵石混凝土：

$$\frac{W}{C}=\frac{1.5684}{f_c+1.0097-0.3595f_s} \tag{4-34}$$

卵石混凝土：

$$\frac{W}{C}=\frac{1.2618}{f_c+1.5492-0.4709f_s} \tag{4-35}$$

式中：f_c——面层水泥混凝土配制28d弯拉强度的均值(MPa)；

f_s——水泥实测28d抗折强度(MPa)。

2. 计算水胶比 W/B

掺用粉煤灰、硅灰、矿渣粉等掺合料时，应计入超量取代法中代替水泥的那一部分掺合料用量(代替砂的超量部分不计入)计算水胶比。

按照路面混凝土的使用环境、道路等级查表4-38，得到满足耐久性要求的最大水灰比(或水胶比)。计算的水灰比(或水胶比)大于表4-38的规定时，应按表4-38取值。

3. 选取砂率 β_s

根据砂的细度模数和粗集料种类，查表4-44选取砂率 β_s。

水泥混凝土的砂率 表4-44

砂的细度模数		2.2~2.5	2.5~2.8	2.8~3.1	3.1~3.4	3.4~3.7
砂率 β_s(%)	碎石混凝土	30~34	32~36	34~38	36~40	38~42
	卵石混凝土	28~32	30~34	32~36	34~38	36~40

注：1. 相同细度模数时，机制砂的砂率宜偏低限取用。
2. 破碎卵石的砂率可在碎石和卵石混凝土之间内插取值。

4. 确定单位用水量 m_{wo}

根据粗集料种类和坍落度要求，按经验公式(4-36)或式(4-37)计算单位用水量。计算单位用水量大于表4-37最大用水量的规定时，应通过采用减水率更高的外加剂降低单位用水量。

碎石 $$m_{wo}=104.97+0.309S_L+11.27(C/W)+0.61\beta_s \tag{4-36}$$

卵石 $$m_{wo}=86.89+0.370S_L+11.24(C/W)+1.00\beta_s \tag{4-37}$$

掺外加剂的混凝土单位用水量：

$$m_{w,ad}=m_{wo}(1-\beta_{ad}) \tag{4-38}$$

上述式中：m_{wo}——未掺外加剂时混凝土的单位用水量(kg/m^3)；

S_L——坍落度(mm)；

β_s——砂率(%)；

$m_{w,ad}$——掺外加剂混凝土的单位用水量(kg/m^3)；

β_{ad}——所用外加剂剂量的实测减水率(%)。

5. 确定单位水泥用量 m_{co}

单位水泥用量 m_{co} 按照式(4-39)计算，然后根据道路等级和环境条件，查表4-38，得到满足耐久性要求的最小水泥用量。计算结果小于表4-38规定值时，应取表4-38的规定值。

$$m_{co}=m_{wo}(C/W) \tag{4-39}$$

式中：m_{co}——单位水泥用量（kg/m^3）。

6. 计算粗、细集料用量 m_{go} 和 m_{so}

粗、细集料用量可按质量法或体积法计算，按质量法计算时，混凝土单位质量可取2400～2450kg/m^3；按体积法计算时，应计入设计含气量。

7. 验算单位粗集料填充体积率

经计算得到的配合比应验算单位粗集料填充体积率，且不宜小于70%。

8. 确定单位粉煤灰用量

路面水泥混凝土中掺用粉煤灰时，配合比设计应按超量取代法进行，取代水泥的部分应扣除等量水泥量；超量部分应代替砂，并折减用砂量。Ⅰ、Ⅱ级粉煤灰的超量取代系数可按表4-45初选。粉煤灰代替水泥的最大掺量：Ⅰ型硅酸盐水泥不宜大于30%，Ⅱ型硅酸盐水泥不宜大于25%，道路硅酸盐水泥不宜大于20%。粉煤灰总掺量应通过试验最终确定。

各级粉煤灰的超量取代系数 表4-45

粉煤灰等级	Ⅰ	Ⅱ	Ⅲ
超量取代系数 k	1.1～1.4	1.3～1.7	1.5～2.0

混凝土的目标配合比确定后，应对该配合比进行试配、调整，确定其施工配合比。有关方法与本章普通混凝土配合比设计方法相同，此处不再赘述。

水泥混凝土配合比设计例题（二）

（以弯拉强度为设计指标的设计方法）

［题目］ 试设计某重交通二级公路面层水泥混凝土配合比。

［原始资料］

1. 某重交通二级公路面层水泥混凝土（无抗冰冻性要求），要求混凝土设计弯拉强度标准值 f_r 为5.0MPa，施工单位混凝土弯拉强度样本的标准差 s 为0.5MPa（$n=9$）。混凝土由机械搅拌并振捣，采用小型机具摊铺，摊铺坍落度要求为10～20mm。

2. 组成材料：普通硅酸盐水泥42.5级，实测水泥28d抗折强度为8.3MPa，水泥密度 $\rho_c=3100kg/m^3$；中砂表观密度 $\rho_s=2630kg/m^3$，细度模数为2.6；碎石为4.75～31.5mm，表观密度 $\rho_g=2700kg/m^3$，振实密度 $\rho_{gh}=1701kg/m^3$；水为自来水。掺加0.6%的减水剂，减水率为12%。

［设计步骤］

确定目标配合比：

1. 计算配制弯拉强度（f_c）

由表4-41，当某重交通二级公路面层水泥混凝土样本数为9时，保证率系数 t 为0.37。

按照表4-43，二级公路变异水平应不低于“中”，混凝土弯拉强度变异系数 $0.10\leq C_v\leq 0.15$，取中值0.125。

根据设计要求，$f_r=5.0\text{MPa}$，将以上参数代入式(4-33)，混凝土配制弯拉强度为：

$$f_c=\frac{f_r}{1-1.04C_v}+t\cdot s=\frac{5.0}{1-1.04\times0.125}+0.37\times0.5=5.93(\text{MPa})$$

2. 确定水灰比(W/C)

按弯拉强度计算水灰比。由所给资料：水泥实测抗折强度 $f_s=8.3\text{MPa}$，计算得到的混凝土配制弯拉强度 $f_c=5.93\text{MPa}$，粗集料为碎石，代入式(4-34)计算混凝土的水灰比 W/C：

$$\frac{W}{C}=\frac{1.5684}{f_c+1.0097-0.3595\times f_s}=\frac{1.5684}{5.93+1.0097-0.3595\times8.3}=0.40$$

进行耐久性校核，混凝土为二级公路路面所用，无抗冰冻性要求，查表4-38，得最大水灰比为0.46，故按照强度计算的水灰比结果符合耐久性要求，取水灰比 $W/C=0.40$，灰水比 $C/W=2.50$。

3. 确定砂率(β_s)

由砂的细度模数2.6确定采用碎石，查表4-44，取混凝土砂率 $\beta_s=34\%$。

4. 确定单位用水量(m_{wo})

①由坍落度要求10~20mm，取坍落度为15mm，灰水比 $C/W=2.50$，砂率为34%，代入式(4-36)，计算单位用水量。

$$m_{wo}=104.97+0.309\times15+11.27\times2.50+0.61\times34=158(\text{kg/m}^3)$$

查表4-37得最大单位用水量为150kg/m^3，故计算单位用水量158kg/m^{3}大于最大单位用水量，应掺加水泥质量0.6%的减水剂降低单位用水量。减水剂的实测减水率为12%。

②掺减水剂的混凝土单位用水量，按式(4-38)计算。

$$m_{w,ad}=m_{wo}(1-\beta)=158\times(1-12\%)=139(\text{kg/m}^3)$$

5. 确定单位水泥用量(m_{co})

将单位用水量139kg/m^3、灰水比 $C/W=2.50$ 代入式(4-39)计算单位水泥用量。

$$m_{c0}=m_{w,ad}(C/W)=139\times2.50=348(\text{kg/m}^3)$$

查表4-38得满足耐久性要求的最小水泥用量为310kg/m^3，由此取计算水泥用量348kg/m^3。

6. 计算减水剂掺量 m_{ao}

$$m_{ao}=m_{co}\cdot\beta_a=348\times0.6\%=2.1(\text{kg/m}^3)$$

7. 计算粗、细集料用量 m_{go}、m_{so}

将上面的计算结果代入方程组(4-18)：

$$\begin{cases}\dfrac{348}{3100}+\dfrac{m_{go}}{2700}+\dfrac{m_{so}}{2630}+\dfrac{139}{1000}+0.01\times1=1\\[2mm]\dfrac{m_{so}}{m_{go}+m_{so}}\times100\%=34\%\end{cases}$$

解得：砂用量 $m_{so}=672\text{kg/m}^3$，碎石用量 $m_{go}=1305\text{kg/m}^3$。

8. 验算

碎石的填充体积率 $=\dfrac{m_{go}}{\rho_{gh}}\times100\%=\dfrac{1305}{1701}\times100\%=76.7\%$，大于70%，符合要求。

由此确定路面混凝土的"目标配合比"为 $m_{co}:m_{wo}:m_{so}:m_{go}=348:139:672:1305$。

路面混凝土的目标配合比确定后，应对该配合比进行试配、调整，确定其施工配合比。有关方法与本章普通混凝土配合比设计方法相同，此处不再赘述。

第四节 其他功能水泥混凝土

在道路与桥梁工程中，除普通水泥混凝土材料外，高强混凝土、流态混凝土以及再生混凝土等都有了很大的发展。现将这几种混凝土简述如下。

一、高强混凝土

强度等级不低于C60的混凝土称为高强混凝土。为了减轻自重、增大跨径，现代高架公路、立体交叉和大型桥梁等混凝土结构均采用高强混凝土。

1. 组成材料技术要求

(1)水泥，应选用硅酸盐水泥或普通硅酸盐水泥，用量不宜大于 500kg/m^3。

(2)粗集料，宜采用连续级配，其最大公称粒径不宜大于25.0mm，针片状颗粒含量不宜大于5.0%，含泥量不应大于0.5%，泥块含量不应大于0.2%。

(3)细集料的细度模数宜为2.6～3.0，含泥量不应大于2.0%，泥块含量不应大于0.5%。

(4)宜采用减水率不小于25%的高性能减水剂。

(5)宜复合掺用粒化高炉矿渣粉、粉煤灰和硅灰等矿物掺合料，掺量宜为25%～40%；粉煤灰等级不应低于Ⅱ级；对强度等级不低于C80的高强混凝土，宜掺用硅灰，掺量不宜大于10%。

2. 高强混凝土技术性能

(1)可有效地减轻自重。

(2)可大幅提高混凝土的耐久性。

(3)在大跨度结构物中，采用高强混凝土可大大减少材料用量及成本，获得显著的经济效益。

二、流态混凝土

流态混凝土是在预拌的坍落度为80～120mm的基体混凝土拌合物中，加入外加剂——流化剂，经过二次搅拌，使基体混凝土拌合物的坍落度大于或等于160mm，能自流填满模型或钢筋间隙的混凝土，又称超塑性混凝土。

（一）流态混凝土的组成材料

流态混凝土是由基体混凝土和流化剂组成的新型混凝土。

1. 基体混凝土的组成

水泥用量一般不低于300kg/m^3，粗集料最大粒径不大于19mm，细集料含有一定数量小于0.3mm的粉料，砂率通常可达45%左右。基体混凝土拌合物的坍落度值应与流化后拌合物的坍落度值相匹配，通常两值之差约为10cm。

2. 流化剂

流化剂属高效减水剂。流化剂的用量一般为水泥用量的0.5% ~0.7%，如超过0.7%，坍落度并无明显增加，但易产生离析现象。

3. 掺合料

在流态混凝土中常掺加优质粉煤灰，可改善流动性、提高强度、节约水泥。

（二）流态混凝土的技术性能

1. 抗压强度

一般情况下，流态混凝土与基体混凝土相比较，同龄期的强度无甚差别。但是由于有些流化剂可起到一定早强作用，因而使流态混凝土的强度有所提高。

2. 弹性模量

掺加流化剂后，混凝土的弹性模量与抗压强度一样，未见有明显差别。

3. 与钢筋的黏结强度

由于流化剂使混凝土拌合物的流动性增加，所以流态混凝土较普通混凝土与钢筋的黏结强度有所提高。

4. 徐变和收缩

流态混凝土的徐变较基体混凝土稍大，与普通大流动性混凝土接近。流态混凝土收缩与流化剂的品种和掺加量有关。掺加缓凝型流化剂时，其收缩比基体混凝土大。

5. 抗冻性

流态混凝土的抗冻性比基体混凝土稍差，与大流动性混凝土接近。

6. 耐磨性

试验表明，流态混凝土的耐磨性较基体混凝土稍差，作为路面混凝土，应考虑提高其耐磨性。

（三）工程应用

流态混凝土的流动性好，能自流填满模型或钢筋间隙，适于泵送，施工方便。由于使用流化剂，可大幅度降低水灰比而不需多用水泥，避免了水泥浆多带来的缺点，可制得高强、耐久、不渗水的优质混凝土，一般有早强和高强效果；流态混凝土流动度大，但无离析和泌水现象。流态混凝土在道路与桥梁工程中应用日益广泛。例如，越江隧道的水泥混凝土路面、斜拉桥的混凝土主塔，以及地铁的衬砌封顶等均须采用流态混凝土。

三、钢纤维混凝土

钢纤维混凝土是以水泥混凝土为基材与不连续而分散的纤维为增强材料组成的一种复合材料。掺入的钢纤维可以改善混凝土的脆性，从而提高混凝土的抗拉强度和韧性。

(一)钢纤维混凝土的力学性能

(1)弯拉强度和抗拉强度较高；
(2)抵抗动载振动冲击能力很强；
(3)具有极高的耐疲劳性能；
(4)是有柔韧性的复合材料；
(5)有抗冻胀和抗盐冻脱皮性能，但不耐锈蚀，用量大，价格高，热传导系数大，不适用于隔热要求的混凝土路面。

(二)工程应用

钢纤维与混凝土组成复合材料后，可使混凝土的抗弯拉强度、抗裂强度、韧性和冲击强度等性能得到改善，所以钢纤维混凝土广泛应用于道路与桥隧工程中，如机场道面、高速公路、一级公路路面、桥梁桥面铺装和隧道衬砌等工程。

四、碾压水泥混凝土

碾压水泥混凝土是以级配集料和较低的水泥用量与用水量以及掺合料、外加剂等组成的特干硬性水泥混凝土拌合物，使用沥青混凝土或基层摊铺机摊铺、压路机振动碾压密实而形成的一种混凝土。这种混凝土铺筑成的路面具有强度高、干缩率小、密度大、耐久性好等技术性能，同时带来节约水泥、提高工效、提早通车和降低投资的经济效益。

(一)材料组成

1. 水泥

在路面碾压混凝土中应选用抗折强度高、凝结时间稍长、强度发展快、干缩性小及耐磨性好的水泥。矿渣硅酸盐水泥和含火山灰质材料的普通硅酸盐水泥不宜用于高速、一级公路碾压混凝土路面。

2. 粗、细集料

粗、细集料的技术性能应符合路面水泥混凝土对粗、细集料的有关要求。粗集料的最大粒径一般不宜大于19.0mm。砂率宜为35%～40%，级配符合表4-46的要求。

路面碾压混凝土粗、细集料合成级配适宜范围 表4-46

筛孔尺寸(mm)	19.0	9.50	4.75	2.36	1.18	0.60	0.30	0.15
通过百分率范围(%)	90～100	50～70	35～47	25～38	18～30	10～23	5～15	3～10

3. 掺合料

采用粉煤灰作为掺合料。当碾压混凝土用作道路基层或做复合式路面底层时,可使用Ⅲ级以上的粉煤灰,不宜使用等外灰。当碾压混凝土用作路面面层与下面层时,应使用Ⅰ、Ⅱ级粉煤灰,不得使用Ⅲ级粉煤灰。

4. 外加剂

为改善混凝土和易性,并确保有足够的碾压时间,可掺加缓凝型减水剂。

(二)技术性能

1. 强度高

碾压混凝土的矿质混合料组成为连续密级配,经过振动压路机和轮胎压路机等的碾压,使各种集料排列为骨架-密实结构,因而具有较高的强度,特别是早期强度提高明显。

2. 干缩率小

碾压混凝土由于其组成材料配合比的改进,使拌合物具有优良的级配和很低的含水率,这种拌合物在碾压机械的作用下,才有可能使矿质集料形成包裹一层很薄水泥浆而又互相靠拢的骨架。因为水泥浆的干缩率比集料大得多,所以碾压混凝土的干缩率也大大减小。

3. 耐久性好

由于在形成这种密实结构的过程中,拌合物中的空气被碾压机械所排出,所以碾压式混凝土中的孔隙率大为降低,同时使抗水性、抗渗性和抗冻性等耐久性指标都有提高。

(三)工程应用

碾压混凝土主要用于大坝、道路及机场路面混凝土等工程中,若应用于水泥混凝土路面,可以做成一层式或两层式;亦可作为底层,面层采用沥青混凝土为抗滑、磨耗层。

五、超塑早强混凝土

超塑早强混凝土是指水泥、黄砂、碎石和水等在适当配合比下用搅拌机搅拌一定时间,再掺入适量早强剂、高效减水剂,经规定时间搅拌均匀而成的混凝土。

(一)组成材料

1. 水泥

对于超塑早强路面混凝土,要求选择具有早强及后期强度发展保持稳定的水泥。如普通硅酸盐水泥、硅酸盐水泥、早强型硅酸盐水泥、早强硫铝酸盐水泥,并且水泥的各项品质指标不低于国家的有关规定。

2. 细集料

混凝土用砂应具有高密度和小比表面积，以保证混凝土混合料有适宜的工作性，硬化后有足够的强度和耐久性，同时又能达到节约水泥的目的。超塑早强路面混凝土宜采用中砂。

砂的质量必须符合《建设用砂》（GB/T 14684—2011）的各项指标。

3. 粗集料

粗集料的粒状以接近正立方体为佳。表面粗糙且多棱角的碎石集料，与水泥的黏结性能好。粗集料的级配可采用连续级配或间断级配。选用集料时应避免含有非晶体活性二氧化硅的岩石，防止产生“碱-集料反应”。

粗集料的质量必须符合《建设用卵石、碎石》（GB/T 14685—2011）的质量指标。

4. 外加剂

在超塑早强路面混凝土研究中，外加剂也是提高混凝土早期强度的一种有力措施。可以掺入各种外加剂，如早强减水剂、早强剂、缓凝剂、引气剂等。

5. 水

用于拌制和养护混凝土的水，不应含有影响水泥正常凝结硬化的有害物质。工业废水、污水、沼泽水、pH 值小于 4 的酸性水等不宜使用。凡能饮用的自来水和清洁的天然水，一般都可使用。混凝土拌和用水应符合《混凝土拌和用水标准》（JCJ 63—2006）的要求。

（二）技术性能

超塑早强混凝土具有早期强度高、路面致密性好、施工和易性好等特点，有利于改善施工操作，并在节能、降低劳动强度和机械损耗等方面均有良好效果。对要求早强的混凝土路面修补工程，可达到缩短工期，提前开放交通的目的，一般 3 ~ 6d 就能开放交通。

（三）工程应用

超塑早强水泥混凝土广泛应用于新建道路工程、市区道路改造工程以及桥梁抢修工程的桥面铺装等。它具有显著的技术经济效益。

六、滑模混凝土

滑模混凝土是采用滑模摊铺机摊铺的，满足摊铺工作性、强度及耐久性等要求的较低塑性水泥混凝土材料。

（一）原材料技术要求

1. 水泥

极重、特重、重交通荷载等级的水泥混凝土路面，应采用旋窑生产的道路硅酸盐水泥、硅酸盐水泥、普通硅酸盐水泥；中、轻交通荷载等级的水泥混凝土路面，可采用矿渣硅酸盐水泥。滑模摊铺机摊铺时宜选用散装水泥，高温期施工时，散装水泥的入罐最高温度不宜高于 60℃；低温期施工时，水泥进入搅拌缸前的温度不宜低于 10℃。

2. 粉煤灰

滑模混凝土可掺入规定的电厂收尘的Ⅰ、Ⅱ级干排或磨细粉煤灰。宜采用散装干粉煤灰。

3. 粗集料

粗集料可使用碎石、破碎砾石和砾石。砾石最大粒径不得大于19mm，破碎砾石和碎石最大粒径不得大于31.5mm，超径和逊径含量均不得大于5%，粒径小于0.15mm的石粉含量不得大于1%。

粗集料应质地坚硬、耐久、洁净，其级配符合规范的要求。

4. 细集料

细集料采用质地坚硬、耐久、洁净的河砂、机制砂、沉积砂和山砂，宜控制通过0.15mm筛的石粉含量不大于1%。滑模混凝土用砂宜为细度模数在2.3~3.2范围内的中砂或偏细粗砂。

5. 水

所用水的硫酸盐含量（按SO_4^{2-}计）小于2.7mg/cm³，含盐量不得超过5mg/cm³，pH值不得小于4，不得含有油污，不得使用海水。

6. 外加剂

可使用引气剂、减水剂等，其他外加剂品种可视现场气温、运距和混凝土拌合物振动黏度系数、坍落度及其损失、抗滑性、弯拉强度、耐磨性等需要选用。

7. 养护剂

养护剂的品种主要有水玻璃型、石蜡型和聚合物型三大类。

8. 钢筋

所用钢筋应符合《钢筋混凝土用热轧带肋钢筋》（GB 1499.2—2007）和《钢筋混凝土用热轧光圆钢筋》（GB 1499.1—2008）的技术要求。钢筋应顺直，不得有裂纹、断伤、刻痕、表面油污和锈蚀。

9. 填缝材料

常用填缝材料有常温施工式填缝料、加热施工式填缝料、预制多孔橡胶条制品等。高速公路、一级公路宜使用树脂类、橡胶类的填缝材料及其制品，二级及二级以下公路可采用各种性能符合要求的填缝材料。

（二）滑模混凝土的技术性能

1. 优良的工作性

新拌滑模混凝土具有较低坍落度（坍落度损失小），以及与摊铺机械振捣能力和速度相匹配的最优振动黏度系数、匀质性和稳定性。

2. 高抗弯拉强度

用滑模摊铺机铺筑路面混凝土，可以提高其抗弯拉强度，使其具有足够的抗断裂破坏能力。

3. 高耐疲劳极限

抗折疲劳循环周次由500万次提高到1000万次或更大，保障滑模摊铺水泥混凝土路面的使用寿命延长1倍以上。

4. 小变形性能

小变形性能包括较低抗折弹性模量、较小的温度变形系数和较低的干缩变形量，保证接缝具有较小的温、湿度变形伸缩量和完好的使用状态。

5. 高耐久性

高耐久性指具有良好的抗磨性、抗滑性及其保持率、抗冻性和抗渗性，以及高耐油类的侵蚀、耐盐碱腐蚀、耐海水侵蚀的能力。

6. 经济性

在满足所有路面混凝土工程性能的条件下，尽可能就地取材、因地制宜。

（三）工程应用

滑模混凝土广泛用于水泥混凝土路面、大型桥面以及机场跑道、城市快车道、停车场、大面积地坪和广场混凝土道面，具有良好的使用效果。

七、再生混凝土

（一）再生混凝土的组成

再生混凝土是指将废弃的混凝土块经过破碎、清洗、分级后，按一定比例与级配混合，部分或全部代替砂石等天然集料（主要是粗集料），再加入水泥、水等配制而成的新混凝土。再生混凝土按集料的组合形式可以有几种情况：集料全部为再生集料；粗集料为再生集料、细集料为天然砂；粗集料为天然碎石或卵石、细集料为再生集料；再生集料替代部分粗集料或细集料。

（二）再生混凝土技术性质

1. 工作性

普通混凝土块在破碎过程中由于损伤，内部存在大量微裂纹，使其吸水率增大。由于再生集料表面粗糙、棱角较多且集料表面包裹着相当数量的水泥砂浆，因此，在配合比相同的条件下，再生混凝土的黏聚性、保水性均优于普通混凝土，而流动性比普通混凝土差。

2. 耐久性

再生混凝土的耐久性可用多个指标来表征，包括再生混凝土的抗渗性、抗冻性、抗硫酸盐侵蚀性、抗碳化能力、抗氯离子渗透性以及耐磨性等。由于再生集料的孔隙率和吸水率较高，因此再生混凝土的耐久性要低于普通混凝土。

3. 力学性质

（1）抗压强度

通过大量的试验，一般认为与普通混凝土的抗压强度相比，再生混凝土的强度会降低

5% ~32%。其原因为:由于再生集料孔隙率较高,在承受轴向应力时,易形成应力集中现象;再生集料与新旧水泥浆之间存在一些结合较弱的区域;再生集料本身的强度降低。

(2)抗拉及弯拉强度

大量的试验发现,再生混凝土的劈裂抗拉强度与普通混凝土的差别不大,仅略有降低。同时,再生混凝土的弯拉强度为其抗压强度的1/8~1/5,这与普通混凝土基本类似。再生混凝土的这个特性,对于在路面混凝土中应用再生混凝土尤为有利。

(3)弹性模量

综合已有的试验研究可以发现,再生混凝土的弹性模量较普通混凝土降低15% ~40%。再生混凝土弹性模量降低的原因是大量的砂浆附着于再生集料表面,而这些砂浆的模量较低。再生混凝土弹性模量较低,也从另外一个方面说明再生混凝土的变形能力要优于普通混凝土。

综上所述,再生混凝土的开发应用从根本上解决了天然集料日益缺乏、大量混凝土废弃物造成生态环境日益恶化等问题,保证了人类社会的可持续发展,其社会效益和经济效益显著。

第五节 砂浆

砂浆是由胶凝材料、细集料和水配制而成的建筑工程材料,在工程中起黏结、衬垫和传递应力的作用。常用的胶凝材料为水泥、石灰等,细集料则多采用天然砂。

在道路和桥隧工程中,砂浆主要用于砌筑挡土墙、桥涵或隧道等圬工砌体及砌体表面的抹面。因此,按其用途可分为砌筑砂浆和抹面砂浆。

一、砌筑砂浆

砌筑砂浆是将砖、石或砌块等黏结成为整体的砂浆,它分为现场配制砂浆和预拌砌筑砂浆。现场配制砂浆又分为水泥砂浆和水泥混合砂浆。预拌砌筑砂浆(商品砂浆)是由专业生产厂生产的湿拌砌筑砂浆和干混砌筑砂浆,它的工作性、耐久性优良,生产时不分水泥砂浆和水泥混合砂浆。

水泥砂浆包括单纯用水泥为胶凝材料拌制的砂浆和掺入活性掺合料与水泥共同拌制的砂浆。现就其组成材料的要求、技术性质以及配合比设计叙述如下。

(一)组成材料

砂浆的组成材料除了不含粗集料外,基本上与混凝土的组成材料要求相同,但亦有其差异之处。

1. 水泥

砌筑砂浆宜采用通用硅酸盐水泥或砌筑水泥,水泥强度等级应根据砂浆品种及强度等级的要求进行选择。M15及其以下强度等级的砌筑砂浆宜选用32.5级的通用硅酸盐水泥或砌筑水泥,M15以上强度等级的砌筑砂浆宜选用42.5级通用硅酸盐水泥。

2. 掺合料

为提高砂浆的和易性,除水泥外,还掺加各种掺合料,如石灰膏、电石膏、粉煤灰、粒化高炉矿渣粉、硅灰、天然沸石粉等，其品质指标需符合国家现行的有关标准的要求。如粉煤灰的品质应符合《用于水泥和混凝土中的粉煤灰》（GB/T 1596—2017）的规定。

当采用其他品种矿物掺合料时，应有充足的技术依据，并在使用前应进行试验验证。粉煤灰不宜采用Ⅲ级粉煤灰。使用高钙粉煤灰时，必须检验其安定性指标是否合格，合格后方可使用。

3. 砂

砌筑砂浆用砂宜选用中砂，应符合《普通混凝土用砂、石质量及检验方法标准》（JGJ 52—2006）的规定，且应全部通过4.75mm筛。

4. 水

拌制砂浆用水与混凝土用水相同，符合《混凝土拌和用水标准》（JGJ 63—2006）的规定。

（二）技术性质

新拌砂浆应保证有较好的和易性，硬化后有足够的强度。

1. 新拌砂浆的和易性

砂浆的组成中没有粗集料，因此和易性包括流动性及保水性两方面要求。

（1）流动性

流动性是指新拌砂浆在自重或外力作用下，易于产生流动的性质。砂浆的流动性是用稠度表示的。

《公路工程水泥及水泥混凝土试验规程》（JTG 3420—2020）规定，水泥砂浆稠度是将新拌砂浆均匀装入砂浆筒中，置于砂浆稠度仪（图4-13）台座上，标准圆锥体锥尖由试样表面下沉，经10s的沉入深度[以毫米（mm）计]即为稠度。其稠度应按表4-47的规定选用。[**资源21**]

21-建筑砂浆流动性试验

图4-13　砂浆稠度仪

砌筑砂浆的稠度　　表4-47

砌体种类	砂浆稠度（mm）
烧结普通砖砌体、粉煤灰砖砌体	70～90
混凝土砖砌体、普通混凝土小型空心砌块砌体、灰砂砖砌体	50～70

续上表

砌体种类	砂浆稠度(mm)
烧结多孔砖砌体、烧结空心砖砌体、轻集料混凝土小型空心砌块砌体、蒸压加气混凝土砌块砌体	60 ~ 80
石砌体	30 ~ 50

砂浆的流动性主要取决于用水量以及胶结材料的种类和用量，细集料的种类、颗粒形状及粗糙程度和级配等。

(2)保水性

保水性是指新拌砂浆在运输和施工过程中保持水分不流失和各组分不分离的能力。保水性差的砂浆不仅易引起泌水、流浆现象，而且会影响砂浆和砌筑材料的黏结和砂浆的硬化，降低砌体的强度。[**资源 22**]

22-新拌砂浆保水性

衡量水泥砂浆保水性能的指标是保水率，它是吸水处理后砂浆中保留水的质量，用原始水量的百分数表示。砌筑砂浆的保水率要求具体见表 4-48。

砌筑砂浆的保水率 表 4-48

砂浆种类	保水率(%)	砂浆种类	保水率(%)
水泥砂浆	≥80	预拌砌筑砂浆	≥88
水泥混合砂浆	≥84		

影响保水性的主要因素是胶结材料的种类、用量和用水量，以及砂的品种、细度和用量等。掺有石灰膏和黏土膏的混合砂浆具有较好的保水性。

2. 硬化后砂浆的强度

砂浆硬化后应具有足够的强度。砂浆在圬工砌体中，主要是传递压力，所以要求砌筑砂浆应具有一定的抗压强度。砂浆立方体抗压强度是确定其强度等级的重要依据。

《公路工程水泥及水泥混凝土试验规程》(JTG 3420—2020)规定：水泥砂浆立方体抗压强度是以 70.7mm × 70.7mm × 70.7mm 的立方体试件，在标准条件(水泥混合砂浆的标准养护条件为温度 20℃ ± 2℃，相对湿度 60% ~ 80%；水泥砂浆和微沫砂浆的标准养护条件为温度 20℃ ± 2℃，相对湿度 90% 以上)下，养护 28d 龄期的单位承压面积上的破坏荷载。

$$f_{m,cu} = \frac{F_u}{A} \tag{4-40}$$

式中：$f_{m,cu}$——砂浆立方体抗压强度(MPa)；

F_u——破坏荷载(N)；

A——试件承压面积(mm^2)。

《砌筑砂浆配合比设计规程》(JGJ/T 98—2010)规定，水泥砂浆及预拌砌筑砂浆的强度等级可分为 M5、M7.5、M10、M15、M20、M25、M30，水泥混合砂浆的强度等级可分为 M5、M7.5、M10、M15。

3. 黏结力

砂浆应具有较强的黏结力，以便将砌体材料牢固黏结成为一个整体。砂浆的黏结力与其强度密切相关，通常砂浆强度越高则黏结力越大。此外，砖石表面状态、清洁程度、湿润情况及施工养护条件也对黏结力有一定的影响。

4. 耐久性

圬工砂浆经常受环境水的作用，故除强度外，还应考虑抗渗、抗冻、抗侵蚀等性能。有抗冻性要求的砌体工程，砌体砂浆应进行冻融试验，根据不同的气候区对冻融次数进行了规定，以砂浆试件质量损失率不大于5%、抗压强度损失率不大于25%两项指标同时满足与否来衡量其抗冻性能是否合格。提高砂浆的耐久性，主要是提高其密实度。

(三)砌筑砂浆的配合比设计

1. 现场配制砌筑砂浆的试配要求

1)现场配制水泥混合砂浆的试配要求

(1)试配强度$f_{m,o}$的计算。

$$f_{m,o}=kf_2 \tag{4-41}$$

式中：$f_{m,o}$——砂浆的试配强度(MPa)，精确至0.1MPa；

f_2——砂浆强度等级值(MPa)，精确至0.1MPa；

k——系数，按表4-49取值。

砂浆强度标准差σ及k值 表4-49

施工水平	强度等级							k
	M5	M7.5	M10	M15	M20	M25	M30	
	强度标准差σ(MPa)							
优良	1.00	1.50	2.00	3.00	4.00	5.00	6.00	1.15
一般	1.25	1.88	2.50	3.75	5.00	6.25	7.50	1.20
较差	1.50	2.25	3.00	4.50	6.00	7.50	9.00	1.25

(2)砂浆强度标准差σ的确定。

①当有统计资料时，按式(4-42)计算。

$$\sigma=\sqrt{\frac{\sum_{i=1}^{n}f_{m,i}^2-n\mu_{f_m}^2}{n-1}} \tag{4-42}$$

式中：$f_{m,i}$——统计周期内同一品种砂浆第i组试件的强度(MPa)；

μ_{f_m}——统计周期内同一品种砂浆n组试件强度的平均值(MPa)；

n——统计周期内同一品种砂浆试件的总组数，$n\geqslant 25$。

②当无统计资料时，砂浆强度标准差可按表4-49取值。

(3)水泥用量的计算。

①每立方米砂浆中的水泥用量按式(4-43)计算。

$$Q_c=\frac{1000(f_{m,o}-\beta)}{\alpha\cdot f_{ce}} \tag{4-43}$$

式中：Q_c——每立方米砂浆中的水泥用量(kg)，精确至1kg；

f_{ce}——水泥的实测强度(MPa)，精确至0.1MPa；

α、β——砂浆的特征系数，其中α取3.03，β取-15.09。

注：各地区也可用本地区试验资料确定α、β值，统计用的试验组数不得少于30。

②在无法取得水泥的实测强度值时，可按式(4-44)计算f_{ce}。

$$f_{ce}=\gamma_c \cdot f_{ce,k} \tag{4-44}$$

式中：γ_c——水泥强度等级值的富余系数，宜按实际统计资料确定；无统计资料时，可取1.0；

$f_{ce,k}$——水泥强度等级值(MPa)。

(4)石灰膏用量的计算。

石灰膏用量按式(4-45)计算。

$$Q_D = Q_A - Q_C \tag{4-45}$$

式中：Q_D——每立方米砂浆的石灰膏用量(kg)，精确至1kg，石灰膏使用时的稠度为120mm±5mm；

Q_A——每立方米砂浆中水泥和石灰膏总量(kg)，精确至1kg，可取为350kg；

Q_C——每立方米砂浆的水泥用量(kg)，精确至1kg。

(5)每立方米砂浆中的砂用量，应以干燥状态(含水率小于0.5%)的堆积密度值作为计算值(kg)。

(6)每立方米砂浆中的用水量，可根据砂浆稠度等要求选用210～310kg。

注：①混合砂浆中的用水量，不包括石灰膏中的水。

②当采用细砂或粗砂时，用水量分别取上限或下限。

③稠度小于70mm时，用水量可小于下限。

④施工现场天气炎热或干燥季节，可酌量增加用水量。

2)现场配制水泥砂浆的试配要求

(1)水泥砂浆的材料用量可按表4-50选用。

每立方米水泥砂浆材料用量(kg/m³) 表4-50

强度等级	水泥	砂	用水量
M5	200～230	砂的堆积密度值	270～330
M7.5	230～260		
M10	260～290		
M15	290～330		
M20	340～400		
M25	360～410		
M30	430～480		

注：1. M15及其以下强度等级水泥砂浆，水泥强度等级为32.5级；M15以上强度等级水泥砂浆，水泥强度等级为42.5级。

2. 当采用细砂或粗砂时，用水量分别取上限或下限。

3. 稠度小于70mm时，用水量可小于下限。

4. 施工现场天气炎热或干燥季节，可酌量增加用水量。

5. 试配强度应按式(4-41)计算。

(2)水泥粉煤灰砂浆材料用量可按表4-51选用。

每立方米水泥粉煤灰砂浆材料用量(kg/m^3)　　表4-51

强度等级	水泥和粉煤灰总量	粉煤灰	砂	用水量
M5	210～240	粉煤灰掺量可占胶凝材料总量的15%～25%	砂的堆积密度	270～330
M7.5	240～270			
M10	270～300			
M15	300～330			

注:1.表中水泥强度等级为32.5级。
2.当采用细砂或粗砂时,用水量分别取上限或下限。
3.稠度小于70mm时,用水量可小于下限。
4.施工现场气候炎热或干燥季节,可酌量增加用水量。
5.试配强度应按式(4-41)计算。

2.预拌砌筑砂浆的试配要求

(1)预拌砌筑砂浆应满足下列规定:

①在确定湿拌砌筑砂浆稠度时应考虑砂浆在运输和储存过程中的稠度损失。

②湿拌砌筑砂浆应根据凝结时间要求确定外加剂掺量。

③干混砌筑砂浆应明确拌制时的加水量范围。

④预拌砌筑砂浆的搅拌、运输、储存等应符合《预拌砂浆》(GB/T 25181—2019)的规定。

⑤预拌砌筑砂浆性能应符合《预拌砂浆》(GB/T 25181—2019)的规定。

(2)预拌砌筑砂浆的试配应符合下列规定:

①预拌砌筑砂浆生产前应进行试配,试配强度应按式(4-41)计算确定,试配时稠度取70～80mm。

②预拌砌筑砂浆中可掺入保水增稠材料、外加剂等,掺量应经试配后确定。

3.砌筑砂浆配合比试配、调整与确定

(1)按计算或查表所得配合比进行试拌时,应按《公路工程水泥及水泥混凝土试验规程》(JTG 3420—2020)测定砌筑砂浆拌合物的稠度和保水率。当稠度和保水率不能满足要求时,应调整材料用量,直到符合要求为止,然后确定为试配时的砂浆基准配合比。

(2)试配时至少应采用三个不同的配合比,其中一个为基准配合比,其他两个配合比的水泥用量应按基准配合比分别增加、减少10%。在保证稠度、保水率合格的条件下,可将用水量、石灰膏、保水增稠材料或粉煤灰等活性掺合料用量作相应调整。

(3)砌筑砂浆试配时稠度应满足施工要求,应按《公路工程水泥及水泥混凝土试验规程》(JTG 3420—2020)分别测定不同的配合比砂浆的体积密度及强度,并应选定符合试配强度及和易性要求、水泥用量最低的配合比作为砂浆的试配配合比。

(4)砌筑砂浆试配配合比应按下列步骤进行校正:

①应根据上述内容确定的砂浆配合比材料用量,按式(4-46)计算砂浆的理论表观密度值。

$$\rho_t = Q_C + Q_D + Q_S + Q_W \tag{4-46}$$

式中:ρ_t——砂浆的理论体积密度值(kg/m^3),精确至$10kg/m^3$。

②计算砂浆配合比校正系数 δ。

$$\delta=\frac{\rho_c}{\rho_t} \tag{4-47}$$

式中：ρ_c——砂浆的实测体积密度值（kg/m^3），精确至 10kg/m^3。

③当砂浆的实测体积密度值与理论体积密度值之差的绝对值不超过理论值的 2% 时，将试配配合比确定为砂浆设计配合比；当超过 2% 时，应将试配配合比中每项材料用量均乘以校正系数 δ 后，确定为砂浆设计配合比。

（5）预拌砌筑砂浆生产前应进行试配、调整与确定，并应符合《预拌砂浆》（GB/T 25181—2019）的规定。

二、抹面砂浆

涂抹于建筑物或建筑构件表面的砂浆称为抹面砂浆。

由于抹面砂浆常用于桥涵圬工砌体和地下建筑的表面，因此一般对其强度要求不高，但要求保水性好，与基底的黏附性好。

按使用要求不同，抹面砂浆又分为普通抹面砂浆和防水抹面砂浆等。

普通抹面砂浆可对砌体起保护作用，通常分两层或三层施工。要求砂浆具有较高的流动性和保水性。其组成可参考有关施工手册。

防水砂浆主要用于隧道和地下工程。防水砂浆可用普通水泥砂浆制作，也可在水泥砂浆中掺入防水剂。常用的防水剂有氯化物金属盐类防水剂、水玻璃防水剂和金属皂类防水剂等。近年来，还掺加高聚物涂料，使之尽快形成密实的刚性砂浆防水层。

小结

水泥混凝土是道路路面、机场跑道、桥梁工程结构及其附属构造物的重要建筑材料之一。

水泥混凝土的基本组成是水泥、细集料、粗集料、水和矿物掺合料。水泥混凝土的主要技术性质有新拌混凝土的和易性和硬化后混凝土的强度和变形。新拌混凝土的和易性包括流动性、黏聚性和保水性三方面，采用坍落度和维勃稠度表示。水泥混凝土强度有抗压强度、弯拉强度、抗拉强度等。混凝土强度等级采用“立方体抗压强度标准值”确定，是桥梁混凝土结构设计的最主要强度指标。道路混凝土的强度指标为弯拉强度。

水泥混凝土的耐久性包括抗渗性、抗冻性、耐磨性和碱-集料反应等，与混凝土的密实度关系显著，也与水泥用量和水胶比密切相关，因此，在生产实践中对混凝土的耐久性极为重视，在水泥混凝土配合比设计时，应按照水泥混凝土的使用条件对最大水胶比和最小胶凝材料用量进行校核。

水泥混凝土的组成设计内容包括组成材料的选择、配合比的计算和强度评定内容。主要设计参数有水胶比、单位用水量、砂率及外加剂数量。计算出的配合比应经试拌、试验验证后确定。以立方体抗压强度为指标的桥梁用混凝土和以弯拉强度为指标的路面水泥混凝土的配合比计算，其基本原理和计算步骤基本上是相同的，但具体参数选用上稍有差别。

高强混凝土、碾压式水泥混凝土、流态混凝土、滑模混凝土、再生混凝土等是路桥用混凝土的发展方向。

砂浆在建筑结构中起黏结、传递应力、衬垫、防护和装饰作用。对砂浆的技术要求主要有施工和易性和抗压强度。

复习思考题

4-1 什么是水泥混凝土？它为什么能够在高速公路、一级公路路面和桥梁工程中得到广泛应用？

4-2 普通水泥混凝土应具备哪些技术性质？这些技术性质与混凝土在路面或桥梁工程中应用有什么关系？

4-3 试述影响水泥混凝土强度的主要因素及提高强度的主要措施。

4-4 何谓水泥混凝土的“立方体强度标准值”？它与“强度等级”有什么关系？

4-5 试述混凝土拌合物工作性的含义、影响其工作性的主要因素和改善工作性的措施，并叙述坍落度和维勃稠度测定方法和适用范围。

4-6 水泥混凝土用粗、细集料在技术性质上有哪些主要要求？这些技术性质不符合要求，对混凝土的质量有什么影响？

4-7 粗集料的公称最大粒径与混凝土配合组成和技术性质有什么影响？如何确定公称最大粒径？

4-8 水泥混凝土组成设计包括哪些内容？

4-9 试述我国现行的混凝土配合比设计方法及其内容和步骤。

4-10 水泥混凝土试配强度与什么因素有关？它在配合比设计中有何作用？如何确定？

4-11 简述混凝土耐久性的含义、影响混凝土耐久性的主要因素及改善措施。

4-12 混凝土外加剂按其功能可分哪几类？简述减水剂、引气剂、缓凝剂、早强剂的作用机理和适用条件。

4-13 砂浆的性能与混凝土的性能有何不同？

习题

4-1 试设计某桥预应力混凝土T梁用混凝土的配合组成。

〔设计资料〕

1. 按桥梁设计图纸：混凝土设计强度等级为C30，强度标准差计算值为5.0MPa。

2. 按预应力混凝土梁钢筋密集程度和现场施工机械设备，要求水泥混凝土拌合物的坍落度$H=30\sim50$mm。

3. 可供选择的组成材料及性质。

(1)水泥：硅酸盐水泥Ⅰ型，强度等级为42.5级，实测28d抗压强度46.8MPa，密度$\rho_c=3100$kg/m^3。

(2)碎石:一级石灰岩轧制的碎石;公称最大粒径 $d_{max}=31.5mm$,表观密度 $\rho_g=2780kg/m^3$,现场含水率 $w_g=1.0\%$。

(3)砂:清洁河砂,粗度属于中砂,表观密度 $\rho_s=2680kg/m^3$,现场含水率 $w_s=4.0\%$。

(4)水:饮用水,符合混凝土拌和用水要求。

(5)粉煤灰:Ⅱ级,表观密度 $\rho_f=2200kg/m^3$,掺量 $\beta_f=20\%$。

[设计要求]

1. 确定水泥混凝土配制强度 $f_{cu,o}$,并选择适宜的组成材料。

2. 按我国国家标准现行方法计算初步配合比。

3. 通过试验室试样调整和强度试验,确定试验室配合比。

4. 按提供的现场材料含水率折算为施工配合比。

4-2 试设计某中等交通二级公路路面水泥混凝土(无抗冻性要求)的配合比组成。

[设计资料]

1. 路面水泥混凝土的设计弯拉强度标准值 f_r 为 4.5MPa,施工单位混凝土弯拉强度标准差 s 为 0.5(样本 $n=6$),现场采用三辊轴机组摊铺,施工要求坍落度为20~40mm。

2. 组成材料:水泥为Ⅱ型硅酸盐水泥,强度等级为 42.5 级,实测水泥 28d 抗折强度为 7.83MPa,密度 $\rho_c=3100kg/m^3$;碎石用一级石灰岩轧制,最大粒径为31.5mm,表观密度 $\rho_g=2650kg/m^3$,振实密度 $\rho_{gh}=1630kg/m^3$;砂为清洁河砂,细度模数为2.7,表观密度 $\rho_s=2580kg/m^3$;水为饮用水,符合混凝土拌和用水要求。

[设计要求]

计算该路面水泥混凝土的目标配合比。

第五章
CHAPTER FIVE
沥青材料

知识目标：
1. 掌握石油沥青的组成结构、技术性质、技术标准和评价指标的测定方法；
2. 熟悉改性沥青、乳化沥青的组成、性质及应用。

能力目标：
1. 能针对不同的工程环境，根据国家及交通行业技术标准正确评价和选择道路石油沥青；
2. 能根据现行试验规程的要求，正确完成道路石油沥青的各项常规试验。

沥青是一种有机胶凝材料，是一些十分复杂的碳氢化合物及其非金属（氧、氮、硫）衍生物的混合物。沥青在常温下一般呈固体或半固体，也有少数品种的沥青呈黏性液体状态，可溶于二硫化碳、四氯化碳、三氯甲烷和苯等有机溶剂，颜色为黑褐色或褐色。

按照来源的不同，沥青可分为地沥青和焦油沥青两大类。

1. 地沥青

地沥青是指地下原油演变或加工而得到的沥青，又可分为天然沥青和石油沥青。

（1）天然沥青

石油在自然界长期受地壳挤压、变化，并与空气、水接触逐渐变化而形成，以天然状态存在的石油沥青即天然沥青，其中常混有一定比例的矿物质。按形成的环境不同，天然沥青可以分为湖沥青、岩沥青、海底沥青、油页岩等。

（2）石油沥青

石油沥青由石油经蒸馏、吹氧、调和等工艺加工得到，主要为可溶于二硫化碳的碳氢化合物的黏稠状物质。我国天然沥青很少，但石油资源丰富，故石油沥青是使用量最大的一种沥青材料。

2. 焦油沥青

焦油沥青是干馏有机燃料（煤、页岩、木材等）所收集的焦油经再加工而得到的一种沥青材料。按干馏原料的不同,焦油沥青可分为煤沥青、页岩沥青、木沥青和泥炭沥青。工程上常用的焦油沥青为煤沥青。

沥青具有良好的憎水性、黏结性和塑性,因而广泛用于防水、防潮、道路和水利工程。石油沥青是应用最为广泛的沥青材料。

第一节 石油沥青

一、石油沥青的生产和分类

(一)石油沥青生产工艺概述

从油井开采出来的石油,又称原油,它是多种分子量大小不等的烃类(烷烃、环烷烃和芳香烃等)的复杂混合物。炼油厂将原油分馏而提取汽油、煤油、柴油和润滑油等石油产品后所剩残渣,再进行加工可制得各种石油沥青。其生产工艺流程简况如图 5-1 所示。

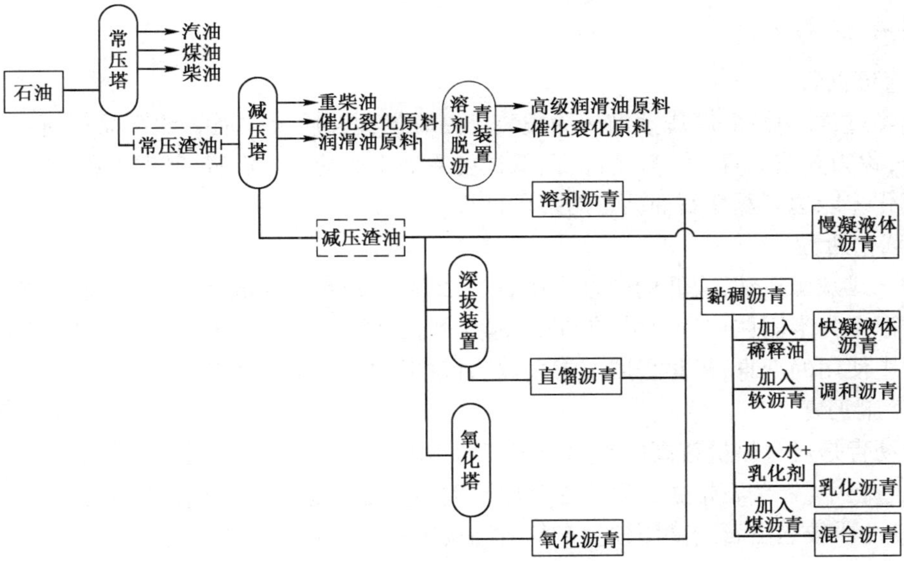

图 5-1　石油沥青生产工艺流程示意图

常用石油沥青主要是由氧化装置、溶剂脱沥青装置或深拔装置所生产的黏稠沥青。为了改变沥青施工工艺,可将其配制成液体沥青和乳化沥青;为了改善沥青使用性能,可将其加工成调和沥青和改性沥青。

(二)石油沥青的分类

石油沥青可根据不同情况进行分类,具体如下。

1. 按原油成分分类

原油是生产石油沥青的原料。原油按其所含烃类成分和硫含量的不同可划分为几种基本类别(称为基属)。石油沥青的性质首先与石油沥青的基属有关。

原油的分类根据“关键馏分特性”和“含硫量”,一般可分为石蜡基原油、环烷基原油和中间基原油,以及高硫原油(含硫量>2%)、含硫原油(含硫量0.5%~2%)和低硫原油(含硫量<0.5%)。由不同基属原油炼制的石油沥青分别为石蜡基沥青、环烷基沥青和中间基沥青。

(1)石蜡基沥青

这种沥青因原油中含有大量烷烃,沥青中含蜡量一般大于5%,有的高达10%以上。蜡在常温下往往以结晶体存在,降低了沥青的黏结性和塑性。

(2)环烷基沥青

环烷基沥青也称沥青基沥青,含有较多的环烷烃和芳香烃,所以此种沥青的芳香性高,含蜡量一般小于2%,沥青的黏结性和塑性均较高。

(3)中间基沥青

中间基沥青也称混合基沥青,其所含烃类成分和沥青的性质一般均介于石蜡基沥青和环烷基沥青之间。

我国原油储量并不高,目前正在开采的油田中大部分为石蜡基原油,而进口油多为环烷基原油。

2. 按加工方法分类

(1)直馏沥青

原油经过常压蒸馏、减压蒸馏或深拔装置提取各种轻质及中质石油产品后所余可用作沥青的残渣,称为直馏沥青。一般情况下,低稠度原油生产的直馏沥青,其温度稳定性不足,还需要进行氧化才能达到黏稠石油沥青的性质指标。

(2)氧化沥青

将常压或减压重油,或低稠度直馏沥青在250~300℃的高温下吹入空气,经数小时氧化可获得常温下为半固体或固体状的沥青,称为氧化沥青。氧化沥青具有良好的温度稳定性。道路工程中使用的沥青,氧化程度不能太深,有时也称为半氧化沥青。

(3)溶剂沥青

这种沥青是对含蜡量较高的原油采用溶剂萃取工艺,提炼出润滑油原料后所余残渣。在溶剂萃取过程中,一些石蜡成分溶解在萃取溶剂中随之被拔出,因此,溶剂沥青中石蜡成分相对减少,其性质较之由石蜡基原油生产的渣油或氧化沥青有很大的改善。

(4)调和沥青

用调和法生产沥青通常先生产出软、硬两种沥青组分,然后根据需要调和出符合要求的沥青。调和的关键在于配合比正确并混合均匀。

二、石油沥青的组成和结构

(一)元素组成

石油沥青是由多种碳氢化合物及其非金属(氧、硫、氮)衍生物组成的混合物,它的分子表达式为 $C_nH_{2n+a}O_bS_cN_d$。化学组成主要是碳(80%~87%)、氢(10%~15%),其次是非烃元素,如氧、硫、氮等(<3%)。此外,还含有一些微量的金属元素,如镍、钒、铁、锰、钙、镁、钠等,但含量都很少,约为百万分之几至几十。

由于石油沥青化学组成结构的复杂性,许多元素分析结果非常近似的石油沥青,其性质却相差很大,这主要是由于沥青中所含烃类基属的化学结构不同。

(二)石油沥青的化学组分

目前的分析技术尚难将沥青分离为纯粹的化合物单体。为了研究石油沥青化学组成与使用性能之间的联系,常将沥青所含烃类化合物中化学性质相近的成分归类分析,从而划分为若干“组”,称为沥青化学组分,简称组分。

将沥青分为不同组分的化学分析方法称为组分分析法,该方法利用了沥青在不同有机溶剂中的选择性溶解或在不同吸附剂上的选择性吸附等性质。早年,丁·马尔库松(德国)就提出将石油沥青分离为沥青酸、沥青酸酐、油分、树脂、沥青质、沥青碳和似碳物等组分的方法;后来经过许多研究者的改进,美国的L. R. 哈巴尔德和K. E. 斯坦费尔德将其完善为三组分分析法;再后来L. W. 科尔贝特(美国)又提出四组分分析法。

1. 三组分分析法

石油沥青的三组分分析法是将石油沥青分离为油分、树脂和沥青质三个组分。因我国富产石蜡基或中间基沥青,在油分中往往含有蜡,故在分析时还应将油蜡分离。这种分析方法称为溶解-吸附法,按三组分分析法所得各组分的性状见表5-1。

石油沥青三组分分析法的各组分性状 表5-1

组分	外观特征	平均分子量 M_w	碳氢比 C/H	物化特征
油分	淡黄色透明液体	200~700	0.5~0.7	几乎可溶于大部分有机溶剂,具有光学活性,常发现有荧光,相对密度为0.910~0.925
树脂	红褐色黏稠半固体	800~3000	0.7~0.8	温度敏感性高,熔点低于100℃,相对密度大于1.000
沥青质	深褐色固体粉末状微粒	1000~5000	0.8~1.0	加热不熔化,分解为硬焦炭,使沥青呈黑色

2. 四组分分析法

四组分分析法由科尔贝特首先提出,该法可将沥青分离为如下4种成分:

(1)沥青质

沥青中不溶于正庚烷而溶于甲苯中的物质即沥青质,占沥青总量的5%~25%。沥青质对沥青的热稳定性、流变性和黏性有很大影响,其含量越高,沥青软化点越高,黏度也越大,沥青相应也就越硬、越脆。

(2)饱和分

饱和分亦称饱和烃,沥青中溶于正庚烷,吸附于Al_2O_3谱柱下,能为正庚烷或石油醚溶解脱附的物质为饱和分,占沥青总量的5%~20%。随饱和分含量的增加,沥青的稠度降低,温度感应性加大。

(3)芳香分

芳香分亦称芳香烃，沥青经上一步骤处理后能为甲苯所溶解脱附的物质为芳香分，占沥青总量的20% ~50%，黏稠状液体，呈深棕色，对其他高分子烃类物质有较强的溶解能力。

(4)胶质

沥青经上一步骤处理后能为苯-乙醇或苯-甲醇所溶解脱附的物质为胶质，具有很强的黏附力。胶质和沥青质之间的比例决定了沥青的胶体结构类型。

对于多蜡沥青，还可将饱和分和芳香分用于丁酮-苯混合溶液冷冻分离出蜡。

沥青的化学组分与沥青的物理力学性质有着密切的关系，这主要表现为沥青组分及其含量的不同将引起沥青性质趋向性的变化。一般认为，油分使沥青具有流动性；树脂使沥青具有塑性，树脂中含有少量的酸性树脂（即地沥青酸和地沥青酸酐），是一种表面活性物质，能增强沥青与矿质材料表面的黏附性；沥青质能提高沥青的黏结性和热稳定性。

3. 沥青的含蜡量

沥青中的蜡是指沥青在除去沥青质和胶质之后，在油分中含有的、经冷冻能结晶析出的组分，与沥青中的其他组分相比，其组成和结构相对简单。蜡组分的存在对沥青性能的影响，是沥青性能研究的一个重要课题。特别是在我国富产石蜡基原油的情况下，更是众所关注。现有研究认为，蜡对沥青路用性能的影响，主要是由于沥青中蜡的存在，在高温时会使沥青容易发软，导致沥青路面的高温稳定性降低，出现车辙；同样，在低温时蜡会使沥青变得脆硬，导致路面低温抗裂性降低，出现裂缝。此外，蜡会使沥青与矿料黏附性降低，在水分的作用下，会使路面石料与沥青产生剥落现象，造成路面破坏；更严重的是，含蜡沥青会使沥青路面的抗滑性降低，影响路面的行车安全性。对于沥青含蜡量的限制，由于世界各国测定方法不同，所以限值也不一致。《公路沥青路面施工技术规范》（JTG F40—2004）对沥青含蜡量有明确规定。

（三）石油沥青的结构

1. 胶体理论

现代胶体学说认为，沥青中沥青质是分散相，饱和分和芳香分是分散介质，但沥青质不能直接分散在饱和分和芳香分中。而胶质作为一种“胶溶剂”，沥青吸附了胶质形成胶团，而后分散于芳香分和饱和分中。所以沥青的胶体结构是以沥青质为胶核，胶质被吸附于其表面，并逐渐向外扩散形成胶团，胶团再分散于芳香分和饱和分中。

2. 胶体的结构类型

根据沥青中各组分的化学组成和相对含量的不同，可以形成不同的胶体结构。沥青的胶体结构可分为下列三个类型：

(1)溶胶结构

沥青质含量较少，饱和分和芳香分、胶质足够多时，沥青质形成的胶团全部分散，胶团能在分散介质中运动自如，如图5-2a）所示。这种结构沥青黏滞性小，流动性大，塑性好，但温度稳定性较差，如直馏沥青。

(2)凝胶结构

沥青质含量较多，并有相应数量的胶质来形成胶团，胶团相互吸引力增大，相互移动较困难，如图5-2c)所示。这种结构的特点是弹性和黏性较高，温度敏感性较小，流动性、塑性较低，如氧化沥青。

(3)溶-凝胶结构

沥青质含量适当，有较多的胶质存在，胶团之间有一定的吸引力，如图5-2b)所示。在常温下，这种结构的沥青性质介于上述两者之间。这种结构的特征是高温时具有较低的感温性，低温时又具有较好的形变能力。优质道路沥青多为溶-凝胶结构。

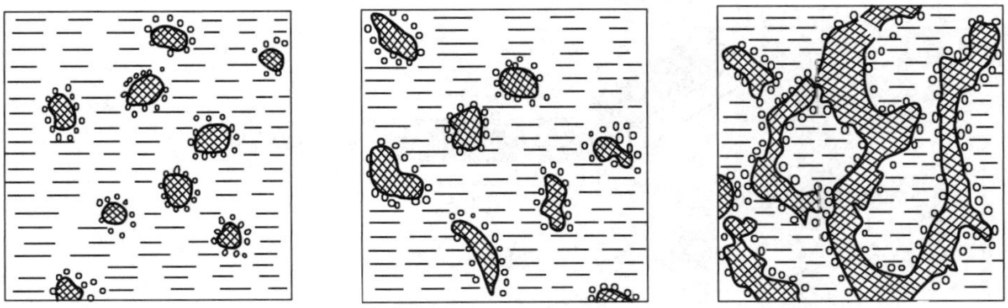

a) b) c)

图5-2 沥青的胶体结构示意图

a)溶胶结构；b)溶-凝胶结构；c)凝胶结构

沥青的胶体结构与其路用性能有密切的关系。为工程使用方便，通常采用针入度指数(PI)法等来评价胶体结构类型及其稳定性。

三、石油沥青的技术性质

用于沥青路面的沥青材料，应具备下列主要技术性质。

(一)黏滞性(黏性)

黏滞性是指沥青在外力作用下抵抗变形的能力。沥青受到外力作用后表现的变形，是由于沥青中组分胶团发生形变或胶团之间产生相互位移。

各种石油沥青的黏滞性变化范围很大，黏滞性的大小与组分及温度有关。当沥青质含量较高，又含适量的树脂和少量的油分时，黏滞性较大。在一定温度范围内，当温度升高时，黏滞性随之降低，反之则增大。

黏滞性是与沥青路面力学性质联系最密切的一种性质，沥青的黏滞性通常用黏度表示。在现代交通条件下，为防止路面出现车辙，沥青的黏度是首要考虑的参数。

1. 沥青的绝对黏度(亦称动力黏度)

如果采用一种剪切变形的模型来描述沥青在沥青与矿质材料混合料中的应用，可取一对互相平行的平面，在两平面之间分布有一沥青薄膜，薄膜与平面的吸附力远大于薄膜内部胶团之间的作用力。当下层平面固定，外力作用于顶层表面进而发生位移时(图5-3)，按牛顿定律则可得到如下方程：

$$F = \eta \cdot A \frac{v}{d} \tag{5-1}$$

式中：F——移动顶层平面的力（等于沥青薄膜内部胶团抵抗变形的能力）；

η——反映沥青黏滞性的系数，即绝对黏度（Pa·s）；

A——沥青薄膜层的面积（即接触平面的面积）（cm^2）；

v——顶层位移的速度（m/s）；

d——沥青膜的厚度（cm）。

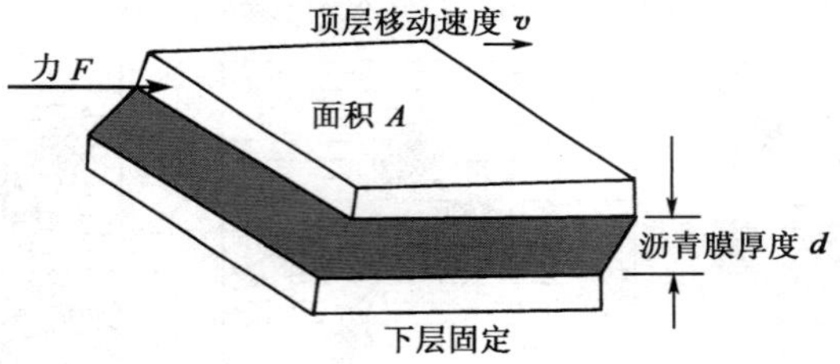

图 5-3　沥青绝对黏度概念图

《公路工程沥青及沥青混合料试验规程》（JTG E20—2011）规定，测定沥青 60℃黏度分级用的动力黏度采用真空减压毛细管黏度计测定。

2. 沥青的相对黏度（亦称条件黏度）

由于绝对黏度测定较为复杂，因此在实际应用上多测定沥青的相对黏度。

（1）针入度

针入度是测定道路石油沥青黏滞性的常用技术指标，也是划分沥青标号的依据，采用针入度仪测定（图 5-4）。

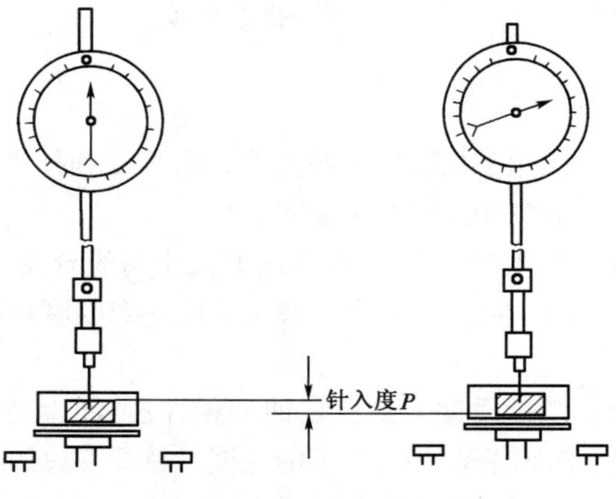

图 5-4　针入度法测定黏稠沥青针入度示意图

23-沥青针入度试验

沥青的针入度是指在规定温度和时间内，附加一定质量的标准针垂直贯入试样的深度，以 0.1mm 表示［**资源 23**］。试验条件以 $P_{T,m,t}$ 表示，其中 P 为针入度，T 为试验温度，m 为荷重，t 为贯入时间。《公路工程沥青及沥青混合料试验规程》（JTG E20—2011）规定，标准试验温度为 25℃，试验时总质量为 100g ±0.05g（包括标准针和针连杆组合件总质量 50g ±0.05g；砝码质量 50g ±

0.05g)，贯入时间为5s。例如，某沥青在上述条件下测得针入度为65(0.1mm)，可表示为：

$$P(25℃,100g,5s)=65(0.1mm) \tag{5-2}$$

我国现行的道路石油沥青技术标准中，采用针入度来划分技术等级。按上述方法测定的针入度值越大，表示沥青越软(稠度越小)。实质上，针入度也是测量沥青稠度的一种指标，通常稠度高的沥青，其黏度亦高。

(2)标准黏度

标准黏度是表示液体石油沥青、煤沥青、乳化沥青等材料黏结性的常用技术指标，采用道路沥青标准黏度计测定(图5-5)。

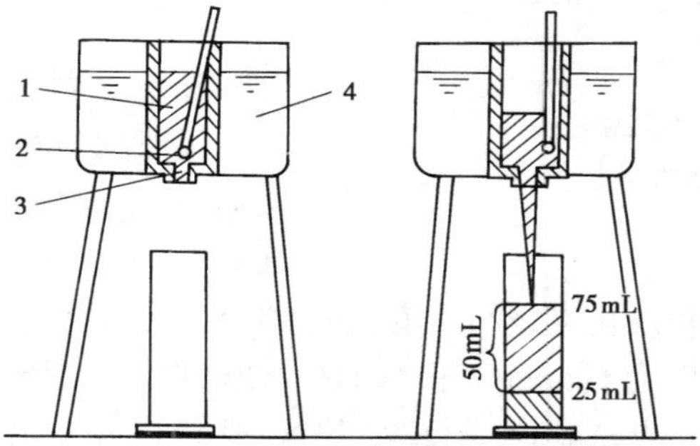

图5-5　标准黏度计测定液体沥青示意图

1-沥青试样；2-活动球杆；3-流孔；4-水

《公路工程沥青及沥青混合料试验规程》(JTG E20—2011)规定，标准黏度是指液体状态的沥青材料，在标准黏度计中，于规定的温度条件下，通过规定的流孔直径流出50mL体积所需的时间，以秒(s)计。试验条件以 $C_{T,d}$ 表示，其中 C 为黏度，T 为试验温度，d 为流孔直径。试验温度和流孔直径根据液体状态沥青的黏度选择，常用的孔径有3mm、4mm、5mm和10mm。例如，某沥青在60℃时，自5mm孔径流出50mL沥青所需时间为100s，可表示为 $C_{60,5}=100s$。按上述方法，在相同温度和相同流孔条件下，流出时间愈长，表示沥青黏度愈大。

(二)塑性

塑性是指沥青在外力作用下发生变形而不破坏的能力。影响塑性大小的因素与沥青的组分及温度有关。沥青中树脂含量多，油分及沥青质含量适当，则塑性较大。当温度升高，塑性增大，沥青膜层愈厚则塑性愈高；反之，塑性愈差。在常温下，塑性好的沥青不易产生裂缝，并可减少摩擦时的噪声。同时，它对于沥青在温度降低时抵抗开裂的性能有重要影响。

沥青的塑性通常用延度指标来表征。《公路工程沥青及沥青混合料试验规程》(JTG E20—2011)规定，延度是将沥青试样制成∞字形标准试模(中间最小截面面积为1cm²)，在规定拉伸速度和规定温度下拉断时的长度，以厘米(cm)表示。沥青的延度采用延度仪测定(图5-6)，拉伸速度为5cm/min±0.25cm/min，试验温度为25℃、15℃、10℃或5℃。《公路沥青路面施工技术规范》(JTG F40—2004)规定，道路石油沥青延度试验温度采用15℃、10℃，聚合物改性沥青延度试验温度采用5℃。

在上述试验条件下，沥青的延度越大，塑性越好，柔性和抗断裂性也越好。

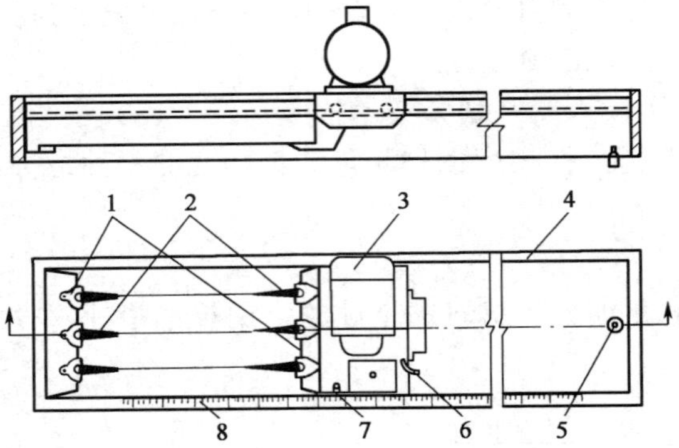

图5-6 延度仪示意图

1-试模；2-试样；3-电机；4-水槽；5-泄水孔；6-开关柄；7-指针；8-标尺

(三)温度稳定性(感温性)

温度稳定性是指沥青的黏结性和塑性随温度升降而变化的性能。当温度升高时,沥青由固态或半固态逐渐软化成黏流状态,当温度降低时,由黏流态转变成固态至变脆。工程上使用的沥青,要求有较好的温度稳定性。

1. 高温敏感性

沥青材料的高温敏感性用软化点表示。沥青材料在硬化点至滴落点之间的温度阶段时,是一种黏滞流动状态。在工程实际中,为保证沥青不致由于温度升高而产生流动的状态,取滴落点和硬化点之间温度差的87.21%为软化点。

《公路工程沥青及沥青混合料试验规程》(JTG E20—2011)规定,沥青软化点采用环球法测定,即将沥青试样装入软化点试验仪(图5-7)的铜环内(内径为18.9mm),试样上放置标准钢球(重3.5g)浸入水或甘油中,以规定的升温速度(5℃/min)加热,使沥青软化下垂至规定距离时的温度,以℃表示。按上述方法测定的软化点愈高,表明沥青的耐热性愈好,即温度稳定性愈好。

针入度是规定温度下沥青的条件黏度,而软化点则是沥青达到规定条件黏度时的温度。软化点既是反映沥青材料感温性的一个指标,也是沥青黏度的一种量度。

以上所论及的针入度、延度、软化点是评价道路石油沥青路用性能最常用的经验指标,所以通称“三大指标”。

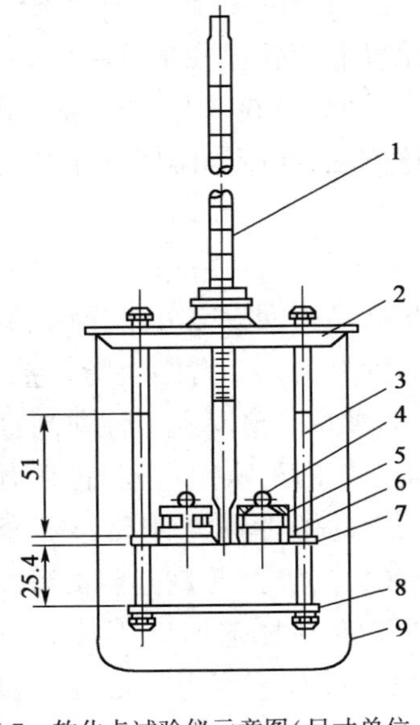

图5-7 软化点试验仪示意图(尺寸单位:mm)

1-温度计;2-上盖板;3-立杆;4-钢球;5-钢球定位环;6-金属环;7-中层板;8-下底板;9-烧杯

2. 低温抗裂性

沥青材料在低温时受到瞬时荷载作用时,常表现为脆性破坏,用脆点表示。

脆点是指沥青材料由黏塑状态转变为固体状态达到条件脆裂时的温度。

《公路工程沥青及沥青料混合试验规程》(JTG E20—2011)规定,采用弗拉斯法测定沥青脆点。脆点试验是将沥青试样涂在金属片上,置于有冷却设备的脆点仪内,摇动脆点仪的曲柄,使涂有沥青的金属片产生弯曲,随制冷剂温度降低,沥青薄膜温度逐渐降低,沥青薄膜在规定弯曲条件下产生断裂时的温度,即为脆点,如图5-8、图5-9所示。

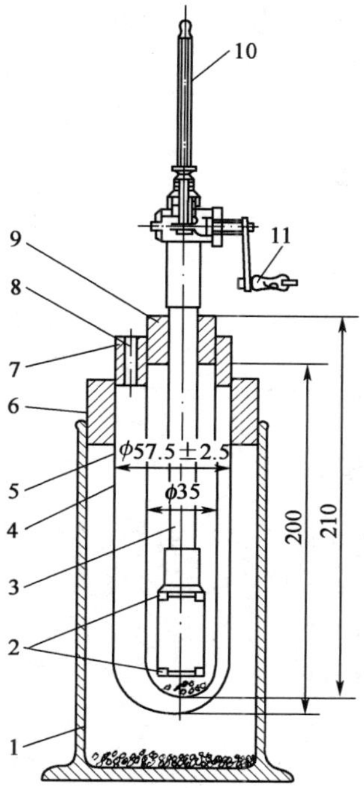

图 5-8 弗拉斯脆点仪示意图(尺寸单位:mm)

1-外筒;2-夹钳;3-硬塑料管;4-真空玻璃管;5-试样管;6-橡胶管;7-橡胶管;8-通冷却液管道;9-橡胶管;10-温度计;11-摇把

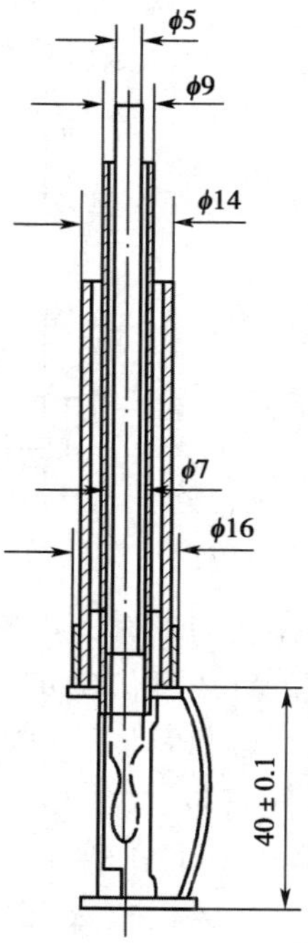

图 5-9 弯曲器示意图(尺寸单位:mm)

在工程实际应用中,要求沥青具有较高的软化点和较低的脆点,否则容易发生沥青材料夏季流淌或冬季变脆甚至开裂等现象。

3. 针入度指数

针入度指数(PI)是应用针入度和软化点的试验结果,提出一种能表征沥青感温性和胶体结构的指标,同时也可采用针入度指数(PI)值来判别沥青的胶体结构状态。

(1)针入度-温度感应性系数 A。

由费普等经过大量试验发现,沥青在不同温度下的针入度值,若以对数为纵坐标表示针入度,以横坐标表示温度,可得到如图 5-10 所示的直线关系,以式(5-2)表示。

$$\lg P = AT + K \tag{5-2}$$

式中:P——沥青的针入度(0.1mm);

A——针入度-温度感应性系数,由针入度和软化点确定;

K——回归系数。

试验研究认为,沥青达到软化点时,此时的针入度在 600 ~ 1000(0.1mm),假定为 800(0.1mm),由此针入度-温度感应性系数 A 可由式(5-3)表示。

$$A = \frac{\lg 800 - \lg P_{(25℃,100g,5s)}}{T_{R\&B} - 25} \tag{5-3}$$

式中：$P_{(25℃,100g,5s)}$——在25℃、100g、5s条件下测定的针入度值(0.1mm)；

$T_{R\&B}$——环球法测定的软化点(℃)。

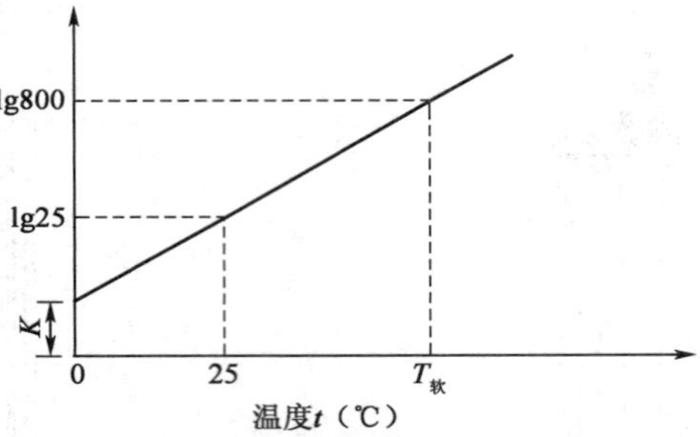

图5-10　针入度-温度关系图

由于软化点温度时的针入度常与800(0.1mm)相距甚大，因此针入度-温度感应性系数A应根据不同温度的针入度值确定，采用软化点温度计算时仅仅是简化或近似。

测定针入度指数(PI)时，试验温度为15℃、25℃、30℃(或5℃)3个或3个以上，但用于仲裁试验的温度条件应为5个。

(2)针入度指数(PI)的确定。

①实用公式。针入度指数(PI)按式(5-4)计算。

$$PI = \frac{30}{1 + 50A} - 10 \tag{5-4}$$

②针入度指数(PI)亦可根据针入度指数诺模图(图5-11)求得。

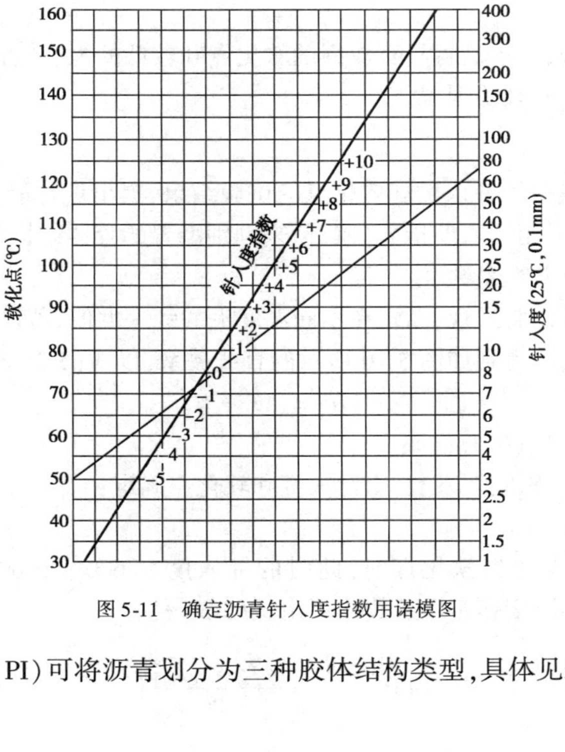

图5-11　确定沥青针入度指数用诺模图

(3)按针入度指数(PI)可将沥青划分为三种胶体结构类型，具体见表5-2。

沥青的针入度指数和胶体结构类型 表 5-2

沥青的针入度指数 PI	沥青胶体结构类型	沥青的针入度指数 PI	沥青胶体结构类型
< −2	溶胶	> +2	凝胶
−2 ~ +2	溶-凝胶		

当 PI < −2 时，沥青的温度敏感性强；当 PI > +2 时，有明显的胶凝特征，耐久性差。一般认为，选用 PI 在-1 ~ +1 的溶-凝胶型沥青适宜修筑沥青路面。

(四)老化性

沥青在过热或过长时间加热过程中以及自然因素(热、氧、光和水)的作用下，会发生轻质馏分挥发、氧化、裂化、聚合等一系列物理及化学变化，导致路用性能劣化，通常称之为“老化”。

沥青老化后，在物理力学性质方面表现为针入度减小、延度降低、软化点升高、绝对黏度提高、脆点降低等；在化学组分含量方面表现为饱和分变化甚少，芳香分明显转变为胶质(速度较慢)，而胶质又转变为沥青质(速度较快)。由于芳香分转变为胶质不足以补偿胶质转变为沥青质，所以最终是胶质显著减少，而沥青质显著增加。

《公路工程沥青及沥青混合料试验规程》(JTG E20—2011)规定，要进行沥青的加热质量损失和加热后残渣性质的试验。对于道路石油沥青，采用沥青薄膜加热试验、沥青旋转薄膜加热试验以评定沥青的耐老化性。

1. 沥青薄膜加热试验(简称 TFOT)

沥青薄膜加热试验是指一定厚度的试样在规定温度条件下，经规定时间加热，测定试验前后沥青质量和性质变化的试验。

该法是将一定质量的沥青试样装入盛样皿(内径 140mm，深 9.5 ~ 10mm)内，使沥青成为厚约 3.2mm 的薄膜，沥青薄膜在 163℃ ±1℃ 的标准薄膜加热烘箱中[图 5-12a)]加热 5h 后，取出冷却，测定其质量损失，并按规定的方法测定薄膜加热后残留物的针入度、延度、软化点、黏度等性质的变化。

2. 沥青旋转薄膜加热试验(简称 RTFOT)

旋转薄膜加热试验是将沥青试样 35g 装入高约 140mm、直径为 64mm 的开口玻璃瓶中，盛样瓶插入旋转烘箱中[图 5-12b)]，一边接受以 4000mL/min 流量吹入的热空气，一边在 163℃ 的高温下以 15r/min 的速度旋转，经过 75min 的老化后，测定旋转薄膜加热后沥青残留物的针入度、黏度、延度及脆点等性质的变化。

(五)安全性

沥青材料在使用时必须加热，当加热至一定温度时，沥青材料中挥发的油分蒸气与周围空气组成混合气体，此混合气体遇火焰则发生闪火。若继续加热，油分蒸气的饱和度增加，由于此种蒸气与空气组成的混合气体遇火焰极易燃烧，会引起溶油车间发生火灾或导致沥青烧坏的损失，为此必须测定沥青的闪点和燃点。

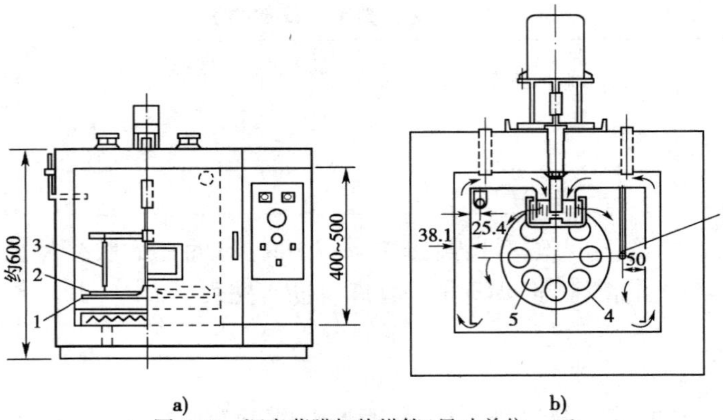

图5-12　沥青薄膜加热烘箱(尺寸单位:mm)

a)薄膜加热烘箱;b)旋转薄膜加热烘箱

1-转盘;2-试样;3-温度计;4-垂直转盘;5-盛样瓶插孔;6-试验温度计

闪点(闪火点)是指加热沥青挥发出可燃气体与空气组成混合气体在规定条件下与火接触,产生闪光时的沥青温度(℃)。燃点(着火点)指沥青加热产生的混合气体与火接触能持续燃烧5s以上时的沥青温度。闪点和燃点温度相差10℃左右。

《公路工程沥青及沥青混合料试验规程》(JTG E20—2011)规定,测定沥青的闪点与燃点采用克利夫兰开口杯法测定(图5-13)。

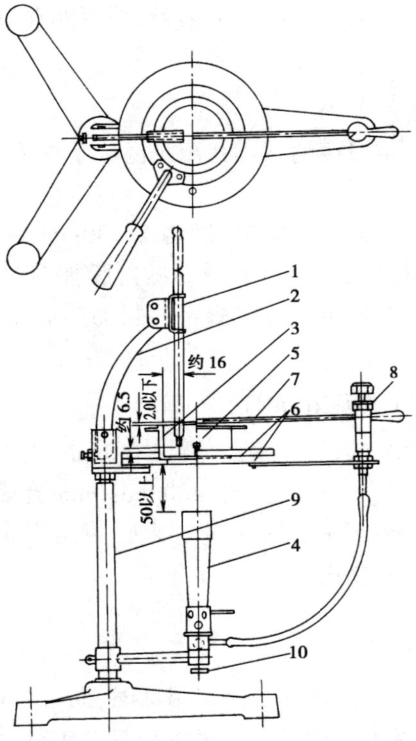

图5-13　克利夫兰开口杯式闪点仪(尺寸单位:mm)

1-温度计;2-温度计支架;3-金属试验杯;4-加热器具;5-试验标准球;6-加热板;7-试验火焰喷嘴;8-试验火焰调节开关;9-加热板支架;10-加热器调节钮

（六）黏-弹性

大多数沥青在变形时呈现黏-弹性。当在低温（高黏度）瞬时荷载作用下，以弹性形变为主；反之，在高温（低黏度）长时间荷载作用下以黏性形变为主。劲度模量是表示沥青的黏性和弹性联合效应的指标。

范·德·波尔在论述黏-弹性材料（沥青）的抗变形能力时，以荷载作用时间（t）和温度（T）作为应力（σ）与应变（ε）之比的函数，即在一定荷载作用时间和温度条件下，应力与应变的比值称为劲度模量（简称劲度），用 S_b 表示，故劲度模量可表示为：

$$S_b = \left(\frac{\sigma}{\varepsilon}\right)_{t,T} \tag{5-5}$$

式中：σ——应力；

ε——应变；

t——荷载作用时间（s）；

T——欲求劲度时的路面温度与沥青软化点之差值（℃）。

沥青的劲度模量（S_b）与温度（T）、荷载作用时间（t）和沥青流变类型（针入度指数 PI）等参数有关，按上述关系，范·德·波尔绘制了可以应用于实际工程的劲度模量诺模图，如图 5-14 所示。利用此诺模图求算沥青的劲度模量时，需要有荷载作用时间或频率、温度差（即路面实际温度与环球法软化点之间的温差）、针入度指数（PI）3 个参数。根据上述参数求其劲度模量，可作为实际工程中的参考数值。

【例 5-1】 已知沥青软化点为 70℃，针入度指数为 2，路面温度 T 为 -10℃，荷载作用时间为 10^{-1}s，求沥青的劲度模量（图 5-14）。

解：（1）在 A 线上找到加载时间为 10^{-1}s 的点为 a。

（2）已知路面温度与软化点之间的温差为 80℃，在 B 线上找到 80℃之点为 b。

（3）在针入度指数的标尺上找到 $+2$，作一水平线。

（4）连接 a、b 两点，延长至与针入度指数 $+2$ 的水平线相交，从劲度模量模量曲线上即可查得劲度模量 $S_b = 2 \times 10^8 \text{N/m}^2 = 200\text{MPa}$。

（七）黏附性

沥青与粗集料的黏附性是路用沥青重要性能之一，其直接影响沥青路面的使用质量和耐久性。粗集料表面被沥青薄膜裹覆后，抵抗因水浸蚀造成的剥落，不仅与沥青的性质有密切关系，而且与集料性质有关。当采用一种固定的沥青时，不同矿物成分的粗集料的剥落度也有所不同。从碱性、中性集料到酸性集料，随着 SiO_2 含量的增加，剥落度亦随之增加。为保证沥青混合料的强度，在选择集料时应优先考虑利用碱性集料，当缺乏碱性集料必须采用酸性集料时，可掺加各种抗剥剂以提高沥青与粗集料的黏附性。

对沥青与粗集料的黏附性的试验方法，《公路工程沥青及沥青混合料试验规程》（JTG E20—2011）规定，对于最大粒径大于 13.2mm 的集料应用水煮法，对于最大粒径小于或等于 13.2mm 的集料应用水浸法。通过一定条件下集料表面的沥青膜抵御水的剥离能力来界定黏

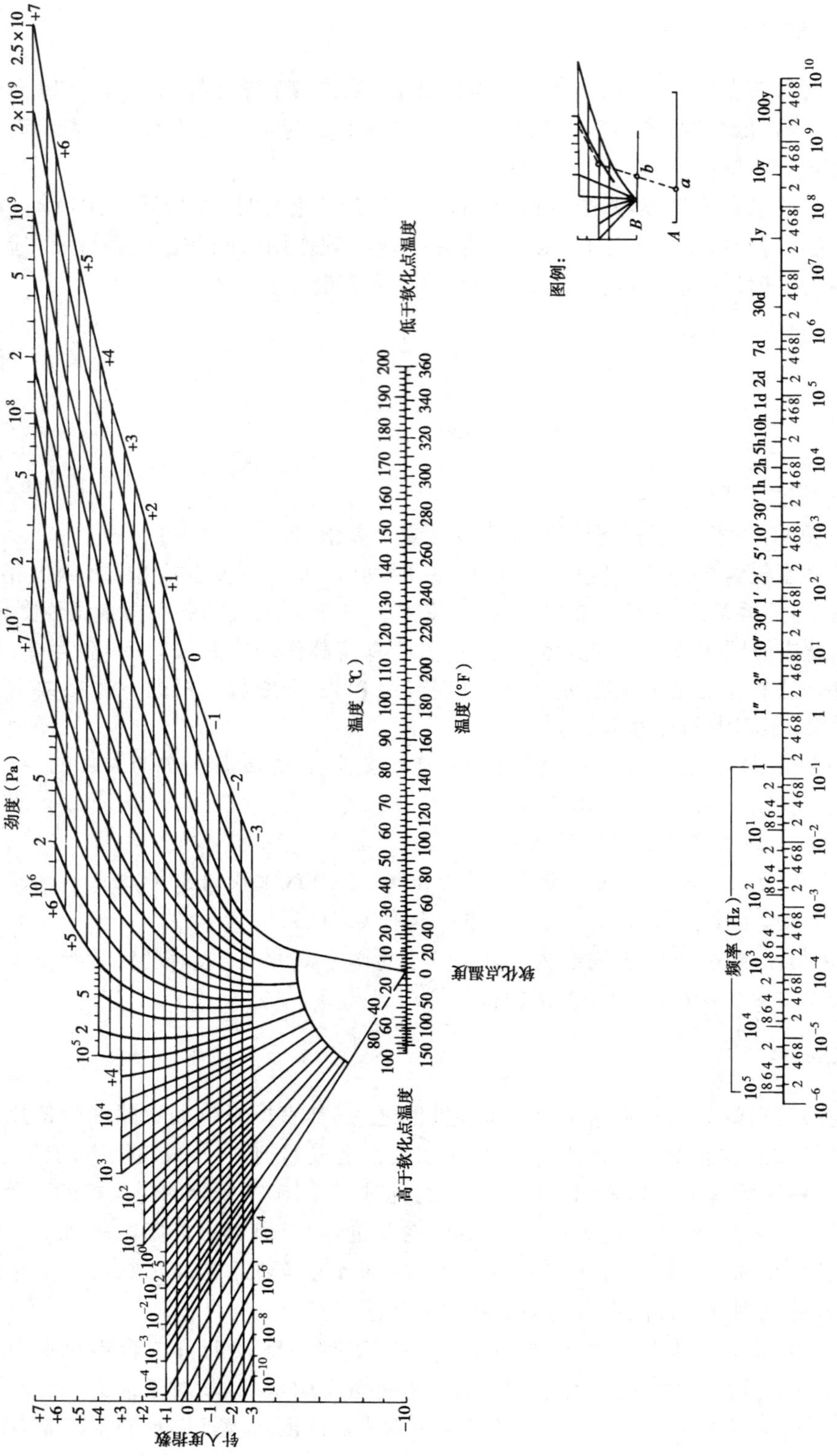

图5-14 沥青劲度模量诺模图

附性的好坏,按照表5-3评定其黏附性等级。

沥青与集料的黏附性等级 表5-3

试验后集料表面上沥青膜剥落情况	黏附性等级
沥青膜完全保存,剥离面积百分率接近0	5
沥青膜少部为水所移动,厚度不均匀,剥离面积百分率小于10%	4
沥青膜局部明显地为水所移动,基本保留在集料表面上,剥离面积百分率小于30%	3
沥青膜大部为水所移动,局部保留在集料表面上,剥离面积百分率大于30%	2
沥青膜完全为水所移动,集料基本裸露,沥青全浮于水面上	1

〔工程实例5-1〕

某施工队熬制石油沥青准备用作沥青路面材料。由于沥青碎块的平均尺寸为20cm,工程量较大,因此加热时间较长,保温时间也较长。施工后发现其效果不理想,特别是沥青的塑性明显下降。

〔原因分析〕

沥青与其他有机物类似,与空气接触会逐渐氧化,沥青中逐渐形成高分子的胶团,使沥青硬化,降低柔韧性。温度越高,时间越长,氧化越快。当温度在100℃以上时,每升高10℃,氧化率提高约1倍,且导致一些组分蒸发,沥青的塑性也随之下降。

〔防治措施〕

在熬制沥青时,应先将其破碎为10cm以下的碎块,以缩短熬制时间,熬制至施工温度后尽可能于6h内用完,当天熬制的沥青应当天用完。加热温度过高或保温时间过长的沥青,应检验合格后再使用。

四、石油沥青的技术标准

(一)道路石油沥青的技术标准

1.道路石油沥青等级

根据当前沥青使用和生产水平,按技术性能将道路石油沥青分为A级、B级、C级三个等级,各自的适用范围应符合表5-4的规定。

道路石油沥青的适用范围 表5-4

沥青等级	适用范围
A级沥青	各等级公路,适用于任何场合和层次
B级沥青	1.高速公路、一级公路沥青下面层及以下的层次,二级及二级以下公路的各个层次; 2.用作改性沥青、乳化沥青、改性乳化沥青、稀释沥青的基质沥青
C级沥青	三级及三级以下公路的各个层次

道路石油沥青技术要求

表 5-5

指标	单位	等级	沥青标号																	试验方法①
			160号④	130号④	110号			90号					70号③					50号	30号④	
针入度(25℃,5s,100g)	0.1mm		140~200	120~140	100~120			80~100					60~80					40~60	20~40	T 0604
适用的气候分区⑥			注④	注④	2-1	2-2	3-2	1-1	1-2	1-3	2-2	2-3	1-3	1-4	2-2	2-3	2-4	1-4	注④	附录A⑤
针入度指数PI②		A	-1.5 ~ +1.0																	T 0604
		B	-1.8 ~ +1.0																	
软化点(R&B),不小于	℃	A	38	40	43			45			44		46		45			49	55	T 0606
		B	36	39	42			43			42		44		43			46	53	
		C	35	37	41			42					43					45	50	
60℃动力黏度②,不小于	Pa·s	A	—	60	120			160			140		180		160			200	260	T 0620
10℃延度②,不小于	cm	A	50	50	40			45	30	20	30	20	20	15	25	20	15	15	10	T 0605
		B	30	30	30			30	20	15	20	15	15	10	20	15	10	10	8	
15℃延度,不小于	cm	A、B	100															80	50	
		C	80	80	60			50					40					30	20	
蜡含量(蒸馏法),不大于	%	A	2.2																	T 0615
		B	3.0																	
		C	4.5																	

续上表

指　标	单位	等级	沥青标号							试验方法[①]
			160 号[④]	130 号[④]	110 号	90 号	70 号[③]	50 号	30 号[④]	
闪点,不小于	℃		230			245	260			T 0611
溶解度,不小于	%		99.5							T 0607
密度(15℃)	g/cm^3		实测记录							T 0603
TFOT(或 RTFOT)后[⑤]										T 0610 或 T 0609
质量变化,不大于	%		±0.8							
残留针入度比,不小于	%	A	48	54	55	57	61	63	65	T 0604
		B	45	50	52	54	58	60	62	
		C	40	45	48	50	54	58	60	
残留延度(10℃),不小于	cm	A	12	12	10	8	6	4	—	T 0605
		B	10	10	8	6	4	2	—	
残留延度(15℃),不小于	cm	C	40	35	30	20	15	10	—	T 0605

注:①试验方法按照《公路工程沥青及沥青混合料试验规程》(JTG E20—2011)规定的方法执行;用于仲裁试验求取 PI 时的 5 个温度的针入度关系的相关系数不得小于 0.997。

②经建设单位同意,表中 PI 值、60℃动力黏度、10℃延度可作为选择性指标,也可不作为施工质量检验指标。

③对于 70 号沥青,可根据需要要求供应商提供针入度范围为 60~70 或 70~80 的沥青;对于 50 号沥青,可要求提供针入度范围为 40~50 或 50~60 的沥青。

④30 号沥青仅适用于沥青稳定基层;130 号和 160 号沥青除寒冷地区可直接在中低级公路上直接应用外,通常用作乳化沥青、稀释沥青、改性沥青的基质沥青。

⑤老化试验以 TFOT 为准,也可以 RTFOT 代替。

⑥气候分区见表 6-3。

表 5-6

道路用液体石油沥青技术要求

序号	试验项目		快凝		中凝						慢凝						试验方法 JTG E20—2011
			AL(R)-1	AL(R)-2	AL(M)-1	AL(M)-2	AL(M)-3	AL(M)-4	AL(M)-5	AL(M)-6	AL(S)-1	AL(S)-2	AL(S)-3	AL(S)-4	AL(S)-5	AL(S)-6	
1	黏度(s)	$C_{25,5}$	<20	—	<20	—	—	—	—	—	<20	—	—	—	—	—	T 0621
		$C_{60,5}$	—	5~15	—	5~15	16~25	26~40	41~100	101~200	—	5~15	16~25	26~40	41~100	101~200	
2	蒸馏体积(%)	225℃前	>20	>15	<10	<7	<3	<2	0	0	—	—	—	—	—	—	T 0632
		315℃前	>35	>30	<35	<25	<17	<14	<8	<5	—	—	—	—	—	—	
		360℃前	>45	>35	<50	<35	<30	<25	<20	<15	<40	<35	<25	<20	<15	<5	
3	蒸馏后残留物	针入度(25℃，0.1mm)	60~200	60~200	100~300	100~300	100~300	100~300	100~300	100~300	—	—	—	—	—	—	T 0604
		延度(25℃,cm)	>60	>60	>60	>60	>60	>60	>60	>60	—	—	—	—	—	—	T 0605
		浮漂度(5℃,s)	—	—	—	—	—	—	—	—	<20	<20	<30	<40	<45	<50	T 0631
4	闪点(TOC,℃)		>30	>30	>65	>65	>65	>65	>65	>65	>70	>70	>100	>100	>120	>120	T 0633
5	含水率(%)不大于		0.2	0.2	0.2	0.2	0.2	0.2	0.2	0.2	2.0	2.0	2.0	2.0	2.0	2.0	T 0612

注：1. 本表选取自《公路沥青路面施工技术规范》(JTG F40—2004)。

2. 黏度使用道路沥青黏度计测定，$C_{T,d}$的脚标 T 代表测定温度(℃)，d 代表流孔孔径(mm)。

3. 闪点(TOC)为泰格开口杯(Tag Open Cup)法。

2. 道路石油沥青标号

根据《公路沥青路面施工技术规范》(JTG F40—2004)的规定，道路石油沥青按针入度划分为160号、130号、110号、90号、70号、50号、30号7个标号，同时对各标号沥青的延度、软化点、闪点、含蜡量、薄膜加热试验等技术指标提出相应的要求，具体见表5-5。

(二)道路用液体石油沥青的技术标准

道路用液体石油沥青是采用针入度较大的石油沥青，使用前按先加热沥青后加稀释剂的顺序，掺配煤油或轻柴油，经适当的搅拌、稀释制成。掺配比例根据使用要求由试验确定。

道路用液体石油沥青适用于透层、黏层及拌制冷拌沥青混合料。根据《公路沥青路面施工技术规范》(JTG F40—2004)的规定，液体石油沥青按其凝结速度可分为快凝、中凝、慢凝三个等级，其黏度采用道路沥青标准黏度计测定。除黏度外，《公路沥青路面施工技术规范》(JTG F40—2004)对蒸馏的馏分及残留物性质、闪点和水分等亦提出相应的要求，见表5-6。

第二节 改性沥青

一、概述

随着国民经济的高速发展，现代高等级公路沥青路面的特点是交通密度大，车辆轴载重，荷载作用间歇时间短，以及高速和渠化。由于这些特点，造成沥青路面高温出现车辙、低温产生裂缝，抗滑性衰降快，使用年限不长的路面即出现坑槽、松散等水损坏以及局部龟裂等。为提高沥青混合料的路用性能，必须对沥青加以改性，亦即改善沥青的流变性能，改善沥青与集料的黏附性，延长沥青的耐久性。

二、改性沥青的分类及特性

(一)改性沥青的分类

改性沥青是指掺加橡胶、树脂、高分子聚合物、磨细的橡胶粉或其他填料等外掺剂(改性剂)，或采取对沥青轻度氧化加工等措施，使沥青的性能得以改善而制成的沥青结合料。

改性剂是指在沥青中加入的天然或人工的有机或无机材料，可熔融、分散在沥青中，改善或提高沥青路面性能(与沥青发生反应或裹覆在集料表面上)的材料。

从狭义上来说，道路改性沥青一般是指聚合物改性沥青。用于道路沥青改性的聚合物主要有以下几类：

(1)树脂。如聚乙烯(PE)、聚丙烯(PP)、乙烯-醋酸乙烯(EVA)等。

(2)橡胶。如丁苯橡胶(SBR)、氯丁橡胶(CR)、橡胶粉等。用作改性剂的SBR胶乳中的固体物含量不宜少于45%，使用中严禁长时间暴晒或遭冰冻。

（3）热塑性弹性体。如苯乙烯-丁二烯-苯乙烯（SBS）、苯乙烯-异戊二烯-苯乙烯（SIS）、苯乙烯-聚乙烯/丁基-聚乙烯（SE/BS）等。

一般认为，树脂类改性沥青具有良好的高温稳定性和抗车辙能力，但对于沥青路面的低温抗裂性能无明显改善；橡胶类改性沥青具有较好的低温抗裂性能和较好的黏结性能；热塑性弹性体类改性沥青具有良好的温度稳定性，可明显提高基础沥青的高低温性能，降低温度敏感性，增强耐老化、耐疲劳性能。

（二）改性沥青的评价指标

由于改性沥青具有不同的技术特点，除针入度、延度、软化点、黏度等沥青常规试验指标外，还采用了几项与评价沥青性能不同的技术指标，如聚合物改性沥青离析试验、沥青弹性恢复试验、黏韧性试验以及测力延度试验等试验指标。

三、改性沥青的技术要求

改性沥青可单独或复合采用高分子聚合物、天然沥青及其他改性材料制作。各类聚合物改性沥青的质量应符合表5-7的技术要求，其中PI值可作为选择性指标。当使用表列以外的聚合物及复合改性沥青时，可通过试验研究制定相应的技术要求。

聚合物改性沥青技术要求 表5-7

指标	单位	SBS类（Ⅰ类）				SBR类（Ⅱ类）			EVA、PE类（Ⅲ类）				试验方法
		Ⅰ-A	Ⅰ-B	Ⅰ-C	Ⅰ-D	Ⅱ-A	Ⅱ-B	Ⅱ-C	Ⅲ-A	Ⅲ-B	Ⅲ-C	Ⅲ-D	
针入度（25℃，100g，5s）	0.1mm	>100	80～100	60～80	30～60	>100	80～100	60～80	>80	60～80	40～60	30～40	T 0604
针入度指数PI，不小于	—	-1.2	-0.8	-0.4	0	-1.0	-0.8	-0.6	-1.0	-0.8	-0.6	-0.4	T 0604
延度（5℃，5cm/min），不小于	cm	50	40	30	20	60	50	40	—				T 0605
软化点 $T_{R\&B}$，不小于	℃	45	50	55	60	45	48	50	48	52	56	60	T 0606
动力黏度（135℃），不大于	Pa·s	3											T 0625 T 0619
闪点，不小于	℃	230				230			230				T 0611
溶解度，不小于	%	99				99			—				T 0607
弹性恢复（25℃），不小于	%	55	60	65	75	—			—				T 0662
黏韧性，不小于	N·m	—				5			—				T 0624
韧性，不小于	N·m	—				2.5			—				T 0624
储存稳定性													
离析（48h软化点差），不大于	℃	2.5				—			无改性剂明显析出、凝聚				T 0661

续上表

指标	单位	SBS类(Ⅰ类)				SBR类(Ⅱ类)			EVA、PE类(Ⅲ类)				试验方法
		Ⅰ-A	Ⅰ-B	Ⅰ-C	Ⅰ-D	Ⅱ-A	Ⅱ-B	Ⅱ-C	Ⅲ-A	Ⅲ-B	Ⅲ-C	Ⅲ-D	
TFOT(或RTFOT)后残留物													
质量变化,不大于	%	±1.0											T 0610 或 T 0609
针入度比(25℃),不小于	%	50	55	60	65	50	55	60	50	55	58	60	T 0604
延度(5℃),不小于	cm	30	25	20	15	30	20	10	—				T 0605

注:1. 表中135℃运动黏度可采用《公路工程沥青及沥青混合料试验规程》(JTG E20—2011)中的“沥青布氏旋转黏度试验方法(布洛克菲尔德黏度计法)”进行测定。若在不改变改性沥青物理力学性质并符合安全条件的温度下易于泵送和拌和,或经证明适当提高泵送和拌和温度时能保证改性沥青的质量,容易施工,可不要求测定。

2. 储存稳定性指标适用于工厂生产的成品改性沥青。现场制作的改性沥青对储存稳定性指标可不作要求,但必须在制作后,保持不间断的搅拌或泵送循环,保证使用前没有明显的离析。

四、常用的道路改性沥青

1. 热塑性橡胶类改性沥青

改性剂主要是苯乙烯嵌段共聚物,如苯乙烯-丁二烯-苯乙烯(SBS)、苯乙烯-异戊二烯-苯乙烯(SIS)、苯乙烯-聚乙烯/丁基-聚乙烯(SE/BS)。其中,SBS常用于路面沥青混合料,SIS主要用于热熔黏结料,SE/BS则应用于抗氧化、抗高温变形要求高的道路。目前世界各国用于道路沥青改性使用最多的是SBS。例如,首都机场高速公路及八达岭高速公路(现名为京藏高速公路)用的就是SBS改性沥青。

SBS类改性沥青的最大特点是高温稳定性和低温抗裂性能都好,且有良好的弹性恢复性能和抗老化性能。SBS使沥青软化点提高,使5℃延度大幅度增加,且薄膜加热后的针入度比保留90%以上。

2. 橡胶类改性沥青

橡胶类改性沥青通常称为橡胶沥青,其中使用最多的是丁苯橡胶(SBR)和氯丁橡胶(CR)。它不仅是世界上最早出现并广泛应用的改性沥青品种,也是我国较早得到研究和推广的品种。其中,SBR是世界上应用最广泛的改性剂之一,尤其是其胶乳形式的使用越来越广泛。CR具有极性,常掺入煤沥青中使用,已成为煤沥青的改性剂。SBR改性沥青的最大特点是低温性能得到改善,所以主要适宜在寒冷气候条件下使用。例如,青藏公路上就铺筑了橡胶沥青路面。

3. 热塑性树脂类改性沥青

聚乙烯(PE)、聚丙烯、聚氯乙烯、聚苯乙烯和乙烯-乙酸乙烯共聚物(EVA)等在道路沥青的改性中被应用,这一类热塑性树脂的共同特点是加热后软化,冷却时硬化变硬。此类改性剂的最大特点是使沥青结合料在常温下黏度增大,从而使高温稳定性增加,遗憾的是并不能使沥青混合料的弹性增加,且加热后易离析,再次冷却时产生众多的弥散体。不过这些局限性一定程度上已被接受。例如,浙江杭州钱江二桥就使用了ESSO公司的EVA改性沥青铺筑桥面铺装。

4. 掺加天然沥青的改性沥青

在沥青中通常可掺加天然沥青进行改性,掺加的天然沥青有湖沥青[如特立尼达湖沥青(TLA)]、岩石沥青(如美国的 Gilsonite)和海底沥青(如 BMA)等。

掺加 TLA 的混合沥青有良好的高温稳定性及低温抗裂性能,耐久性好;掺加岩石沥青的混合沥青有抗剥离、耐久性好、高温抗车辙、抗老化的特点。掺加 BMA 的混合沥青适用于重交通道路、飞机场跑道、抗磨耗层等,最小铺筑厚度可减薄到 2cm,由此可降低工程造价。

5. 其他改性沥青

(1)掺多价金属皂化物的改性沥青

多价金属与一元羧酸形成的盐类称为金属皂。将一定的金属皂溶解在沥青中,可使沥青延度增加,脆点降低,明显提高其与集料的黏附性能,增加沥青混合料的强度,提高沥青路面的柔性和疲劳强度。

(2)掺炭黑的改性沥青

炭黑是由石油、天然气等碳氢化合物经高温不完全燃烧而生成的高含碳量粉状物质,在改性好的 SBS 改性沥青中混入炭黑综合改性,可使改性沥青的黏度增大,回弹性能提高。

(3)加玻璃纤维格栅的改性沥青

将一种自黏结型的玻璃纤维格栅用一种专门的摊铺机铺设,加入沥青混合料层中,使改性沥青耐热性、黏结性提高。这些格栅对提高高温抗车辙能力及低温抗裂性能都有良好效果,同时还可防治沥青路面的反射性裂缝。

五、改性沥青应用和发展

改性沥青可用作排水或吸声磨耗层及其下面的防水层;在旧路面上作应力吸收膜中间层,以减少反射裂缝,在重载交通道路的旧路面上加铺薄和超薄沥青面层,以提高耐久性;在旧路面上或新建一般公路上做表面处治,以恢复路面使用性能或减少养护工作量等。使用改性沥青时,应当特别注意路基、路面的施工质量,以避免产生路基沉降和其他早期损坏。否则,使用改性沥青则达不到应有的效果。

SBS 改性沥青无论在高温、低温、弹性等方面都优于其他改性剂,尤其是现在 SBS 的价格比以前有了大幅度的降低,仅成本这一项,它就可以和 PE、EVA 竞争,所以我国改性沥青的发展方向应该以 SBS 为主。

第三节 乳化沥青

一、概述

乳化沥青是指石油沥青与水在乳化剂、稳定剂等的作用下经乳化加工制得的均匀沥青产品(亦称沥青乳液),其外观为茶褐色,在常温下具有较好的流动性。乳化沥青特点如下:

(1)可冷态施工。乳化沥青可以在常温下进行喷洒、贯入或拌和摊铺，现场无须加热，简化了施工程序，操作简便，节省了能源。

(2)与湿集料拌和，具有足够的黏结力。

(3)无毒、无嗅，对环境污染少，施工安全。

(4)稳定性差，储存期不超过半年，储存温度在0℃以上。

(5)用乳化沥青修筑路面，成型时间较长。

基于以上特点，乳化沥青不仅适用于铺筑路面，而且在路堤边坡保护、层面防水、金属材料表面防腐等工程中得到广泛应用。

二、乳化沥青的组成材料

乳化沥青主要由沥青、乳化剂、稳定剂和水等组分组成。

1. 沥青

沥青是乳化沥青组成的主要材料，占55% ~70%。在选用乳化沥青中的沥青时，首先要考虑它的易乳化性。一般来说，相同油源和工艺的沥青，针入度较大者易于形成乳液。但针入度的选择，应根据乳化沥青在路面工程中的用途来决定。另外，沥青中活性组分的含量与沥青乳化难易性有直接关系，通常认为沥青中沥青酸总量大于1%的沥青，易于形成乳化沥青。对高速公路和一级公路，应满足道路石油沥青A、B级的要求，其他情况可采用C级沥青。

2. 乳化剂

乳化剂是乳化沥青形成的关键材料。沥青乳化剂是表面活性剂的一种类型，从化学结构上看，其分子的一部分具有亲水性质，而另一部分具有亲油性质，这两个基团具有使互不相溶的沥青与水连接起来的特殊功能。在沥青、水分散体系中，沥青微粒被乳化剂分子的亲油基吸引，此时以沥青微粒为固体核，乳化剂包裹在沥青颗粒表面形成吸附层。乳化剂的另一端与水分子吸引，形成一层水膜，它可机械地阻碍颗粒的聚集。

乳化剂按其亲水基在水中是否电离而分为离子型和非离子型两大类。具体分类如图5-15所示。

- 乳化剂
  - 离子型
    - 阴离子型
    - 阳离子型
    - 两性离子型
  - 非离子型

图5-15 乳化剂分类

1)离子型乳化剂

(1)阴离子型乳化剂

阴离子型乳化剂是在溶于水中时，能电离为离子或离子胶束，且与亲油基相连的亲水基团带有阴(或负)电荷的乳化剂。

阴离子型乳化剂最主要的亲水基团有羧酸盐(如$-COONa$)、硫酸酯盐(如$-OSO_3Na$)、磺酸盐(如$-SO_3Na$)三种。

(2)阳离子型乳化剂

阳离子型乳化剂是在溶于水中时，能电离为离子或离子胶束，且与亲油基相连接的亲水基团带有阳(或正)电荷的乳化剂。

阳离子型乳化剂是当前应用最为广泛的乳化剂，国内生产较多，使用效果较好。按其化学结构，主要有季铵盐类、烷基胺类、酰胺类、咪唑啉类、环氧乙烷二胺类和胺化木质素类等。

(3)两性离子型乳化剂

两性离子型乳化剂是在水中溶解时,电离成离子或离子胶团,且与亲油基相连接的亲水基团,既带有负电荷又带有正电荷的乳化剂。

两性离子型乳化剂按其两性离子的亲水基团的结构和特性,主要分为氨基酸型、甜菜型和咪唑啉型等。

2)非离子型乳化剂

非离子型乳化剂是在水中溶解时,不能离解成离子或离子胶束,而是依赖分子所含的羟基(-OH)和醚链(-O-)等作为亲水基团的乳化剂。

非离子型乳化剂根据亲水基团的结构可分为醚基类、酯基类、酰胺类和杂环类等,但应用最多的为环氧乙烷缩合物和一元醇或多元醇的缩合物。

3. 稳定剂

为使乳液具有良好的储存稳定性,并确保在施工中喷洒或拌和时机械作用下的稳定性,必要时加入适量的稳定剂。稳定剂可分为有机稳定剂和无机稳定剂两类。

(1)有机稳定剂

常用的有机稳定剂有聚乙烯醇、聚丙烯酰胺、羧甲基纤维素钠、糊精、MF废液等。这类稳定剂可提高乳液的储存稳定性和施工稳定性。

(2)无机稳定剂

常用的无机稳定剂有氯化钙、氯化镁、氯化铵和氯化铬等。这类稳定剂可提高乳液的储存稳定性。

稳定剂对乳化剂协同作用必须通过试验来确定,并且稳定剂的用量不宜过多,一般以沥青乳液的0.1%~0.15%为宜。

4. 水

水是乳化沥青的主要组成部分。水在乳化沥青中起着润湿、溶解及化学反应的作用,所以要求乳化沥青中的水应当纯净,不含其他杂质,每升水中氧化钙含量不得超过80mg。水的用量一般为30%~70%。

三、乳化沥青的形成机理

根据乳状液理论,由于沥青与水这两种物质的表面张力相差较大,将沥青分散于水中,则会因表面张力的作用使已分散的沥青颗粒重新聚集结成团块。欲使已分散的沥青能稳定均匀地存在(实际上是悬浮)于水中,必须使用乳化剂。沥青能够均匀稳定地分散在乳化剂水溶液中的原因主要有以下几个方面。

1. 乳化剂降低界面能的作用

由于沥青与水的表面张力相差较大,在一般情况下是不能互溶的。当加入一定量的乳化剂后,乳化剂能规律地定向排列在沥青和水的界面上。由于乳化剂属表面活性物质,具有不对称的分子结构,分子一端是极性基因,是亲水的,另一端是非极性基因,是亲油的,所以当乳化剂加入沥青与水组成的溶液中,乳化剂分子吸附在沥青和水的界面上,形成吸附层,从而降低了沥青和水之间的表面张力差,如图5-16所示。

2. 界面膜的保护作用

乳化剂分子的亲油基吸附在沥青微滴的表面，在沥青和水的界面上形成界面膜，此界面膜具有一定的强度，对沥青微滴起保护作用，使其在相互碰撞时不易聚结，如图 5-16 所示。

3. 界面电荷稳定作用

乳化剂溶于水后发生离解，当亲油基吸附于沥青时，使沥青微滴带有电荷（阳离子乳化沥青带正电荷，如图 5-17 所示），此时在沥青和水的界面上形成扩散双电层。由于每个沥青微滴都带相同电荷，且有扩散双电层的作用，故沥青—水体系成为稳定体系。

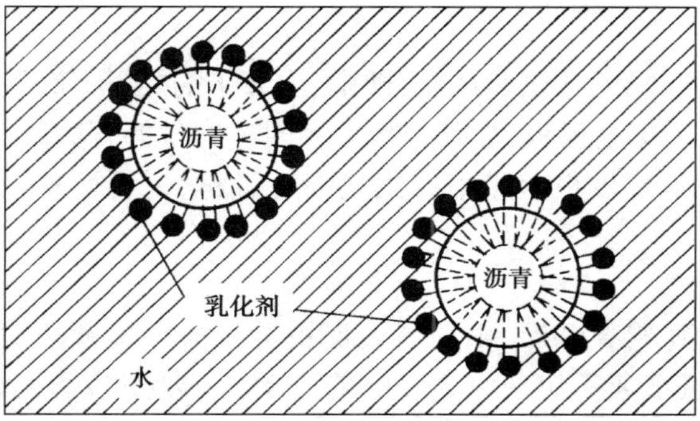

图 5-16　乳化剂在沥青微滴表面形成的界面膜

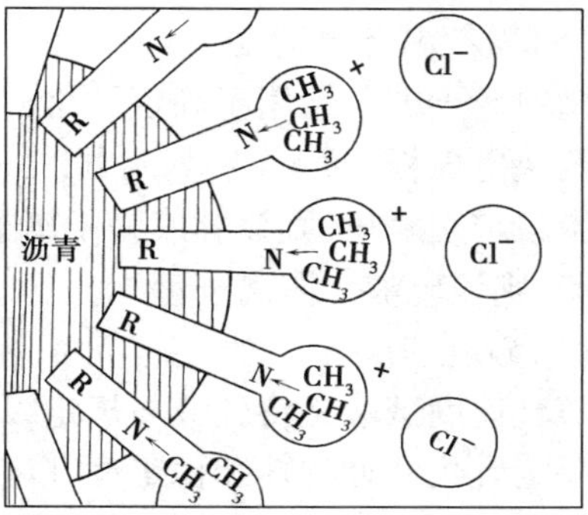

图 5-17　阳离子乳化沥青的界面电荷

四、乳化沥青的技术性质与技术要求

乳化沥青在使用中，与砂石集料拌和成型后，在空气中逐渐脱水，水膜变薄，使沥青微粒靠拢，将乳化剂薄膜挤裂而凝成连续的沥青黏结膜层。成膜后的乳化沥青具有一定的耐热性、黏结性、抗裂性、韧性及防水性。其技术性质如下：

1. 乳化沥青的技术性质

（1）筛上剩余量

检验乳液中沥青微粒的均匀程度，是确定乳化沥青质量的重要指标。检测方法是将乳液过 1.18mm 筛，冷却至室温后，求出筛上残留物占过筛乳液质量的百分比。

（2）蒸发残留物含量及残留物性质

蒸发残留物含量是将一定量的乳液加热脱水后，求出其蒸发残留物占乳液的百分比，用以检验乳液中实际的沥青含量。乳液中沥青含量过高会增大乳液黏度，储存稳定性不好，不利于施工。乳液中沥青含量过低会降低乳液黏度，施工时容易流失，不能保证要求的沥青用量，同时增加乳液的运输成本，增加乳化剂用量。

（3）黏度

我国现行标准规定，乳化沥青的黏度采用恩格拉黏度计或道路沥青标准黏度计测定。恩格拉黏度计法以恩格拉黏度 E_V 表示，测定温度为 25℃。道路沥青标准黏度计法以 $C_{T,d}$ 表示，T 表示测定温度（℃），d 表示流孔直径（mm）。

（4）黏附性

阳离子乳化沥青的黏附性测试是先将集料颗粒浸水 1min 后，放入乳化沥青中浸泡 1min，悬挂在室温中放置24h，然后在保持微沸状态的水中浸煮3min，取出并观察粗集料颗粒上沥青膜的裹覆面积。阴离子乳化沥青的黏附性测试是将洗净烘干的13.2～19.0mm的集料50g，冷却至室温约1h后排列在0.6mm滤筛上，将滤筛连同集料一起浸入乳液1min，取出后在室温下放置24h，然后在40℃ ±1℃水中浸5min，观察集料颗粒表面沥青膜的裹覆面积，做出综合评定。

(5)储存稳定性

储存稳定性用以检验乳化沥青的存放稳定性。将乳液在容器中放置至规定的储存时间后，检测容器上下乳液的浓度变化。乳液的储存温度为乳液制造时的室温，储存时间为5d，根据需要也可为1d。

(6)微粒离子电荷性

微粒离子电荷性用于确定乳化沥青微粒离子的电荷性质，即阳、阴离子的类型。在乳液中放入两块电极板，通入6V直流电，3min后观察电极板，如负极板上吸附有大量沥青微粒，说明沥青微粒带正电荷，则该乳液为阳离子型；如阳极板上吸附有大量沥青微粒，说明沥青微粒带负电荷，则该乳液为阴离子型。

(7)破乳速度

破乳速度试验是将乳液与规定级配的矿料拌和后，由矿料表面被乳液薄膜裹覆的均匀程度来评定乳化沥青的拌和稳定性，以鉴别乳液属于快裂(RS)、中裂(MS)、慢裂(SS)的类型。

(8)与水泥的拌和性能

乳化沥青与水泥拌和试验可用于评定非离子慢裂乳化沥青在与水泥的拌和过程中乳液的凝结情况，以及水泥及乳化沥青综合稳定材料的施工性能。将50g水泥与50g乳液试样拌和均匀后，加入150mL蒸馏水拌匀，然后过1.18mm筛，以筛上残留物占水泥和沥青总质量的百分比来检验其施工性能。

(9)与矿料的拌和性能

乳化沥青与矿料的拌和试验是将乳液与规定级配的混合料在25℃ ±5℃条件下拌和，以矿料裹覆乳液的均匀状态来检验乳液与矿料拌和的稳定性。

2. 乳化沥青的技术要求

乳化沥青的质量应符合表5-8的规定。在高温条件下宜采用黏度较大的乳化沥青，寒冷条件下宜使用黏度较小的乳化沥青。

道路用乳化沥青技术要求见表5-8。

道路用乳化沥青技术要求 表5-8

试验项目	单位	品种及代号										试验方法
		阳离子				阴离子				非离子		
		喷洒用			拌和用	喷洒用			拌和用	喷洒用	拌和用	
		PC-1	PC-2	PC-3	BC-1	PA-1	PA-2	PA-3	BA-1	PN-2	BN-1	
破乳速度	—	快裂	慢裂	快裂或中裂	慢裂或中裂	快裂	慢裂	快裂或中裂	慢裂或中裂	慢裂	慢裂	T 0658
粒子电荷	—	阳离子(+)				阴离子(-)				非离子		T 0653
筛上残留物(1.18mm筛)，不大于	%	0.1				0.1				0.1		T 0652

续上表

试验项目		单位	品种及代号										试验方法
			阳离子				阴离子				非离子		
			喷洒用			拌和用	喷洒用			拌和用	喷洒用	拌和用	
			PC-1	PC-2	PC-3	BC-1	PA-1	PA-2	PA-3	BA-1	PN-2	BN-1	
黏度	恩格拉黏度计 E_{25}	—	2~10	1~6	1~6	2~30	2~10	1~6	1~6	2~30	1~6	2~30	T 0622
	道路沥青标准黏度计 $C_{25,3}$	s	10~25	8~20	8~20	10~60	10~25	8~20	8~20	10~60	8~20	10~60	T 0621
蒸发残留物	残留分含量,不小于	%	50	50	50	55	50	50	50	55	50	55	T 0651
	溶解度,不小于	%	97.5				97.5				97.5		T 0607
	针入度(25℃)	0.1 mm	50~200	50~300	50~150		50~200	50~300	50~150		50~300	60~300	T 0604
	延度(15℃),不小于	cm	40				40				40		T 0605
与粗集料的黏附性(裹覆面积),不小于		—	2/3			—	2/3			—	2/3	—	T 0654
与粗、细集料的拌和试验		—	—			均匀	—			均匀	—		T 0659
水泥拌和试验的筛上剩余,不小于		%	—				—				—	3	T 0657
常温储存稳定性 1d,不大于 5d,不大于		%	1 5				1 5				1 5		T 0655

注:1. P 为喷洒型,B 为拌和型,C、A、N 分别表示阳离子、阴离子、非离子乳化沥青。

2. 黏度可选用恩格拉黏度计或道路沥青标准黏度计之一测定。

3. 表中的破乳速度与集料的黏附性、拌和试验的要求、所使用的石料品种有关,质量检验时应采用工程上实际的石料进行试验,仅进行乳化沥青产品质量评定时可不要求此三项指标。

4. 储存稳定性根据施工实际情况选用试验时间,通常采用 5d,乳液生产后能在当天使用时也可用 1d 的稳定性。

5. 当乳化沥青需要在低温冰冻条件下储存或使用时,尚需按 T 0656 进行 -5℃低温储存稳定性试验,要求没有粗颗粒、不结块。

6. 如果乳化沥青是将高浓度产品运到现场经稀释后再使用时,表中的蒸发残留物等各项指标均指稀释前乳化沥青的要求。

五、乳化沥青在集料表面分裂机理

分裂是指从乳液中分裂出来的沥青微滴在集料表面聚结成一层连续的沥青薄膜,这一过程称为分裂(俗称破乳)。乳液产生分裂的外观特征是它的颜色由棕褐色变成黑色。

1. 乳化沥青与集料表面的吸附作用

(1)阴离子乳化沥青(沥青微滴带负电荷)与带正电荷碱性集料(石灰石、玄武岩等)具有较好的黏结性。

(2)阳离子乳化沥青(沥青微滴带正电荷)适用于各种集料品种。其与带负电荷的酸性集料(花岗岩、石英岩等)具有较好的黏结性,同时对碱性集料也具有较好的亲和力。

2. 水分的蒸发作用

洒布在路上的乳化沥青,水分蒸发速度的快慢与温度、湿度、风速等条件有关。在温度较高、有风的环境中,水分蒸发较快,反之则较慢。通常当沥青乳液中水分蒸发到沥青乳液的80% ~90%时,乳化沥青即开始凝结。

六、乳化沥青的应用

乳化沥青适用于沥青表面处治路面、沥青贯入式路面、冷拌沥青混合料路面,修补裂缝,喷洒透层、黏层与封层等。其中喷洒型乳化沥青(代号为P),主要用于透层、黏层、表面处治或贯入式沥青碎石路面;拌和型乳化沥青(代号为B),主要用于沥青碎石或沥青混合料路面。乳化沥青的品种和适用范围见表5-9。

乳化沥青的品种及适用范围　　表5-9

分　类	品种及代号	适用范围
阳离子乳化沥青	PC-1	表处、贯入式路面及下封层用
	PC-2	透层油及基层养生用
	PC-3	黏层油用
	BC-1	稀浆封层或冷拌沥青混合料用
阴离子乳化沥青	PA-1	表处、贯入式路面及下封层用
	PA-2	透层油及基层养生用
	PA-3	黏层油用
	BA-1	稀浆封层或冷拌沥青混合料用
非离子乳化沥青	PN-2	透层油用
	BN-1	与水泥稳定集料同时使用(基层路拌或再生)

第四节　煤沥青

煤沥青(俗称柏油)是用煤干馏炼焦和制煤气的副产品煤焦油炼制而成。根据煤干馏的温度不同,可分为高温煤焦油(700℃以上)和低温煤焦油(450 ~700℃)两类。路用煤沥青主要是由炼焦或制造煤气得到的高温煤焦油加工而得。

一、煤沥青的化学组成和结构

1. 煤沥青的化学组成

煤沥青的组成主要是芳香族碳氢化合物及其氧、硫和氮的衍生物的混合物。其元素组成主要为 C、H、O、S 和 N。煤沥青的化学结构极其复杂,有环结构上带有侧链,但侧链很短。

煤沥青化学组分的研究与石油沥青的研究方法相同,也是采用选择性溶解等方法,将煤沥青划分为几个化学性质相近且与路用性能有一定联系的组。我国采用葛氏法按图 5-18 所示流程划分煤沥青组分。

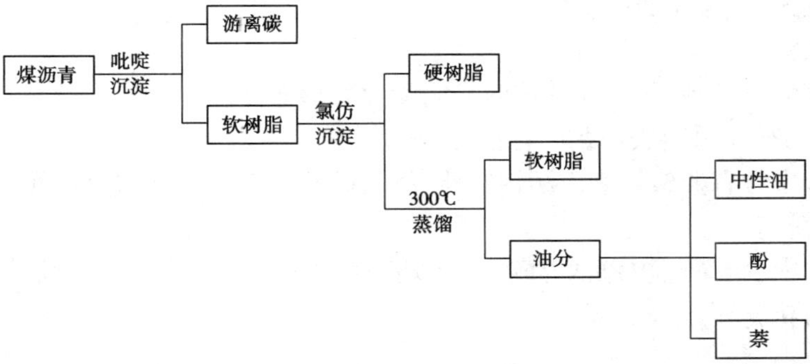

图 5-18 B. O. 葛列米尔德的煤沥青化学组分分析

(1)游离碳

游离碳又称自由碳,是高分子有机化合物的固态碳质微粒,不溶于任何有机溶剂。煤沥青中的游离碳能增加沥青的黏度和提高其热稳定性。随着游离碳含量的增加,煤沥青的低温脆性亦随之增加。煤沥青中的游离碳相当于石油沥青中的沥青质。

(2)树脂

①硬树脂。固态晶体结构,在沥青中能增加其黏滞性,类似石油沥青中的沥青质。

②软树脂。赤褐色黏塑状物质,溶于氯仿能使煤沥青具有塑性,类似于石油沥青中的树脂。

③油分。油分主要由液体未饱和的芳香族碳氢化合物所组成,使煤沥青具有流动性。油分包含萘油、蒽油和菲油等。萘和蒽能溶解于油分中,在含量较高或低温时能呈固态晶状析出,影响煤沥青的低温变形能力。

此外,煤沥青中含有少量碱性物质(吡啶、喹啉等)和酸性物质(酚)。酚有毒且能溶于水。煤沥青中的酸碱物质都属表面活性物质,相当于石油沥青中的沥青酸与沥青酸酐,但其活性物质含量高于石油沥青。所以煤沥青表面活性比石油沥青高,与矿料的黏附力较好。

2. 煤沥青的结构

煤沥青和石油沥青相似,也是复杂的胶体分散系,游离碳和硬树脂组成的胶体微粒为分散相,油分为分散介质,而软树脂为保护物质,它吸附于固态分散胶粒周围,逐渐向外扩散,并溶解于油分中,使分散系形成稳定的胶体体系。

二、煤沥青的技术性质与技术标准

1. 煤沥青的技术性质

煤沥青与石油沥青相比，在技术性质上有下列差异：

(1)温度稳定性差

由于可溶性树脂含量较多，受热易软化，故温度稳定性差。

(2)气候稳定性差

由于煤沥青中含有较多不饱和碳氢化合物。在受热、阳光、氧气等长期综合作用下，煤沥青的组分变化较大，易老化变脆。

(3)塑性较差

因含有较多的游离碳，所以在使用时易因受力变形而开裂。

(4)煤沥青与矿质材料表面黏附性能好

煤沥青组分中含有酸碱等表面活性物质，故与矿质材料表面黏结力较强。

(5)防腐性能好

由于煤沥青中含有酚、蒽、萘油等成分，所以防腐性好，故宜用于地下防水层及防腐材料等。

2. 煤沥青的技术指标

(1)黏度

黏度表示煤沥青的稠度。煤沥青组分中油分含量减少、固态树脂及游离碳量增加时，煤沥青的黏度增高。煤沥青的黏度测定方法与液体沥青相同，也是用道路沥青标准黏度计测定。

(2)蒸馏试验的馏分含量及残渣性质

为了预估煤沥青在路面使用过程中的性质变化，在测定其起始黏度的同时，还必须测定煤沥青在各馏程中所含馏分及其蒸馏后残留物的性质。

煤沥青蒸馏试验是测定试样受热时，在规定温度范围内蒸出的馏分含量，以质量百分率表示。除非特殊需要，各馏分蒸馏的标准切换温度为170℃、270℃、300℃。

馏分含量的规定，控制了煤沥青由于蒸发而老化的安全性，残渣性质试验保证了煤沥青残渣具有适宜的黏结性。

(3)煤沥青焦油酸含量

煤沥青的焦油酸(也称酚)含量是通过测定试样总的蒸馏馏分与碱性溶液作用形成水溶性酚盐物质的含量求得，以体积百分率表示。

焦油酸溶解于水，易导致路面强度降低。同时，它有毒。因此，对其在沥青中的含量必须加以限制。

(4)含萘量

煤沥青中的萘低温时易结晶析出，使煤沥青产生假黏度而失去塑性，同时常温下易升华，并促使“老化”加速。萘也有毒，故对其含量须加以限制。煤沥青的含萘量是试样馏分中萘的含量，以质量百分率表示。

(5)甲苯不溶物

煤沥青的甲苯不溶物含量，是试样在规定的甲苯溶剂中不溶物(游离碳)的含量，用质量百分率表示。

(6)水分

与石油沥青一样，煤沥青中含有过量的水分会使煤沥青在施工加热时发生许多困难，甚至导致材料质量的劣化或造成火灾。煤沥青含水量的测定方法与石油沥青相同。

3. 道路用煤沥青技术要求

道路用煤沥青的技术要求见表5-10。

道路用煤沥青技术要求 表5-10

试验项目		T-1	T-2	T-3	T-4	T-5	T-6	T-7	T-8	T-9	试验方法
黏度(s)	$C_{30,5}$	5~25	26~70								T 0621
	$C_{30,10}$			5~25	26~50	51~120	121~200				
	$C_{50,10}$							10~75	76~200		
	$C_{60,10}$									35~65	
蒸馏试验馏出量(%)，不大于	170℃前	3	3	3	2	1.5	1.5	1.0	1.0	1.0	T 0641
	270℃前	20	20	20	15	15	15	10	10	10	
	300℃	15~35	15~35	30	30	25	25	20	20	15	
300℃蒸馏残渣软化点(环球法)(℃)		30~45	30~45	35~65	35~65	35~65	35~65	40~70	40~70	40~70	T 0606
水分(%)，不大于		1.0	1.0	1.0	1.0	1.0	0.5	0.5	0.5	0.5	T 0612
甲苯不溶物(%)，不大于		20	20	20	20	20	20	20	20	20	T 0646
含萘量(%)，不大于		5	5	5	4	4	3.5	3	2	2	T 0645
焦油酸含量(%)，不大于		4	4	3	3	2.5	2.5	1.5	1.5	1.5	T 0642

注：黏度使用道路沥青标准黏度计测定，$C_{T,d}$的下角T代表测定温度(℃)，d代表流孔孔径(mm)。

4. 道路用煤沥青的应用

(1)各等级公路的各基层上的透层，宜采用T-1或T-2级，其他等级不符合喷洒要求时可适当稀释使用。

(2)三级及三级以下的公路铺筑表面处治或贯入式沥青路面，宜采用T-5、T-6或T-7级。

(3)与道路石油沥青、乳化沥青混合使用，以改善渗透性。

(4)道路用煤沥青严禁用于热拌热铺的沥青混合料，作其他用途时的储存温度宜为70~90℃，且不得长时间储存。

小结

石油沥青是以石油为原料经炼制加工后得到的一种有机胶凝材料，广泛地用于道路路面结构工程中。

石油沥青是复杂的高分子化合物，其组分有沥青质、饱和分、芳香分、胶质等，根据这些组分结构和含量的不同，可将沥青分为溶胶、溶-凝胶、凝胶三种胶体结构。沥青的胶体结构与沥青的路用性能有密切关系。

沥青具备黏滞性、塑性、温度稳定性、老化性、黏-弹性及黏附性等一系列特性。本章介绍了相应的测试方法，以便更好地应用沥青材料。

改性沥青具有不同于石油沥青的良好的使用性能。本章介绍了其特性、常用品种、应用，明确了其发展方向。

乳化沥青也是沥青路面中广泛采用的材料，具有冷态施工的特点，应掌握其形成机理和用途。

复习思考题

5-1　试说明石油沥青的主要组分与技术性质之间的关系。

5-2　我国现行的石油沥青化学组分分析方法可将石油沥青分离为哪几个组分？国产石油沥青在化学组分上有什么特点？

5-3　按流变学观点，石油沥青可划分为哪几种胶体结构？各种胶体结构的石油沥青有何特点？

5-4　道路石油沥青的“三大指标”表征沥青哪些特征？

5-5　什么是沥青的“老化”？老化后的沥青其性质有哪些变化？

5-6　沥青的劲度模量表征沥青的什么性质？根据哪些参数可从范·德·波尔诺模图中求得劲度模量？

5-7　什么是改性沥青？它与石油沥青相比较有什么特点？

5-8　试述乳化沥青形成和分裂的机理。

5-9　煤沥青与石油沥青在性质和应用上的差别有哪些？

第六章
CHAPTER SIX

沥青混合料

知识目标：

1. 掌握沥青混合料的结构类型、强度理论和组成材料的技术要求；
2. 掌握沥青混合料的技术性质及其影响因素、技术标准及评价指标的测定方法；
3. 掌握热拌沥青混合料配合比设计方法；
4. 了解其他沥青混合料的路用性能及应用。

能力目标：

1. 能正确选择合适的材料来配制沥青混合料；
2. 能按现行规范所规定的方法进行热拌沥青混合料的组成设计。

沥青混合料是由矿质混合料(简称矿料)与沥青结合料拌和而成的混合料的总称。

沥青混合料是高速公路、一级公路最主要的路面材料，是因为它具有许多其他建筑材料无法比拟的优越性，具体表现如下：

(1)沥青混合料是一种弹塑性黏性材料，因而它具有一定的高温稳定性和低温抗裂性。它不需设置施工缝和伸缩缝，路面平整且有弹性，行车比较舒适。

(2)沥青混合料路面有一定的粗糙度，雨天具有良好的抗滑性。路面又能保证一定的平整度，如高速公路路面的平整度可达1.0mm以下。而且沥青混合料路面为黑色，无强烈反光，行车比较安全。

(3)施工方便、速度快，养护期短，能及时开放交通。

(4)沥青混合料路面可分期改造和再生利用。随着道路交通量的增大，可以对原有的路面进行拓宽和加厚。对原有的沥青混合料，可以运用现代技术，再生利用，以节约原材料。

当然，沥青混合料也存在一些问题，如夏季高温时易软化，路面易产生车辙、波浪等现象；冬季低温时易脆裂，在车辆重复荷载作用下易产生裂缝；老化现象会使路面表层产生松散，引起路面破坏。

第一节 沥青混合料的类型与组成结构

一、沥青混合料的分类

1. 按矿质混合料的级配类型分类

按矿质混合料的级配类型的不同，可分为连续级配沥青混合料和间断级配沥青混合料。

2. 按公称最大粒径分类

根据《公路工程集料试验规程》（JTG E42—2005）的定义：集料的最大粒径是指通过百分率为100%的最小标准筛孔尺寸，集料的公称最大粒径是指全部通过或允许少量不通过（一般允许筛余不超过10%）的最小标准筛筛孔尺寸。通常公称最大粒径比最大粒径小一粒级。例如：某集料在16mm筛孔的通过率为100%，在13.2mm筛孔上的筛余量小于10%，则此集料的最大粒径为16mm，而公称最大粒径为13.2mm。沥青混合料按公称最大粒径可分为以下几种：

（1）特粗式沥青混合料。即公称最大粒径大于或等于31.5mm的沥青混合料。

（2）粗粒式沥青混合料。即公称最大粒径为26.5mm的沥青混合料。

（3）中粒式沥青混合料。即公称最大粒径为16mm或19mm的沥青混合料。

（4）细粒式沥青混合料。即公称最大粒径为9.5mm或13.2mm的沥青混合料。

（5）砂粒式沥青混合料。即公称最大粒径小于9.5mm的沥青混合料。

3. 按矿料级配组成及空隙率大小分类

按矿料级配组成及空隙率大小，可分为密级配沥青混合料、半开级配沥青混合料、开级配沥青混合料。

（1）密级配沥青混合料。即由按密实级配原理设计组成的各种粒径颗粒的矿料与沥青拌和而成，设计空隙率较小（对不同交通及气候情况、层位可作适当调整）的密实式沥青混凝土混合料（以AC表示）和密实式沥青稳定碎石混合料（以ATB表示）。按关键性筛孔通过率的不同又可分为粗型（C型）、细型（F型）密级配沥青混合料等，具体要求见表6-1。

粗型和细型密级配沥青混合料的关键性筛孔通过率　　表6-1

混合料类型	公称最大粒径（mm）	用以分类的关键性筛孔（mm）	粗型密级配		细型密级配	
			名称	关键性筛孔通过率（%）	名称	关键性筛孔通过率（%）
AC-25	26.5	4.75	AC-25C	<40	AC-25F	>40
AC-20	19	4.75	AC-20C	<45	AC-20F	>45
AC-16	16	2.36	AC-16C	<38	AC-16F	>38
AC-13	13.2	2.36	AC-13C	<40	AC-13F	>40
AC-10	9.5	2.36	AC-10C	<45	AC-10F	>45

(2)半开级配沥青碎石混合料。即由适当比例的粗集料、细集料及少量填料(或不加填料)与沥青拌和而成,经马歇尔标准击实成型试件的剩余空隙率在6% ~12%的半开式沥青碎石混合料(以AM表示)。

(3)开级配沥青混合料。即矿料级配主要由粗集料嵌挤组成,细集料及填料较少,设计空隙率为18%的沥青混合料。

4. 按沥青混合料制造工艺分类

按沥青混合料制造工艺的不同,可分为热拌沥青混合料、冷拌沥青混合料和再生沥青混合料等。

目前公路工程中最常用的是热拌沥青混合料,它是经人工组配的矿质混合料与沥青在专门设备中加热拌和而成,用保温运输工具运至施工现场,在热态下进行摊铺和压实的混合料。其分类见表6-2。

热拌沥青混合料种类 表6-2

混合料类型	密级配			开级配		半开级配	公称最大粒径(mm)	最大粒径(mm)
	连续级配		间断级配	间断级配				
	沥青混凝土	沥青稳定碎石	沥青玛蹄脂碎石	排水式沥青磨耗层	排水式沥青碎石基层	沥青碎石		
特粗式	—	ATB-40	—	—	ATPB-40	—	37.5	53.0
粗粒式	—	ATB-30	—	—	ATPB-30	—	31.5	37.5
	AC-25	ATB-25	—	—	ATPB-25	—	26.5	31.5
中粒式	AC-20	—	SMA-20	—	—	AM-20	19.0	26.5
	AC-16	—	SMA-16	OGFC-16	—	AM-16	16.0	19.0
细粒式	AC-13	—	SMA-13	OGFC-13	—	AM-13	13.2	16.0
	AC-10	—	SMA-10	OGFC-10	—	AM-10	9.5	13.2
砂粒式	AC-5	—	—	—	—	AM-5	4.75	9.5
设计空隙率(%)	3~5	3~6	3~4	>18	>18	6~12	—	—

二、沥青混合料的组成结构

1. 结构理论

沥青混合料是由粗集料、细集料、填料与沥青以及外掺材料组成的一种复合材料。粗集料分散在沥青与细集料形成的沥青砂浆中,细集料又分散在沥青与填料形成的沥青胶浆中,形成具有空间网络结构的一种多级分散体系。

2. 沥青混合料组成结构类型

沥青混合料组成结构可分为三种类型。

(1)悬浮-密实结构

悬浮-密实结构是指矿质集料由大到小组成连续型密级配的混合料结构,如图6-1a)所示。

混合料中粗集料数量较少，不能形成骨架。这种沥青混合料黏聚力较大，内摩擦角较小，因而高温稳定性差、抗疲劳性能强。我国常用的沥青混凝土混合料 AC 是典型的悬浮-密实结构。

（2）骨架-空隙结构

骨架-空隙结构是指矿质集料属于连续型开级配的混合料结构，如图 6-1b）所示。矿质集料中粗集料较多，可形成矿质骨架，细集料较少，不足以填满空隙。所以此结构沥青混合料空隙率大，耐久性差，沥青与矿料的黏聚力差，高温稳定性较好，抗水损害、疲劳性能较差。这种结构沥青混合料的强度主要取决于内摩擦角。沥青碎石混合料 AM 和开级配磨耗层沥青混合料 OGFC 是典型的骨架-空隙结构。

（3）骨架-密实结构

骨架-密实结构是指采用间断型密级配矿料时，在沥青混合料中既有较多数量的粗集料形成空间骨架，同时又有足够的细集料填满骨架空隙的沥青混合料结构，如图 6-1c）所示。这种结构为较高密实度的骨架结构，具有较高的黏聚力和内摩擦角，兼具以上两种结构的优点，是沥青混合料中最理想的一种结构类型。沥青玛蹄脂碎石混合料（简称 SMA）是典型的骨架-密实结构。

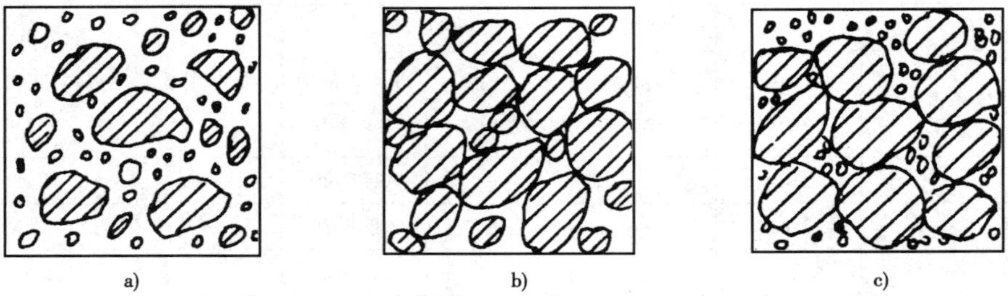

图 6-1　沥青混合料的典型组成结构

a）悬浮-密实结构；b）骨架-空隙结构；c）骨架-密实结构

三、沥青混合料的结构强度

1. 强度理论

沥青混合料的强度理论，主要是要求沥青混合料在高温时必须具备抗剪强度和抵抗变形的能力，称为高温强度和稳定性。沥青混合料路面结构破坏的原因，主要是高温时抗剪强度降低，塑性变形增大而产生推挤波浪、拥包等。低温时，塑性能力变差，使沥青路面易产生裂缝。

目前对于沥青混合料强度的研究，一般采用库伦内摩擦理论进行分析。通过三轴剪切强度研究得出：沥青混合料的抗剪强度 τ 主要取决于沥青与矿质集料物理、化学交互作用而产生的黏聚力 c，以及矿质集料在沥青混合料中分散程度不同而产生的内摩擦角 φ，如式（6-1）所示。

$$\tau = c + \sigma\tan\varphi \tag{6-1}$$

2. 影响沥青混合料抗剪强度的因素

影响沥青混合料抗剪强度的因素主要有材料的组成、材料的技术性质，以及外界因素如车辆荷载、温度、环境条件等。

（1）沥青黏度的影响

沥青混合料中的矿质集料是分散在沥青中的分散系，因此它的抗剪强度与分散相的浓度和分散介质黏度有着密切的关系，在其他因素一定的条件下，沥青混合料的黏聚力 c 随着沥青黏度的提高而增加；同时，内摩擦角随着沥青黏度的提高稍有提高。这是因为沥青黏度大，表示沥青内部胶团相互位移时，分散介质抵抗剪切作用力大，使沥青混合料的黏滞阻力增大，因而具有较高抗剪强度。

(2)沥青与矿料在界面上的交互作用

沥青混合料的黏结力除了与沥青材料自身的黏聚力有关，还取决于沥青与矿料的交互作用。矿质集料颗粒对于包裹在表面的沥青分子具有一定的化学吸附作用，即沥青材料中的活性物质(如沥青酸)与矿料产生化学反应，在矿料表面构成化学吸附层(沥青酸盐)。化学吸附比矿料与沥青间的分子力吸附(物理吸附)要强得多，在水的作用下，这种吸附是不可逆的。也就是说，只有当矿料与沥青材料之间产生化学吸附时，沥青混合料的水稳定性才能得到保证。

化学吸附使矿料表面吸附沥青组分重新分布，形成一层吸附溶化膜，即"结构沥青"。结构沥青膜层较薄，黏度较高，与矿料之间有着较强的黏结力。在"结构沥青"层之外未与矿料发生交互作用的是"自由沥青"，自由沥青保持着初始黏聚力，如图6-2所示。在配制沥青混合料时，应控制沥青用量，使结合料能形成"结构沥青"，减少"自由沥青"。

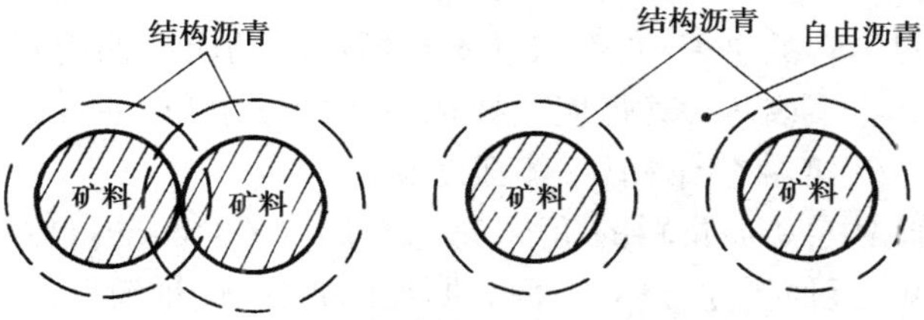

图6-2 沥青与矿料交互作用示意图

由于矿料颗粒表面对沥青的化学吸附是有选择性的，所以沥青与矿料表面交互作用程度还取决于矿料的岩石学特性。试验结果表明，沥青在不同矿物组成的颗粒表面形成不同成分和不同厚度的吸附溶化膜，碱性岩石(如石灰岩等)对石油沥青的吸附性强，而酸性岩石(如石英岩等)对石油沥青的吸附性弱。

(3)沥青与矿粉的用量比例

沥青用量对沥青混合料黏结力与内摩擦角的影响趋势如图6-3所示。沥青用量过少，沥青不足以形成薄膜黏结矿料颗粒表面，随着沥青用量的增加，能完全地包裹在矿料表面，逐步形成结构沥青，使沥青与矿料间的黏结力随沥青用量的增加而增加。当沥青用量为最适宜时，沥青胶结物具有最优的黏结力。随后，如果沥青用量继续增加，由于沥青用量过多，逐渐将矿料颗粒推开，在颗粒间形成未与矿料相互作用的"自由沥青"，则沥青胶结物的黏结力随着自由沥青的增加而降低，当沥青用量增加至某一用量后，沥青混合料的黏结力主要取决于自由沥青，所以抗剪强度几乎不变。随着沥青用量的增加，此时，沥青不仅是黏结剂，而且起着润滑剂的作用，降低了粗集料的相互嵌挤作用，因而降低了沥青混合料的内摩阻力(图6-3)。

在密实型沥青混合料中，矿粉的表面积通常占到矿料总面积的80%以上，所以矿粉的性质及数量对沥青混合料强度影响非常大。在沥青混合料中保持一定的矿粉数量，对于减薄沥青膜厚度，增加"结构沥青"的比例有着重要作用。但在沥青用量固定的情况下，矿粉用量不能过多，尤其是粒径小于0.075mm的颗粒含量不宜过多，否则将使沥青混合料结团成块，不易施工。

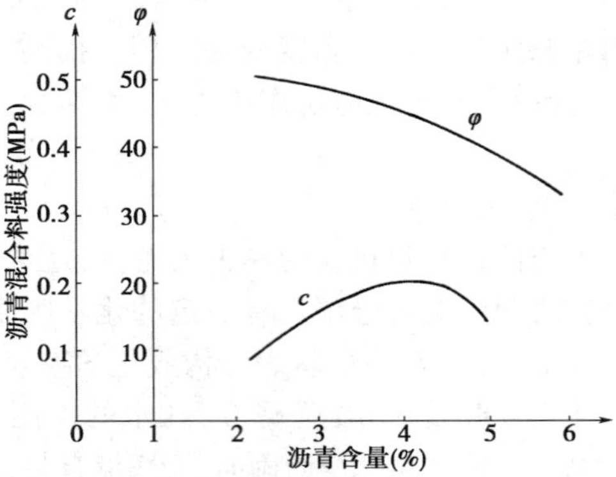

图 6-3　沥青用量对沥青混合料强度的影响

(4)矿料的级配类型及表面特性

沥青混合料的抗剪强度与矿质集料在沥青混合料中的分布情况有密切关系。沥青混合料有密级配、开级配和间断级配等不同组成结构类型，矿料级配类型是影响沥青混合料抗剪强度的因素之一。一般来说，连续型密级配的沥青混合料是悬浮-密实结构，其结构强度主要依靠沥青与矿料的黏结力和沥青的黏聚力，而依靠矿料颗粒间的内摩擦力相对较小。连续型开级配的沥青混合料是骨架-空隙结构，其强度主要取决于内摩阻角，沥青的黏聚力为辅。间断型密级配的沥青混合料是骨架-密实结构，整体强度高。

此外，在沥青混合料中，矿质集料的粗度、形状对沥青混合料的抗剪强度也有明显的影响。通常集料颗粒具有棱角，近似正立方体，表面有明显的粗糙度，铺筑路面具有很大的内摩擦角，可提高混合料的抗剪强度。所以，沥青混合料中，矿质集料越粗，配制成的沥青混合料的内摩擦角就越高。

(5)温度及形变速率

随温度升高，沥青的黏聚力 c 值减小，而变形能力增强。当温度降低，可使混合料黏聚力提高，强度增加，变形能力降低。但温度过低会使沥青混合料路面开裂。由于加荷频率高，可使沥青混合料产生过大的应力和塑性变形，弹性恢复很慢，产生不可恢复的永久变形。

同时，沥青混合料的抗剪强度与形变速率也有关。在其他条件相同的情况下，黏聚力 c 值随形变速率的下降而显著提高，而内摩擦角随形变速率的变化很小。

第二节　沥青混合料的技术性质与组成材料

一、沥青混合料的技术性质与技术标准

(一)沥青路面使用性能的气候分区

沥青混合料的技术性质与使用环境(如气温和湿度)关系密切。因此，在选择沥青材料的等级、进行沥青混合料配合比设计、检验沥青混合料的使用性能时，应考虑沥青路面工程的环

境因素，尤其是温度和湿度条件。所以，应按照不同的气候分区的特点对沥青混合料的技术性能提出相应要求。

沥青路面使用性能气候分区由一、二、三级区划组合而成，以综合反映该地区的气候特征，见表6-3。每个气候分区用3个数字表示：第一个数字代表高温分区，第二个数字代表低温分区，第三个数字代表雨量分区。数字越小，表示气候因素对沥青路面的影响越严重。如我国上海市属1-3-1气候分区，为夏炎热冬冷潮湿区，对沥青混合料的高温稳定性和水稳定性要求较高。

沥青路面使用性能气候分区 表6-3

气候分区指标		气候分区			
按照高温指标	高温气候区	1	2	3	
	气候区名称	夏炎热区	夏热区	夏凉区	
	7月平均最高温度(℃)	>30	20～30	<20	
按照低温指标	低温气候区	1	2	3	4
	气候区名称	冬严寒区	冬寒区	冬冷区	冬温区
	极端最低气温(℃)	<－37.0	－37.0～－21.5	－21.5～－9.0	>－9.0
按照雨量指标	雨量气候区	1	2	3	4
	气候区名称	潮湿区	湿润区	半干区	干旱区
	年降雨量(mm)	>1000	500～1000	250～500	<250

(二)沥青混合料的技术性质

1. 高温稳定性

沥青混合料的高温稳定性是指在高温(通常为60℃)的条件下，沥青混合料能够抵抗车辆反复作用，不会产生显著永久变形(如车辙、拥包、波浪等)，保证沥青路面平整的特性。

《公路沥青路面施工技术规范》(JTG F40—2004)规定：采用马歇尔稳定度试验来评价沥青混合料高温稳定性；对于高速公路、一级公路、城市快速路、主干路用沥青混合料，还应通过车辙试验检验其抗车辙能力。

(1)马歇尔稳定度试验[**资源24**]

马歇尔稳定度的试验方法自B.马歇尔(Marshall)提出，迄今已半个多世纪，经过许多研究者的改进，目前普遍是测定马歇尔稳定度(MS)、流值(FL)两项指标。马歇尔稳定度是指标准尺寸试件在规定温度和加荷速度下，在马歇尔仪中所能承受的最大荷载(kN)；流值是达到最大荷载时试件的竖向变形[以毫米(mm)计]。图6-4为马歇尔试验曲线。

24-沥青混合料马歇尔稳定度

(2)车辙试验[**资源25**]

车辙试验的方法，首先由英国道路研究所(RRL)提出，后来经过了许多国家道路工作者的研究改进。我国的试验方法是用标准成型方法，制成长300mm×宽300mm×厚50～100mm(厚度根据需要确定)的沥青混合料试件，也可从路面切割得到需要尺寸的试件，在60℃的温度条件下，以一定荷载的车轮在同一轨迹上作一定时间的反复行走，形成一定的车辙深度，然后计算试

25-沥青混合料车辙试验

件产生1mm变形所需试验车轮行车次数,即为动稳定度。

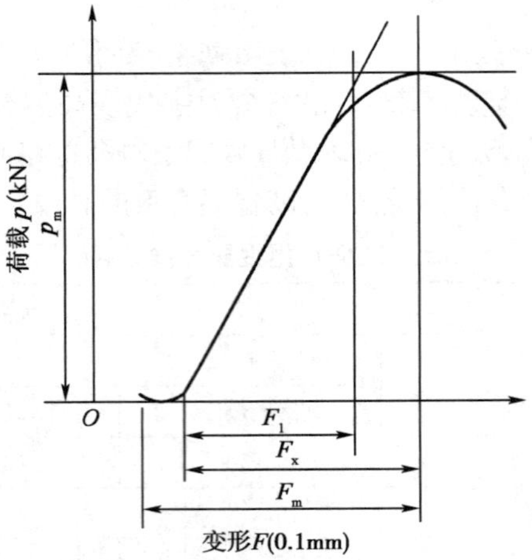

图6-4 马歇尔试验曲线

《公路沥青路面施工技术规范》(JTG F40—2004)规定:对于高速公路和一级公路的公称最大粒径等于或小于19mm的密级配沥青混合料(AC)及沥青玛𤧛脂碎石混合料(SMA)、开级配排水式磨耗层混合料(OGFC),必须在规定的试验条件下进行车辙试验,并符合表6-4的要求。

沥青混合料车辙试验动稳定度技术要求 表6-4

气候条件与技术指标		相应下列气候分区所要求的动稳定度(次/mm)								
7月平均最高气温(℃)及气候分区		>30				20~30				<20
		1.夏炎热区				2.夏热区				3.夏凉区
		1-1	1-2	1-3	1-4	2-1	2-2	2-3	2-4	3-2
普通沥青混合料,不小于		800		1000		600	800			600
SMA混合料	非改性,不小于	1500								
	改性,不小于	3000								
OGFC混合料		1500(一般交通路段)、3000(重交通量路段)								

影响沥青混合料高温稳定性的主要因素有沥青的用量、沥青的黏度、矿料的级配、矿料的尺寸和形状等。提高路面的高温稳定性,可采用提高沥青混合料黏结力和内摩阻力的方法。增加粗集料含量可以提高沥青混合料的内摩阻力;适当提高沥青材料的黏度,控制沥青与矿料比值,严格控制沥青用量,均能改善沥青混合料的黏结力。这样就可以提高沥青混合料的高温稳定性。

2.低温抗裂性

沥青混合料随着温度的降低,变形能力下降。当降温速率较慢时,所产生的温度应力会随着时间增加逐渐松弛减小,不会对沥青路面产生较大的危害。但当气温骤降时,所产生的温度应力来不及松弛,当温度应力超过沥青混合料的容许应力值时,沥青混合料就会被拉裂,在薄弱部位产生裂缝,从而影响道路的正常使用。因此,要求沥青混合料具有一定的低温抗裂性能,即要求沥青混合料具有较高的低温强度或较大的低温变形性能。

《公路沥青路面施工技术规范》(JTG F40—2004)规定,采用低温弯曲试验的破坏应变指标作为评价沥青混合料低温的抗裂能力。

沥青混合料的低温裂缝是由混合料的低温脆化、低温缩裂和温度疲劳引起的。混合料的低温脆化是指其在低温条件下,变形能力降低;低温缩裂通常是由于材料本身的抗拉强度不足而造成的;对于温度疲劳,可以模拟温度循环进行疲劳破坏。因此,在寒冷地区,应选用稠度较低、温度敏感性低、抗老化能力强的沥青来提高沥青混合料的低温抗裂性。

3. 耐久性

沥青混合料的耐久性是指其在长期的荷载作用和自然因素影响下,保持正常使用状态而不出现剥落和松散等损坏的能力,它包括沥青混合料的抗老化性、水稳定性等综合性质。

沥青混合料的老化性能是指其在使用过程中,受到空气中氧、水、紫外线等介质的作用,促使沥青发生诸多复杂的物理化学变化,并逐渐老化或硬化,致使沥青混合料变脆易裂,从而导致沥青路面出现各种与沥青老化有关的裂纹或裂缝。而沥青混合料的水稳定性不足是指由于水的作用,促使沥青从集料表面剥离,降低沥青混合料的黏结强度,松散的集料颗粒被滚动的车轮带走,在路表形成独立的大小不等的坑槽,即所谓的沥青路面"水损害"。

影响沥青混合料耐久性的主要因素有沥青的化学性质、矿料的矿物成分、沥青混合料的组成结构等。

沥青的化学性质和矿料的矿物成分对耐久性的影响如前所述。就沥青混合料的组成结构而言,首先是沥青混合料的空隙率。空隙率的大小与矿料的级配、沥青材料的用量以及压实程度等有关。从耐久性的角度希望空隙率尽量减小,以防止水分渗入和日光紫外线对沥青的老化作用等,但一般沥青混合料中均应残留一定的空隙,以备夏季沥青材料膨胀。沥青混合料的空隙率还与水稳定性有关。空隙率大且沥青与矿料黏附性差的混合料,在饱水后矿料与沥青黏附力降低,易发生剥落,引起路面早期破坏。

此外,沥青路面的使用寿命与沥青混合料中的沥青用量有很大关系。当沥青用量较正常的用量减少时,沥青膜变薄,混合料的延伸能力降低,脆性增加;如沥青用量偏少,将使沥青混合料的空隙率增大,沥青膜暴露较多,加速老化作用,同时增加渗水率,加强水对沥青的剥落作用。

4. 抗滑性

用于高速、一级公路沥青路面的沥青混合料,其表面应具有一定的抗滑性,才能保证汽车高速行驶的安全性。

沥青混合料路面的抗滑性与矿质集料的表面性质、混合料的级配组成以及沥青用量等因素有关。为提高路面抗滑性,配料时应特别注意矿料的耐磨光性,应选择硬质有棱角的矿料。选用开级配或半开级配的沥青混合料可以使沥青路面形成较大的宏观构造深度,但这类混合料的空隙率较大,在使用时应特别注意。《公路沥青路面施工技术规范》(JTG F40—2004)指明,沥青用量对抗滑性影响也非常敏感,沥青用量超过最佳用量的0.5%,即可使抗滑系数明显降低。

另外,沥青的含蜡量对沥青混合料抗滑性有明显影响,应选用含蜡量低的沥青,以免沥青表层出现滑溜现象。《公路沥青路面施工技术规范》(JTG F40—2004)的道路石油沥青技术要求中对沥青含蜡量作出了明确规定,详细内容见表5-5。

5. 施工和易性

沥青混合料的施工和易性,是指沥青混合料在施工过程中是否容易拌和、摊铺和压实的性能。它主要决定于矿料的级配、沥青的品种及用量，以及施工环境条件等。

单纯从混合材料性质而言，影响施工和易性的首先是混合料的级配情况和沥青用量。在间断级配的矿质混合料中，如粗集料的颗粒尺寸相差过大，缺乏中间尺寸，混合料容易分层层积（粗集料集中表面，细集料集中底部）；如细集料太少，沥青层就不容易均匀地留在粗颗粒表面；如细集料过多，则使拌和困难。间断级配混合料的施工和易性比较差。此外，当沥青用量过少，或矿粉用量过多时，混合料容易产生疏松，不易压实；如沥青用量过多，或矿粉质量不好，则容易使混合料黏结成块，不易摊铺。沥青混合料的施工和易性还会受到拌和时间、拌和设备、摊铺机械和压实工具等因素的影响，应结合其施工方式和施工条件考虑。

〔工程实例 6-1〕

每到冬天，某沥青路面总会出现一些裂缝，裂缝大多是横向的，且几乎为等间距的。

〔原因分析〕

①此路段路基很结实，路面无明显塌陷，一般只会引起纵向裂缝，因此填土未压实、路基产生不均匀沉陷或冻胀作用的可能性可以排除。

②此路段平时很少有重型车辆、负载过大的车辆经过，而且路面没有明显塌陷，况且因强度不足而引起的裂缝应大多是网裂和龟裂，因此可知裂缝不是路面强度不足、负载过大所致。

③初步判断是因沥青材料老化及低温所致。从裂缝情况来看，沥青老化及低温引起的裂缝大多为横向，且裂缝几乎为等间距，这与该路面破损情况吻合。该路已修建多年，沥青老化后变硬、变脆，延度下降，低温稳定性变差，容易产生裂缝、松散。随着冬天气温下降，沥青混合料受基层的约束而不能收缩，逐渐产生应力，当应力超过沥青混合料的极限抗拉强度时，路面便会产生开裂。

〔防治措施〕

①选取优质的适用于本地区气候条件的沥青。

②细裂缝（2 ~ 5mm）可用乳化沥青灌缝；大于 5mm 的裂缝，可用改性沥青灌缝。灌缝前，应清缝；灌缝后，表面撒粗砂或 3 ~ 5mm 石屑。

（三）热拌沥青混合料的技术标准

《公路沥青路面施工技术规范》（JTG F40—2004）对热拌沥青混合料的技术标准见表 6-5、表 6-6。

热拌沥青混合料马歇尔试验技术标准 表 6-5

试验指标		密级配沥青混凝土混合料（AC）						密级配沥青碎石（ATB）	半开级配沥青碎石（AM）	开级配排水式沥青碎石（OGFC）
		高速公路、一级公路				其他等级道路	行人道路			
		夏炎热区（1-1、1-2、1-3、1-4 区）		夏热区及夏凉区（2-1、2-2、2-3、2-4、3-2 区）						
		中轻交通	重交通	中轻交通	重交通					
击实次数（双面，次）		75				50	50	75（112）	50	50
空隙率 VV（%）	深约 90mm 以内	3 ~ 5	4 ~ 6	2 ~ 4	3 ~ 5	3 ~ 6	2 ~ 4	3 ~ 6	6 ~ 10	不小于 18
	深约 90mm 以下	3 ~ 6	3 ~ 6	2 ~ 4	3 ~ 6	3 ~ 6	—			

续上表

试验指标	密级配沥青混凝土混合料(AC)						密级配沥青碎石(ATB)	半开级配沥青碎石(AM)	开级配排水式沥青碎石(OGFC)
	高速公路、一级公路				其他等级道路	行人道路			
	夏炎热区(1-1、1-2、1-3、1-4 区)		夏热区及夏凉区(2-1、2-2、2-3、2-4、3-2 区)						
	中轻交通	重交通	中轻交通	重交通					
矿料间隙率 VMA(%)	见表 6-13 的要求						≥11	—	—
沥青饱和度 VFA(%)	见表 6-13 的要求						55~70	40~70	—
稳定度 MS(kN),不小于	8				5	3	7.5 (15)	3.5	3.5
流值 FL(mm)	2~4	1.5~4	2~4.5	2~4	2~4.5	2~5	1.5~4	—	—

密级配沥青混凝土混合料的沥青饱和度与矿料间隙率的要求 表 6-6

	设计空隙率(%)	相应于以下公称最大粒径(mm)的最小 VMA 及 VFA 技术要求(%)					
		26.5	19	16	13.2	9.5	4.75
矿料间隙率 VMA(%),不小于	2	10	11	11.5	12	13	15
	3	11	12	12.5	13	14	16
	4	12	13	13.5	14	15	17
	5	13	14	14.5	15	16	18
	6	14	15	15.5	16	17	19
沥青饱和度 VFA(%)		55~70	65~75			70~85	

二、沥青混合料组成材料的技术要求

为了保证沥青混合料的技术性质,首先要选择满足质量要求的各组成材料。

1. 沥青材料

沥青是沥青混合料的重要组成材料,在选择沥青标号时,宜按照公路等级、气候条件、交通条件、路面类型及在结构层中的层位及受力特点、施工方法等,结合当地的使用经验,经技术论证后确定。

对高速公路、一级公路,夏季温度高、高温持续时间长、重载交通、山区及丘陵区上坡路段、服务区、停车场等行车速度慢的路段,尤其是汽车荷载剪应力大的层次,宜采用稠度大、60℃黏度大的沥青,也可提高高温气候分区的温度水平选用沥青等级;对冬季寒冷的地区或交通量小的公路、旅游公路,宜选用稠度小、低温延度大的沥青;对日温差、年温差大的地区,宜注意选用针入度指数大的沥青。当高温要求与低温要求发生矛盾时,应优先考虑满足高温性能的要求。

当缺乏所需标号的沥青时,可采用不同标号掺配的调和沥青,其掺配比例由试验决定。掺配后的沥青质量应符合表 5-5 的要求。

2. 粗集料

(1)沥青混合料用粗集料包括碎石、破碎砾石、筛选砾石、钢渣、矿渣等,但高速公路和一级公路不得使用筛选砾石和矿渣。其中，破碎砾石应采用粒径大于50mm、含泥量不大于1%的砾石轧制；筛选砾石仅适用于三级及三级以下公路的沥青表面处治路面；经过破碎且存放期超过6个月以上的钢渣可作为粗集料使用。除吸水率允许适当放宽外，各项质量指标应符合表6-7的要求。钢渣在使用前应进行活性检验，要求钢渣中的游离氧化钙含量不大于3%，浸水膨胀率不大于2%。

(2)沥青混合料用粗集料要求洁净、干燥、表面粗糙、无风化、无杂质，并且具有足够的强度和耐磨性，形状接近正立方体，针片状颗粒的含量应符合表6-7的要求，且要求表面粗糙，有一定的棱角。《公路沥青路面施工技术规范》(JTG F40—2004)规定其各项质量要求符合表6-7的要求；沥青混合料的粗集料的规格应符合表6-8的要求。

沥青混合料用粗集料质量要求 表6-7

指标	单位	高速公路及一级公路		其他等级公路	试验方法
		表面层	其他层次		
石料压碎值，不大于	%	26	28	30	T 0316
洛杉矶磨耗损失，不大于	%	28	30	35	T 0317
表观相对密度，不小于	—	2.60	2.50	2.45	T 0304
吸水率，不大于	%	2.0	3.0	3.0	T 0304
坚固性，不大于	%	12	12	—	T 0314
针片状颗粒含量 粒径大于9.5mm，不大于 粒径小于9.5mm，不大于	 % %	 12 18	 15 20	 — —	T 0312
水洗法 <0.075mm 颗粒含量，不大于	%	1	1	1	T 0310
软石含量，不大于	%	3	5	5	T 0320

注：1. 坚固性试验可根据需要进行。
2. 用于高速公路、一级公路时，多孔玄武岩的视密度可放宽至2.45t/m³，吸水率可放宽至3%，但必须得到建设单位的批准，且不得用于SMA路面。
3. 对S14即公称粒径3~5mm规格的粗集料，针片状颗粒含量可不予要求，粒径小于0.075mm颗粒含量可放宽到3%。

沥青面层用粗集料规格 表6-8

规格	公称粒径(mm)	通过下列筛孔(方孔筛，mm)的质量百分率(%)								
		37.5	31.5	26.5	19	13.2	9.5	4.75	2.36	0.6
S6	15~30	100	90~100	—	—	0~15	—	0~5		
S7	10~30	100	90~100	—	—	—	0~15	0~5		
S8	10~25		100	90~100		0~15	—	0~5		
S9	10~20			100	90~100	—	0~15	0~5		
S10	10~15				100	90~100	0~15	0~5		
S11	5~15				100	90~100	40~70	0~15	0~5	
S12	5~10					100	90~100	0~15	0~5	
S13	3~10					100	90~100	40~70	0~20	0~5
S14	3~5						100	90~100	0~15	0~3

(3)选用岩石应尽量选用碱性岩石。由于碱性岩石与沥青具有较强的黏附力,组成沥青混合料可得到较高的力学强度。在缺少碱性岩石的情况下,也可采用酸性岩石代替,但必须对沥青或粗集料进行适当的处理,以增加混合料的黏聚力。

粗集料与沥青的黏附性应符合表6-9的要求,当使用不符合要求的粗集料时,宜掺加消石灰、水泥或用饱和石灰水处理后使用,必要时可同时在沥青中掺加耐热、耐水、长期性能好的抗剥落剂,也可采用改性沥青,使沥青混合料的水稳定性检验达到要求。掺加外加剂的剂量由沥青混合料的水稳定性检验确定。

高速公路、一级公路沥青路面表面层(或磨耗层)的粗集料的磨光值也应满足表6-9的规定。除SMA、OGFC路面外,允许在硬质粗集料中掺加部分较小粒径的磨光值未达要求的粗集料,其最大掺加比例由磨光值试验确定。

粗集料与沥青的黏附性、磨光值的技术要求 表6-9

雨量气候区	1(潮湿区)	2(湿润区)	3(半干区)	4(干旱区)	试验方法
年降雨量(mm)	>1000	500~1000	250~500	<250	
粗集料的磨光值PSV,不小于 高速公路、一级公路表面层	42	40	38	36	T 0321
粗集料与沥青黏附性,不小于 高速公路、一级公路表面层 高速公路、一级公路的其他层次及其他等级公路的各个层次	 5 4	 4 4	 4 3	 3 3	 T 0616 T 0663

3. 细集料

(1)沥青混合料用细集料采用天然砂、机制砂和石屑。天然砂可采用河砂或海砂。其规格符合表6-10的要求,通常采用粗砂、中砂。热拌密级配沥青混合料中,天然砂的用量不宜超过集料总量的20%,SMA和OGFC混合料不宜使用天然砂。石屑是指采石场破碎石料时通过4.75mm或2.36mm筛的筛下部分,其规格应符合表6-11的要求。高速公路和一级公路的沥青混合料,宜将S14与S16组合使用,S15可在沥青稳定碎石基层或其他等级公路中使用。机制砂宜采用专用的制砂机制造,并选用优质石料生产,其级配应符合S16的要求。

(2)细集料应洁净、干燥、无风化、无杂质,并有适当的颗粒级配,其质量应符合表6-12的规定。细集料的洁净程度,天然砂以粒径小于0.075mm颗粒含量的百分数表示,石屑和机制砂以砂当量(适用于0~4.75mm)或亚甲蓝值(适用于0~2.36mm或0~0.15mm)表示。

《公路沥青路面施工技术规范》(JTG F40—2004)对细集料的技术要求见表6-12。

沥青混合料用天然砂规格 表6-10

筛孔尺寸(mm)	通过各孔筛的质量百分率(%)		
	粗砂	中砂	细砂
9.5	100	100	100
4.75	90~100	90~100	90~100
2.36	65~95	75~90	85~100
1.18	35~65	50~90	75~100

续上表

筛孔尺寸(mm)	通过各孔筛的质量百分率(%)		
	粗砂	中砂	细砂
0.6	15~30	30~60	60~84
0.3	5~20	8~30	15~45
0.15	0~10	0~10	0~10
0.075	0~5	0~5	0~5

沥青混合料用机制砂或石屑规格 表6-11

规格	公称粒径(mm)	水洗法通过各筛孔(mm)的质量百分率(%)							
		9.5	4.75	2.36	1.18	0.6	0.3	0.15	0.075
S15	0~5	100	90~100	60~90	40~75	20~55	7~40	2~20	0~10
S16	0~3	—	100	80~100	50~80	25~60	8~45	0~25	0~15

注：当生产石屑采用喷水抑制扬尘工艺时，应特别注意含粉量不得超过表中要求。

沥青混合料用细集料质量要求 表6-12

项　　目	单位	高速公路、一级公路	其他等级公路	试验方法
表观相对密度，不小于	—	2.50	2.45	T 0328
坚固性(>0.3mm部分)，不小于	%	12	—	T 0340
含泥量(<0.075mm的含量)，不大于	%	3	5	T 0330
砂当量，不小于	%	60	50	T 0334
亚甲蓝值，不大于	g/kg	25	—	T 0346
棱角性(流动时间)，不小于	s	30	—	T 0345

4. 填料

沥青混合料的填料多为矿粉，须采用石灰岩或岩浆岩中的强基性岩石等憎水性石料经磨细得到。矿粉应干燥、洁净，能自由地从矿粉仓流出，其质量应符合表6-13的技术要求。若使用粉煤灰作为填料，其用量不得超过填料总量的50%，烧失量应小于12%，与矿粉混合后塑性指数小于4%，其余质量要求与矿粉相同。高速公路、一级公路沥青面层不宜采用粉煤灰作填料。

沥青混合料用矿粉质量要求 表6-13

项　　目		单位	高速公路、一级公路	其他等级公路	试验方法
表观密度，不小于		t/m^3	2.50	2.45	T 0352
含水率，不大于		%	1	1	T 0103 烘干法
粒度范围	<0.6mm	%	100	100	T 0351
	<0.15mm	%	90~100	90~100	T 0351
	<0.075mm	%	75~100	70~100	T 0351
外观		—	无团粒结块		—
亲水系数		—	<1		T 0353
塑性指数		—	<4		T 0354
加热安定性		—	实测记录		T 0355

〔工程实例 6-2〕

南方某高速公路某段施工中，在铺沥青混合料时，粗集料的针片状颗粒含量较高(约17%)，在满足马歇尔技术指标条件下沥青用量增加约10%。实际使用后，沥青路面的强度和抗渗能力相对较差。

〔原因分析〕

沥青混合料是由矿料骨架和沥青构成的，具空间网络结构。集料针片状颗粒含量过高，针片状集料相互搭架形成空洞过多，虽可通过增加沥青用量以略加弥补，但过分增加沥青用量不仅不经济，而且还影响了沥青混合料的强度及性能。

〔防治措施〕

沥青混合料粗集料应符合洁净、干燥、无风化、无杂质、良好的颗粒形状，具有足够强度和耐磨性等技术要求，其中针片状颗粒含量须严格控制不大于15%。粗集料针片状颗粒含量过高的主要原因是加工工艺不合理，若针片状颗粒含量过高，应于加工场回轧。一般来说，瓜子片(粒径5～15mm)的针片状颗粒含量往往较高，在矿料配合比设计时，可在级配范围内适当降低瓜子片的用量。

第三节 热拌沥青混合料配合比设计

热拌沥青混合料配合比设计是采用马歇尔试验配合比设计方法，适用于密级配沥青混凝土及沥青稳定碎石混合料。热拌沥青混合料配合比设计包括目标配合比设计、生产配合比设计和生产配合比验证三个阶段。确定沥青混合料的材料品种及配合比、矿料级配、最佳沥青用量。生产配合比设计和生产配合比验证是在目标配合比的基础上进行的，借助于施工单位的拌和、摊铺和碾压设备，在进行沥青混合料的试拌试铺的基础上，完成对沥青混合料的调整。本节主要介绍目标配合比设计。

目标配合比设计可分为矿质混合料配合比设计和最佳沥青用量确定两部分。

一、矿质混合料的配合比设计

矿质混合料配合比设计的目的，是选配具有足够密实度，并且有较高的内摩阻力的矿质混合料。按《公路沥青路面施工技术规范》(JTG F40—2004)的规定，设计步骤如下：

1. 确定热拌沥青混合料类型

热拌沥青混合料适用于各种等级公路的沥青路面。热拌沥青混合料的类型，根据道路等级、路面类型、所处的结构层位，按表6-14选定。

热拌沥青混合料类型 表6-14

结构层次	高速公路、一级公路、城市快速路、主干路						其他等级公路		一般城市道路及其他道路工程		
	三层式路面			二层式路面							
上面层	AC-13 AC-16 AC-20	AK-13 AK-16	SMA-13 SMA-16	AC-13 AC-16	AK-13 AK-16	SMA-13 SMA-16	AC-13 AC-16	SMA-13 SMA-16	AC-13 AC-16 AC-20	AK-13 AK-16	SMA-13 SMA-16

续上表

<table>
<tr><td rowspan="2">结构层次</td><td colspan="2">高速公路、一级公路、城市快速路、主干路</td><td colspan="2" rowspan="2">其他等级公路</td><td colspan="2" rowspan="2">一般城市道路及其他道路工程</td></tr>
<tr><td>三层式路面</td><td>二层式路面</td></tr>
<tr><td>中面层</td><td>AC-20
AC-25</td><td>—</td><td colspan="2">—</td><td colspan="2">AC-20
AC-25</td></tr>
<tr><td>下面层</td><td>AC-25
AC-30</td><td>AC-20
AC-25
AC-30</td><td>AC-20
AC-25
AC-30</td><td>AM-25
AM-30</td><td>AC-25
AC-30</td><td>AM-25
AM-30</td></tr>
</table>

2. 确定矿质混合料的级配范围

根据已确定的沥青混合料类型，采用规范推荐的矿质混合料级配范围来确定，见表6-15。也可以根据研究成果和实践经验，选择其他类型的沥青混合料及相应的级配范围，经技术经济论证后确定。

沥青混合料矿料级配范围 表6-15

级配类型		通过下列筛孔（方孔筛，mm）的质量百分率（%）														
		53.0	37.5	31.5	26.5	19.0	16.0	13.2	9.5	4.75	2.36	1.18	0.6	0.3	0.15	0.075
密级配沥青混凝土混合料 AC																
粗粒式	AC-25			100	90~100	75~90	65~83	57~76	45~65	24~52	16~42	12~33	8~24	5~17	4~13	3~7
中粒式	AC-20				100	90~100	78~92	62~80	50~72	26~56	16~44	12~33	8~24	5~17	4~13	3~7
	AC-16					100	90~100	76~92	60~80	34~62	20~48	13~36	9~26	7~18	5~14	4~8
细粒式	AC-13						100	90~100	68~85	38~68	24~50	15~38	10~28	7~20	5~15	4~8
	AC-10							100	90~100	45~75	30~58	20~44	13~32	9~23	6~16	4~8
砂粒式	AC-5								100	90~100	55~75	35~55	20~40	12~28	7~18	5~10
密级配沥青稳定碎石 ATB																
特粗	ATB-40	100	90~100	75~92	65~85	49~71	43~63	37~57	30~50	20~40	15~32	10~25	8~18	5~14	3~10	2~6
粗粒式	ATB-30		100	90~100	70~90	53~72	44~66	39~60	31~51	20~40	15~32	10~25	8~18	5~14	3~10	2~6
	ATB-25			100	90~100	60~80	48~68	42~62	32~52	20~40	15~32	10~25	8~18	5~14	3~10	2~6
半开级配沥青稳定碎石 AM																
中粒式	AM-20				100	90~100	60~85	50~75	40~65	15~40	5~22	2~16	1~12	0~10	0~8	0~5
	AM-16					100	90~100	60~85	45~68	18~40	6~25	3~18	1~14	0~10	0~8	0~5
细粒式	AM-13						100	90~100	50~80	20~45	8~28	4~20	2~16	0~10	0~8	0~6
	AM-10							100	90~100	35~65	10~35	5~22	2~16	0~12	0~9	0~6
开级配沥青稳定碎石 ATPB																
特粗	ATPB-40	100	70~100	65~90	55~85	43~75	32~70	20~65	12~50	0~3	0~3	0~3	0~3	0~3	0~3	0~3
粗粒式	ATPB-30		100	80~100	70~95	53~85	36~80	26~75	14~60	0~3	0~3	0~3	0~3	0~3	0~3	0~3
	ATPB-25			100	80~100	60~100	45~90	30~82	16~70	0~3	0~3	0~3	0~3	0~3	0~3	0~3
开级配排水性磨耗层混合料																
中粒式	OGFC-16					100	90~100	70~90	45~70	12~30	10~22	6~18	4~15	3~12	3~8	2~6
细粒式	OGFC-13						100	90~100	60~80	12~30	10~22	6~18	4~15	3~12	3~8	2~6
	OGFC-10							100	90~100	50~70	10~22	6~18	4~15	3~12	3~8	2~6

续上表

级配类型		通过下列筛孔(方孔筛,mm)的质量百分率(%)														
		53.0	37.5	31.5	26.5	19.0	16.0	13.2	9.5	4.75	2.36	1.18	0.6	0.3	0.15	0.075
传统的 AC-Ⅰ型沥青混合料																
粗粒式	AC-301		100	90~100	79~92	66~82	59~77	52~72	43~63	32~52	25~42	18~32	13~25	8~18	5~13	3~7
	AC-251			100	95~100	75~90	62~80	53~73	43~63	32~52	25~42	18~32	13~25	8~18	5~13	3~7
中粒式	AC-201				100	95~100	75~90	62~80	52~72	38~58	28~46	20~34	15~27	10~20	6~14	4~8
	AC-161					100	95~100	75~90	58~78	42~63	32~50	22~37	16~28	11~21	7~15	4~8
细粒式	AC-131						100	95~100	70~88	48~68	36~53	24~41	18~30	12~22	8~16	4~8
	AC-101							100	95~100	55~75	38~58	26~43	17~33	10~24	6~16	4~9
砂粒式	AC-51								100	95~100	55~75	35~55	20~40	12~28	7~18	5~10

3. 矿质混合料配合比的确定

(1)组成材料的原始数据测定

根据现场取样,对粗集料、细集料和矿粉进行筛分试验,按筛分结果分别绘出各组成材料的筛分曲线。同时测出各组成材料的相对密度,以供计算物理常数用。

(2)拟定初试配合比

根据各组成材料的筛分试验资料,采用图解法或试配法(高速公路和一级公路沥青路面矿料配合比设计宜借助计算机的电子表格用试配法进行),在设计级配范围内,设计3组初选配合比,确定符合级配范围的各组成材料用量比例,计算矿质混合料的合成级配。

(3)调整配合比

对计算得到的合成级配,应根据下列要求作必要的配合比调整:

①通常情况下,合成级配曲线宜尽量接近设计级配中限,尤其应使0.075mm、2.36mm和4.75mm筛孔的通过量尽量接近设计级配范围的中限。

②对高速公路、一级公路、城市快速路、主干路等交通量大、轴载重的道路,宜偏向级配范围的下(粗)限。对一般道路、中小交通量或人行道路等,宜偏向级配范围的上(细)限。

③合成级配曲线应接近连续的或合理的间断级配,但不应有过多的犬牙交错。当经过反复调整仍有两个以上的筛孔超出设计级配范围时,必须对原材料进行调整或更换原材料重新设计。

二、确定最佳沥青用量

沥青用量(即沥青含量)是指沥青混合料中沥青结合料质量与沥青混合料质量的百分比;油石比是指沥青混合料中沥青结合料质量与矿料总质量的百分比。

最佳沥青用量(简称OAC)可以通过各种理论计算方法求得。但是由于实际材料性质的差异,按理论公式计算得到的最佳沥青用量,仍然要通过试验方法修正。《公路沥青路面施工技术规范》(JTG F40—2004)规定的方法是采用马歇尔试验法确定最佳沥青用量。

1. 沥青混合料马歇尔试验

1)制备试样

(1)按确定的矿质混合料配合比,计算各种矿质材料的用量,称量各种集料和矿粉。

(2)根据经验估计适宜的沥青用量(或油石比)。以预估的沥青用量(或油石比)为中值,按一定间隔(对密级配沥青混合料,通常为0.5%;对沥青碎石混合料,可适当缩小间隔为0.3%~0.4%),取5个或5个以上不同的油石比分别成型马歇尔试件。

2)测定物理指标

按规定的试验方法测定试件的毛体积相对密度、理论最大相对密度等,并计算空隙率、沥青饱和度及矿料间隙率等体积参数。各物理指标分述如下。

(1)毛体积相对密度

压实沥青混合料单位体积(含混合料的实体矿物成分及不吸收水分的闭口孔隙、能吸收水分的开口孔隙等颗粒表面轮廓线所包围的全部毛体积)的干质量称为毛体积密度。沥青混合料的毛体积相对密度是指压实沥青混合料毛体积密度与同水温水的密度的比值,按式(6-2)及式(6-3)计算。

$$\gamma_f = \frac{m_a}{m_f - m_w} \tag{6-2}$$

$$\rho_f = \frac{m_a}{m_f - m_w} \times \rho_w \tag{6-3}$$

式中:γ_f——试件毛体积相对密度(无量纲);

ρ_f——试件毛体积密度(g/m^3);

ρ_w——25℃时水的密度,取0.9971g/m^3。

(2)理论最大相对密度

理论最大相对密度是指假设压实沥青混合料试件全部为矿料(包括矿料自身内部的孔隙)及沥青所组成、空隙率为零的理想状态下的最大密度。同一温度条件下,沥青混合料理论最大密度与水密度的比值称为理论最大相对密度。可采用真空法实测,也可按公式计算确定(详见本书第二篇试验6-2)。

(3)试件的空隙率

试件的空隙率是指压实沥青混合料内矿料及沥青以外的空隙(不包括矿料自身内部已被沥青封闭的孔隙)的体积占混合料总体积的百分率,按式(6-4)计算。

$$VV = \left(1 - \frac{\gamma_f}{\gamma_t}\right) \times 100 \tag{6-4}$$

式中:VV——沥青混合料试件的空隙率(%);

γ_f——试件的毛体积相对密度(无量纲);

γ_t——沥青混合料理论最大相对密度,按方法计算或实测得到(无量纲)。

(4)矿料间隙率

矿料间隙率是指压实沥青混合料内矿料部分以外的体积占混合料总体积的百分率，按式(6-5)计算。

$$VMA = \left(1 - \frac{\gamma_f}{\gamma_{sb}} \times \frac{P_S}{100}\right) \times 100 \tag{6-5}$$

式中：VMA——沥青混合料试件的矿料间隙率(%)；

P_S——各种矿料占沥青混合料总质量的百分率之和(%)，按 $P_S = 100 - P_b$ 计算，其中 P_b 为沥青用量(%)；

γ_{sb}——矿料的合成毛体积相对密度(无量纲)，按式(6-6)计算。

$$\gamma_{sb} = \frac{100}{\frac{P_1}{\gamma_1} + \frac{P_2}{\gamma_2} + \cdots + \frac{P_n}{\gamma_n}} \tag{6-6}$$

式中：P_1、$P_2 \cdots P_n$——各种矿料占矿料总质量的百分率(%)，其和为100；

γ_1、$\gamma_2 \cdots \gamma_n$——各种矿料的相对密度(无量纲)。

(5)有效沥青的饱和度

有效沥青的饱和度是指沥青混合料内有效沥青部分(即扣除被集料吸收的沥青以外的沥青)的体积占矿料部分以外的体积的百分率，按式(6-7)计算。

$$VFA = \frac{VMA - VV}{VMA} \times 100 \tag{6-7}$$

式中：VFA——沥青混合料试件的有效沥青饱和度(%)；

其余符号意义同前。

3)测定力学指标

为确定沥青混合料的最佳沥青用量，用马歇尔稳定度仪测定沥青混合料的力学指标，如马歇尔稳定度、流值(详见本书第二篇试验6-3)。

2. 确定最佳沥青用量(简称OAC)

以沥青用量(或油石比)为横坐标，以马歇尔试验的各项指标为纵坐标，在图上画出试验结果点，连成圆滑的曲线，如图6-5所示。确定均符合规范规定的沥青混合料技术标准的沥青用量范围 $OAC_{min} \sim OAC_{max}$(选择的沥青用量范围必须涵盖设计空隙率的全部范围，并尽可能涵盖沥青饱和度的要求范围，使密度及稳定度曲线出现峰值)。

注：绘制曲线时含VMA指标，且应为下凹形曲线，但确定 $OAC_{min} \sim OAC_{max}$ 时不包括VMA。

1)确定最佳沥青用量初始值 OAC_1

(1)在图6-5曲线上求取相应于密度最大值、稳定度最大值、目标空隙率(或中值)、沥青饱和度范围的中值的沥青用量 a_1、a_2、a_3、a_4，按式(6-8)取平均值作为 OAC_1。

$$OAC_1 = \frac{a_1 + a_2 + a_3 + a_4}{4} \tag{6-8}$$

(2)如果所选择的沥青用量范围未能涵盖沥青饱和度的要求范围，按式(6-9)求取三者的平均值作为 OAC_1。

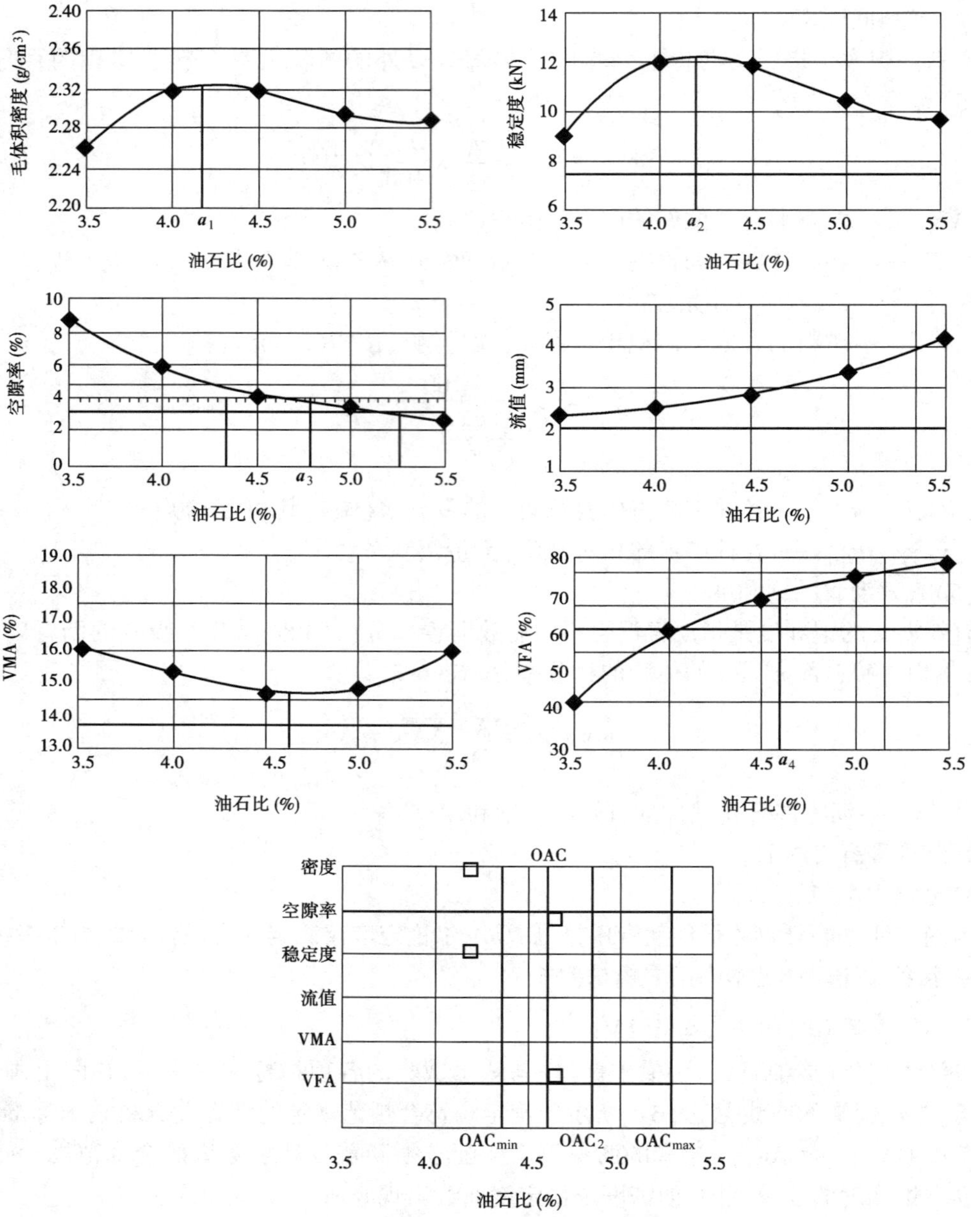

图 6-5　沥青用量与马歇尔试验结果关系图

注：图中 $a_1=4.2\%$，$a_2=4.25\%$，$a_3=4.8\%$，$a_4=4.7\%$，$OAC_1=4.49\%$（由 4 个平均值确定），$OAC_{min}=4.3\%$，$OAC_{max}=5.3\%$，$OAC_2=4.8\%$，$OAC=4.64\%$。此例中相对于空隙率 4% 的油石比为 4.6%。

$$OAC_1=\frac{a_1+a_2+a_3}{3} \tag{6-9}$$

（3）对所选择试验的沥青用量范围，密度或稳定度没有出现峰值（最大值经常在曲线的两端）时，可直接以目标空隙率所对应的沥青用量 a_3 作为 OAC_1，但 OAC_1 必须介于 OAC_{min} ~ OAC_{max} 之间，否则应重新进行配合比设计。

2）确定最佳沥青用量初始值 OAC_2

以各项指标均符合技术标准（不含 VMA）的沥青用量范围 $OAC_{min} \sim OAC_{max}$ 的中值作为 OAC_2。

$$OAC_2 = \frac{OAC_{min} + OAC_{max}}{2} \tag{6-10}$$

3）综合确定最佳沥青用量 OAC

（1）通常情况下，取 OAC_1 及 OAC_2 的中值作为计算的最佳沥青用量 OAC。

$$OAC = \frac{OAC_1 + OAC_2}{2} \tag{6-11}$$

（2）按式(6-11)计算的最佳油石比 OAC，从图 6-5 中得出所对应的空隙率和 VMA 值，检验是否满足表 6-6 关于最小 VMA 值的要求（OAC 宜位于 VMA 凹形曲线最小值的贫油一侧；当空隙率不是整数时，最小 VMA 按内插法确定，并将其画入图 6-5 中）。

（3）检查图 6-5 中相应于此 OAC 的各项指标是否均符合马歇尔试验技术标准。

（4）根据实践经验和公路等级、气候条件、交通情况，调整确定最佳沥青用量 OAC。

①调查当地各项条件相接近的工程的沥青用量及使用效果，论证适宜的最佳沥青用量。

②对炎热地区公路以及高速公路、一级公路的重载交通路段，山区公路的长大坡度路段，预计有可能产生较大车辙时，宜在空隙率符合要求的范围内将计算的最佳沥青用量减小 0.1% ~ 0.5% 作为设计沥青用量。

③对寒区公路、旅游公路、交通量很小的公路，最佳沥青用量可以在 OAC 的基础上增加 0.1% ~0.3%，以适当减小设计空隙率，但不得降低压实度要求。

3. 配合比设计检验

（1）对用于高速公路和一级公路的密级配沥青混合料，需在配合比设计的基础上按要求进行各种使用性能的检验，不符合要求的沥青混合料，必须更换材料或重新进行配合比设计。

（2）高温稳定性检验。对公称最大粒径等于或小于 19mm 的混合料，必须按最佳沥青用量 OAC 制作车辙试件进行车辙试验，动稳定度应符合表 6-4 的要求。

（3）水稳定性检验。按最佳沥青用量 OAC 制作试件，必须进行浸水马歇尔试验和冻融劈裂试验，残留稳定度及残留强度比均应符合表 6-16 的规定。

（4）低温抗裂性能检验。对公称最大粒径小于或等于 19mm 的混合料，可以按规定方法进行低温弯曲试验。

（5）渗水系数检验。可以利用轮碾机成型的车辙试件进行渗水试验。

沥青混合料水稳定性检验技术要求 表 6-16

气候条件与技术指标	相应下列气候分区的技术所要求			
年降雨量(mm)及气候分区	>1000	500 ~ 1000	250 ~ 500	<250
	1. 潮湿区	2. 湿润区	3. 半干区	4. 干旱区

续上表

<table>
<tr><td colspan="2">气候条件与技术指标</td><td colspan="2">相应下列气候分区的技术所要求</td></tr>
<tr><td colspan="4">浸水马歇尔试验残留稳定度(%),不小于</td></tr>
<tr><td colspan="2">普通沥青混合料</td><td>80</td><td>75</td></tr>
<tr><td colspan="2">改性沥青混合料</td><td>85</td><td>80</td></tr>
<tr><td rowspan="2">SMA 混合料</td><td>普通沥青</td><td colspan="2">75</td></tr>
<tr><td>改性沥青</td><td colspan="2">80</td></tr>
<tr><td colspan="4">冻融劈裂试验的残留强度比(%),不小于</td></tr>
<tr><td colspan="2">普通沥青混合料</td><td>75</td><td>70</td></tr>
<tr><td colspan="2">改性沥青混合料</td><td>80</td><td>70</td></tr>
<tr><td rowspan="2">SMA 混合料</td><td>普通沥青</td><td colspan="2">75</td></tr>
<tr><td>改性沥青</td><td colspan="2">80</td></tr>
</table>

沥青混合料配合比设计案例

[**题目**] 试设计某高速公路沥青混凝土路面中面层用沥青混合料的配合比组成。

[**原始资料**]

1. 该高速公路沥青路面为三层式结构的中面层;中面层结构设计厚度为6cm。

2. 气候条件:7月平均最高气温23℃,年极端最低气温-30℃,年降雨量600mm。夏季热,冬季寒冷,多雨潮润,气候分区为2-2-2区。

3. 材料性能。

(1)沥青材料:可供应普通90号道路石油沥青,相对密度为1.006,经检验技术性能均符合要求。

(2)矿质材料:粗集料、细集料均为石灰岩。集料分为4档,10~20mm碎石、5~10mm碎石、3~5mm碎石、0~3mm碎石。各档集料与矿粉的主要技术指标见表6-17,筛分试验结果见表6-18。

集料和矿粉密度试验结果 表6-17

集料	表观相对密度	毛体积相对密度
10~20mm碎石	2.712	2.671
5~10mm碎石	2.717	2.673
3~5mm碎石	2.726	2.681
0~3mm碎石	2.725	2.676
矿粉	2.757	2.757

各种集料和矿粉的筛分结果　　表6-18

集　料	通过以下方孔筛(mm)的质量百分率(%)											
	26.5	19.0	16.0	13.2	9.5	4.75	2.36	1.18	0.6	0.3	0.15	0.075
10~20mm 碎石	100.0	95.3	72.3	37.3	1.4	0.3	0.3	0.3	0.3	0.3.	0.3	0.3
5~10mm 碎石	100.0	100.0	100.0	100.0	98.3	21.3	3.8	0.5	0.5	0.5	0.5	0.2
3~5mm 碎石	100.0	100.0	100.0	100.0	100.0	98.3	36.2	17.6	8.9	5.2	2.3	0.8
0~3mm 碎石	100.0	100.0	100.0	100.0	100.0	100.0	80.3	56.3	34.3	18.5	10.8	6.4
矿粉	100.0	100.0	100.0	100.0	100.0	100.0	100.0	100.0	100.0	97.3	93.1	80.8

[设计要求]

1. 确定沥青混合料类型,进行矿质混合料配合比设计。

2. 根据选定的矿质混合料类型的相应沥青用量范围,通过马歇尔试验,确定最佳沥青用量。

3. 根据高速公路用沥青混合料要求,检验沥青混合料的水稳定性和抗车辙能力。

解:

1)确定沥青混合料类型及矿质混合料的级配范围

根据设计资料,道路等级为高速公路,沥青路面中面层,选用 AC-20 型沥青混合料,满足结构厚度不小于矿料公称最大粒径的2.5~3.0倍的要求。相应的级配范围查规范确定,见表6-19。

矿质混合料的级配范围　　表6-19

级配类型	筛孔尺寸(mm)											
	26.5	19.0	16.0	13.2	9.5	4.75	2.36	1.18	0.6	0.3	0.15	0.075
AC-20	100	90~100	78~92	62~80	50~72	26~56	16~44	12~33	8~24	5~17	4~13	3~7

2)矿质混合料的配合比设计

(1)拟定初试配合比

根据各组成材料的筛分试验资料,依据级配范围,设计了3组初选配合比,确定符合级配范围的各组成材料用量比例(表6-20),计算矿质混合料的合成级配。合成级配见表6-21,级配曲线如图6-6所示。

三组矿质混合料的配合比　　表6-20

级　配	10~20mm 碎石(%)	5~10mm 碎石(%)	3~5mm 碎石(%)	0~3mm 碎石(%)	矿粉(%)
级配1	40	24	4	28	4
级配2	40	27	7	22	4
级配3	40	30	10	16	4

矿质混合料合成级配　　表6-21

级配	通过以下方孔筛(mm)的质量百分率(%)											
	26.5	19.0	16.0	13.2	9.5	4.75	2.36	1.18	0.6	0.3	0.15	0.075
级配1	100.0	98.1	88.9	74.9	60.2	41.2	29.0	20.7	14.2	9.5	7.1	5.2
级配2	100.0	98.1	88.9	74.9	60.1	38.8	25.3	17.9	12.4	8.6	6.5	4.9
级配3	100.0	98.1	88.9	74.9	60.1	36.3	21.7	15.0	10.6	7.6	6.0	4.5

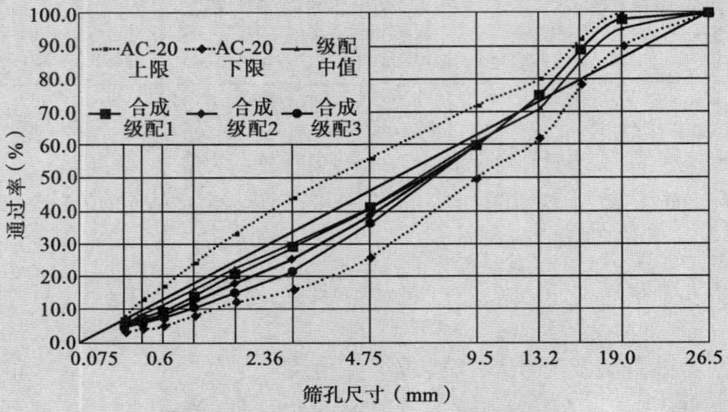

图6-6　初拟配合比下矿质混合料级配曲线

(2)矿质混合料设计配合比的确定

根据使用经验,初估沥青用量为4.5%。对三种级配分别测定了4.5%沥青用量试件的最大理论相对密度、毛体积相对密度、空隙率、矿料间隙率、有效沥青饱和度,见表6-22。根据规范要求,对三种级配进行分析可知,级配2和级配3的沥青混合料试件的空隙率与矿料间隙率偏大,且有效沥青饱和度偏小,而级配1的沥青混合料的空隙率与矿料间隙率均接近设计要求。因此,确定级配1为设计配合比,各档集料的比例为:

10～20mm碎石:5～10mm碎石:3～5mm碎石:0～3mm碎石:矿粉=40%:24%:4%:28%:4%

三种级配沥青混合料压实试验结果　　表6-22

沥青用量(%)		毛体积相对密度 γ_f	最大理论相对密度 γ_t	空隙率 VV(%)	有效沥青饱和度 VFA(%)	矿料间隙率 VMA(%)
4.5	级配1	2.400	2.507	4.3	72.4	15.5
	级配2	2.374	2.496	4.9	69.4	16.0
	级配3	2.360	2.489	5.2	68.1	16.2

3)确定最佳沥青用量

(1)试件成型

按级配1称取矿料,采用5种沥青用量按设计的矿质混合料配合比,以0.5%间隔变化,分别按沥青用量4.0%、4.5%、5.0%、5.5%、6.0%成型5组试件,按表6-12规定每面各击实75次的方法成型。

(2)试件物理力学指标的测定

按《公路工程沥青及沥青混合料试验规程》(JTG E20—2011)的方法进行马歇尔稳定度试验,测定沥青混合料的毛体积相对密度、最大理论相对密度、空隙率、沥青饱和度、矿料间隙率等物理指标,以及稳定度及流值等力学指标,试验结果见表6-23。

根据设计资料,查表6-3确定该沥青路面气候分区为2-2夏热冬寒区,按表6-5、表6-6的规定,将规范要求的沥青混合料的各项技术标准列于表中供对照评定。

沥青混合料马歇尔试验结果　　表6-23

级配类型	沥青用量(%)	毛体积相对密度	最大理论相对密度	稳定度(kN)	流值(mm)	空隙率(%)	沥青饱和度(%)	矿料间隙率(%)
AC-20	4.0	2.367	2.527	9.3	2.52	6.3	59.8	15.7
	4.5	2.393	2.508	10.8	2.82	4.6	70.1	15.3
	5.0	2.396	2.485	9.5	3.63	3.6	76.8	15.5
	5.5	2.392	2.461	8.0	4.37	2.8	82.4	15.9
	6.0	2.385	2.442	7.2	5.67	2.3	85.9	16.6
标准要求	—	—	—	≥8	2~4	3~5	65~75	≥14

(3)绘制沥青用量与物理-力学指标关系图

根据表6-23马歇尔试验结果汇总表,绘制沥青用量与毛体积相对密度、空隙率、饱和度、矿料间隙率、稳定度、流值的关系图如图6-7所示。

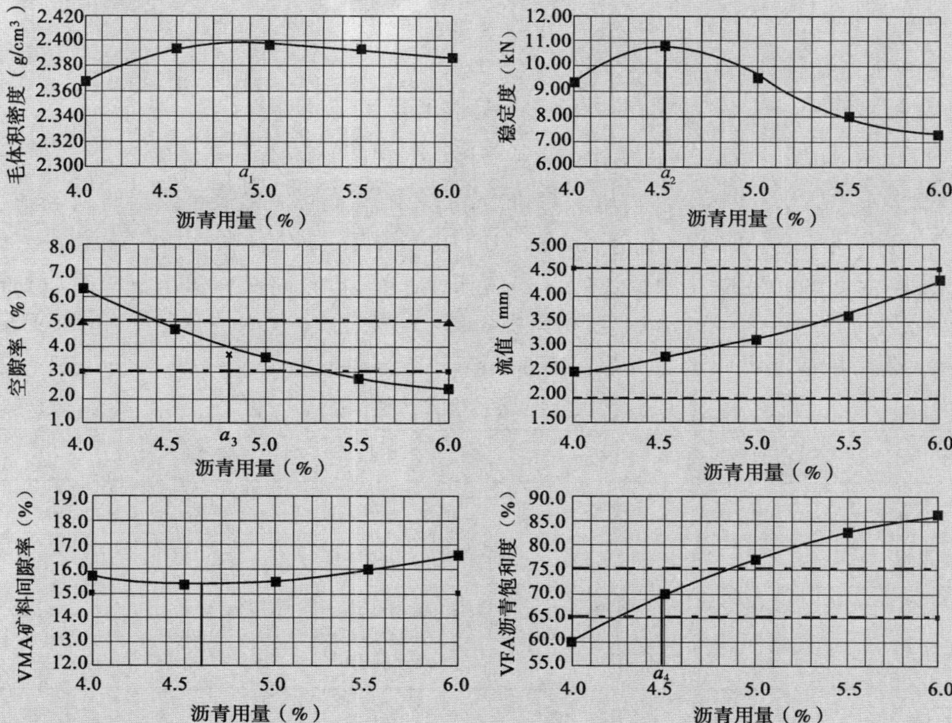

图 6-7

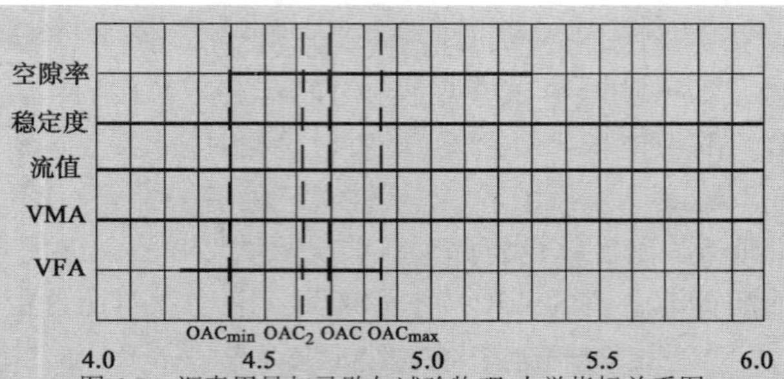

图6-7 沥青用量与马歇尔试验物理-力学指标关系图

注：a_1 为密度最大值；a_2 为稳定度最大值；a_3 为目标空隙率；a_4 为沥青饱和度范围的中值。

(4)确定最佳沥青用量 OAC

①确定最佳沥青用量初始值 OAC_1。

从图6-7得，相应于密度最大值的沥青用量 $a_1=4.90\%$，相应于稳定度最大值的沥青用量 $a_2=4.50\%$，相应于规定空隙率范围的中值的沥青用量 $a_3=4.80\%$，相应于沥青饱和度范围的中值的沥青用量 $a_4=4.50\%$。

$$OAC_1=(a_1+a_2+a_3+a_4)/4=(4.90\%+4.50\%+4.80\%+4.50\%)/4=4.68\%$$

②确定最佳沥青用量初始值 OAC_2。

由图6-7得，各指标符合沥青混合料技术指标的沥青用量范围：

$$OAC_{min}=4.40\%, OAC_{max}=4.85\%$$

$$OAC_2=(OAC_{min}+OAC_{max})/2=(4.40\%+4.85\%)/2=4.62\%$$

③综合确定最佳沥青用量 OAC。

通常情况下取 OAC_1 及 OAC_2 的中值作为最佳沥青用量，即：

$$OAC=(OAC_1+OAC_2)/2=(4.68\%+4.62\%)/2=4.65\%$$

道路所在地处于2-2区，夏季热区，冬季寒冷，多雨潮润，VMA 最小值对应的沥青用量为4.6%，考虑到高速公路渠化交通，预计有可能出现车辙，故最佳沥青用量确定为4.6%。为慎重起见，又进行最佳沥青用量马歇尔试验，根据 AC-20 路面设计要求空隙率应控制在3%～5%，当沥青用量为4.6%时，空隙率为4.4%，其他指标（VMA、稳定度、饱和度等）均满足要求，选定最佳沥青用量为4.6%，试验结果见表6-24。

沥青混合料中最佳沥青用量试验 表6-24

最佳沥青用量(%)	4.6		最佳沥青用量(%)	4.6	
检测项目	检测结果	技术标准	检测项目	检测结果	技术标准
稳定度(kN)	11.3	≥8	沥青饱和度(%)	71.2	65～75
流值(mm)	2.87	2～4	矿料间隙率(%)	15.4	≥14
空隙率(%)	4.4	3～5	毛体积相对密度	2.390	—

4)配合比设计检验

(1)高温稳定性检验

采用最佳沥青用量4.6%制备沥青混合料试件,按照规定的方法进行车辙试验,试验温度为60℃ ±1℃,轮压为0.7MPa,动稳定度结果汇总于表6-25,应符合表6-4的规定。

沥青混合料车辙试验结果　表6-25

沥青混合料类型	沥青用量(%)	动稳定度(次/mm)				技术要求(次/mm)
		1	2	3	平均	
AC-20	4.6	1548	1607	1525	1560	≥800

(2)水稳定性检验

按最佳沥青用量4.6%制作试件,必须进行浸水马歇尔试验和冻融劈裂试验,试验结果见表6-26、表6-27。残留稳定度及残留强度比均应符合表6-16的规定。

浸水马歇尔试验结果　表6-26

沥青混合料类型	非条件(0.5h)		条件(48h)		残留稳定度 MS_0(%)	技术要求(%)
	空隙率(%)	马歇尔稳定度(kN)	空隙率(%)	浸水马歇尔稳定度(kN)		
AC-20	4.3	11.3	4.5	9.8	85.1	≥80
	4.0	10.9	4.2	9.9		
	4.4	11.4	4.4	10.3		
	4.7	12.1	4.2	8.9		
平均值	4.4	11.4	4.3	9.7		

冻融劈裂试验结果　表6-27

沥青混合料类型	非条件		条件		冻融劈裂强度比(%)	技术要求(%)
	空隙率(%)	非条件冻融劈裂强度(MPa)	空隙率(%)	条件冻融劈裂强度(MPa)		
AC-20	5.8	0.622	6.0	0.506	81.7	≥75
	5.7	0.565	5.7	0.474		
	6.1	0.599	5.7	0.429		
	5.7	0.506	5.4	0.461		
平均值	5.8	0.573	5.7	0.468		

(3)渗水系数检验

沥青混合料试件的渗水系数试验结果见表6-28,同时应满足规范的技术要求。

渗水系数试验结果 表6-28

沥青混合料类型	沥青用量(%)	渗水系数(mL/min)				技术要求(mL/min)
		1	2	3	平均	
AC-20	4.6	88.3	82.0	77.3	82.5	≤120

5)目标配合比设计结果

沥青混合料AC-20的目标配合比设计结果见表6-29。

AC-20 目标配合比设计结果 表6-29

沥青混合料类型	矿料配合比(%)					最佳沥青用量(%)
	10~20mm碎石	5~10mm碎石	3~5mm碎石	0~3mm碎石	矿粉	
AC-20	40	24	4	28	4	4.6

第四节 其他沥青混合料

一、沥青玛瑞脂碎石混合料(SMA)

沥青玛𤬪脂碎石混合料[Stone Mastic Asphalt(英),Stone Matrix Asphalt(美)]是由沥青结合料与少量的纤维稳定剂、细集料以及较多量的填料(矿粉)组成的沥青玛𤬪脂填充于间断级配的粗集料骨架的间隙,组成一体的沥青混合料,简称SMA。SMA混合料的特点可以归纳为三多一少:粗集料多、矿粉多、沥青多、细集料少。掺纤维增强剂,材料强度高,使用性能全面提高。由于它具有优良的路用性能,广泛地应用于世界各地。我国也已广泛采用,如在广佛高速公路、首都机场高速公路等处,使用效果良好。

(一)SMA混合料的技术性质

1. 高温抗车辙能力强

较高百分率的粗集料组成一个紧密嵌锁的骨架结构,有助于消散对下层的冲击力,可有效防止车辙。90%的SMA混合料路面测试车辙深度小于4mm,约25%路面未出现车辙。

2. 优良的低温抗裂性能

SMA混合料路面很少发生温度和反射裂缝,这主要由于采用优良性质的沥青结合料,形成较厚的沥青膜。另外,玛𤬪脂的韧性和柔性使得混合料有较好的低温变形性能。

3. 良好的耐久性

较厚的沥青膜能减少氧化、水分渗透、沥青剥落和集料破碎,从而使面层有较长的使用寿命。

4. 较好的抗滑性能

SMA混合料是一种间断级配的沥青混合料,由于缺少中等尺寸集料,因而可以产生一个较深的表面构造深度，增加抗滑性能和吸声性，减少雨天水漂现象。

5. 摊铺和压实性能好

传统沥青混凝土中碎石较少，沥青砂胶也较少，不足以填充全部空隙。SMA 混合料是由较多沥青砂胶将碎石骨架结构胶结成整体，所以容易摊铺和压实。

6. 能见度好

SMA 混合料铺筑的路面可以降低车灯通过路面的反射率，减少水雾，提高路面能见度。

7. 降低噪声

在 SMA 混合料铺筑的路面上行车时，噪声低。

(二) SMA 混合料的组成材料要求

1. 沥青

SMA 混合料采用的沥青较黏稠，以适应其高沥青含量的低流淌性。一般使用针入度等级 90 以下的道路石油沥青。在寒冷地区，采用此范围内较大针入度的沥青时，还应考虑其沥青改性。SMA 混合料的沥青用量比普通热拌沥青混合料的用量要高，这主要是由于混合料中的矿粉用量较高引起的。在实际设计和铺筑中，聚合物改性沥青在 SMA 混合料中的用量范围为 5.0% ~6.5%。当采用有机物或矿质纤维作为稳定剂时，沥青用量一般可达 5.5% ~7.0%，甚至更高。

2. 集料

用于 SMA 混合料的粗集料应是高质量的轧制碎石，为不吸水的硬质石料，其表面应粗糙，以便更好地发挥其骨架间的嵌锁摩擦作用及增强沥青与集料的黏结作用。SMA 混合料中应严格限制软石含量，集料形状接近正立方体，针片状颗粒含量应尽可能的低。集料的力学性质如耐磨耗性、压碎性、耐磨光性等要高于普通沥青混合料的要求，应尽量选择碱性集料，若不能满足要求，必须采取有效的抗剥落措施。

细集料最好选用机制砂。当采用普通石屑作为细集料时，宜采用石灰石石屑，且不得含有泥土类杂物。当与天然砂混用时，天然砂的含量不宜超过机制砂或石屑的比例。另外，细集料的棱角性最好大于 45%。

粗、细集料的技术要求还要符合表 6-7、表 6-10 的规定。

填料必须采用由石灰石等碱性石料磨细的矿粉。矿粉的质量应满足普通热拌沥青混合料对矿粉的要求。粉煤灰不得作为 SMA 混合料的填料使用。回收粉尘的比例不得超过填料总量的 25%。

3. 稳定剂——纤维

稳定剂在 SMA 混合料中的作用，一是稳定沥青，二是增加沥青混合料的抗拉强度和抗滑能力。沥青玛蹄脂碎石混合料在没有纤维、沥青含量多、矿粉用量大的情况下，沥青矿粉胶浆在运输、摊铺过程中会产生流淌离析，或在成型后由于沥青膜厚而引起路面抗滑性能差等现象。所以，有必要加入纤维聚合物作为稳定剂。稳定剂包括纤维和聚合物两类，也可使用橡胶粉。

有机纤维目前主要采用木质纤维素，纤维的用量一般为集料质量的 0.3% ~0.6%。

（三）SMA 混合料的应用

目前，SMA 混合料被广泛地用于高速公路、城市快速路、干线道路的面层、公路重交通路段、重载及超载车多的路段、城市道路的公交汽车专用道、城市道路交叉口、公共汽车站、停车场、城镇地区需要降低噪声路段的铺装，特别是钢桥面铺装。

我国自 20 世纪 90 年代初引入 SMA 混合料后，国内许多省份都采用这种路面结构来修筑高速公路，如北京长安街、首都机场高速公路、二环路改造，上海、深圳世纪大道，山东同三、竹曲高速公路等。但随着我国国民经济的不断发展，以前所修建的许多高速公路已经不堪重负，亟待修复，国外的成功经验表明，用 SMA 混合料在原有路面上进行加铺是非常经济有效的一种方法。

二、开级配排水式磨耗层混合料（OGFC）

开级配排水式磨耗层混合料（OGFC）是采用高黏度沥青结合料、高含量粗集料、少量细集料和填料（矿粉）组成的混合料，设计空隙率一般为 18% ~25%。OGFC 混合料铺筑的沥青面层具有迅速排除路表水、减少行车水雾、防水漂、抗滑、降噪等有利于行车安全与环保的特性。

（一）OGFC 混合料的技术性质

1. 高温稳定性

OGFC 混合料的动稳定度随着沥青黏度的增加而显著增大。与 SMA 混合料相比，OGFC 混合料中的细集料和矿粉较少，粗集料所占比例更高，可达 80% 以上，形成骨架-空隙结构。在粗集料的嵌挤作用和高黏度改性沥青胶结作用下，OGFC 混合料有着较强的高温抗车辙的能力。

2. 耐久性

OGFC 混合料的空隙率高、与外界接触的表面积大，在同等使用条件下，水、热、紫外线等对沥青结合料的损伤高于密级配沥青混合料；在车辆荷载的反复作用下，由于集料与沥青黏结力不足而引起集料的脱落、飞散，进而导致路表的坑槽损坏。高黏度沥青的使用增加了沥青与集料颗粒之间的黏结强度，可显著降低沥青混合料的飞散损失。同时又增大了沥青膜厚度，使得沥青老化过程大为趋缓。沥青膜厚度的增加，有利于延缓水、热、紫外线等外界环境因素对沥青的老化作用，从而使 OGFC 混合料在具有较大空隙的情况下，依然具有良好的耐久性能。

3. 排水性能和表面特征

OGFC 混合料渗水系数远高于 SMA 混合料的渗水系数，表明 OGFC 混合料结构内部的大空隙使其排水性能显著增大。此外，OGFC 混合料中粗集料用量多和大空隙特征增加了混合料的构造深度，从而使 OGFC 混合料具有更好的抗滑性能。

（二）OGFC 混合料的组成材料要求

1. 沥青

OGFC 混合料为骨架空隙结构，其空隙率较大、粗集料较多，为保证混合料具有良好耐久性能,应使用高黏度改性沥青或橡胶沥青作为结合料,以增强对集料颗粒的裹覆能力、保持路面的整体性而不松散。

2. 纤维

OGFC 混合料为大空隙结构,纤维材料的使用会导致 OGFC 混合料的沥青用量增加,纤维材料及较多的沥青用量容易阻塞混合料内部连通空隙,影响排水效果。结合 OGFC 混合料在工程实践中的使用情况,建议仅在混合料生产、运输及铺筑期间产生沥青流淌现象或沥青膜厚度不足的情况下使用纤维类材料。

纤维材料的选用标准与 SMA 混合料选用标准基本相同,但不建议采用木质素纤维。

3. 集料与填料

OGFC 混合料与 SMA 混合料同为骨架型混合料,且主要用于沥青路面表层,故其对集料和填料的选择原则和技术要求与 SMA 混合料基本相同。

为了提高集料与沥青的黏附性,可采用适量消石灰或水泥代替矿粉。

(三)OGFC 混合料的应用

OGFC 混合料适用于行驶快速、轻载车辆的高速公路、城市快速路和高架桥、隧道铺面等工程,以及多雨地区修筑沥青路面的表层或磨耗层。但应避免使用在结构强度不足的路面,以及环境质量较差、易于被飘尘或泥土堵塞的路段。

三、再生沥青混合料

再生沥青混合料是指采用沥青混合料回收料(RAP)与集料、填料、沥青再生剂等通过热拌或冷拌方式生产的沥青混合料。再生沥青混合料具有良好路用性能,可用于铺筑路面面层或基层。

1. 沥青路面再生技术分类

沥青路面再生方式分为厂拌热再生、就地热再生、厂拌冷再生、就地冷再生和全深式冷再生 5 种。

(1)厂拌热再生:在拌和厂将沥青混合料回收料(RAP)破碎、筛分后,以一定的比例与新矿料、新沥青、沥青再生剂等加热拌和为混合料,然后铺筑形成沥青路面的技术。

(2)就地热再生:采用专用设备对沥青路面就地进行加热、翻松,掺入一定数量的新沥青、新沥青混合料、沥青再生剂等,经热态拌和、摊铺、碾压等工序,实现旧沥青路面面层再生的技术。

就地热再生技术分为复拌再生和加铺再生两种形式。复拌再生是将旧沥青路面加热、翻松,就地掺加一定数量的沥青再生剂、新沥青混合料、新沥青(需要时),经热态拌和、摊铺、压实成型。加铺再生是将旧沥青路面加热、翻松,就地掺加一定数量的沥青再生剂、新沥青(需要时),拌和形成再生沥青混合料,利用再生复拌机的第一熨平板摊铺再生沥青混合料,利用再生复拌机的第二熨平板同时将新沥青混合料摊铺于再生混合料之上,两层一起压实成型。

(3)厂拌冷再生:在拌和厂将沥青混合料回收料(RAP)或者无机回收料(RAI)破碎、筛分后,以一定的比例与新矿料、再生结合料、水等在常温下拌和为混合料,然后铺筑形成沥青路面的技术。

(4)就地冷再生:采用专用设备对沥青层进行就地铣刨,掺入一定数量的新矿料、再生结合料、水,经过常温拌和、摊铺、压实等工序,实现旧沥青路面再生的技术。

(5)全深式冷再生:采用专用设备对沥青层及部分下承层进行就地翻松,或是将沥青层部分或全部铣刨移除后,对部分下承层进行就地翻松,同时掺入一定数量的新矿料、再生结合料、水等,经过常温拌和、摊铺、压实等工序,实现旧沥青路面再生的技术。

2. 再生沥青混合料的组成材料

再生沥青混合料由再生沥青和集料组成。再生沥青由旧沥青、添加剂以及新沥青材料组成,集料包括旧集料和新集料。

(1)沥青

再生混合料使用的道路石油沥青、改性沥青以及生产再生混合料用乳化沥青、泡沫沥青所用的道路石油沥青都应符合《公路沥青路面施工技术规范》(JTG F40—2004)的有关规定。其中,厂拌冷再生宜采用慢裂型阳离子乳化沥青;就地冷再生、全深式冷再生宜采用中裂型或慢裂型阳离子乳化沥青。乳化沥青使用时的温度不宜高于60℃。

冷再生用乳化沥青性能应满足表6-30的技术要求。

冷再生用乳化沥青技术要求 表6-30

试验项目		单位	质量要求
破乳速度		—	慢裂或中裂
粒子电荷		—	阳离子(+)
筛上残留物(1.18mm筛)		%	≤0.1
黏度*	恩格拉黏度计法 E_{25}	—	2~30
	25℃赛波特黏度 V_s	s	7~100
蒸发残留物	残留物含量	%	≥60
	溶解度	%	≥97.5
	针入度(25℃)	0.1mm	50~130
	延度(15℃)	cm	≥40
与粗集料的黏附性,裹覆面积		—	≥2/3
与粗、细粒式集料拌和试验		—	均匀
常温储存稳定性	1d	%	≤1
	5d		≤5

注:*恩格拉黏度和赛波特黏度指标任选其一检测,有争议时以赛波特黏度为准。

(2)沥青再生剂

沥青再生剂是指掺加到热再生沥青混合料中,用于改善老化沥青性能的添加剂。从化学角度讲,沥青再生就是老化的逆过程。沥青老化就是沥青中化学组分含量比值失去平衡,胶体结构产生变化,可以采用再生剂调节沥青(旧油)化学组分,使其达到平衡。

沥青再生剂性能宜满足表6-31的要求。

沥青再生剂技术要求 表6-31

检验项目	RA-1	RA-5	RA-25	RA-75	RA-250	RA-500
60℃黏度(mm^2/s)	50 ~ 175	176 ~ 900	901 ~ 4500	4501 ~ 12500	12501 ~ 37500	37501 ~ 60000
闪点(℃)	≥220	≥220	≥220	≥220	≥220	≥220
饱和分含量(%)	≤30	≤30	≤30	≤30	≤30	≤30
芳香分含量(%)	实测记录	实测记录	实测记录	实测记录	实测记录	实测记录
薄膜烘箱试验前后黏度比	≤3	≤3	≤3	≤3	≤3	≤3
薄膜烘箱试验后质量变化(%)	≤4,≥ -4	≤4,≥ -4	≤3,≥ -3	≤3,≥ -3	≤3,≥ -3	≤3,≥ -3
15℃密度(g/cm^3)	实测记录	实测记录	实测记录	实测记录	实测记录	实测记录

注:薄膜烘箱试验前后黏度比 = 试样薄膜烘箱试验后黏度/试样薄膜烘箱试验前黏度。

(3)集料、填料

粗、细集料、填料质量应符合《公路沥青路面施工技术规范》(JTG F40—2004)的有关规定。热再生应用时,当沥青混合料回收料中集料质量不符合要求时,应通过调整其掺配比例使新旧集料混合后的集料质量符合有关规定。

(4)水泥、石灰

水泥作为再生结合料或者活性添加剂时,可采用普通硅酸盐水泥、矿渣硅酸盐水泥等,不应使用快硬水泥、早强水泥。水泥强度等级宜为32.5或42.5,其技术指标应符合相应国家标准的有关要求。

石灰的技术指标应符合《公路路面基层施工技术细则》(JTG/T F20—2015)的有关规定。

4. 再生沥青混合料技术性能

(1)再生沥青混合料必须具有足够的强度和热稳定性。

(2)再生沥青混合料具有良好的低温抗裂性,低温下表现为较低的线收缩系数,较高的抗弯强度和较低的弯拉模量。

(3)再生沥青路面有足够的抗滑性和防渗性。

(4)再生沥青路面具有良好的耐久性。

(5)尽可能地使用旧路面材料,最大限度地节约沥青和砂石材料。

沥青路面在养护和改扩建施工时产生大量废旧材料,将这些旧料再生,既减轻了环境污染,又减少了材料消耗,是实现公路交通运输可持续发展的重要手段和迫切需要。再生沥青混合料的使用,能够节约大量的沥青和砂石材料,节省建设投资,利于环境保护,具有明显的社会效益和经济效益。

四、冷拌沥青混合料

冷拌沥青混合料也称常温沥青混合料,是指矿料与乳化沥青或液体沥青在常温状态下拌和、铺筑的沥青混合料。这种混合料一般比较松散,存放时间达3个月以上,可随时取料施工。

1. 组成材料

冷拌沥青混合料中对矿料的要求与热拌沥青混合料大致相同。冷拌沥青混合料中的沥青可采用液体石油沥青、乳化沥青，我国普遍采用乳化沥青。乳化沥青用量应根据当地实践经验以及交通量、气候、石料情况、沥青标号、施工机械等条件确定，一般情况较热拌沥青碎石混合料沥青用量减少15%～20%。

2. 技术性质

1) 混合料压实前的性质

(1) 冷拌沥青混合料，在道路铺筑前，常温条件下应保持疏松，易于施工，不易结团。

(2) 冷拌沥青混合料不能在道路修筑时达到完全固结压实的程度，而是在开放交通后，在车辆的作用下逐渐使路面固结起来，达到要求的密实度。

2) 冷拌冷铺混合料在铺筑压实后的性质

(1) 抗压强度

以标准试件($h=50$mm，$d=50$mm)在20℃温度下的极限抗压强度值表示。

(2) 水稳定性

水稳性是以标准试件在常温下，经真空抽气1h后的饱水率表示。其饱水率为3%～6%。

3. 应用

冷拌沥青混合料适用于三级及三级以下公路的沥青面层、二级公路的罩面层，以及各级公路沥青路面的基层、联结层或整平层。冷拌改性沥青混合料可用于沥青路面的坑槽冷补。

五、桥面铺装材料

对于大中型水泥混凝土桥、钢桥，为保护桥面板，应在上面铺筑沥青铺装层。铺装层应具有下列要求：沥青混凝土与桥面有良好的黏结性，能防止渗水、抗滑以及有较高抵抗振动变形的能力，对于钢桥还要防止钢桥面生锈。

沥青铺装层由黏层、防水层、保护层及沥青面层组成，总厚度为6～10cm。对潮湿多雨、纵坡度较大或设计车速较高的桥面，还应加设抗滑表层。

1. 黏层

黏层沥青可采用快裂的洒布型乳化沥青，或快、中凝液体石油沥青、煤沥青，其种类、标号应与面层所使用沥青相同。

2. 防水层

其厚度宜为1.0～1.5mm。可作沥青涂胶类下封层，用高分子聚合物涂刷或铺设沥青防水卷材。

3. 保护层

其厚度宜为1.0cm，主要为防止损伤防水层而设置。一般采用AC-10或AC-5型沥青混凝土或单层式沥青表面处治。

4. 沥青面层

沥青面层可采用高温稳定性好的AC-16或AC-20型中粒式热拌热铺沥青混凝土混合料铺筑。面层所用沥青最好为改性沥青。

六、乳化沥青稀浆封层混合料

乳化沥青稀浆封层混合料是用适当级配的石屑或砂、填料(水泥、石灰、粉煤灰、石粉等)与乳化沥青、外加剂和水,按一定比例拌和而成的流动状态的沥青混合料,将其均匀地摊铺在路面上形成的沥青封层。

1. 乳化沥青稀浆封层混合料的组成

(1)集料

集料必须是坚硬、耐磨、无风化并且表面干净的碱性矿料。若采用酸性矿料,须掺加消石灰或抗剥离剂。细集料可采用机制砂或石屑,不得使用天然砂。

(2)乳化沥青

常用阳离子慢凝乳液。可采用慢裂或中裂的拌和型乳化沥青,国外也较多采用改性沥青。

(3)填料

为提高集料的密实度,需掺加石灰或粉煤灰和石粉等粒径小于0.075mm的粉料。

(4)水

为润湿集料,使稀浆混合料具有要求的流动度需掺加适量的水。

(5)外加剂

为调节稀浆混合料的和易性和凝结时间需添加各种助剂,如氯化铵、氯化钠、硫酸铝等。

2. 乳化沥青稀浆封层的配合比设计

乳化沥青稀浆封层混合料的配合比设计,主要是根据不同的用途要求由室内试验而定。应满足稀浆封层厚度、抗磨耗、抗滑、龟网裂处治、稠度、易拌和摊铺、初凝时间等性能要求。在实际工作中,一般先根据需要初步确定配合比范围,然后进行稠度、凝结时间、养护时间、湿轮磨耗等试验来检验配合比是否符合要求;若不符合要求,则需调整配合比,直至符合要求为止。

3. 乳化沥青稀浆封层混合料的应用

由于稀浆封层具有防水、防滑、耐磨、平整及恢复路面表面功能的作用,因此,它既可作为新建、改建路面的表面磨耗层,又可作为维修旧路面病害的加铺层,可以处理路面早期病害,如磨损、老化、细小裂缝、抗滑性不足、松散等,延长路面使用寿命。

七、温拌沥青混合料

温拌沥青混合料WMA是采用温拌技术生产的混合料,通过使用特定的技术或添加剂,使沥青混合料施工温度介于热拌沥青混合料和冷拌(常温)沥青混合料之间,同时采用温拌技术生产的混合料的路用性能应能够达到热拌沥青混合料的路用性能的要求。

1. 温拌沥青混合料的节能减排功能

(1)节能效果

沥青混合料生产过程中能量的消耗主要用于集料的加热。研究表明,与生产热拌沥青混合料相比,生产温拌沥青混合料每吨可节约燃油 3L 左右。

(2)减排环保效果

温拌沥青混合料不仅可节约燃料的消耗,而且可明显降低粉尘、废气等污染物的排放量。研究数据表明,温拌沥青混合料生产过程中可减少 30% 以上的 CO_2 气体排放量,同时 CO、NO_x 等有害气体明显降低。

2. 沥青混合料温拌技术

目前,国内外关于沥青混合料的温拌技术多达十几种,根据技术原理,可以将这些温拌技术分为沥青降黏技术、表面活性技术和沥青发泡技术。

(1)使用沥青降黏剂的技术

使用降黏剂的目的是降低沥青结合料的高温黏度,但是不会降低沥青结合料的常温黏度。这样可降低沥青混合料的拌和温度,而又不影响沥青混合料的路用性能。

(2)表面活性平台技术

表面活性平台技术是将添加剂首先作为乳化剂生产一种高沥青含量(70%)的乳化沥青,在拌和过程中,乳化沥青中的水分以水蒸气的形式释放出去。混合料的拌和温度一般在 100℃左右。

(3)沥青发泡技术

一定量的水在标准大气压下变成水蒸气后,它的体积可膨胀 1.675 倍。当水分散在沥青中并变成水蒸气(与热沥青接触)时,会导致沥青体积的迅速膨胀,黏度降低,从而降低拌和温度。该类技术的代表性产品有 WMA-Foam 温拌技术、沸石降黏技术、低能量沥青(LEA)技术等。这些技术可以使沥青与集料有可能在较低温度下进行拌和,并使之具有良好的施工和易性。

八、废旧橡胶沥青混合料

废旧轮胎属于工业有害固体废物,目前为了资源回收利用,废旧轮胎可用于轮胎翻新、热能利用、热分解以及土木工程建设等。其中,将废旧轮胎磨细成橡胶粉应用于道路工程建设得到了较为广泛的关注,这也是大量处理废旧轮胎的较佳途径。

1. 废旧橡胶粉在沥青混合料中的应用方法

由废旧轮胎加工成的废旧橡胶在沥青混合料中的应用方法有湿法和干法两种。湿法是指直接将磨细的橡胶粉加入沥青中,经过搅拌制备成具有改性沥青特性的橡胶沥青。干法是将较粗的橡胶颗粒直接加入集料中,然后喷入沥青拌制成沥青混合料。

湿法生产的橡胶沥青主要应用于水泥路面嵌缝料、碎石封层、应力吸收层好的沥青混合料,而干法只能用于拌制沥青混合料。采用干法拌制的沥青混合料,其路用性能有一定的改善,且具有降低路面噪声的功效。

2. 橡胶沥青

橡胶沥青是指含量 15% 以下的橡胶粉在高温条件下(180℃以上)与沥青均匀拌和而得到

的改性沥青混合料。在高温条件下,橡胶粉在沥青中充分溶胀并发生较为复杂的物质交换与化学反应,表现出高黏度、高弹性的优良性能。目前,橡胶沥青被广泛应用于洒布沥青、沥青混合料、填缝料等。橡胶沥青的质量取决于废旧橡胶粉质量、基质沥青质量和橡胶改性沥青的制备工艺。

3. 湿法橡胶沥青混合料组成设计特点

湿法橡胶沥青混合料的组成设计可以参照《公路沥青路面施工技术规范》(JTG F40—2004)中的热拌沥青混合料组成设计方法。橡胶沥青适用于间断级配、开级配的骨架型沥青混合料,当采用高掺量的橡胶沥青时尤为适用。而密级配沥青混合料最好采用低掺量、胶粉较细的橡胶沥青。湿法制备的开级配、间断级配橡胶沥青混合料的性能要优于密级配沥青混合料。

橡胶沥青混合料的另一个特点是结合料用量较高,比一般改性沥青用量多2% ~4%,但是混合料未发生析漏,表明这种混合料具有较好的抗松散能力和抗反射裂缝的性能。

4. 干法橡胶沥青混合料组成设计的技术关键

(1)必须采用间断级配或开级配,以保证沥青混合料中有足够的空间容纳橡胶颗粒。

(2)需要采用黏度较高的沥青,以增加沥青对矿料的黏结能力,并适当增加沥青用量(增加0.4% ~0.5%),以弥补由于橡胶颗粒吸收油分而使有效沥青含量降低的缺陷。

(3)采用经过预处理的橡胶颗粒,以降低其吸油膨胀的程度,并增加其与沥青的亲和能力。

小结

沥青混合料是由沥青和矿质混合料组成的复合材料,是高速、一级公路路面最主要的路面材料,由于其最能满足现代交通对路面的要求,因而广泛地应用于高速公路、城市快速路、主干路和其他公路。

沥青混合料按其矿料级配组成特点,可分为悬浮-密实结构、骨架-空隙结构和密实-骨架结构,具有不同强度特征和稳定性。

沥青混合料强度主要参数有黏聚力 c 和内摩擦角 φ。影响沥青混合料强度的内因主要有沥青黏度、沥青与矿料在界面上的交互作用、沥青与矿粉的用量比例、矿料的级配类型及表面特性;温度及变形速率是影响沥青混合料强度的主要外因。

沥青混合料应具备一定的高温稳定性、低温抗裂性、耐久性、抗滑性和施工和易性的技术性质,以适应车辆荷载及环境因素的作用。其中耐久性指标对工程实际具有十分重要的指导意义,必须加以重视。

沥青混合料组成材料的技术要求有:沥青材料应根据道路等级、交通特性、气候条件、施工方法等因素选择类型和标号;粗、细集料和填料的选择应满足相应的技术要求,组成的矿质混合料的级配应符合规范的要求。

热拌沥青混合料的配合比设计方法采用马歇尔试验方法。其主要内容包括:矿料组成设计采取试算法或图解法决定各种材料用量;最佳沥青用量通过马歇尔稳定度试验初步确定,再进行水稳定性和抗车辙能力试验校核调整。

SMA混合料是一种间断级配的沥青混合料，具有较好的高温稳定性和低温抗裂性，在SMA混合料中矿料形成骨架结构，玛𤧛脂能密实地填充骨架空隙。

OGFC混合料是采用高黏度沥青结合料、高含量粗集料、少量细集料和填料（矿粉）组成的混合料，其铺筑的沥青面层具有迅速排除路表水、减少行车水雾、防水漂、抗滑降噪等有利于行车安全与环保的特性。

再生沥青混合料是指采用沥青混合料回收料（RAP）与集料、填料、沥青再生剂等通过热拌或冷拌方式生产的沥青混合料。其具有良好路用性能的沥青混合料，可用于铺筑路面面层或基层。

常温沥青混合料和稀浆封层用沥青混合料都是以乳化沥青为结合料的沥青混合料。由于能节约能源、保护环境、方便施工，是有发展前途的路面维修养护材料。温拌沥青混合料、废旧橡胶沥青混合料技术等也开始应用于道路工程。

复习思考题

6-1　何谓沥青混合料？它有什么特点？

6-2　沥青混合料的结构可分为哪几种类型？各种结构类型的沥青混合料各有什么优缺点？

6-3　试述沥青混合料强度形成的原理，并从内部材料组成参数和外界影响因素加以分析。

6-4　论述路面沥青混合料应具备的主要技术性质，以及我国现行沥青混合料高温稳定性的评定方法。

6-5　我国现行热拌沥青混合料质量评定有哪几项指标？并说明各项指标何以控制沥青混合料的技术性质。

6-6　什么是沥青混合料的耐久性？其影响因素有哪些？

6-7　试述我国现行热拌沥青混合料配合组成的设计方法。矿质混合料的组成和沥青最佳用量是如何确定的？

6-8　何谓沥青玛𤧛脂碎石混合料（SMA）？它由什么材料组成？在技术性能上有何特征？

6-9　什么是开级配排水式磨耗层混合料（OGFC）？它有什么技术性质？

6-10　简述再生沥青混合料技术类型及其技术性能。

6-11　什么是温拌沥青混合料？其技术类型及其特点是什么？

习题

[**题目**]试设计某一级公路沥青路面面层用细粒式沥青混凝土混合料配合组成。

[原始资料]

1. 道路等级:一级公路。

2. 路面类型:沥青混合料。

3. 结构层位:两层式沥青路面的上面层。

4. 气候条件:最高月平均气温为32℃,最低月平均气温为-5℃,年降水量为1500mm。

5. 材料性能:

(1)沥青材料。可供应50号和70号的道路石油沥青,经检验各项指标符合要求。

(2)碎石和石屑。Ⅰ级石灰岩轧制碎石,饱水抗压强度为150MPa,洛杉矶磨耗率为10%,黏附性(水煮法)5级,表观相对密度为2.720。

(3)细集料。洁净河砂,粗度属中砂,含泥量小于1%,表观相对密度为2.680。

(4)矿粉。石灰石粉,粒度范围符合要求,无团粒结块,表观相对密度为2.580。

粗、细集料和矿粉的级配组成,经筛分后的试验结果列于表6-32。

[设计要求]

1. 根据道路等级、路面类型和结构层次确定沥青混合料的类型和矿质混合料的级配范围。根据现有各种矿质材料的筛分结果,用图解法或试配法确定各种矿质材料的配合比。

2. 根据规范推荐的相应沥青混合料类型的沥青用量范围,通过马歇尔试验的物理-力学指标,确定最佳沥青用量。

3. 根据一级公路路面用沥青混合料要求,对矿质混合料的级配进行调整,并对最佳沥青用量按水稳定性检验和抗车辙能力校核。

马歇尔试验结果汇总于表6-33,供学生分析评定参考用。

组成材料筛分结果 表6-32

材料名称	通过以下筛孔尺寸(方孔筛,mm)的质量百分率(%)									
	16.0	13.2	9.5	4.75	2.36	1.18	0.6	0.3	0.15	0.075
碎石	100	96.4	20.2	2.0	0	0	0	0	0	0
石屑	100	100	100	80.3	45.3	18.2	3.0	0	0	0
砂	100	100	100	100	90.5	80.2	70.5	36.2	18.3	2.0
矿粉	100	100	100	100	100	100	100	100	100	85.2

马歇尔试验物理-力学指标测定结果表 表6-33

试件组号	沥青用量(%)	技术性质					
		毛体积相对密度 γ_f	空隙率 VV (%)	矿料间隙率 VMA (%)	沥青饱和度 VFA (%)	稳定度 MS (kN)	流值 FL (mm)
1	4.5	2.366	6.2	17.6	68.5	8.2	2.0
2	5.0	2.381	5.1	17.3	75.5	9.5	2.4

续上表

试件组号	沥青用量（%）	技术性质					
		毛体积相对密度 γ_f	空隙率 VV（%）	矿料间隙率 VMA（%）	沥青饱和度 VFA（%）	稳定度 MS（kN）	流值 FL（mm）
3	5.5	2.398	4.0	16.7	84.4	9.6	2.8
4	6.0	2.382	3.2	17.1	88.6	8.4	3.1
5	6.5	2.378	2.6	17.7	88.1	7.1	3.6

注：表6-32和表6-33中的数据仅供学生计算练习和分析评定用。试验课应由教师带领学生到现场取样，根据工地实际材料进行筛析，确定矿质混合料的配合比，然后通过马歇尔试验取得材料的物理-力学指标的数据，进行分析确定沥青最佳用量。

第七章
CHAPTER SEVEN

土工布与纤维材料

知识目标：

1. 了解土工布与纤维材料的概念、一般结构；
2. 掌握土工布与纤维材料的组成和性能，以及在道路与桥梁工程中的应用。

能力目标：

能合理选用改善水泥混凝土和沥青混合料性能的纤维材料，并能将纤维增强复合材料 FRP 用于桥梁加固。

高等级公路的快速发展，对道路和桥梁工程用材料提出了更高的要求。土工布及纤维材料在道路工程中的应用，不仅提供了代替传统材料的新材料，而且可以改善和提高现有材料的技术性能。

第一节 土工布

土工合成材料是以高分子聚合物为原料的新型建筑材料，其广泛应用于土木工程各个领域。目前土工合成材料种类很多，主要包括土工织物（透水、布状），土工网、格、垫（粗格或网状）、土工薄膜（不透水、膜状）和土工复合材料（以上材料的组合）。其中，“土工织物”是一类具有透水性的布状织物，俗称“土工布”。织物的成分是人造聚合物，常用的有聚丙烯（丙纶）、聚酯（涤纶）、聚乙烯、聚萘胺（锦纶）、尼龙和聚偏二氯乙烯等。

一、土工布的种类和特点

按照不同的制造工艺，可将土工布分为有纺、无纺、编织和复合织物四种。

1. *有纺织物*

由经线和纬线相互交织而成的织物即为有纺织物，它与日用布相似，也有平纹（经、纬线相互垂直）和斜纹之分。

（1）单丝有纺织物。织物的成分大多为聚酯或聚丙烯，单丝的横面为圆形或长方形。单丝有纺织物一般为中等强度，主要用作反滤材料。

（2）复丝有纺织物。由许多细纤维的纱线织成。纤维原料多为聚丙烯和聚酯，薄膜丝原料为聚乙烯。主要用于加筋，在铺设时应注意使其最大强度方向与最大应力方向一致。此种织物价格较高，应用受到限制。

（3）扁丝有纺织物。由宽度大于厚度许多倍的纤维织造而成。常见的扁丝织物是聚丙烯薄膜织物。扁丝之间不经黏合、易撕裂。但此织物具有较高的强度和弹性模量，主要用作分隔材料。

2. 无纺织物

无纺织物是指将纤维沿一定方向或随机地以某种方法相互结合而制成的织物。无纺织物的原料几乎全是聚酯、聚丙烯或由聚丙烯与尼龙纤维混纺制成。其价格较低，具有中、低强度和中等至较大的破坏延伸率，已广泛用作反滤、隔离和加筋材料。

3. 编织织物

编织织物是指由一股或多股纱线组成的线卷相互连锁而制成，又称“针织物”。使用单丝和复合长丝，能够织成各种管状织物。编织织物造价较低，但在工程领域较少应用。近年来，美国已将其用于反滤与加筋材料。

4. 复合织物

复合织物是指将编织织物、有纺织物和无纺织物等重叠在一起，用黏合或针刺等方法使其相互组合加工而成的织物。许多专门用于排水的复合织物由两层薄反滤层中间夹一厚透水层组成。反滤层一般采用热黏合无纺织物，透水层采用厚型针织物或特种织物。

二、土工布在道路工程中的应用

合成织物用于土木工程始于20世纪50年代末，最早是美国人R. J. Barrett在佛罗里达州将透水性合成纤维有纺织物铺设在混凝土块下，作为防冲刷保护层。20世纪70年代以后，国外织物的应用从公路、铁路的路基工程逐步扩展到挡土墙、土坝等大型永久性工程。20世纪80年代初，我国铁道部门开始试用无纺织物，自80年代中期，水利、港建、航道和公路部门开始推广使用。其作用如下：

1. 排水作用

织物是多孔隙透水介质，埋在土中可以汇集水分，并将水排出土体。织物不仅可以沿垂直于其平面的方向排水，还可以沿其平面方向排水，即具有水平排水功能。

2. 反滤作用

为防止土中细颗粒被渗透潜蚀（管涌现象），传统上使用级配粒料滤层。而有纺和无纺织物都能取代常规的粒料，起反滤层作用。工程中往往同时利用织物的反滤和排水两种作用。

3. 分隔作用

在岩土工程中，不同的粒料层之间经常发生相互混杂现象，使各层失去应有的性能。将织物铺设在不同粒料层之间，可以起分隔作用。例如，在软弱地基上铺设碎石粒料基层时，在层间铺设织物，可有效防止层间土粒相互贯入和控制不均匀沉降。织物的分隔作用在公路软土地基处理中效果很好。

4. 加筋作用

织物具有较高的抗拉强度和较大的破坏变形率，以适当方式将其埋在土中，作为加筋材料，可以控制土的变形，增加土体稳定性，可用于加筋土挡墙中。

在一项工程中，可要求织物发挥多种作用，见表7-1。

织物在工程中的各种作用 表7-1

主要作用	工　程	次要作用	主要作用	工　程	次要作用
排水	挡土墙、垂直排水	分隔、反滤	分隔	道路和铁路路基	反滤、排水、加筋
	横向排水（铺在薄膜下）	加筋		填土、预压稳定	排水、加筋
	土坝	反滤		边坡防护、运动场、停车场	反滤、排水、加筋
	铺在水泥板下	—	加筋	沥青混凝土路面	—
反滤	沟渠、基层、结构和坡脚排水	分隔、排水		路面底基层	反滤
				挡土结构	排水
				软土地基	分隔、排水、反滤
	堤岸防护	分隔		填土地基	排水

第二节 纤维及其制品

道路工程用纤维主要包括木质纤维、矿物纤维和聚合物纤维。本节主要介绍在沥青路面中应用较多的木质纤维和玄武岩纤维。

一、木质纤维

木质纤维是指以木材为原料进行化学或机械加工而成的植物纤维，以及采用以木质纤维为主要成分的回收废纸加工而成的植物纤维。

木质纤维是一种灰色、絮状的植物纤维，其微观结构呈现弯曲带状，表面凹凸不平，交叉处扁平，有良好的分散性能和柔韧性能。木质纤维具有无毒、无味、无污染、无放射性、耐酸碱腐蚀、性能稳定、吸油率高、含水率低、耐热性好及易分散等特点，是目前国际上应用最广泛的沥青玛蹄脂碎石的稳定剂，它能在沥青中形成三维网络，提高沥青混合料黏度，提高路面高温稳定性和抗滑性等功能，从而延长沥青路面的使用寿命。

1. 木质纤维的分类与表示方法

木质纤维材料代码为CF，分为絮状木质纤维和粒装木质纤维，形状代码分别为XZ和LZ。

絮状木质纤维，标记为：JT/T ××××-CF-XZ。

粒状木质纤维，标记为：JT/T ××××-CF-LZ。

2. 木质纤维的技术要求

按照《沥青路面用纤维》(JT/T 533—2020)的规定，木质纤维的技术性能要求见表7-2和表7-3。

絮状木质纤维的技术要求　表7-2

序号	项　目	技术要求
1	0.15mm质量通过率(%)	60~80
2	灰分含量(%)	12~23
3	pH值	6.5~8.5
4	吸油率(倍)	5~9
5	含水率(%)	≤5
6	质量损失(210℃,1h,%)	≤6，且无燃烧现象
7	木质纤维含量(%)	≥85
8	最大长度(mm)	≤6
9	平均长度	实测
10	密度	实测

粒状木质纤维技术要求　表7-3

序号	项　目		技术要求	
1	颗粒直径(mm)		直径规格4.0mm	直径规格6.5mm
2	颗粒长度(mm)		4.0±1	6.5±1
3	原纤维颗粒筛分	4mm通过率	—	≤8
4		2.8mm通过率	≤7	—
5	磨损后纤维颗粒筛分	4mm通过率增加值	—	≤12
6		2.8mm通过率增加值	≤11	—
7	造粒剂	含量(%)	3~20	
8		旋转黏度(135℃,mP·s)	≥200	
9	灰分含量(%)		12~22	
10	质量损失(210℃,1h,%)		≤6，且无燃烧现象	
11	含水率(%)		≤5	
12	松方密度(kg/m^3)		350~550	
13	密度		实测	
14	热萃取后的木质纤维	吸油率(倍)	4~8	
15		木质纤维含量(%)	≥85	
16		最大长度(mm)	≤6	
17		平均长度	实测	

3. 木质纤维在工程中的应用

(1)增黏性能

木质纤维因其特有的结构，可充分吸收及吸附沥青，增加沥青黏度，提高沥青的高温稳定性。木质纤维是一种多孔的大比表面积材料，它可以吸附、吸收沥青中的各种成分，包括吡啶类、酮类和芳香类化合物，增加沥青用量，减小自由沥青量，增加沥青结合料黏度，达到减少或防止沥青路面"泛油"现象发生的目的。

(2)抗裂性能

在沥青结合料中加入木质纤维，可以大大提高沥青的针入度和低温延度，并降低沥青温度敏感性，增强沥青路面的低温抗裂性能。木质纤维提高沥青混合料的低温抗裂性能的作用机理：首先，木质纤维的加入使混合料的最佳沥青用量增加，这本身就增加了混合料的延展性，改善了混合料的劲度模数；其次，与木质纤维良好的物化性能有关，木质纤维在低温条件下并不变硬、变脆，故加筋作用使混合料具有较好的柔韧性，提高了混合料低温应变值；第三，互相搭接的木质纤维提高了混合料的抗拉强度，因此混合料的低温抗裂性能得到改善。

(3)抗水损坏性能

在 SMA 中加入木质纤维，不仅增加了最佳沥青用量，而且同时增加了沥青结合料的黏度，提高沥青结合料与集料的黏结力，有效填充粗集料之间的空隙，减小空隙率，从而提高 SMA 的抗水损坏性能。目前国内外主要用残留稳定度、冻融劈裂性及飞散试验评价水损坏性能。加入木质纤维后混合料的残留稳定度大幅度提高，沥青混合料抗水损坏能力提高。

(4)抗车辙性能

在 SMA 中加入木质纤维，可以提高沥青结合料的黏度，增加集料表面的沥青膜厚度，提高集料与沥青的黏附性，进一步提高沥青混合料整体的黏结力，增加系统稳定性，增加沥青混合料的柔韧性，从而达到提高沥青路面抗车辙能力的目的。

二、玄武岩纤维

玄武岩纤维是以天然的火山喷出岩——玄武岩作为原料，将岩石破碎后加入电热或燃气熔窑中，经 1450 ~ 1500℃ 高温熔融后，通过铂铑合金拉丝漏板拉制而成的无机矿物连续纤维。玄武岩纤维是一种纯天然绿色纤维，具有高强度、高模量、耐高温、耐酸碱、耐老化、低吸湿、可再生、化学稳定性好等特点。

玄武岩纤维制品的种类主要有玄武岩短切纤维、玄武岩纤维单向布、玄武岩纤维土工格栅和玄武岩纤维复合筋四种。

(一)玄武岩短切纤维

玄武岩短切纤维是指由连续玄武岩纤维基材按规定长度切断生产的短纤维。纯天然的玄武岩短切纤维外观色泽均匀，为金褐色或深褐色，表面无污染，主要用于提高水泥混凝土、水泥砂浆、沥青混凝土、沥青砂浆等的强度。

1. 玄武岩短切纤维的分类与表示方法

玄武岩短切纤维按其纤维类型可分为合股丝(S)和加捻合股纱(T)；按其用途可分为用于混凝土的防裂抗裂纤维(BF)和增韧增强纤维(BZ)、用于砂浆的防裂抗裂纤维(BSF)等。

玄武岩短切纤维的产品型号表示方法如下(图 7-1)：

示例：单丝直径为 18μm，线密度为 264tex(g/km)，长度为 25mm，用于沥青的玄武岩短切纤维的型号为 BFCS-18-264-25-O。

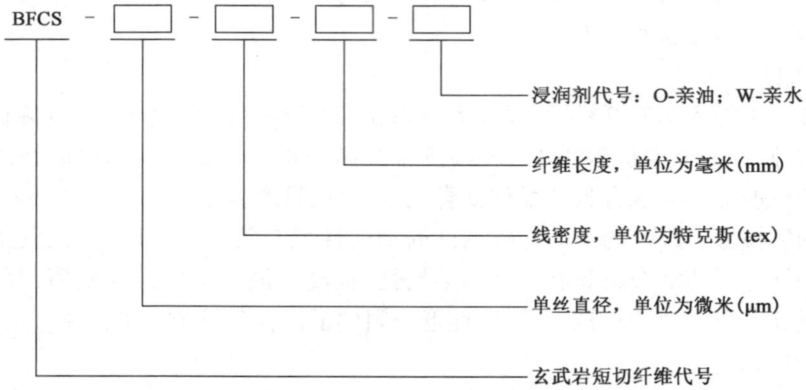

图 7-1 玄武岩短切纤维产品型号示例

2. 玄武岩短切纤维的技术要求

按照《公路工程　玄武岩纤维及其制品　第 1 部分：玄武岩短切纤维》(JT/T 776.1—2010)的规定，玄武岩短切纤维的规格、尺寸和基本性能指标要求见表 7-4、表 7-5。

玄武岩短切纤维的规格和尺寸　　表 7-4

纤维类型	公称长度(mm)				单丝公称直径(μm)	线密度(tex)
	水泥混凝土	水泥砂浆	沥青混凝土	沥青砂浆		
合股丝(S)	15～30	6～15	5～15	3～6	9～25	50～900
加捻合股纱(T)	6～30		3～15		7～13	30～800

注：经供需双方协商，可生产其他规格尺寸的玄武岩短切纤维。

玄武岩短切纤维基本性能指标　　表 7-5

性　能	指　标
外观合格率(%)	≥90
密度(g/cm^3)	2.60～2.80
断裂强度(MPa)	1200～2200
弹性模量(MPa)	≥7.5×10^3
断裂伸长率(%)	2.4～3.1
可燃物含量(%)	0.1～1.0
含水率(%)	≤0.2
耐热性，断裂强度保留率(%)	≥85
耐碱性，断裂强度保留率(%)	≥75

注：1. 耐碱性的测试是将其浸泡在饱和 $Ca(OH)_2$ 溶液中煮沸 4h，之后测定其断裂强度保留率。用于混凝土与水泥砂浆的玄武岩纤维应检测其耐碱性。

2. 耐热性的测试是将其放置在 250℃的烘箱中加热 4h，之后测定其断裂强度保留率。用于沥青混凝土与沥青砂浆的玄武岩纤维应其检测耐热性。

3. 用于沥青混凝土与沥青砂浆的玄武岩纤维应检测可燃物含量和含水率。

用于抗裂及增韧增强的水泥混凝土与水泥砂浆的玄武岩短切纤维的物理力学性能应符合表 7-6 的技术指标要求。

用于水泥混凝土与水泥砂浆的玄武岩短切纤维性能指标 表 7-6

项　目	防裂抗裂纤维(BF)	增韧增强纤维(BZ)
断裂强度(MPa)	≥1200	≥1500
弹性模量(MPa)	$\geq 7.5\times10^3$	$\geq 8.0\times10^3$
撕裂伸长率(%)	≤3.1	
耐碱性,断裂强度保留率(%)	≥75	

注:试验值的变异系数应不大于10%。

用于抗裂及增韧增强的沥青混凝土与沥青砂浆的玄武岩短切纤维的物理力学性能应符合表 7-7 的要求。

用于沥青混凝土与沥青砂浆的玄武岩短切纤维性能指标 表 7-7

项　目	防裂抗裂纤维(BF)	增韧增强纤维(BZ)
断裂强度(MPa)	≥1200	≥1500
弹性模量(MPa)	$\geq 7.5\times10^3$	$\geq 8.0\times10^3$
断裂伸长率(%)	≤3.1	
吸油率(%)	≥50	
耐热性,断裂强度保留率(%)	≥85	
可燃性	明火点不燃	

注:试验值的变异系数应不大于10%。

3. 玄武岩短切纤维在工程中的应用

水泥混凝土和砂浆用短切玄武岩纤维是由连续玄武岩纤维短切而成的纤维。在水泥混凝土和砂浆中掺加短切玄武岩纤维,可以减少混凝土和砂浆的早期裂缝,提高混凝土和砂浆的防渗、抗裂性能和抗冲击性能、耐腐蚀性、耐久性,降低混凝土的脆度系数,且施工性能良好,纤维与水泥混凝土或砂浆混合时容易分散,体积稳定、和易性好,因此短切玄武岩纤维对混凝土和砂浆具有良好的抗裂、增韧、增强的作用。目前已广泛应用于我国的水利、交通、军工、建筑等重点工程中,取得了明显的社会和经济效益。

掺入玄武岩纤维的沥青路面,玄武岩纤维能够显著改善沥青混合料的高温稳定性、低温抗裂性和抗疲劳性能。参照已有工程经验及应用情况,玄武岩纤维适用于各等级公路、城市道路、机场道面、港区道路等的新建或改建工程的沥青路面。玄武岩纤维适用于沥青路面的上面层、中面层和下面层,也可用于应力吸收层等功能层。

(二)玄武岩纤维单向布

玄武岩纤维单向布由单向连续玄武岩纤维组成,是未经树脂浸润固化的单向布状玄武岩纤维制品,其以玄武岩纤维无捻粗纱为主要原料。经过在与顺玄武岩纤维长度方向上平行铺设无捻粗纱后黏合(缝合)而成的玄武岩纤维单向布,主要用于公路工程结构加固、补强等。其外观平整、色泽均匀,颜色通常为金褐色或深褐色。

1. 玄武岩纤维单向布的表示方法

玄武岩纤维单向布规格应按纤维布单位面积质量划分，如 250g/m²、350g/m² 等。

玄武岩纤维单向布型号应按纤维代号、单向布代号、单丝直径、径向密度、单位面积质量规格、宽度规格、质量级别以及浸润剂代号的顺序编写，如图 7-2 所示。

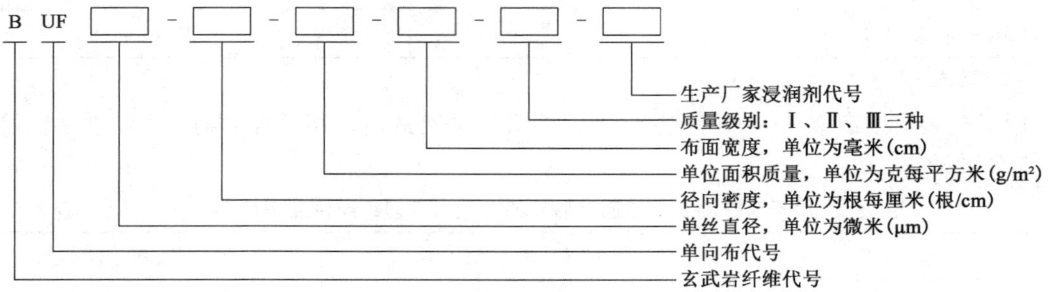

图 7-2　玄武岩纤维单向布表示方法

示例：单丝公称直径为 13μm、径向密度为 3.5 根/cm、单位面积质量为 280g/m²、宽度为 60cm、Ⅰ级质量的玄武岩纤维单向布的型号为 BUF13-3.5-280-60-Ⅰ-GBF。

2. 玄武岩纤维单向布的技术要求

按照《公路工程　玄武岩纤维及其制品　第 2 部分：玄武岩纤维单向布》(JT/T 776.2—2010)的规定，玄武岩纤维单向布的规格尺寸、尺寸偏差和物理力学性能指标要求见表 7-8、表 7-9、表 7-10。

玄武岩纤维单向布规格尺寸　　表 7-8

规格	单位面积质量 (g/m²)	单丝公称直径 (μm)	卷长(m)	径向密度 (根/cm)	计算厚度 (mm)	宽度 (cm)
BFUF-250-	250	13	50 或 100	3.1 ~ 4.0	0.951	50 ~ 150
BFUF-350-	350	13	50 或 100	4.4 ~ 5.0	1.331	50 ~ 150

注：1. 单丝直径和宽度可根据客户需求确定。

2. 玄武岩纤维单向布单位面积质量不应小于产品说明书中的数值。

玄武岩纤维单向布尺寸偏差　　表 7-9

项　目	长　度	宽　度	计 算 厚 度
玄武岩纤维单向布	>0	±0.5%	±2.0%

玄武岩纤维单向布的物理力学性能　　表 7-10

项　目	Ⅰ级	Ⅱ级	Ⅲ级
拉伸强度(MPa)	≥2300	≥2000	≥1700
拉伸弹性模量(MPa)	≥10.0×10³	≥9.3×10³	≥8.5×10³
破坏伸长率(%)	≥2.3	≥2.15	≥2.0
耐碱性，拉伸强度保留率(%)	≥75		

3. 玄武岩纤维单向布在工程中的应用

由于玄武岩纤维单向布抗拉强度高,具有良好的高延伸率,对酸、碱、氯盐环境腐蚀作用及紫外线作用有较强的抵抗能力,故在已有结构的表面将玄武岩纤维单向布和树脂混合并黏结,可用于加固钢筋混凝土桥梁的墩、柱、梁等部位。玄武岩纤维单向布还可以加固木结构、钢结构和砌体结构,加固后均能提高承载力和变形能力。而且玄武岩纤维单向布是一种不导电的绝缘材料,在地铁、隧道、电气化铁路以及一些防磁化、电绝缘的建筑加固工程中,玄武岩纤维单向布有非常明显的优势。

(三)玄武岩纤维土工格栅

玄武岩纤维土工格栅是以玄武岩纤维无捻粗纱为原料,编织成土工网格,再经过表面涂覆处理、烘干,成型为土工格栅。主要用于增强路面的抗裂性及耐久性。

1. 玄武岩纤维土工格栅的表示方法

玄武岩纤维土工格栅的型号标记应按图 7-3 的方式编写。

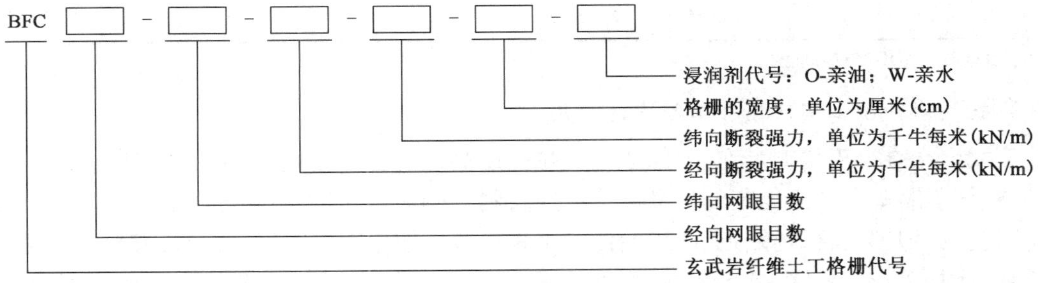

图 7-3 玄武岩纤维土工格栅的表示方法

示例:经、纬向网眼目数均为 1,经、纬向公称断裂强力均为 30kN/m,幅宽为 200cm,沥青路面用玄武岩纤维土工格栅的型号为 BFG1 ×1(30 ×30)-200-O。

2. 玄武岩纤维土工格栅的技术要求

玄武岩纤维土工格栅的标准宽度为 100cm、200cm、400cm、600cm,实际宽度不应低于标称值。玄武岩纤维土工格栅的标准卷长为 50m、100m,卷内不应拼接,卷长的允许偏差为 ±1.0%。

按照《公路工程 玄武岩纤维及其制品 第 3 部分:玄武岩纤维土工格栅》(JT/T 776.3—2010)的规定,玄武岩纤维土工格栅的物理化学性质主要包括耐碱性和耐温性。耐碱性应满足饱和 $Ca(OH)_2$溶液中煮沸 4h 后强度保留率不小于 75%。用于水泥混凝土和水泥砂浆时应检测其耐碱性。耐温性主要包括耐高温性和耐低温性。耐高温性是指经 170℃、1h 热处理后,其经向和纬向拉伸断裂强力保留率都应不小于 90%。耐低温性是指经 -40℃、1h 冷冻处理后,其经向和纬向拉伸断裂强力保留率都应不小于 80%。用于沥青混凝土及沥青砂浆时,应检测耐温性。

按照《公路工程 玄武岩纤维及其制品 第 3 部分:玄武岩纤维土工格栅》(JT/T 776.3—2010)的规定,玄武岩纤维土工格栅的网眼目数、断裂强力和断裂伸长率见表 7-11。

网眼目数、断裂强力、断裂伸长率　　表7-11

规格	网眼目数(网孔中心距)(mm)		断裂强力(kN/m)≥		断裂伸长率(%)≤	
	经向	纬向	经向	纬向	经向	纬向
BFG1×1(40×40)	1±0.15	1±0.15	40	40	4.0	4.0
BFG1×1(60×60)	1±0.15	1±0.15	60	60	4.0	4.0
BFG1×1(70×70)	1±0.15	1±0.15	70	70	4.0	4.0
BFG1×1(90×90)	1±0.15	1±0.15	90	90	4.0	4.0
BFG1×1(110×110)	1±0.15	1±0.15	110	110	4.0	4.0
BFG1×1(130×130)	1±0.15	1±0.15	130	130	4.0	4.0
BFG1×1(160×160)	1±0.15	1±0.15	160	160	4.0	4.0
BFG2×1(60×60)	2±0.15	2±0.15	60	60	4.0	4.0
BFG2×1(90×90)	2±0.15	2±0.15	90	90	4.0	4.0
BFG2×1(110×110)	2±0.15	2±0.15	110	110	4.0	4.0

注：其他规格由供需双方确定。

3. 玄武岩纤维土工格栅在工程中的应用

玄武岩纤维土工格栅具有经、纬双向抗拉强度高和延伸率低的特点，是一种路面增强、老路补强、加固路基及软土地基的优良土工合成材料。同时在水泥混凝土路面及路基的增强和铁路路基、堤坝护坡、机场跑道、防沙治沙等工程项目中使用效果较好。而且，玄武岩纤维土工格栅具有耐高温、耐低寒、抗老化、耐腐蚀等优良性能，广泛应用于沥青混凝土路面，在提高沥青路面的抗高温车辙、低温缩裂、老化等方面有着突出的优势。

(四)玄武岩纤维复合筋

玄武岩纤维复合筋是指以玄武岩纤维为增强材料，与环氧树脂、乙烯基树脂和不饱和聚酯等树脂和填料、固化剂等基体相结合，经拉挤工艺成型的复合筋材，主要用于公路工程。

1. 玄武岩纤维复合筋的分类与表示方法

玄武岩纤维复合筋分为螺纹筋(A)和无螺纹光面筋(B)两种。玄武岩纤维复合筋的公称直径范围为3~50mm，推荐的公称直径为3mm、6mm、8mm、10mm、12mm、14mm、16mm、18mm、20mm和25mm等规格。

玄武岩纤维复合筋的型号示例：直径为10mm的有螺纹的环氧树脂玄武岩纤维复合筋的型号为BFCB-10-A-ER。

2. 玄武岩纤维复合筋的技术要求

玄武岩纤维复合筋表面不应有突出的纤维毛刺，纤维和树脂之间的界面不应存在破坏。

按照《公路工程　玄武岩纤维及其制品　第4部分：玄武岩纤维复合筋》(JT/T 776.4—2010)的规定，玄武岩纤维复合筋的尺寸、允许偏差和物理力学性能见表7-12、表7-13。

玄武岩纤维复合筋的公称尺寸及允许偏差 表 7-12

<table>
<tr><th rowspan="2">公称直径(mm)</th><th colspan="2">内　径</th></tr>
<tr><th>公称尺寸(mm)</th><th>允许偏差(mm)</th></tr>
<tr><td>3</td><td>2.9</td><td rowspan="2">±0.3</td></tr>
<tr><td>6</td><td>5.8</td></tr>
<tr><td>8</td><td>7.7</td><td rowspan="6">±0.4</td></tr>
<tr><td>10</td><td>9.6</td></tr>
<tr><td>12</td><td>11.5</td></tr>
<tr><td>14</td><td>13.4</td></tr>
<tr><td>16</td><td>15.4</td></tr>
<tr><td>18</td><td>17.3</td></tr>
<tr><td>20</td><td>19.3</td><td rowspan="2">±0.5</td></tr>
<tr><td>25</td><td>24.2</td></tr>
</table>

玄武纤维复合筋的基本物理力学性能 表 7-13

<table>
<tr><th colspan="2">名　称</th><th>玄武岩纤维筋</th></tr>
<tr><td colspan="2">密度(g/cm^3)</td><td>1.9~2.1</td></tr>
<tr><td colspan="2">拉伸强度(MPa)</td><td>≥750</td></tr>
<tr><td colspan="2">拉伸弹性模量(MPa)</td><td>≥4.0×10^3</td></tr>
<tr><td colspan="2">断裂伸长率(%)</td><td>≥1.8</td></tr>
<tr><td rowspan="2">热膨胀系数(×10^{-6}/℃)</td><td>纵向</td><td>9~12</td></tr>
<tr><td>横向</td><td>21~22</td></tr>
<tr><td colspan="2">耐碱性(强度保留率,%)</td><td>≥85</td></tr>
<tr><td colspan="2">磁化率(4π×10^{-8}SI)</td><td>≤5×10^{-7}</td></tr>
</table>

注:1. 磁化率检测视需要确定。
2. 测试样品时,玄武岩纤维复合筋材拉挤成型后应经过28d的养护定型后再进行测试。

3. 玄武岩纤维复合筋在工程中的应用

玄武岩纤维复合筋具有高强、轻质、耐腐蚀等优异的物理力学性质,同时玄武岩纤维复合筋的热膨胀系数与混凝土相近,确保了混凝土与筋材的同步变形,因此其可以代替钢筋用于钢筋混凝土结构的梁、板、柱中。尤其是在对普通钢筋有腐蚀的盐类环境中,可使用玄武岩纤维复合筋对结构进行加固。加之由于该材料在纵向可连续生产,用于连续配筋水泥混凝土时可根据路段长度进行配置,减少钢筋配筋纵向焊接工序,大大提高了工程建设进度,尤其是在隧道施工中,在通风不畅、焊接施工环境恶劣的情况下,玄武岩纤维复合筋的使用优势尤为明显。

第三节 纤维增强复合材料(FRP)

纤维增强复合材料是指采用连续纤维或纤维织物为增强相,聚合物树脂为基体相,两相材料通过复合工艺组合而成的一种聚合物基复合材料,简称 FRP。

一、FRP 的分类和技术性质

按照纤维类型不同,FRP 分为碳纤维增强复合材料(简称 CFRP)、玻璃纤维增强复合材料(简称 GFRP)、芳纶增强复合材料(简称 AFRP)和玄武岩纤维增强复合材料(简称 BFRP)。

按照形式不同,FRP 包括 FRP 板材、筋材、管材、角型材、工字型材、槽型材等各种型材。其中,FRP 片材包括纤维布(无特殊说明时指单向纤维布)和 FRP 板;FRP 筋材包括 FRP 筋和 FRP 索,FRP 筋按表面状态分为光筋(P)、螺纹筋(S)及其他(O),按公称直径可分为 6mm、8mm、10mm、12mm、14mm、20mm 等规格,按长度可分为 2m、4m、6m、10m、20m 等规格。

FRP 筋按增强纤维种类代号、表面状态、公称直径和长度进行标记。例如:GFRP-P-20-6。

按照《纤维增强复合材料建设工程应用技术指南》(GB 50608—2010)和《结构工程用纤维增强复合材料筋》(GB/T 26743—2011)的规定,FRP 的规格尺寸偏差、力学性能指标见表 7-14 ~ 表 7-17。

纤维布的主要力学性能指标 表 7-14

纤维布类型和等级		抗拉强度标准值(MPa)	弹性模量(GPa)	延伸率(%)
高强度型碳纤维布	Ⅰ级	≥2500	≥210	≥1.3
	Ⅱ级	≥3000	≥210	≥1.4
	Ⅲ级	≥3500	≥230	≥1.5
高弹性模量型碳纤维布		≥2900	≥390	≥0.7
玻璃纤维布	Ⅰ级	≥1500	≥75	≥2.0
	Ⅱ级	≥2500	≥80	≥2.3
芳纶布		≥2000	≥110	≥2.0
玄武岩纤维布		≥2000	≥90	≥2.0

单向 FRP 板的主要力学性能指标 表 7-15

纤维板类型	抗拉强度标准值(MPa)	弹性模量(GPa)	伸长率(%)
高强度型 CFRP 板	≥2300	≥150	≥1.4
GFRP 板	≥800	≥40	≥2.0

FRP 筋尺寸偏差 表 7-16

项目	长度	直径
允许偏差	+10	+0.5
	0	0

FRP 筋的主要力学性能指标 表 7-17

类 型	抗拉强度标准值(MPa)		弹性模量(GPa)	伸长率(%)
CFRP 筋	≥1800		≥140	≥1.5
GFRP 筋	d≤10mm	≥700	≥40	≥1.8
	22mm≥d>10mm	≥600		≥1.5
	d>22mm	≥500		≥1.3
AFRP 筋	≥1300		≥65	≥2.0
BFRP 筋	≥800		≥50	≥1.6

二、FRP 材料的特点

FRP 材料具有许多与传统建筑结构材料不同的特点,了解和掌握 FRP 材料的优缺点,才能进行合理的设计和应用。

1. FRP 材料的主要优点

(1)轻质高强。FRP 材料最突出的优点在于它有很高的比强度(极限强度/相对密度),即通常所说的轻质高强。FRP 的比强度是钢材的 20 ~ 50 倍,因此采用 FRP 材料将会大大减轻结构自重。在桥梁工程中,使用 FRP 结构或 FRP 组合结构作为上部结构可使桥梁的极限跨度大大增加,并且可以降低地震作用的影响。

(2)良好的耐腐蚀性。可以在酸、碱、氯盐和潮湿的环境中抵抗化学腐蚀,这是传统结构材料难以比拟的。

(3)良好的可设计性。工程师可以通过使用不同纤维种类、控制纤维的含量和铺设不同方向的纤维设计出各种强度和弹性模量的 FRP 产品。而且 FRP 产品成型方便,形状可灵活设计。与传统结构材料相比,这是 FRP 独有的。

(4)FRP 材料的弹性性能好,应力-应变曲线接近线性,在发生较大变形后还能恢复原状,塑性变形很小,这对于承受较大动载的结构比较有利。

(5)FRP 产品非常适用于在工厂生产、运送到工地、现场安装的工业化施工过程,能保证工程质量,提高劳动效率,有利于工程建设的工业化。

(6)FRP 产品还有一些其他优势,如透电磁波、绝缘、隔热、热胀系数小等,这使得 FRP 结构和 FRP 组合结构在一些特殊场合能够发挥难以取代的作用。

2. FRP 材料的缺点

(1)与传统结构材料不同,FRP 材料通常表现为各向异性,纤维方向的强度和弹性模量较高,而垂直纤维方向的强度和弹性模量很低。

(2)与钢材相比,大部分 FRP 产品的弹性模量较低,大致与混凝土和木材在同一数量级。

(3)FRP 材料的剪切强度、层间拉伸强度和层间剪切强度仅为其抗拉强度的 5% ~20%,而金属的剪切强度约为其拉伸强度的 50%,这使得 FRP 构件的连接成为突出的问题。

(4)与钢材相比,FRP 材料强度有较大的离散性。

(5)与混凝土相比,一般 FRP 材料的防火性能较差。临界温度为 300℃左右,而且部分树脂材料有可燃性。但可以通过改变树脂的组分来改善FRP的防火性能。目前对于采用环氧树脂的FRP材料,可在树脂中掺入阻燃剂,并对表面进行防火处理,其效果已经可以与混凝土结构相当。

三、FRP在桥梁工程中的应用

(1)FRP片材:包括纤维布和FRP板,主要用来粘贴在混凝土结构的表面,对其进行加固补强。FRP粘贴在混凝土梁、板表面,可以承受拉力,从而提高其抗弯承载力。

(2)FRP筋材:包括FRP筋和FRP索,主要在FRP筋混凝土结构、FRP预应力混凝土结构和桥索中替代钢筋和钢绞线。

(3)FRP网格材和FRP格栅:用作混凝土结构中的配筋或简易工作平台。

(4)FRP型材:截面形式灵活多样,力学性能好,用途广,是FRP结构应用的主要产品;FRP的缠绕型材还可以作为柱、桩,甚至梁,使构件性能大大优于普通钢筋混凝土;有夹层结构和蜂窝板在梁和桥面板中应用效果较好。

小结

土工布、纤维材料和FRP材料是目前工程中应用较多的聚合物材料,尤其是在沥青路面中纤维材料的使用效果较好。而且由于其原料来源广泛、品种不断增多、性能越来越优异,工程应用越来越广泛。

土工布和纤维材料,除直接作为道路与桥梁结构物构件或配件的材料外,有些可对结构进行加固、补强和增韧,还有一些可以改善沥青路面和水泥混凝土路面的使用性能,延长使用寿命。为此,必须掌握这些材料的组成、性能和配制,从而正确选择和应用这类材料。

复习思考题

7-1　什么是土工布?简述土工布在道路工程中的作用。

7-2　什么是木质纤维?简述其特点。

7-3　什么是玄武岩纤维?玄武岩纤维制品的种类有哪些?简述短切玄武岩纤维在工程中的应用。

7-4　FRP复合材料的优缺点分别是什么?各自在工程中是如何应用的?

第八章
CHAPTER EIGHT
建筑钢材

知识目标：

1. 了解钢材的分类；
2. 掌握桥梁建筑用钢的技术性质和技术要求、选用原则。

能力目标：

能按设计要求正确地选用相应规格的钢材。

建筑钢材是指用于钢结构的各种型材(如圆钢、角钢、槽钢、工字钢等)、钢板和用于钢筋混凝土的各种钢筋、钢丝等。

建筑钢材材质均匀、性能可靠、强度高,具有一定的塑性、韧性,能承受较大的冲击和振动荷载,可以焊接、铆接、螺栓连接,便于装配,安全性高,自重较轻。因此,建筑钢材在建筑结构工程中得到广泛使用,是建筑工程极其重要的材料之一。但钢材也存在着能耗大、成本高、易锈蚀、耐火性差等缺点。

第一节 钢材的分类

一、按照化学成分分类

钢材按化学成分可分为碳素钢和合金钢。

1. 碳素钢

碳素钢亦称碳钢,指含碳量低于2.0%的铁碳合金。除铁碳外,常含有如锰、硅、硫、磷、氧、氮等杂质。碳素钢按含碳量可分为低碳钢、中碳钢和高碳钢。

(1)低碳钢:含碳量小于0.25%。

(2)中碳钢:含碳量在0.25%~0.60%范围内。

(3)高碳钢:含碳量大于0.60%。

2.合金钢

为改善钢的性能,在钢中特意加入某些元素(如锰、硅、钒、钛等),使钢材具有特殊的力学性能。合金钢按合金元素含量可分为低合金钢、中合金钢和高合金钢。

(1)低合金钢:合金元素总含量小于5%。

(2)中合金钢:合金元素总含量为5%~10%。

(3)高合金钢:合金元素总含量大于10%。

二、按用途分类

钢材按用途的不同可分为结构钢、工具钢和特殊钢。

(1)结构钢:用于建筑结构、机械制造等,一般为低中碳钢。

(2)工具钢:用于各种工具,一般为高碳钢。

(3)特殊钢:具有各种特殊物理化学性能的钢材,如不锈钢等。

三、按照冶炼时脱氧程度分类

在炼钢过程中,钢水里尚有大量以FeO形式存在的氧分,FeO与碳作用生成CO,以致在凝固钢锭内形成许多气泡,降低钢材的力学性能。为了除去钢液中的氧,必须加入脱氧剂锰铁、硅铁及铝锭,使之与FeO反应,生成MnO、SiO_2、Al_2O_3等钢渣而被除去,这一过程称为"脱氧"。根据脱氧程度不同,钢材分为以下几种:

(1)沸腾钢(F)。沸腾钢是指属脱氧不完全的钢,浇铸后在钢液冷却时有大量一氧化碳逸出,引起钢液剧烈沸腾,称为沸腾钢。其代号为"F"。

(2)镇静钢(Z)。镇静钢是指浇铸时钢液平静地冷却凝固,是脱氧较完全的钢。其代号为"Z"。

(3)半镇静钢(b)。半镇静钢是指脱氧程度和质量介于上述两种之间的钢,其质量较好。其代号为"b"。

(4)特殊镇静钢(TZ)。特殊镇静钢是指比镇静钢脱氧程度还要充分彻底的钢,其质量最好,适用于特别重要的结构工程。其代号为"TZ"。

四、按照质量分类

碳素钢按照供应的钢材化学成分中有害杂质的含量不同,可划分为普通碳素钢、优质碳素钢和高级优质碳素钢。

(1)普通碳素钢:含硫量≤0.050%,含磷量≤0.045%。

(2)优质碳素钢:含硫量≤0.040%,含磷量≤0.040%。

(3)高级优质碳素钢:含硫量≤0.030%,含磷量≤0.035%。高级优质钢的钢号后加"高"字或"A"。

建筑上常用的主要钢种是普通碳素钢中的低碳钢和合金钢中的低合金高强度结构钢。

〔工程实例 8-1〕

某厂的钢结构屋架是用中碳钢焊接而成的,使用一段时间后,屋架坍塌。

〔原因分析〕

主要原因是钢材选用不当,中碳钢的塑性和韧性比低碳钢差,且其焊接性能较差,焊接时钢材局部温度高,形成了热影响区,其塑性及韧性下降较多,较易产生裂纹。建筑上常用的主要钢种是普通碳素钢中的低碳钢和合金钢中的低合金高强度结构钢。

第二节 建筑钢材的主要技术性质

桥梁建筑用钢和钢筋混凝土用钢筋的基本技术性质包括屈服强度、抗拉强度、冲击韧性、冷弯性能和硬度等。

一、建筑钢材的主要技术性质

(一)抗拉性能

抗拉性能是建筑钢材的重要性能。将低碳钢(软钢)制成一定规格的试件,放在材料试验机上进行拉伸试验,可绘出如图 8-1 所示的应力-应变关系曲线。[**资源 26**]

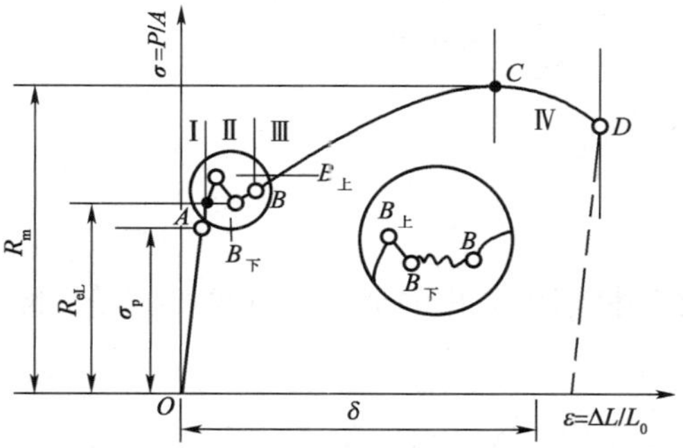

图 8-1 低碳钢受拉时的应力-应变图

26-钢筋的拉伸性能

从图 8-1 可以看出,低碳钢受拉过程分为弹性阶段(Ⅰ)、屈服阶段(Ⅱ)、强化阶段(Ⅲ)和颈缩阶段(Ⅳ)四个阶段。

1. 弹性阶段(OA 段)

应力与应变成正比关系,应力增加,应变也增大。如果卸去外力,试件则恢复原状,这种能恢复原状的性质叫作弹性,这个阶段称为弹性阶段。弹性阶段的最高点(图 8-1 中的 A 点)相对应的应力称为比例极限(或弹性极限),一般用 σ_p 表示。

2. 屈服阶段(AB 段)

当应力超过比例极限后,应力和应变不再成正比关系。这一阶段开始时的图形接近直线,后应力增加很小,而应变急剧地增长,就好像钢材对外力屈服一样,所以称为屈服阶段,即

图 8-1 的AB段。此时，钢材的性质也由弹性转为塑性，如将拉力卸去，试件的变形不会全部恢复，不能恢复的变形称为塑性变形（即残余变形）。这个阶段有两个应力极值点，即屈服上限（$B_{上}$点对应的应力值）和屈服下限（$B_{下}$点对应的应力值），由于$B_{下}$点对应的应力相对比较稳定，容易测定，因此将屈服下限$B_{下}$点称为屈服点，对应的应力值称为屈服强度，用R_{eL}表示。

3. 强化阶段（BC段）

钢材经历屈服阶段后，由于内部组织起变化，抵抗外力的能力又重新提高了，应力与应变的关系成上升的曲线（图 8-1 的BC段）。此阶段称为强化阶段，对应于最高点C的应力称为抗拉强度，用R_m表示。极限抗拉强度是试件所能承受的最大应力。

4. 颈缩阶段（CD段）

当钢材强化达到最高点后，在试件薄弱处的截面将显著缩小，产生“颈缩现象”，如图 8-1 所示。由于试件断面急剧缩小，塑性变形迅速增加，拉力也就随着下降，最后发生断裂。

（二）塑性

钢材在受力破坏前可以经受永久变形的性能称为塑性。在工程应用中，钢材的塑性指标通常用伸长率和断面收缩率表示。

1. 伸长率

伸长率是指试件原始标距的伸长与原始标距之比的百分率。断后伸长率是指断后标距的残余伸长与原始标距之比的百分率。断后伸长率按式（8-1）计算。

$$A=\frac{L_u-L_0}{L_0}\times 100\% \tag{8-1}$$

式中：L_0——试件的原始标距长度（mm）；

L_u——试件拉断后的标距长度（mm）。

2. 断面收缩率

断面收缩率是指试件拉断后缩颈处横断面面积的最大缩减量与原始横断面面积之比的百分率。断面收缩率按式（8-2）计算。

$$Z=\frac{S_0-S_u}{S_0}\times 100\% \tag{8-2}$$

式中：S_0——试件的原横截面面积（mm^2）；

S_u——试件裂断（缩颈）处的横截面面积（mm^2）。

伸长率与断面收缩率都反映了钢材的变形性能。二者越大，表明钢材塑性越好，钢材越易加工，且质量有保证。

（三）冷弯性能

冷弯性能是指钢材在常温下承受弯曲变形的能力，是建筑钢材的重要工艺性能。它表明钢材在静荷载作用下的塑性，一般用弯曲角度α、弯心直径d相对于钢材厚度a的比值来表示，试验时采用的弯曲角度越大，弯心直径对试件厚度（或直径）的比值越小，表示对冷弯性能的要求越高，如图 8-2 所示。

冷弯试验是将试件置于冷弯机上弯曲至规定的角度(90°或180°),若其弯曲处不发生裂缝、裂断或起层,即认为冷弯性能合格。钢材冷弯时的弯曲角度越大,弯心直径越小,表示冷弯性能越好。冷弯试验能发现钢材是否因内部组织不均匀,存在内应力和夹杂物等缺陷。一般来说,钢材的塑性越大,其冷弯性能越好。伸长率反映的是钢材在均匀变形下的塑性,冷弯性能反映的是钢材处于不利变形条件下的塑性,可揭示钢材内部组织是否均匀,是否存在内应力和夹杂物等缺陷。而这些缺陷在拉伸试验中常因塑性变形导致应力重分布而得不到反映。[**资源27**]

27-钢筋的冷弯性能

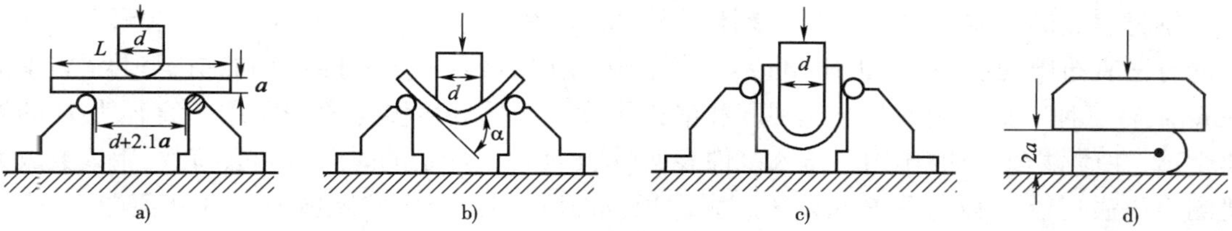

图8-2 钢材的冷弯示意图

a)试件安装;b)弯曲90°;c)弯曲180°;d)弯曲至两面重合

(四)冲击韧性

冲击韧性是指钢材抵抗冲击荷载而不破坏的能力。钢材的冲击韧性指标是以试样缺口处单位横截面所吸收的功(J/m^2)来表示,即冲击韧性值,其符号为α_k,采用标准试件的弯曲冲击韧性试验确定。试验标准试件的尺寸为10mm×10mm×55mm并带有V形缺口。试验前,将带有V形缺口的金属试样以简支梁状态放于摆锤试验机上,以摆锤冲击试件刻槽的背面,使试件承受冲击弯曲而断裂,如图8-3所示。[**资源28**]

28-钢筋的冲击韧性

冲击韧性值α_k等于冲击吸收功与试样缺口底部处横截面面积所得的比,即:

$$\alpha_k = \frac{A_k}{A} \tag{8-3}$$

式中:A——试样缺口处的截面面积(cm^2);

A_k——冲击吸收功,具有一定形状和尺寸的金属试样在冲击荷载作用下折断时所吸收的功(J)。

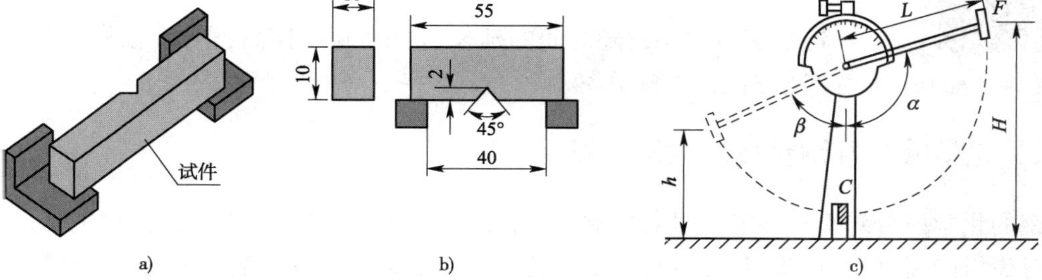

图8-3 冲击韧性试验图(尺寸单位:mm)

a)试件装置;b)V形缺口试件;c)冲击韧性试验示意图

A_k(或 α_k)值越大,表示冲断时所吸收的功越多,钢材的冲击韧性越好。

影响钢材冲击韧性的因素很多,如钢材化学成分、冶炼轧制质量、环境温度、冷加工及时效等,其中环境温度对钢材性能的影响较为明显。当温度降低至一定程度时,钢材的冲击韧性会突然显著下降且出现脆性,这种现象称为钢材的冷脆性,这时的温度称为脆性临界温度。它的数值越低,钢材耐低温冲击性能越好。

(五)硬度

钢材表面局部体积内抵抗更硬物体压入的能力称为硬度。我国现行国家标准测定金属硬度的方法有布氏硬度(Brinell Hardness)、洛氏硬度(Rock-well Hardness)和维氏硬度(Vickers Hardness)三种。最常用的是布氏硬度和洛氏硬度。布氏硬度测定原理是用一直径为 D 的硬质钢球,在荷载 P(N)的作用下压入试件表面(图 8-4),经规定的时间后卸去荷载,用读数放大镜测出压痕直径 d,以荷载 P 除以压痕表面积(mm^2),即为布氏硬度值 HB。HB 值越大,表示钢材越硬。[**资源 29**]

29-钢筋的硬度测试

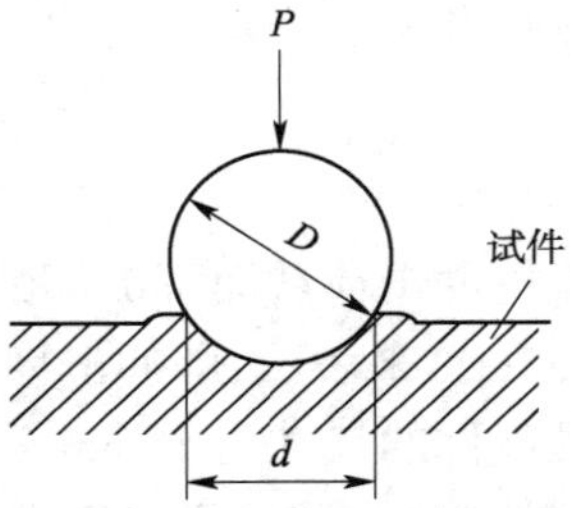

图 8-4　布氏硬度测定示意图

硬度值与强度指标(如 R_{eL}、R_m)和塑性指标(A、Z)有一定的相关性。钢材硬度值越高,表示它抵抗局部塑性变形的能力越大,钢材的强度也越高。

(六)钢材的冷加工与时效

1. 冷加工强化

将钢材在常温下进行冷拉、冷拔、冷轧使钢筋产生塑性变形,从而提高强度和硬度,明显降低塑性、韧性和弹性模量,这种过程称为冷加工强化。

钢材的冷加工方式有冷拉、冷拔和冷轧。

2. 时效强化

冷加工后的钢材随时间的延长,强度、硬度提高,塑性、韧性下降的现象称为时效强化。[**资源 30**]

30-钢筋的冷拉时效

二、化学成分对钢材技术性质的影响

钢的化学成分对钢材性能有显著影响。在普通碳素钢中,除了含有碳、硅、锰主要元素外,还含有少量的硫、磷、氮、氧、氢等有害杂质。这些元素在钢中的含量是决定钢材质量和性能好坏的重要因素。

1. 碳(C)

碳是决定钢性能的重要元素。含碳量小于0.8%的碳素钢，随着含碳量的增加，钢的抗拉强度 R_m 和硬度 HB 增加，而塑性和韧性则相应降低。而当含碳量大于0.8%时(如高碳钢)，随着含碳量的增加，钢的抗拉强度 R_m 反而下降。含碳量增大，也将使钢的焊接性能和抗腐蚀性能下降，当含碳量超过0.3%时可焊性显著降低，冷脆性和时效强化提高。

2. 硅(Si)

炼钢时为了脱氧去硫而加入硅。少量的硅对钢是有益的。当含硅量小于1%时，能显著提高钢的强度，对塑性和韧性影响不大，还可以提高抗腐蚀能力，改善钢的质量。当硅含量大于1%时，可焊性变差，冷脆性增加。

3. 锰(Mn)

锰在钢中起脱氧和去硫作用。加入锰能显著提高钢材的强度和硬度，消除钢的热脆性，改善其热加工性，几乎不降低钢的塑性和韧性。但含锰量大于1.0%时，将降低钢的塑性、韧性和可焊性，含锰量达11%～14%时，称为高锰钢，具有较高的耐磨性。

4. 磷(P)

磷是钢中的有害元素。对钢材起强化作用，可使钢的屈服点和抗拉强度提高，但塑性和韧性显著降低，特别在低温下会增大钢的冷脆性，并降低钢的可焊性。因此应严格控制磷的含量，一般不超过0.085%。但磷配合其他元素作为合金元素，可提高钢的耐磨性和耐蚀性。

5. 硫(S)

硫是钢中有害元素。硫使钢材在热加工过程中引起断裂，形成热脆现象，称为热脆性。硫将大大降低钢的热加工性、可焊性、冲击韧性、疲劳强度和抗腐蚀性。硫是极有害的杂质，应严格控制其含量，一般不超过0.065%。

6. 氧(O)

氧常以 FeO 的形式存在于钢中，它将降低钢的塑性、冷弯性能、可焊性及强度，尤其显著降低疲劳强度，增加热脆性。氧是钢中有害杂质，在钢中一般不得超过0.05%。但氧有促进时效性的作用。

7. 氮(N)

氮虽可以提高钢的屈服点、抗拉强度和硬度，但会使钢的塑性，特别是韧性显著下降，并增加钢的时效敏感性和冷脆性，降低可焊性及冷弯性能。故钢的含氮量不应超过0.008%。如果在钢中加入少量的铝、钒、锆和铌，使它们变为氮化物，则能细化晶粒，改变钢材性能，此时氮不再是有害元素。

8. 钛(Ti)、钒(V)

钛和钒都是炼钢时的强脱氧剂，也是合金钢常用的合金元素。在钢材中适量加入此两种元素，可改善钢材的组织结构，使晶体细化，显著提高钢的强度，改善钢的韧性。

第三节 桥梁建筑用钢的技术要求

桥梁建筑用钢主要有钢结构用钢材和钢筋混凝土结构用钢材两大类。

一、钢结构用钢材

由于桥梁结构需要承受车辆荷载的作用，同时需要经受各种大气因素的严酷考验，对于桥梁结构用钢材，要求具有良好的综合力学性能、良好的焊接性和良好的抵抗大气因素腐蚀的性能。在此主要介绍的是桥梁用结构钢。

1. 桥梁用结构钢的牌号

根据《桥梁用结构钢》（GB/T 714—2015）的规定，钢的牌号由代表屈服强度的汉语拼音字母、规定最小屈服强度值、桥字的汉语拼音首位字母、质量等级符号四部分组成。如Q420qD，其中Q为屈服强度“屈”的汉语拼音首位字母，420为规定最小屈服强度值，q为“桥”字的汉语拼音首位字母，D代表质量等级为D级。

2. 桥梁用结构钢的技术标准

桥梁用结构钢的力学性能与工艺性能应满足表8-1、表8-2的要求。

桥梁用结构钢的力学性能 表8-1

牌号	质量等级	拉伸试验①②					冲击试验③	
		下屈服强度 R_{eL}(MPa)			抗拉强度 R_m(MPa)	断后伸长率 A(%)	温度(℃)	冲击吸收能量(kV_2/J)，不小于
		厚度≤50mm	50mm<厚度≤100mm	100mm<厚度≤150mm				
		不小于						
Q345q	C	345	335	305	490	20	0	120
	D						−20	
	E						−40	
Q370q	C	370	360	—	510	20	0	120
	D						−20	
	E						−40	
Q420q	D	420	410	—	540	19	−20	120
	E						−40	
	F						−60	47
Q460q	D	460	450	—	570	18	−20	120
	E						−40	
	F						−60	47

续上表

牌号	质量等级	拉伸试验①②					冲击试验③	
		下屈服强度 R_{eL}(MPa)			抗拉强度 R_m(MPa)	断后伸长率 A(%)	温度(℃)	冲击吸收能量(kV_2/J),不小于
		厚度≤50mm	50mm<厚度≤100mm	100mm<厚度≤150mm				
		不小于						
Q500q	D	500	480	—	630	18	-20	120
	E						-40	
	F						-60	47
Q550q	D	550	530	—	660	16	-20	120
	E						-40	
	F						-60	47
Q620q	D	620	580	—	720	15	-20	120
	E						-40	
	F						-60	47
Q690q	D	690	650	—	770	14	-20	120
	E						-40	
	F						-60	47

注:①当屈服强度不明显时,可测量 $R_{p0.2}$ 代替下屈服强度。
②拉伸试验取横向试样。
③冲击试验取纵向试样。

桥梁用结构钢的工艺性能 表 8-2

180°弯曲试验		
厚度≤16mm	厚度>16mm	弯曲结果
$D=2a$	$D=3a$	在试样外表不应有肉眼可见的裂纹

注:D 为弯曲压头直径,a 为试样厚度。

〔工程实例 8-2〕

某斜拉桥竣工 4 年后,其中一条拉索突然坠落,经检验确认其他拉索的钢丝也已受到不同程度的腐蚀。对坠落的拉索进行研究,钢丝的腐蚀程度由下而上逐渐增加,且与所灌注的水泥浆体的情况有明显的对应关系。其中锈蚀严重部分钢丝的表面多已不存在镀锌层,露出了钢基体,有明显的点腐蚀形貌。该部分水泥浆体未凝结。

〔原因分析〕

拉索钢丝受腐蚀的原因是所灌注的水泥浆体不凝结,产生电化学腐蚀,而水泥浆体所含的一定量的 Cl^- 及钢丝处于拉应力的作用下更加速了此锈蚀过程。水泥浆体不凝结的原因是所灌注的水泥浆产生离析,含一定浓度 FDN 减水剂、大水灰比的水泥浆体富集于拉索上部,在密闭的条件下造成浆体长时间不凝结。

〔防治措施〕

(1)更换该桥全部拉索。

(2)电弧喷涂锌、铝及其合金涂层,对钢结构可起到机械封闭作用和阴极保护作用。

二、钢筋混凝土结构用钢

钢筋混凝土结构用钢筋和钢丝,是由碳素结构钢和低合金高强度结构钢加工而成的。主要品种有热轧钢筋、冷轧带肋钢筋、预应力混凝土用螺纹钢筋、预应力混凝土用钢丝及钢绞线等。

1. 热轧钢筋

钢筋混凝土用热轧钢筋按其表面的形状分为光圆钢筋和带肋钢筋。

(1)热轧光圆钢筋

热轧光圆钢筋是指经热轧成型,横截面通常为圆形,表面光滑的成品钢筋。钢筋的公称直径范围为6~22mm。热轧光圆钢筋的牌号由HPB+屈服强度特征值构成,H、P、B分别为热轧(Hot rolled)、光圆(Plain)、钢筋(Bars)三个词的英文首位字母。热轧光圆钢筋的牌号为HPB300。钢筋用碳素结构钢轧制,具有塑性好、伸长率高、便于弯折成形等特点,可用作中小型钢筋混凝土结构的受力钢筋或箍筋。

按照《钢筋混凝土用钢　第1部分:热轧光圆钢筋》(GB/T 1499.1—2017)的规定,热轧光圆钢筋的力学性能特征值与工艺性能要求见表8-3。

热轧光圆钢筋的力学性能特征值与工艺性能　　表8-3

牌号	公称直径 d (mm)	下屈服强度 R_{eL} (MPa)	抗拉强度 R_m (MPa)	断后伸长率 A (%)	最大力总延伸率 A_{gt} (%)	冷弯试验180°
		不小于				
HPB300	6~22	300	420	25	10.0	$d=a$

注:d为弯心直径;a为钢筋公称直径。

(2)热轧带肋钢筋

热轧带肋钢筋是用低合金结构钢轧制,横截面通常为圆形,且表面带肋的混凝土结构用钢材。钢筋有两条纵肋和沿长度方向均匀发布的横肋,横肋的纵横面呈月牙形且与纵肋不相交的钢筋称为月牙肋钢筋;横肋的纵横面高度相等且与纵肋相交的钢筋称为等高肋钢筋,如图8-5所示。钢筋的公称直径范围为6~50mm。

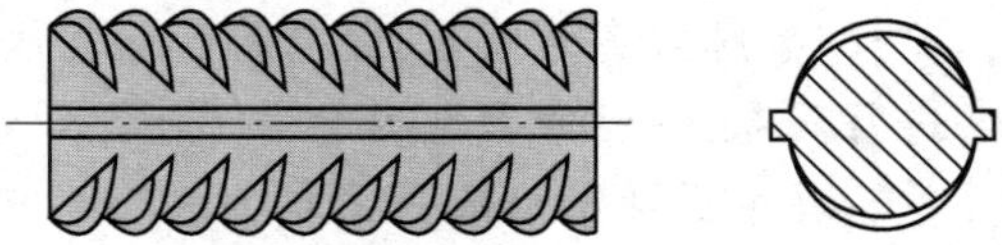

a)

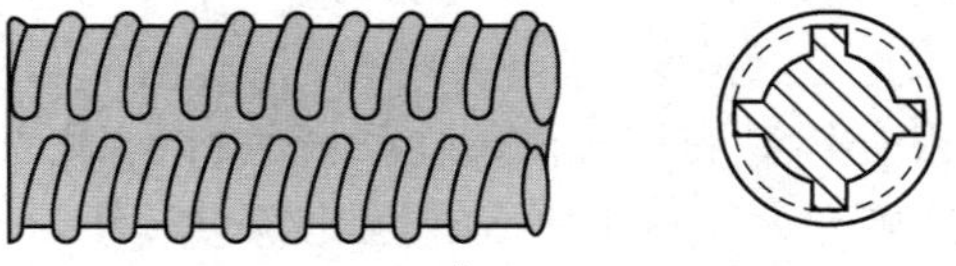

b)

图8-5　热轧带肋钢筋

a)月牙肋钢筋;b)等高肋钢筋

根据热轧工艺，热轧带肋钢筋又分为普通热轧钢筋 HRB 和细晶粒热轧钢筋 HRBF，H、R、B 分别为热轧（Hot rolled）、带肋（Ribbed）、钢筋（Bars）三个词的英文首位字母；HRBF 中的 F 为细晶粒（Fine）的英文首位字母。

普通热轧钢筋牌号由 HRB＋屈服强度特征值构成，有 HRB400、HRB500、HRB600；由 HRB＋屈服强度特征值＋E 构成，有 HRB400E、HRB500E，其中 E 为地震（Earthquake）的英文首位字母。

细晶粒热轧钢筋牌号由 HRBF＋屈服强度特征值构成，有 HRBF400、HRBF500；由 HRBF＋屈服强度特征值＋E 构成，有 HRBF400E、HRBF500E，其中 E 为地震（Earthquake）的英文首位字母。

HRB400 钢筋的强度、塑性及焊接性等综合性能较好，可用于大、中型结构如桥梁、水坝等构件的主要受力钢筋；HRB500 钢筋强度高，但塑性和焊接性能较差，多用于预应力钢筋；HRB600 钢筋强度高，延性好，拥有良好的使用性能。

按照《钢筋混凝土用钢　第 2 部分：热轧带肋钢筋》（GB/T 1499.2—2018）的规定，热轧带肋钢筋的力学性能特征值与工艺性能要求见表 8-4。

热轧带肋钢筋的力学性能特征值　　表 8-4

牌号	公称直径 d（mm）	弯曲压头直径（mm）	下屈服强度 R_{eL}（MPa）	抗拉强度 R_m（MPa）	断后伸长率 A（%）	最大力总延伸率 A_{gt}（%）	R_m^o/R_m	R_{eL}^o/R_{eL}
			不小于					不大于
HRB400 HRBF400	6～25	$4d$	400	540	16	7.5	—	—
	28～40	$5d$						
	＞40～50	$6d$						
HRB400E HRBF400E	6～25	$4d$			—	9.0	1.25	1.30
	28～40	$5d$						
	＞40～50	$6d$						
HRB500 HRBF500	6～25	$6d$	500	630	15	7.5	—	—
	28～40	$7d$						
	＞40～50	$8d$						
HRB500E HRBF500E	6～25	$6d$			—	9.0	1.25	1.30
	28～40	$7d$						
	＞40～50	$8d$						
HRB600	6～25	$6d$	600	730	14	7.5	—	—
	28～40	$7d$						
	＞40～50	$8d$						

注：R_m^o 为钢筋实测抗拉强度；R_{eL}^o 为钢筋实测下屈服强度。

2. 冷轧带肋钢筋

冷轧带肋钢筋是由热轧圆盘条经冷轧后，在其表面带有沿长度方向均匀分布的横肋的钢筋。二面肋和三面肋钢筋横肋呈月牙形，四面肋钢筋横肋的纵截面应为月牙状并且不应与横肋相交。钢筋的外形如图8-6～图8-8所示。图中，α 表示横肋斜角，β 表示横肋与钢筋轴线夹角，h 表示横肋中点高度，l 表示横肋间距，b 表示横肋顶宽，f_i 表示横肋间隙。

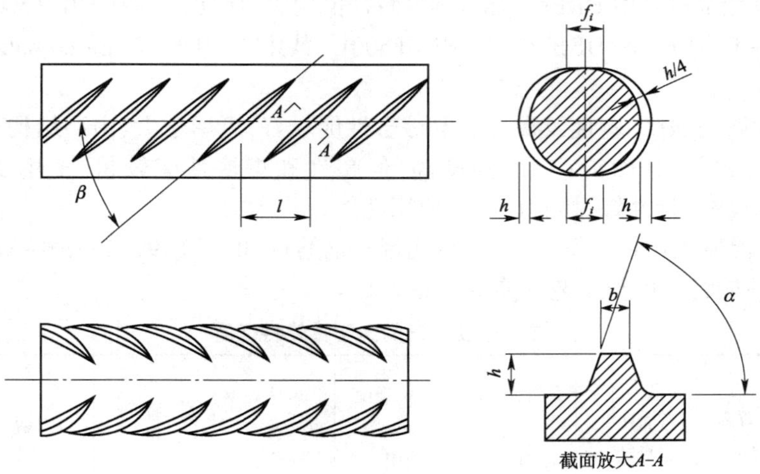

图8-6　二面肋钢筋表面及截面形状

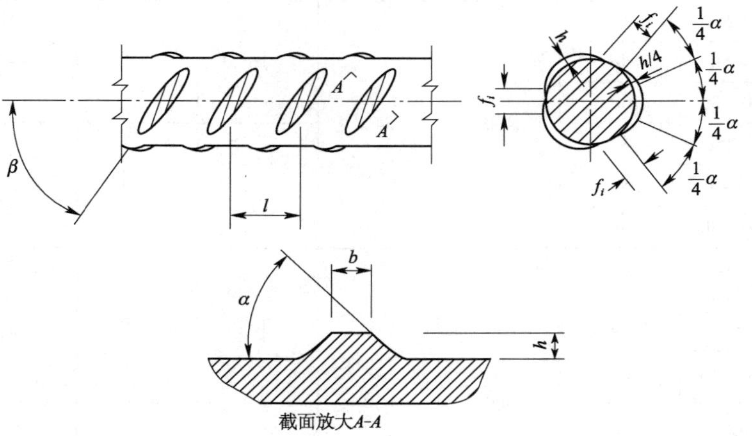

图8-7　三面肋钢筋表面及截面形状

根据《冷轧带肋钢筋》（GB/T 13788—2018）的规定，冷轧带肋钢筋按延性高低分为冷轧带肋钢筋、高延性冷轧带肋钢筋。钢筋的牌号由CRB＋抗拉强度特征值、CRB＋抗拉强度特征值＋H构成，分为CRB550、CRB650、CRB800、CRB600H、CRB680H、CRB800H六个牌号。C、R、B、H为冷轧（Cold）、带肋（Ribbed）、钢筋（Bars）、高延性（High elongation）四个词的英文首位字母。

CRB550、CRB600H、CRB680H 钢筋的公称直径范围为 4～12mm，CRB650、CRB800、CRB800H 公称直径为4mm、5mm、6mm。

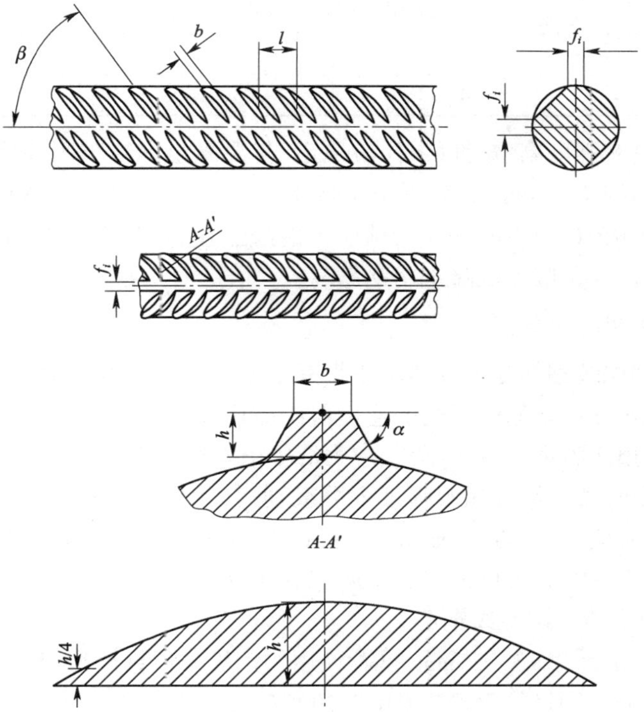

图 8-8 四面肋钢筋表面及截面形状

冷轧带肋钢筋的力学性能和工艺性能应符合表 8-5 的要求。当进行弯曲试验时，受弯曲部位表面不得产生裂纹，反复弯曲试验的弯曲半径应符合表 8-6 的规定。

冷轧带肋钢筋力学性能和工艺性能 表 8-5

分类	牌号	规定塑性延伸强度 $R_{p0.2}$(MPa)，不小于	抗拉强度 R_m(MPa)，不小于	$R_m/R_{p0.2}$，不小于	断后伸长率(%)，不小于		最大力总延伸率 A_{gt}(%)，不小于	弯曲试验[①] 180°	反复弯曲次数	1000h 后应力松弛率(%)(初始应力应相当于公称抗拉强度的 70%)不大于
					A	A_{100mm}				
普通钢筋混凝土用	CRB550	500	550	1.05	11.0	—	2.5	$D=3d$	—	—
	CRB600H	540	600	1.05	14.0	—	5.0	$D=3d$	—	—
	CRB680H[②]	600	680	1.05	14.0	—	5.0	$D=3d$	4	5
预应力混凝土用	CRB650	585	650	1.05	—	4.0	2.5	—	3	8
	CRB800	720	800	1.05	—	4.0	2.5	—	3	8
	CRB800H	720	800	1.05	—	7.0	4.0	—	4	5

注：①D 为弯心直径，d 为钢筋公称直径。

②当该牌号钢筋用于普通钢筋混凝土时，对反复弯曲和应力松弛不作要求；当该牌号钢筋用于预应力混凝土时，应进行反复弯曲试验代替 180°弯曲试验，并检测松弛率。

反复弯曲试验的弯曲半径 表 8-6

钢筋公称直径(mm)	4	5	6
弯曲半径(mm)	10	15	15

冷轧带肋钢筋具有强度高、塑性好、质量稳定、与混凝土黏结牢固等优点，它广泛用于中、小型预应力混凝土结构构件和普通混凝土结构构件中。CRB550、CRB600H 为普通钢筋混凝土用钢筋，CRB650、CRB800、CRB800H 为预应力混凝土用钢筋，CRB680H 既可作为普通钢筋混凝土用钢筋，也可作为预应力混凝土用钢筋。

3. 预应力混凝土用螺纹钢筋

预应力混凝土用螺纹钢筋是一种热轧成带有不连续的外螺纹的直条钢筋，该钢筋在任意截面处，均可用带有匹配形状的内螺纹的连接器或锚具进行连接或锚固。中、小型预应力混凝土构件或竖、横向用预应力钢筋，可选用预应力混凝土螺纹钢筋。

预应力混凝土用螺纹钢筋以屈服强度划分级别，其代号用“PSB”加上规定屈服强度最小值表示，P、S、B 分别为预应力(Prestressing)、螺纹(Screw)、钢筋(Bars)的英文首位字母。五个级别分别为 PSB785、PSB830、PSB930、PSB1080、PSB1200。例如：PSB830 表示屈服强度最小值为 830MPa 的预应力混凝土用螺纹钢筋。

钢筋的公称直径范围为 15～75mm，推荐使用的钢筋公称直径为 25mm、32mm。

根据《预应力混凝土用螺纹钢筋》(GB/T 20065—2016)的规定，预应力混凝土用螺纹钢筋的化学成分中，硫、磷含量不大于 0.035%，其力学性能应符合表 8-7 的规定。

预应力混凝土用螺纹钢筋的力学性能 表 8-7

级别	屈服强度* R_{eL}(MPa)	抗拉强度 R_m(MPa)	断后伸长率 A(%)	最大力下总延伸率 A_{gt}(%)	应力松弛性能	
	不小于				初始应力	1000h 后应力松弛率 V_r(%)
PSB785	785	980	8	3.5	$0.7R_m$	≤4.0
PSB830	830	1030	7			
PSB930	930	1080	7			
PSB1080	1080	1230	6			
PSB1200	1200	1330	6			

注：* 无明显屈服时，用规定非比例延伸强度 $R_{p0.2}$ 代替。

4. 预应力混凝土用钢丝和钢绞线

(1) 预应力混凝土用钢丝

预应力高强度钢丝是用优质碳素结构钢盘条，经冷加工和热处理等工艺制成。根据《预应力混凝土用钢丝》(GB/T 5223—2014)的规定，预应力钢丝按外形分为光圆钢丝(代号为 P)、刻痕钢丝(代号为 I)、螺旋肋钢丝(代号为 H)三种；按加工状态分为冷拉钢丝(WCD)、消除应力钢丝两类。冷拉钢丝(WCD)是指盘条通过拔丝等减径工艺经冷加工而形成的产品，以盘卷供货的钢丝。消除应力钢丝是指钢丝在塑性变形下(轴应变)进行的短时热处理，得到的应是低松弛钢丝(WLR)。

预应力混凝土用钢丝产品标记为预应力钢丝、公称直径、抗拉强度等级、加工状态代号、外形代号、标准号。例如:直径为4.00mm、抗拉强度为1670MPa的冷拉光圆钢丝,其标记为预应力钢丝4.00-1670-WCD-P-GB/T 5223—2014。

(2)预应力混凝土用钢绞线

根据《预应力混凝土用钢绞线》(GB/T 5224—2014)的规定,用于预应力混凝土的钢绞线按其结构分为8类,其代号为:1×2表示用两根钢丝捻制的钢绞线;1×3表示用3根钢丝捻制的钢绞线;1×3Ⅰ表示用3根刻痕钢丝捻制的钢绞线;1×7表示用7根钢丝捻制的标准型钢绞线;1×7Ⅰ表示用6根刻痕钢丝和一根光圆中心钢丝捻制的钢绞线;(1×7)C表示用7根钢丝捻制又经模拔的钢绞线;1×19S表示用19根钢丝捻制的1+9+9西鲁式钢绞线;1×19W表示用19根钢丝捻制的1+6+6/6瓦林吞式钢绞线。

其产品标记为预应力钢绞线、结构代号、公称直径、强度级别、标准号。例如:公称直径为15.20mm、强度等级为1860MPa的七根钢丝捻制的标准型钢绞线,其标记为预应力钢绞线1×7-15.20-1860-GB/T 5224—2014。

预应力混凝土用钢丝和钢绞线强度高,并具有较好的柔韧性,质量稳定,施工方便,使用时可根据要求的长度切断。它主要适用于大荷载、大跨度、曲线配筋的预应力钢筋混凝土结构。

小结

钢材是建筑工程中最重要的金属材料。钢材具有强度高、塑性及韧性好、可焊可铆、易于加工、便于装配等优点,被广泛应用于各领域。建筑钢材的技术性能主要包括抗拉性能、塑性、冲击韧性、冷弯性能和硬度、钢材的冷加工与时效等。低碳钢的拉伸破坏过程分为弹性、屈服、强化和颈缩四个阶段,伸长率和冷弯性能是衡量钢材塑性的指标,钢材通过冷加工时效处理,可提高其强度,但塑性和韧性下降。

建筑钢材可分为结构用型钢和钢筋混凝土用钢筋、钢丝。钢筋混凝土用钢材包括热轧钢筋、冷轧带肋钢筋、预应力混凝土用螺纹钢筋、预应力混凝土用钢丝和钢绞线等。这些钢筋强度高、塑性也好。在工程实际中应合理选用钢材规格和品种。

复习思考题

8-1 简述钢的分类。

8-2 评价钢材技术性质的主要指标是什么?

8-3 建筑钢材的化学成分对其性能有何影响?

8-4 什么叫钢筋的冷加工和时效?经冷处理和时效处理后其性能有何变化?

8-5 桥梁建筑用钢的技术要求有哪些?

8-6 热轧带肋钢筋有哪几个牌号?表示的含义是什么?

第二篇

应用技能篇：道路建筑材料试验

第一章
CHAPTER ONE

砂石材料试验

1-1 岩石单轴抗压强度试验(JTG E41—2005/T 0221—2005)

(一)目的与适用范围

单轴抗压强度试验是测定规则形状岩石试件单轴抗压强度的方法,主要用于岩石的强度分级和岩性描述。

本法采用饱和状态下的岩石立方体(或圆柱体)试件的抗压强度来评定岩石强度(包括碎石或卵石的原始岩石强度)。

在某些情况下,试件含水状态还可根据需要选择天然状态、烘干状态或冻融循环后状态。试件的含水状态要在试验报告中注明。

(二)仪器设备

(1)压力试验机或万能试验机。

(2)钻石机、切石机、磨石机等岩石试件加工设备。

(3)烘箱、干燥箱、游标卡尺、角尺及水池等。

(三)试验准备

(1)建筑地基的岩石试验,采用圆柱体作为标准试件,直径为50mm±2mm,高径比为2:1。每组试件共6个。

(2)桥梁工程用的石料试验,采用立方体试件,边长为70mm±2mm。每组试件共6个。

(3)路面工程用的石料试验,采用圆柱体或立方体试件,其直径或边长和高均为50mm±2mm。每组试件共6个。

有显著层理的岩石,分别沿平行和垂直层理方向各取试件6个。试件上、下端面应平行和磨平，试件端面的平面度公差应小于0.05mm，端面对于试件轴线垂直度偏差不应超过0.25°。对于非标准圆柱体试件，试验后抗压强度试验值可按公式进行换算。

（四）试验步骤

（1）用游标卡尺量取试件尺寸（精确至0.1mm），对立方体试件在顶面和底面上各量取其边长，以各个面上相互平行的两个边长的算术平均值计算其承压面积；对于圆柱体试件，在顶面和底面分别测量两个相互正交的直径，并以其各自的算术平均值分别计算底面和顶面的面积，取其顶面和底面面积的算术平均值作为计算抗压强度所用的截面面积。

（2）试件的含水状态可根据需要选择烘干状态、天然状态、饱和状态、冻融循环后状态。试件烘干和饱和状态、试件冻融循环后状态应符合相关条款的规定。

（3）按岩石强度性质，选定合适的压力机。将试件置于压力机的承压板中央，对正上、下承压板，不得偏心。

（4）以0.5～1.0MPa/s的速率进行加荷直到破坏，记录破坏荷载及加载过程中出现的现象。抗压试件试验的最大荷载记录以牛（N）为单位，精度1%。

（五）计算

（1）岩石的抗压强度和软化系数分别按式（试1-1）、式（试1-2）计算。

$$R = \frac{P}{A} \tag{试1-1}$$

式中：R——岩石的抗压强度（MPa）；

P——试件破坏时的荷载（N）；

A——试件的截面面积（mm^2）。

$$K_p = \frac{R_w}{R_d} \tag{试1-2}$$

式中：K_p——软化系数；

R_w——岩石饱和状态下的单轴抗压强度（MPa）；

R_d——岩石烘干状态下的单轴抗压强度（MPa）。

（2）单轴抗压强度试验结果应同时列出每个试件的试验值及同组岩石单轴抗压强度的平均值；有显著层理的岩石，分别报告垂直与平行层理方向的试件强度的平均值。计算值精确至0.1MPa。

软化系数计算值精确至0.01，3个试件平行测定，取其算术平均值；3个值中最大值与最小值之差不应超过平均值的20%，否则，应另取第4个试件，并在4个试件中取最接近的3个值的平均值作为试验结果，同时在报告中将4个值全部给出。

（3）试验记录。单轴抗压强度试验记录应包括岩石名称、试验编号、试件编号、试件描述、试件尺寸、破坏荷载、破坏状态。

1-2 粗集料及集料混合料筛分试验(JTG E42—2005/T 0302—2005)

(一)目的与适用范围

(1)测定粗集料(碎石、砾石、矿渣等)的颗粒组成。对水泥混凝土用粗集料可采用干筛法筛分,对沥青混合料及基层用粗集料必须采用水洗法试验。

(2)本方法也适用于同时含有粗集料、细集料、矿粉的集料混合料筛分试验,如未筛碎石、级配碎石、天然砂砾、级配砂砾、无机结合料稳定基层材料、沥青拌和楼的冷料混合料、热料仓材料、沥青混合料经溶剂抽提后的矿料等。

(二)仪器设备

(1)试验筛:根据需要选用规定的标准筛(试图 1-1)。

(2)摇筛机。

(3)天平或台秤:感量不大于试样质量的 0.1%。

(4)其他:盘子、铲子、毛刷等。

试图 1-1 标准筛

(三)试验准备

按规定将来料用分料器或四分法缩分至试表 1-1 要求的试样所需量,风干后备用。根据需要可按要求的集料最大粒径的筛孔尺寸过筛,除去超粒径部分颗粒后,再进行筛分。

筛分用的试样质量 试表 1-1

公称最大粒径(mm)	75	63	37.5	31.5	26.5	19	16	9.5	4.75
试样质量不小于(kg)	10	8	5	4	2.5	2	1	1	0.5

（四）试验步骤

1. 水泥混凝土用粗集料干筛法试验步骤

(1)取试样一份置105℃ ±5℃烘箱中烘干至恒重,称取干燥集料试样的总质量(m_0),准确至0.1%。

(2)用搪瓷盘作筛分容器,按筛孔大小排列顺序逐个将集料过筛。人工筛分时,需使集料在筛面上同时有水平方向及上下方向的不停顿的运动,使小于筛孔的集料通过筛孔,直到1min内通过筛孔的质量小于筛上残余量的0.1%为止;当采用摇筛机筛分时,应在摇筛机筛分后再逐个由人工补筛。将筛出通过的颗粒并入下一号筛,和下一号筛中的试样一起过筛,顺序进行,直至各号筛全部筛完为止。应确认1min内通过筛孔的质量确实小于筛上残余量的0.1%。

注:由于0.075mm筛干筛几乎不能把沾在粗集料表面的小于0.075mm部分的石粉筛过去,而且对水泥混凝土用粗集料而言,0.075mm通过率的意义不大,所以也可以不筛,且把通过0.15mm筛的筛下部分全部作为0.075mm的分计筛余,将粗集料的0.075mm通过率假设为0。

(3)如果某个筛上的集料过多,影响筛分作业时,可以分两次筛分。当筛余颗粒的粒径大于19mm时,筛分过程中允许用手指轻轻拨动颗粒,但不得逐颗塞过筛孔。

(4)称取每个筛上的筛余量,准确至总质量的0.1%,各筛分计筛余量及筛底存量的总和与筛分前试样的干燥总质量m_0相比,其相差不得超过0.5%。

2. 沥青混合料及基层用粗集料水洗法试验步骤

(1)取一份试样,将试样置105℃ ±5℃烘箱中烘干至恒重,称取干燥集料试样的总质量(m_3),准确至0.1%。

(2)将试样置一洁净容器中,加入足够数量的洁净水,将集料全部盖没,但不得使用任何洗涤剂、分散剂、表面活性剂。

(3)用搅棒充分搅动集料,使集料表面洗涤干净,使细粉悬浮在水中,但不得破碎集料或有集料从水中溅出。

(4)根据集料粒径大小选择组成一组套筛,其底部为0.075mm标准筛,上部为2.36mm或4.75mm筛。仔细将容器中混有细粉的悬浮液倒出,经过套筛流入另一容器中,尽量不致将粗集料倒出,损坏标准筛筛面。

(5)重复(2)~(4)步骤,直至倒出的水洁净为止,必要时可采用水流缓慢冲洗。

(6)将套筛的每个筛子上的集料及容器中的集料全部回收在一个搪瓷盘中,容器上不得有沾附的集料颗粒。

注:沾在0.075mm筛面上的细粉很难回收扣入搪瓷盘中,此时需将筛子倒扣在搪瓷盘上,用少量的水并助以毛刷将细粉刷落入搪瓷盘中,并注意不要散失。

(7)在确保细粉不散失的前提下,小心泌去搪瓷盘中的积水,将搪瓷盘连同集料一起置于105℃ ±5℃烘箱中烘干至恒重,称取干燥集料试样的总质量(m_4),准确至0.1%。以m_3与m_4之差作为0.075mm的筛下部分。

(8)将回收的干燥集料按干筛方法筛分出0.075mm筛以上各筛的筛余量,此时0.075mm筛下部分应为0,如果尚能筛出,则应将其并入水洗得到的0.075mm的筛下部分,且表示水洗得不干净。

(五)计算

1. 干筛法筛分结果的计算

(1)计算各筛分计筛余量及筛底存量的总和与筛分前试样的干燥总质量m_0之差,作为筛分时的损耗并计算损耗率,若损耗率大于0.3%,应重新进行试验。

$$m_5 = m_0 - (\sum m_i + m_{底}) \quad (试1\text{-}3)$$

式中:m_5——由于筛分造成的损耗(g);

m_0——用于干筛的干燥集料总质量(g);

m_i——各号筛上的分计筛余(g);

i——依次为0.075mm、0.15mm……至集料最大粒径的排序;

$m_{底}$——筛底(0.075mm以下部分)集料总质量(g)。

(2)干筛分计筛余百分率

干筛后各号筛上的分计筛余百分率按式(试1-4)计算,精确至0.1%。

$$p'_i = \frac{m_i}{m_0 - m_5} \times 100 \quad (试1\text{-}4)$$

式中: p'_i——各号筛上的分计筛余百分率(%);

m_5、m_0、m_i、i——意义同前。

(3)干筛累计筛余百分率。各号筛的累计筛余百分率为该号筛以上各号筛的分计筛余百分率之和,精确至0.1%。

(4)干筛各号筛的质量通过百分率。各号筛的质量通过百分率P_i等于100减去该号筛累计筛余百分率,精确至0.1%。

(5)由筛底存量除以扣除损耗后的干燥集料总质量计算0.075mm筛的通过率。

(6)试验结果以两次试验的平均值表示,精确至0.1%。当两次试验结果$P_{0.075}$的差值超过1%时,试验应重新进行。

2. 水筛法筛分结果的计算

(1)按式(试1-5)、式(试1-6)计算粗集料中0.075mm筛下部分质量$m_{0.075}$和含量$P_{0.075}$,精硝至0.1%。当两次试验结果$P_{0.075}$的差值超过1%时,试验应重新进行。

$$m_{0.075} = m_3 - m_4 \quad (试1\text{-}5)$$

$$P_{0.075} = \frac{m_{0.075}}{m_3} = \frac{m_3 - m_4}{m_3} \times 100 \quad (试1\text{-}6)$$

式中:$P_{0.075}$——粗集料中小于0.075mm的含量(通过率)(%);

$m_{0.075}$——粗集料中水洗得到的小于0.075mm部分的质量(g);

m_3——用于水洗的干燥粗集料总质量(g);

m_4——水洗后的干燥粗集料总质量(g)。

(2)计算各筛分计筛余量及筛底存量的总和与筛分前试样的干燥总质量 m_4 之差，作为筛分时的损耗并计算损耗率，若损耗率大于0.3%，应重新进行试验。

$$m_5 = m_3 - (\sum m_i + m_{0.075}) \quad (试 1\text{-}7)$$

式中：m_5——由于筛分造成的损耗(g)；

m_3——用于水筛筛分的干燥集料总质量(g)；

m_i——各号筛上的分计筛余(g)；

i——依次为0.075mm、0.15mm……至集料最大粒径的排序；

$m_{0.075}$——水洗后得到的0.075mm以下部分质量(g)，即 $m_3 - m_4$。

(3)计算其他各筛的分计筛余百分率、累计筛余百分率、质量通过百分率，计算方法与干筛法相同。当干筛时筛分有损耗时，应按干筛法从总质量中扣除损耗部分。

试验结果以两次试验的平均值表示。

1-3 粗集料密度及吸水率试验(网篮法)(JTG E42—2005/T 0304—2005)

(一)目的与适用范围

本方法适用于测定各种粗集料的表观相对密度、表干相对密度、毛体积相对密度、表观密度、表干密度、毛体积密度以及粗集料的吸水率。

(二)仪器设备

(1)天平或浸水天平：如试图1-2所示，可悬挂吊篮测定集料的水中质量，称量应满足试样数量称量要求，感量不大于最大称量的0.05%。

(2)吊篮：由耐锈蚀材料制成，直径和高度为150mm左右，四周及底部用1~2mm的筛网编制或具有密集的孔眼。

(3)溢流水槽：在称量水中质量时能保持水面高度一定。

(4)烘箱：能控温在105℃±5℃。

(5)温度计。

(6)标准筛。

(7)其他：盛水容器(如搪瓷盘)、刷子、毛巾等。

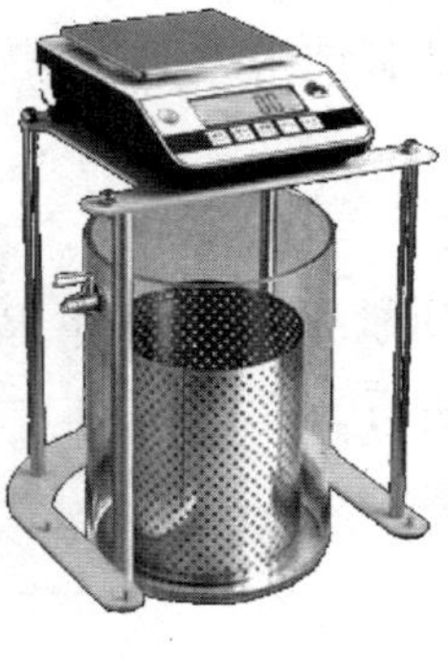

试图1-2 浸水天平

(三)试验准备

(1)将试样用标准筛过筛除去其中的细集料，对较粗的粗集料可用4.75mm筛过筛，对2.36~4.75mm集料，或者混在4.75mm以下石屑中的粗集料，则用2.36mm标准筛过筛，用四分法或分料器法缩分至要求的质量，分两份备用。对沥青路面用粗集料，应对不同规格的集料分别测定，不得混杂，所取的每一份集料试样应基本上保持原有的级配。在测定2.36~4.75mm的粗集料时，试验过程中应特别小心，不得丢失集料。

(2)经缩分后供测定密度和吸水率的粗集料质量应符合试表1-2的规定。

(3)将每一份集料试样浸泡在水中,并适当搅动,仔细洗去附在集料表面的尘土和石粉,经多次漂洗干净至水完全清澈为止。清洗过程中不得散失集料颗粒。

测定密度所需要的试样最小质量 试表1-2

公称最大粒径(mm)	4.75	9.5	16	19	26.5	31.5	37.5	63	75
每一份试样的最小质量(kg)	0.8	1	1	1	1.5	1.5	2	3	3

(四)试验步骤

(1)取试样一份装入干净的搪瓷盘中,注入洁净的水,水面至少应高出试样20mm,轻轻搅动石料,使附着在石料上的气泡完全逸出。在室温下保持浸水24h。

(2)将吊篮挂在天平的吊钩上,浸入溢流水槽中,向溢流水槽中注水,水面高度至水槽的溢流孔,将天平调零。吊篮的筛网应保证集料不会通过筛孔流失,对2.36~4.75mm粗集料应更换小孔筛网,或在网篮中加放入一个浅盘。

(3)调节水温在15~25℃范围内。将试样移入吊篮中。溢流水槽中的水面高度由水槽的溢流孔控制,维持不变。称取集料的水中质量(m_w)。

(4)提起吊篮,稍稍滴水后,可以将较粗的粗集料直接倒在拧干的湿毛巾上。将较细的粗集料(2.36~4.75mm)连同浅盘一起取出,稍稍倾斜搪瓷盘,仔细倒出余水,将粗集料倒在拧干的湿毛巾上,用毛巾吸走从集料中漏出的自由水,注意不得有颗粒丢失,或有小颗粒附在吊篮上。再用拧干的湿毛巾轻轻擦干集料颗粒的表面水,至表面看不到发亮的水迹,即为饱和面干状态。当粗集料尺寸较大时,宜逐颗擦干。注意对较粗的粗集料,拧湿毛巾时不要拧得太干,对较细的含水较多的粗集料,毛巾可拧得稍干些。擦颗粒的表面水时,既要将表面水擦掉,又千万不能将颗粒内部的水吸出。整个过程中不得有集料丢失,且已擦干的集料不得继续在空气中放置,以防止集料干燥。

注:对2.36~4.75mm集料,用毛巾擦拭时容易沾附细颗粒集料从而造成集料损失,此时宜改用洁净的纯棉布擦拭至表干状态。

(5)在保持表干状态下,立即称取集料的表干质量(m_f)。

(6)将集料置于浅盘中,放入105℃±5℃的烘箱中烘干至恒重。取出浅盘,放在带盖的容器中冷却至室温,称取集料的烘干质量(m_a)。

(7)对同一规格的集料应平行试验两次,取平均值作为试验结果。

(五)计算

(1)表观相对密度γ_a、表干相对密度γ_s、毛体积相对密度γ_b按式(试1-8)~式(试1-10)计算至小数点后3位。

$$\gamma_a = \frac{m_a}{m_a - m_w} \tag{试1-8}$$

$$\gamma_s = \frac{m_f}{m_f - m_w} \quad \text{(试 1-9)}$$

$$\gamma_b = \frac{m_a}{m_f - m_w} \quad \text{(试 1-10)}$$

式中：γ_a——集料的表观相对密度（无量纲）；

γ_s——集料的表干相对密度（无量纲）；

γ_b——集料的毛体积相对密度（无量纲）；

m_a——集料的烘干质量(g)；

m_f——集料的表干质量(g)；

m_w——集料的水中质量(g)。

(2)集料的吸水率以烘干试样为基准，按式(试1-11)计算，准确至0.01%。

$$w_x = \frac{m_f - m_a}{m_a} \times 100 \quad \text{(试 1-11)}$$

式中：w_x——粗集料的吸水率(%)。

(3)粗集料的表观密度(视密度)ρ_a、表干密度ρ_s、毛体积密度ρ_b按(试1-12)~式(试1-14)计算，准确至小数点后3位。不同水温条件下测量的粗集料表观密度需进行水温修正，不同试验温度下水的密度ρ_T及水的温度修正系数α_T按试表1-3选用。

不同水温时水的密度ρ_T及水温修正系数α_T　　试表1-3

水温(℃)	15	16	17	18	19	20
水的密度ρ_T(g/cm^3)	0.99913	0.99897	0.99880	0.99862	0.99843	0.99822
水温修正系数α_T	0.002	0.003	0.003	0.004	0.004	0.005
水温(℃)	21	22	23	24	25	—
水的密度ρ_T(g/cm^3)	0.99802	0.99779	0.99756	0.99733	0.99702	—
水温修正系数α_T	0.005	0.006	0.006	0.007	0.007	—

$$\rho_a = \gamma_a \times \rho_T \quad 或 \quad \rho_a = (\gamma_a - \alpha_T) \times \rho_w \quad \text{(试 1-12)}$$

$$\rho_s = \gamma_s \times \rho_T \quad 或 \quad \rho_s = (\gamma_s - \alpha_T) \times \rho_w \quad \text{(试 1-13)}$$

$$\rho_b = \gamma_b \times \rho_T \quad 或 \quad \rho_b = (\gamma_b - \alpha_T) \times \rho_w \quad \text{(试 1-14)}$$

式中：ρ_a——粗集料的表观密度(g/cm^3)；

ρ_s——粗集料的表干密度(g/cm^3)；

ρ_b——粗集料的毛体积密度(g/cm^3)；

ρ_T——试验温度T时水的密度(g/cm^3)，按试表1-3取用；

α_T——试验温度T时的水温修正系数；

ρ_w——水在4℃时的密度(1.000g/cm^3)。

重复试验的精密度，对表观相对密度、表干相对密度、毛体积相对密度，两次结果相差不得超过0.02，对吸水率不得超过0.2%。

1-4 粗集料堆积密度及空隙率试验(JTG E42—2005/T 0309—2005)

(一)目的与适用范围

测定粗集料的堆积密度,包括自然堆积状态、振实状态、捣实状态下的堆积密度,以及松方状态下的间隙率。

(二)仪器设备

(1)天平或台秤:感量不大于称量的0.1%。

(2)容量筒:适用于粗集料堆积密度测定的容量筒应符合试表1-4的要求。

容量筒的规格要求　　试表1-4

粗集料公称最大粒径(mm)	容量筒容积(L)	容量筒规格(mm)			筒壁厚度(mm)
		内径	净高	底厚	
≤4.75	3	155±2	160±2	5.0	2.5
9.5~26.5	10	205±2	305±2	5.0	2.5
31.5~37.5	15	255±5	295±5	5.0	3.0
≥53	20	355±5	305±5	5.0	3.0

(3)平头铁锹。

(4)烘箱:能控温在105℃ ±5℃。

(5)振动台:频率为3000次/min ±200次/min,负荷下的振幅为0.35mm,空载时的振幅为0.5mm。

(6)捣棒:直径为16mm,长600mm,一端为圆头的钢棒。

(三)试验准备

按规定方法取样、缩分,质量应满足试验要求,在105℃ ±5℃的烘箱中烘干,也可以摊在清洁的地面上风干,拌匀后分成两份备用。

(四)试验步骤

1. 自然堆积密度

取试样1份,置于平整干净的水泥地(或铁板)上,用平头铁秋铲起试样,使石子自由落入容量筒内。此时,从铁锹的齐口至容量筒上口的距离应保持为50mm左右,装满容量筒并除去凸出筒口表面的颗粒,并以合适的颗粒填入凹陷空隙,使表面稍凸起部分和凹陷部分的体积大致相等,称取试样和容量筒总质量(m_2)。

2. 振实密度

按堆积密度试验步骤，将装满试样的容量筒放在振动台上，振动3min，或者将试样分三层装入容量筒：装完一层后，在筒底垫放一根直径为25mm的圆钢筋，将筒按住，左右交替颠击地面各25下；然后装入第二层，用同样的方法颠实（但筒底所垫钢筋的方向应与第一层放置方向垂直）；然后再装入第三层，如法颠实；待三层试样装填完毕后，加料填到试样超出容量筒口，用钢筋沿筒口边缘滚转，刮下高出筒口的颗粒，用合适的颗粒填平凹处，使表面稍凸起部分和凹陷部分的体积大致相等，称取试样和容量筒总质量（m_2）。

3. 捣实密度

根据沥青混合料的类型和公称最大粒径，确定起骨架作用的关键性筛孔（通常为4.75mm或2.36mm等）。将矿料混合料中此筛孔以上颗粒筛出，作为试样装入符合要求规格的容器中达1/3的高度，由边至中用捣棒均匀捣实25次。再向容器中装入1/3高度的试样，用捣棒均匀地捣实25次，捣实深度约至下层的表面。然后重复上一步骤，加最后一层，捣实25次，使集料与容器口齐平。用合适的集料填充表面的大空隙，用直尺大体刮平，目测估计表面凸起的部分与凹陷的部分的容积大致相等，称取容量筒与试样的总质量（m_2）。

4. 容量筒容积的标定

用水装满容量筒，测量水温、擦干筒外壁的水分，称取容量筒与水的总质量（m_w），并按水的密度对容量筒的容积作校正。

（五）计算

（1）容量筒的容积按式（试1-15）计算。

$$V=\frac{m_w-m_1}{\rho_T} \qquad \text{（试1-15）}$$

式中：V——容量筒的容积（L）；

m_1——容量筒的质量（kg）；

m_w——容量筒与水的总质量（kg）；

ρ_T——试验温度 T 时水的密度（g/cm^3），按试表1-3选用。

（2）堆积密度（包括自然堆积状态、振实状态、捣实状态下的堆积密度）按式（试1-16）计算至小数点后2位。

$$\rho=\frac{m_2-m_1}{V} \qquad \text{（试1-16）}$$

式中：ρ——与各种状态的对应的堆积密度（t/m^3）；

m_1——容量筒的质量（kg）；

m_2——容量筒与试样的总质量（kg）；

V——容量筒的容积（L）。

（3）水泥混凝土用粗集料振实状态下的空隙率按式（试1-17）计算。

$$V_c=\left(1-\frac{\rho}{\rho_a}\right)\times 100 \qquad \text{（试1-17）}$$

式中：V_c——水泥混凝土用粗集料的空隙率(%)；

ρ_a——粗集料的表观密度(t/m³)；

ρ——按振实法测定的粗集料的堆积密度(t/m³)。

(4)沥青混合料用粗集料骨架捣实状态下的间隙率按式(试1-18)计算。

$$VCA_{DRC} = \left(1 - \frac{\rho}{\rho_b}\right) \times 100 \qquad (试1\text{-}18)$$

式中：VCA_{DRC}——捣实状态下粗集料骨架间隙率(%)；

ρ_b——按网篮法测定的粗集料的毛体积密度(t/m³)；

ρ——按捣实法测定的粗集料的自然堆积密度(t/m³)。

以两次平行试验结果的平均值作为测定值。

1-5 水泥混凝土用粗集料针片状颗粒含量试验（规准仪法）（JTG E42—2005/T 0311—2005）

（一）目的与适用范围

(1)本方法适用于测定水泥混凝土使用的4.75mm以上的粗集料的针状及片状颗粒含量，以百分率计。

(2)本方法测定的针片状颗粒，是指使用专用规准仪测定的粗集料颗粒的最小厚度(或直径)方向与最大长度(或宽度)方向的尺寸之比小于一定比例的颗粒。

(3)本方法测定的粗集料中针片状颗粒的含量，可用于评价集料的形状及其在工程中的适用性。

（二）仪器设备

(1)水泥混凝土集料针状规准仪和片状规准仪如试图1-3所示，片状规准仪的钢板基板厚度为3mm，其尺寸应符合试表1-5的要求。

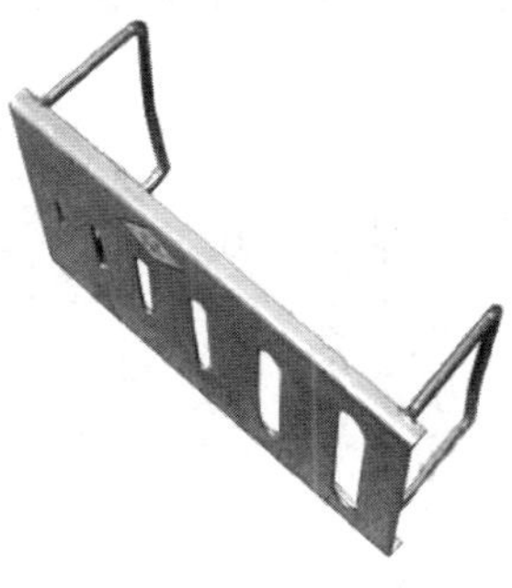

a)

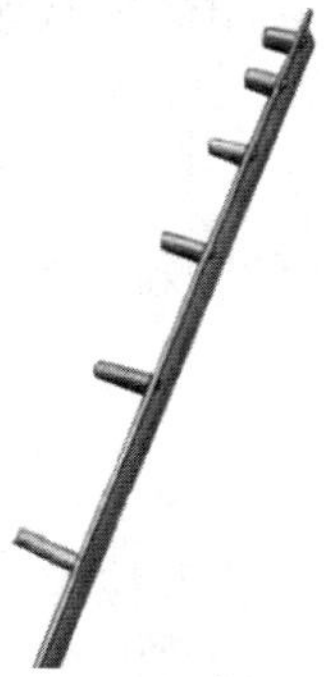

b)

试图1-3 针状、片状规准仪

a)片状规准仪；b)针状规准仪

水泥混凝土集料针、片状颗粒试验的粒级划分及其相应的规准仪孔宽或间距 试表 1-5

粒级(方孔筛)(mm)	4.75~9.5	9.5~16	16~19	19~26.5	26.5~31.5	31.5~37.5
针状规准仪上相对应的立柱之间的间距(mm)	17.1(B_1)	30.6(B_2)	42.0(B_3)	54.6(B_4)	69.6(B_5)	82.8(B_6)
片状规准仪上相对应的孔宽(mm)	2.8(A_1)	5.1(A_2)	7.0(A_3)	9.1(A_4)	11.6(A_5)	13.8(A_6)

(2)天平或台秤:感量不大于称量值的0.1%。

(3)标准筛:孔径分别为4.75mm、9.5mm、16mm、19mm、26.5mm、31.5mm、37.5mm,试验时,根据需要选用。

(三)试验准备

将来样在室内风干至表面干燥,并用四分法或分料器法缩分至满足试表1-2规定的质量,称量(m_0),然后筛分成试表1-6所规定的粒级备用。

针、片状颗粒试验所需的试样最小质量 试表 1-6

公称最大粒径(mm)	9.5	16	19	26.5	31.5	37.5
试样最小质量(kg)	0.3	1	2	3	5	10

(四)试验步骤

(1)目测挑出接近立方体形状的规则颗粒,将目测有可能属于针片状颗粒的集料按试表1-5所规定的粒级用规准仪逐粒对试样进行针状颗粒鉴定,挑出颗粒长度大于针状规准仪上相应间距而不能通过者,为针状颗粒。

(2)将通过针状规准仪上相应间距的非针状颗粒逐粒对试样进行片状颗粒鉴定,挑出厚度小于片状规准仪上相应孔宽能通过者,为片状颗粒。

(3)称量由各粒级挑出的针状颗粒和片状颗粒的质量,其总质量为m_1。

(五)计算

碎石或砾石中针片状颗粒含量按(试1-19)计算,精确至0.1%。

$$Q_e = \frac{m_1}{m_0} \times 100 \tag{试 1-19}$$

式中:Q_e——试样的针片状颗粒含量(%);

m_1——试样中所含针状颗粒和片状颗粒的总质量(g);

m_0——试样总质量(g)。

注:如果需要,可分别计算针状颗粒和片状颗粒的含量百分数。

1-6 粗集料针片状颗粒含量试验(游标卡尺法)(JTG E42—2005/T 0312—2005)

(一)目的与适用范围

(1)本方法适用于测定粗集料的针状及片状颗粒含量,以百分率计。

(2)本方法测定的针片状颗粒,是指用游标卡尺测定的粗集料颗粒的最大长度(或宽度)方向与最小厚度(或直径)方向的尺寸之比大于3倍的颗粒。有特殊要求采用其他比例时,应在试验报告中注明。

(3)本方法测定的粗集料中针片状颗粒的含量,可用于评价集料的形状和抗压碎的能力,以评定石料生产厂家的生产水平及该材料在工程中的适用性。

(二)仪器设备

(1)标准筛:方孔筛4.75mm。

(2)游标卡尺:精密度为0.1mm(试图1-4)。

(3)天平:感量不大于1g。

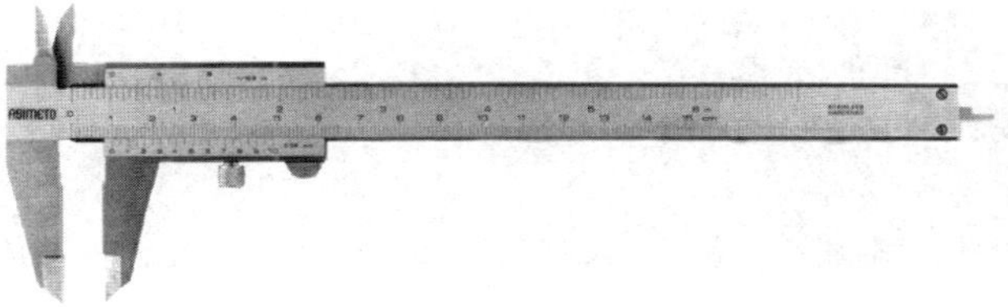

试图1-4 游标卡尺

(三)试验步骤

(1)按现行集料随机取样的方法,采集粗集料试样。按分料器法或四分法选取1kg左右的试样。对每一种规格的粗集料,应按照不同的公称粒径,分别取样检验。

(2)用4.75mm标准筛将试样过筛,取筛上部分供试验用,称取试样的总质量 m_0,准确至1g。试样数量应不少于800g,并不少于100颗。

(3)将试样平摊于桌面上,首先用目测挑出接近立方体的颗粒,剩下可能属于针状(细长)和片状(扁平)的颗粒。

(4)按试图1-5所示的方法将欲测量的颗粒放在桌面上,呈稳定的状态,图中颗粒平面方向的最大长度为 l,侧面厚度的最大尺寸为 t,颗粒最大宽度为 $w(t < w < L)$,用卡尺逐颗测量石料的长度 l 及 t,将 $L/t \geqslant 3$ 的颗粒(即最大长度方向与最大厚度方向的尺寸之比大于3的颗

粒）分别挑出作为针片状颗粒。称取针片状颗粒的质量 m_1，准确至1g。

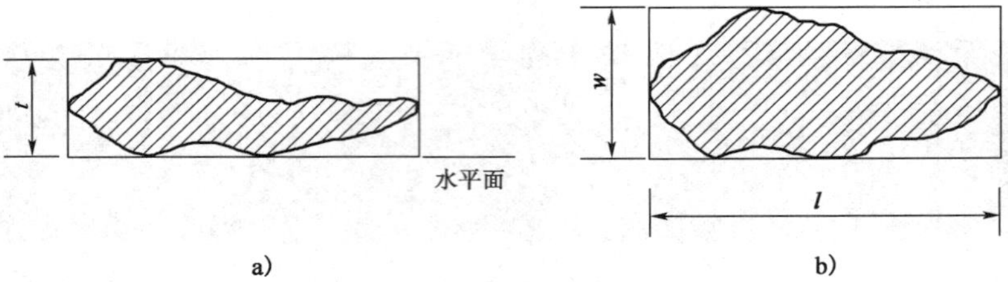

试图1-5 针片状颗粒稳定状态
a)侧面图;b)平面图

(四)计算

按式(试1-20)计算针片状颗粒含量。

$$Q_e = \frac{m_1}{m_0} \times 100 \tag{试1-20}$$

式中：Q_e——针片状颗粒含量(%)；

m_1——针片状颗粒的质量(g)；

m_0——试验用的集料的总质量(g)。

试验要平行测定两次，计算两次结果的平均值，如两次结果之差小于平均值的20%，取平均值为试验值；如大于或等于20%，应追加测定一次，取三次结果的平均值为测定值。

1-7 粗集料压碎值试验(JTG E42—2005/T 0316—2005)

(一)目的与适用范围

集料压碎值用于衡量石料在逐渐增加的荷载下抵抗压碎的能力，是衡量石料力学性质的指标，以评定其在公路工程中的适用性。

(二)仪器设备

(1)石料压碎值试验仪：由内径150mm、两端开口的钢制圆形试筒、压柱和底板组成，如试图1-6所示。试筒内壁、压柱的底面及底板的上表面等与石料接触的表面都应进行热处理，使表面硬化，达到维氏硬度65°并保持光滑状态。

试图1-6 压碎指标值测定仪

(2)金属棒：直径10mm，长450～600mm，一端加工成半球形。

(3)天平：称量2～3kg，感量不大于1g。

(4)标准筛:筛孔尺寸 13.2mm、9.5mm、2.36mm 方孔筛各一个。

(5)压力机:500kN,应能在 10min 内达到 400kN。

(6)金属筒:圆柱形,内径 112mm,高 179.4mm,容积为 $1767cm^3$。

(三)试验准备

(1)采用风干石料用 13.2mm 和 9.5mm 标准筛过筛,取 9.5 ~ 13.2mm 的试样 3 组各 3000g,供试验用。如过于潮湿需加热烘干时,烘箱温度不得超过 100℃,烘干时间不超过 4h。试验前,石料应冷却至室温。

(2)每次试验的石料数量应满足按下述方法夯击后石料在试筒内的深度为 100mm。

在金属筒中确定石料数量的方法如下:

将试样分 3 次(每次数量大体相同)均匀装入试模中,每次均将试样表面整平,用金属棒的半球面端从石料表面上均匀捣实 25 次。最后用金属棒作为直刮刀将表面仔细整平。称取量筒中试样质量(m_0),以相同质量的试样进行压碎值的平行试验。

(四)试验步骤

(1)将试筒安放在底板上。

(2)将要求质量的试样分 3 次(每次数量大体相同)均匀放入试模中,每次均将试样表面整平,用金属棒的半球面端从石料表面上均匀捣实 25 次。最后用金属棒作为直刮刀将表面仔细整平。

(3)将装有试样的试模放到压力机上,同时加压头放入试筒内石料面上,注意使压头摆平,勿楔挤试模侧壁。

(4)开动压力机,均匀地施加荷载,在 10min 左右的时间内达到总荷载 400kN,稳压 5s,然后卸荷。

(5)将试模从压力机上取下,取出试样。

(6)用 2.36mm 标准筛筛分经压碎的全部试样,可分几次筛分,均需筛到在 1min 内无明显的筛出物为止。

(7)称取通过 2.36mm 筛孔的全部细料质量(m_1),准确至 1g。

(五)计算

石料压碎值按式(试 1-21)计算,准确至 0.1%。

$$Q'_a = \frac{m_1}{m_0} \times 100 \qquad (试 1\text{-}21)$$

式中:Q'_a——石料压碎值(%);

m_0——试验前试样质量(g);

m_1——试验后通过 2.36mm 筛孔的细料质量(g)。

以 3 个试样平行试验结果的算术平均值作为压碎值的测定值。

1-8 粗集料磨耗试验（洛杉矶法）（JTG E42—2005/T 0317—2005）

粗集料磨耗试验见**资源31**。

31-粗集料磨耗试验

（一）目的与适用范围

（1）测定标准条件下粗集料抵抗摩擦、撞击的综合能力，以磨耗损失（%）表示。

（2）本方法适用于各种等级规格集料的磨耗试验。

（二）仪器设备

（1）洛杉矶磨耗试验机：圆筒内径710mm ±5mm，内侧长510mm ±5mm，两端封闭，投料口的钢盖通过紧固螺栓和橡胶垫与钢筒紧闭密封。钢筒的回转速率为30 ~ 33r/min。

（2）钢球：直径约4.68mm，质量为390 ~ 445g，大小稍有不同。以便按要求组合成符合要求的总质量。

（3）台秤：感量5g。

（4）标准筛：符合要求的标准筛系列，以及筛孔为1.7mm的方孔筛一个。

（5）烘箱：能使温度控制在105℃ ±5℃范围内。

（6）容器：搪瓷盘等。

（三）试验步骤

（1）将不同规格的集料用水冲洗干净，置烘箱中烘干至恒重。

（2）对所使用的集料，根据实际情况按试表1-7选择最接近的粒级类别，确定相应的试验条件，按规定的粒级组成备料、筛分。其中，水泥混凝土用集料宜采用A级粒度；用于沥青路面及各种基层、底基层的粗集料，表中的16mm筛孔也可用13.2mm筛孔代替。对非规格材料，应根据材料的实际粒度，从试表1-7中选择最接近的粒级类别及试验条件。

粗集料洛杉矶试验条件 试表1-7

粒度类别	粒级组成（mm）	试样质量（g）	试样总质量（g）	钢球数量（个）	钢球总质量（g）	转动次数（转）	适用于粗集料	
							规格	公称粒径（mm）
A	26.5 ~ 37.5 19.0 ~ 26.5 16.0 ~ 19.0 9.5 ~ 16.0	1250 ±25 1250 ±25 1250 ±10 1250 ±10	5000 ±10	12	5000 ±25	500	—	—
B	19.0 ~ 26.5 16.0 ~ 19.0	2500 ±10 2500 ±10	5000 ±10	11	4850 ±25	500	S6 S7 S8	15 ~ 30 10 ~ 30 15 ~ 25

续上表

粒度类别	粒级组成 (mm)	试样质量 (g)	试样总质量 (g)	钢球数量 (个)	钢球总质量 (g)	转动次数 (转)	适用于粗集料	
							规格	公称粒径 (mm)
C	4.75 ~ 9.5 9.5 ~ 16.0	2500 ± 10 2500 ± 10	5000 ± 10	8	3330 ± 20	500	S9 S10 S11 S12	10 ~ 20 10 ~ 15 5 ~ 15 5 ~ 10
D	2.36 ~ 4.75	5000 ± 10	5000 ± 10	6	2500 ± 15	500	S13 S14	3 ~ 10 3 ~ 5
E	63 ~ 75 53 ~ 63 37.5 ~ 53	2500 ± 50 2500 ± 50 5000 ± 50	10000 ± 100	12	5000 ± 25	1000	S1 S2	40 ~ 75 40 ~ 60
F	37.5 ~ 53 26.5 ~ 37.5	5000 ± 50 5000 ± 25	10000 ± 75	12	5000 ± 25	1000	S3 S4	30 ~ 60 25 ~ 50
G	26.5 ~ 37.5 19 ~ 26.5	5000 ± 25 5000 ± 25	10000 ± 50	12	5000 ± 25	1000	S5	20 ~ 40

(3)分级称量(准确至5g),称取总质量(m_1),装入磨耗机圆筒中。

(4)选择钢球,使钢球的数量及总质量符合试表1-7中规定。将钢球加入钢筒中,盖好筒盖,紧固密封。

(5)将计数器调整到零位,设定要求的回转次数,对水泥混凝土集料,回转次数为500转,对沥青混合料集料,回转次数应符合试表1-7的要求。开动磨耗机,以30 ~ 33r/min转速转动至要求的回转次数为止。

(6)取出钢球,将经过磨耗后的试样从投料口倒入接受容器(搪瓷盘)中。

(7)将试样用1.7mm的方孔筛过筛,筛去试样中被撞击磨碎的细屑。

(8)用水冲干净留在筛上的碎石,置于105℃ ±5℃烘箱中烘干至恒重(通常不少于4h),准确称量(m_2)。

(四)计算

(1)按式(试1-22)计算粗集料洛杉矶磨耗损失,准确至0.1%。

$$Q = \frac{m_1 - m_2}{m_1} \times 100\% \qquad (试1\text{-}22)$$

式中:Q——洛杉矶磨耗损失(%);

m_1——装入圆筒中试样质量(g);

m_2——试验后在1.7mm筛上洗净烘干的试样质量(g)。

(2)试验报告应记录所使用的粒级类别和试验条件。

粗集料的磨耗损失取两次平行试验结果的算术平均值为测定值,两次试验的差值应不大于2%,否则须重做试验。

1-9 细集料筛分试验(JTG E42—2005/T 0327—2005)

(一)目的与适用范围

测定细集料(天然砂、人工砂、石屑)的颗粒级配及粗细程度。对水泥混凝土用细集料可采用干筛法,如果需要也可采用水洗法筛分。对沥青混合料及基层用细集料必须用水洗法筛分。

注:当细集料中含有粗集料时,可参照此方法用水洗法筛分,但需特别注意保护标准筛筛面不遭损坏。

(二)仪器设备

(1)标准筛(试图1-1)。
(2)天平:称量1000g,感量不大于0.5g。
(3)摇筛机。
(4)烘箱:能控温在105℃ ±5℃。
(5)其他:浅盘和硬、软毛刷等。

(三)试验准备

根据样品中最大粒径的大小,选用适宜的标准筛,通常为9.5mm筛(水泥混凝土用天然砂)或4.75mm筛(沥青路面及基层用的天然砂、石屑、机制砂等),筛除其中超粒径材料。然后将样品在潮湿状态下充分拌匀,用分料器法或四分法缩分至每份不少于550g的试样两份,在105℃ ±5℃的烘箱中烘干至恒重,冷却至室温后备用。

注:恒重系指相邻两次称量间隔时间大于3h(通常不少于6h)的情况下,前后两次称量之差小于该项试验所要求的称量精度。

(四)试验步骤

1. 干筛法试验步骤

(1)准确称取烘干试样约500g(m_1),准确至0.5g。置于套筛的最上面一只筛,即4.75mm筛上,将套筛将入摇筛机,摇筛约10min,然后取出套筛,再按筛孔大小顺序,从最大的筛号开始,在清洁的浅盘上逐个进行手筛,直到每分钟的筛出量不超过筛上剩余量的0.1%时为止,将筛出通过的颗粒并入下一号筛,和下一号筛中的试样一起过筛,以此顺序进行至各号筛全部筛完为止。

注:①试样如为特细砂时,试样质量可减少到100g。
②如试样含泥量超过5%,不宜采用干筛法。
③无摇筛机时,可直接用手筛。

(2)称量各筛筛余试样的质量,精确至0.5g。所有各筛的分计筛余量和底盘中剩余量的总量与筛分前的试样总量相差不得超过后者的1%。

2. 水洗法试验步骤

(1)准确称取烘干试样约500g(m_1),准确至0.5g。

(2)将试样置于洁净容器中,加入足够数量的洁净水,将集料全部淹没。

(3)用搅棒充分搅动集料,使集料表面洗涤干净,将细粉悬浮在水中,但不得有集料从水中溅出。

(4)用1.18mm筛及0.075mm筛组成套筛。仔细将容器中混有细粉的悬浮液徐徐倒出,经过套筛流入另一容器中,但不得将集料倒出。

注:不可直接倒至0.075mm筛上,以免集料掉出损坏筛面。

(5)重复(2)~(4)步骤,直至倒出的水洁净且小于0.075mm的颗粒全部倒出为止。

(6)将容器中的集料倒入搪瓷盘中,用少量水冲洗,使容器上沾附的集料颗粒全部进入搪瓷盘中。将筛子反扣过来,用少量的水将筛上的集料冲洗入搪瓷盘中。操作过程中不得有集料散失。

(7)将搪瓷盘连同集料一起置于105℃±5℃的烘箱中烘干至恒重,称取干燥集料试样的总质量(m_2),准确至0.1%。m_1与m_2之差即为通过0.075mm筛部分。

(8)将全部要求筛孔组成套筛(但不需0.075mm筛),将已经洗去小于0.075mm部分的干燥集料置于套筛上(通常为4.75mm筛),将套筛装入摇筛机,摇筛约10min,然后取出套筛,再按筛孔大小顺序,从最大的筛号开始,在清洁的浅盘上逐个进行手筛,直至每分钟的筛出量不超过筛上剩余量的0.1%时为止,将筛出通过的颗粒并入下一号筛,和下一号筛中的试样一起过筛,这样顺序进行,直至各号筛全部筛完为止。

(9)称量各筛筛余试样的质量,精确至0.5g。所有各筛的分计筛余量和底盘中剩余量的总质量与筛分前后试样总量m_2相比的差值不得超过后者的1%。

(五)计算

(1)计算分计筛余百分率。各号筛的分计筛余百分率为各号筛上的筛余量除以试样总量(m_1)的百分率,准确至0.1%。对沥青路面细集料而言,0.15mm筛下部分即为0.075mm的分计筛余,由步骤(7)测得的m_1与m_2之差即为小于0.075mm的筛底部分。

(2)计算累计筛余百分率。各号筛的累计筛余百分率为该号筛及大于该号筛的各号筛的分计筛余百分率之和,准确至0.1%。

(3)计算质量通过百分率。各号筛的质量通过百分率等于100减去该号筛的累计筛余百分率,准确至0.1%。

(4)根据各筛的累计筛余百分率或通过百分率,绘制级配曲线。

(5)天然砂的细度模数按式(试1-23)计算,准确至0.01。

$$M_x = \frac{(A_{0.15} + A_{0.3} + A_{0.6} + A_{1.18} + A_{2.36}) - 5A_{4.75}}{100 - A_{4.75}} \qquad (试1\text{-}23)$$

式中:M_x——砂的细度模数;

$A_{0.15}$、$A_{0.3}$…$A_{4.75}$——分别为0.15mm、0.3mm……4.75mm各筛上的累计筛余百分率(%)。

(6)应进行两次平行试验，以试验结果的算术平均值作为测定值。如两次试验所得的细度模数之差大于0.2，应重新进行试验。

1-10 细集料表观密度试验(容量瓶法)(JTG E42—2005/T 0328—2005)

(一)目的与适用范围

用容量法测定细集料(天然砂、石屑、机制砂)在23℃时对水的表观相对密度和表观密度。本方法适用于含有少量大于2.36mm部分的细集料。

(二)仪器设备

(1)天平：称量1kg，感量不大于1g。
(2)容量瓶：500mL。
(3)烘箱：能控温在105℃ ±5℃。
(4)烧杯：500mL。
(5)其他：干燥器、浅盘、铝制料勺、温度计、洁净水等。

(三)试验准备

将缩分至650g左右的试样在温度为105℃ ±5℃的烘箱中烘干至恒重，并在干燥器内冷却至室温，分成两份备用。

(四)试验步骤

(1)称取烘干的试样约300g(m_0)，装入盛有半瓶洁净水的容量瓶中。

(2)摇转容量瓶，使试样在已保温至23℃ ±1.7℃的水中充分搅动以排除气泡，塞紧瓶塞，在恒温条件下静置24h左右，然后用滴管添水，使水面与瓶颈刻度线平齐，再塞紧瓶塞，擦干瓶外水分，称其总质量(m_2)。

(3)倒出瓶中的水和试样，将瓶的内外表面洗净，再向瓶内注入同样温度的洁净水(温差不超过2℃)至瓶颈刻度线，塞紧瓶塞，擦干瓶外水分，称其总质量(m_1)。

注：在砂的表观密度试验过程中应测量并控制水的温度，试验期间的温差不得超过1℃。

(五)计算

(1)细集料的表观相对密度按式(试1-24)计算至小数点后3位。

$$\gamma_a = \frac{m_0}{m_0 + m_1 - m_2} \qquad (试1\text{-}24)$$

式中：γ_a——细集料的表观相对密度(无量纲)；

m_0——试样的烘干质量(g);

m_1——水及容量瓶总质量(g);

m_2——试样、水及容量瓶总质量(g)。

(2)表观密度ρ_a按式(试1-25)计算,准确至小数点后3位。

$$\rho_a = \gamma_a \times \rho_T \text{或} \rho_a = (\gamma_a - \alpha_T) \times \rho_w \tag{试1-25}$$

式中:ρ_a——细集料的表观密度(g/cm^3);

ρ_T——试验温度T时水的密度(g/cm^3),按试表1-3取用;

α_T——试验时水温对水的密度影响的修正系数,按试表1-3取用;

ρ_w——水在4℃时的密度(g/cm^3)。

以两次平行试验结果的算术平均值作为测定值,如两次结果之差值大于$0.01g/cm^3$,应重新取样进行试验。

1-11 细集料堆积密度及紧装密度试验(JTG E42—2005/T 0331—1994)

(一)目的与适用范围

测定砂自然状态下的堆积密度、紧装密度及空隙率。

(二)仪器设备

(1)台秤:称量5kg,感量5g。

(2)容量筒:金属制,圆筒形,内径108mm,净高109mm,筒壁厚2mm,筒底厚5mm,容积为1L。

(3)标准漏斗(试图1-7)。

试图1-7 标准漏斗

(4)烘箱:能使温度控制在105℃±5℃。

(5)其他:小勺、直尺、浅盘等。

（三）试验准备

（1）试样准备：用浅盘装来样约5kg，在温度为105℃ ±5℃的烘箱中烘干至恒量，取出并冷却至室温，分成大致相等的两份备用。

（2）容量筒容积的校正方法：以温度为20℃ ±5℃的洁净水装满容量筒，用玻璃板沿筒口滑移，使其紧贴水面，玻璃板与水面之间不得有空隙。擦干筒外壁水分，然后称量，用式（试1-26）计算容量筒的容积 V(mL)。

$$V = m'_2 - m'_1 \tag{试1-26}$$

式中：m'_1——容量筒和玻璃板总质量（g）；

m'_2——容量筒、玻璃板和水总质量（g）。

注：试样烘干后如有结块，应在试验前先予捏碎。

（四）试验步骤

（1）堆积密度：将试样装入漏斗中，打开底部的活动门，将砂流入容量筒中，也可直接用小勺向容量筒中装试样，但漏斗出料口或料勺距容量筒筒口均应为50mm左右，试样装满并超出容量筒筒口后，用直尺将多余的试样沿筒口中心线向两个相反方向刮平，称取质量（m_1）。

（2）紧装密度：取试样1份，分两层装入容量筒，装完一层后，在筒底垫放一根直径为10mm的钢筋，将筒按住，左右交替颠击地面各25下，然后再装入第二层。第二层装满后用同样方法颠实（但筒底垫钢筋的方向应与第一层放置方向垂直）。两层装完并颠实后，添加试样试样超出容量筒筒口，然后用直尺将多余的试样沿筒口中心线向两个相反方向刮平，称其质量（m_2）。

（五）计算

（1）堆积密度及紧装密度分别按式（试1-27）和式（试1-28）计算至小数点后3位。

$$\rho = \frac{m_1 - m_0}{V} \tag{试1-27}$$

$$\rho' = \frac{m_2 - m_0}{V} \tag{试1-28}$$

式中：ρ——砂的堆积密度（g/cm^3）；

ρ'——砂的紧装密度（g/cm^3）；

m_0——容量筒的质量（g）；

m_1——容量筒和堆积砂的总质量（g）；

m_2——容量筒和紧装砂的总质量（g）；

V——容量筒容积（mL）。

（2）砂的空隙率按式（试1-29）计算，精确至0.1%。

$$n = \left(1 - \frac{\rho}{\rho_a}\right) \times 100 \tag{试1-29}$$

式中：n——砂的空隙率（%）；

ρ——砂的堆积或紧装密度(g/cm^3);

ρ_a——砂的表观密度(g/cm^3)。

以两次试验结果的算术平均值作为测定值。

1-12 矿粉密度试验(JTG E42—2005/T 0352—2000)

(一)目的与适用范围

用于检验矿粉的质量,供沥青混合料配合比设计计算使用,同时适用于测定供拌制沥青混合料用的其他填料如水泥、石灰、粉煤灰的相对密度。

(二)仪器设备

(1)李氏比重瓶:容量为250mL或300mL。

(2)天平:感量不大于0.01g。

(3)烘箱:能控温在105℃±5℃。

(4)恒温水槽:能控温在20℃±0.5℃。

(5)其他:瓷皿、小牛角匙、干燥器、漏斗等。

(三)试验步骤

(1)将代表性矿粉试样置瓷皿中,在105℃烘箱中烘干至恒重(一般不少于6h),放入干燥器中冷却后,连同小牛角匙、漏斗一起准确称量(m_1),准确至0.01g,矿粉质量应不少于200g。

(2)向比重瓶中注入蒸馏水,至刻度0~1mL之间,将比重瓶放入20℃的恒温水槽中,静放至比重瓶中的水温不再变化为止(一般不少于2h),读取比重瓶中水面的刻度(V_1),准确至0.02mL。

(3)用小牛角匙将矿粉试样通过漏斗徐徐加入比重瓶中,待比重瓶中水的液面上升至接近比重瓶的最大读数时为止,轻轻摇晃比重瓶,使瓶中的空气充分逸出。再次将比重瓶放入恒温水槽中,待温度不再变化时,读取比重瓶的读数(V_2),准确至0.02mL。整个试验过程中,比重瓶中的水温变化不得超过1℃。

(4)准确称取牛角匙、瓷皿、漏斗及剩余矿粉的质量(m_2),准确至0.01g。

注:对亲水性矿粉应采用煤油作介质测定,方法相同。

(四)计算

(1)按式(试1-30)及式(试1-31)计算矿粉的密度和相对密度,精确至小数点后3位。

$$\rho_f = \frac{m_1 - m_2}{V_2 - V_1} \quad (试1\text{-}30)$$

$$\gamma_f = \frac{\rho_f}{\rho'_w} \quad (试1\text{-}31)$$

式中：ρ_f——矿粉的密度（g/cm^3）；

γ_f——矿粉对水的相对密度，无量纲；

m_1——牛角匙、瓷皿、漏斗及试验前瓷器中矿粉的干燥质量（g）；

m_2——牛角匙、瓷皿、漏斗及试验后瓷器中矿粉的干燥质量（g）；

V_1——加矿粉以前比重瓶的初读数（mL）；

V_2——加矿粉以后比重瓶的初读数（mL）；

ρ'_w——试验温度时水的密度，按试表1-3取用。

（2）同一试样应平行试验两次，取平均值作为试验结果。两次试验结果的差值不得大于0.01（g/cm^3）。

第二章
CHAPTER TWO

石灰与水泥试验

2-1 石灰有效氧化钙和氧化镁的测定

一、石灰有效氧化钙的测定(JTG E51—2009/T 0811—1994)

(一)目的与适用范围

本方法适用于测定各种石灰的有效氧化钙含量。

(二)仪器设备

筛子;烘箱;干燥器;称量瓶10个;瓷研钵1个;分析天平1台;架盘天平:感量0.1g,1台;玻璃珠:ϕ3mm,1袋;三角瓶:250mL,1个;量筒:50mL,1个;酸滴定管:50mL,2支;滴定架。

(三)试验准备

1.试剂

(1)蔗糖(分析纯)。

(2)酚酞指示剂。

(3)0.1%甲基橙水溶液:称取0.05g甲基橙,溶于50mL蒸馏水(40~50℃)中。

(4)盐酸标准溶液(相当于0.5mol/L):将42mL浓盐酸(相对密度1.19)稀释至1L,按下述方法标定其摩尔浓度备用。

称取0.8~1.0g(准确至0.0001g)已在180℃烘干2h的碳酸钠(优级纯或基准级)记录为m,置于250mL三角瓶中,加入100mL水使其完全溶解。然后加入2~3滴0.1%甲基橙指示剂,记录滴定管中待标定盐酸标准溶液的体积V_1,用待标定的盐酸标准溶液滴定至碳酸钠溶液由黄色变为橙红色。将溶液加热至微沸,并保持微沸3min,然后放在冷水中冷却至室温,如此时橙红色变为黄色,则再用盐酸标准溶液滴定,直至溶液出现稳定橙红色时为止,记录滴定管中盐酸标准溶液的体积 V_2。V_1、V_2的差值即为盐酸标准溶液的消耗量 V。

盐酸标准溶液的摩尔浓度按式(试 2-1)计算：

$$M=\frac{m}{V\times 0.053} \quad \text{(试 2-1)}$$

式中：M——盐酸标准溶液的摩尔浓度(mol/L)；

m——称取碳酸钠的质量(g)；

V——滴定时消耗盐酸标准溶液的体积(mL)；

0.053——与 1.00mL 盐酸标准溶液[$C(HCl)=1.000$mol/L]相当的以克表示的无水碳酸钠的质量。

注：该处盐酸标准溶液的浓度相当于 1mol/L 标准浓度的一半。

2. 准备试样

(1)生石灰试样。将生石灰样品打碎，使颗粒不大于 1.18mm。用四分法缩减至 200g 左右研细。再经四分法缩至 20g 左右，使试样通过 0.15mm(方孔筛)的筛。从此试样中挑取 10 余克，置于称量瓶中在 105℃烘箱内烘至恒重，储于干燥器中，供试验用。

(2)消石灰试样。将消石灰样品用四分法缩减至 10 余克。如有大颗粒存在，须在瓷研钵中磨细至无不均匀颗粒存在为止。然后置于称量瓶中，在 105℃烘箱内烘至恒量，储于干燥器中，供试验用。

(四)试验步骤

(1)称取约 0.5g(用减量法称量，准确至 0.0001g)试样，记录为 m_1，置于干燥的 250mL 具塞三角瓶中，取 5g 蔗糖覆盖在试样表面，投入干玻璃珠 15 个，迅速加入新煮沸并已冷却的蒸馏水 50mL，立即加塞振荡 15min(如有试样结块或黏于瓶壁现象，则应重新取样)。

(2)打开瓶塞，加入 2～3 滴酚酞指示剂，记录滴定管中待标定盐酸标准溶液的体积 V_3，用已标定的约 0.5mol/L 盐酸标准溶液滴定(滴定速度以 2～3 滴/s 为宜)，至溶液的粉红色显著消失并在 30s 内不再复现即为终点，记录滴定管中盐酸标准溶液的体积 V_4。V_3、V_4的差值即为盐酸标准溶液的消耗量 V_5。

(五)计算

有效氧化钙的含量按式(试 2-2)计算。

$$X=\frac{V_5\times M\times 0.028}{m_1}\times 100 \quad \text{(试 2-2)}$$

式中：X——有效氧化钙的含量(%)；

V_5——滴定时消耗盐酸标准溶液的体积(mL)；

M——盐酸标准溶液的摩尔浓度(mol/L)；

0.028——氧化钙毫克当量；

m_1——试样质量(g)。

对同一石灰样品至少应选两个试样并进行两次测定，取两次结果的平均值代表最终结果。石灰中氧化钙和有效钙含量在 30% 以下的允许重复性误差为 0.40，30%～50% 的为0.50，大于50%的为0.60。

二、石灰氧化镁的测定(JTG E51—2009/T 0812—1994)

(一)目的与适用范围

本方法适用于测定各种石灰的总氧化镁含量。

(二)仪器设备

电炉:1500W1个;石棉网;三角瓶:300mL10个、250mL20个;容量瓶:250mL、1000mL各1个;量筒:200mL、100mL、5mL各1个;试剂瓶:250mL、1000mL各5个;烧杯:250mL10个、50mL5个;棕色广口瓶;大肚移液管:25mL、50mL各1支;表面皿10块;洗耳球:大、小各1个;玻璃棒、吸水管数支;试剂勺若干个。

(三)试验准备

1.试剂

(1)1:10盐酸:将1体积盐酸(相对密度1.19)以10体积蒸馏水稀释。

(2)氢氧化铵—氯化铵缓冲溶液:将67.5g氯化铵溶于300mL无二氧化碳蒸馏水中,加入氢氧化铵(相对密度为0.90)570mL,然后用水稀释至1000mL。

(3)酸性铬蓝K-萘酚绿B(1:2.5)混合指示剂:称取0.3g酸性铬蓝K和0.75g萘酚绿B与50g已在105℃烘干的硝酸钾混合研细,保存于棕色广口瓶中。

(4)EDTA二钠标准溶液:将10g EDTA二钠溶于40~50℃蒸馏水中,待全部溶解并冷却至室温后,用水稀释至1000mL。

(5)氧化钙标准溶液:精确称取1.7848g在105℃烘干(2h)的碳酸钙(优级纯),置于250mL烧杯中,盖上表面皿,滴入1:10盐酸100mL,加热溶解,待溶液冷却后,移入1000mL的容量瓶中,用新煮沸冷却后的蒸馏水稀释至刻度摇匀。此溶液每毫升Ca^{2+}相当于1mg氧化钙的Ca^{2+}含量。

(6)20%氢氧化钠溶液:将20g氢氧化钠溶于80mL蒸馏水中。

(7)钙指示剂:将0.2g钙试剂羟酸钠和20g已在105℃烘干的硫酸钾混合研细,保存于棕色广口瓶中。

(8)10%酒石酸钾钠溶液:将10g酒石酸钾钠溶于90mL蒸馏水中。

(9)三乙醇胺(1:2)溶液:将1体积三乙醇胺以2体积蒸馏水稀释摇匀。

2.EDTA二钠标准溶液与氧化钙和氧化镁关系的标定

(1)精确吸取V_1=50mL氧化钙标准溶液放入300mL三角瓶中,用水稀释至100mL左右,然后加入钙指示剂约0.1g,以20%氢氧化钠溶液调整溶液碱度至出现酒红色,再过量加3~4mL。

(2)以EDTA二钠标准溶液滴定,直至溶液由酒红色变为纯蓝色为止。记录EDTA二钠标准溶液消耗量V_2。

EDTA 二钠标准溶液对氧化钙滴定度(T_{CaO})，即 1mL EDTA 二钠标准溶液相当于氧化钙的毫克数，按式(试 2-3)计算。

$$T_{CaO}=C\cdot\frac{V_1}{V_2} \tag{试 2-3}$$

式中：C——1mL 氧化钙标准溶液含有氧化钙的毫克数，等于 1；

V_1——吸取氧化钙标准溶液体积(mL)；

V_2——消耗 EDTA 二钠标准溶液体积(mL)。

EDTA 二钠标准溶液对氧化镁的滴定度(T_{MgO})，即 1mL EDTA 二钠标准溶液相当于氧化镁的毫克数，按式(试 2-4)计算。

$$T_{MgO}=T_{CaO}\times\frac{40.31}{56.08}=0.72T_{CaO} \tag{试 2-4}$$

3. 准备试样

(1)生石灰试样：将生石灰样品打碎，使颗粒不大于 1.18mm。用四分法缩减至 200g 左右研细。再经四分法缩至 20g 左右，通过 0.15mm(方孔筛)的筛。从此试样中挑取 10 余克，置于称量瓶中在 105℃烘箱内烘至恒重，储于干燥器中，供试验用。

(2)消石灰试样：将消石灰样品用四分法缩减至 10 余克。如有大颗粒存在，须在瓷研钵中磨细至无不均匀颗粒存在为止。置于称量瓶中在 105℃烘箱内烘至恒量，储于干燥器中，供试验用。

(四)试验步骤

(1)采用与有效氧化钙测定相同的方法，用称量瓶称取约 0.5g(准确至 0.0001g)试样并记录试样质量 m，放入 250mL 烧杯中，用蒸馏水湿润，加 1∶10 盐酸 30mL，用表面皿盖住烧杯，用电炉加热近沸并保持微沸 8～10min。用吸管吸取蒸馏水洗净表面皿，洗液倒入烧杯中。冷却后把烧杯内的沉淀及溶液移入 250mL 容量瓶中，加水至刻度，仔细摇匀静置。

(2)待溶液沉淀后，用移液管吸取 25mL 溶液，放入 250mL 三角瓶中，加 50mL 蒸馏水稀释。然后按顺序加酒石酸钾钠溶液 1mL、三乙醇胺溶液 5mL，再加入铵-铵缓冲溶液 10mL、酸性铬蓝 K-萘酚绿 B 指示剂约 0.1g，记录滴定管中初始 EDTA 二钠标准溶液体积 V_5。

(3)用 EDTA 二钠标准溶液滴定至溶液由酒红色变为纯蓝色时即为滴定终点，记录滴定管中 EDTA 二钠标准溶液体积 V_6，V_5、V_6的差值即为滴定钙镁合量的 EDTA 二钠标准溶液消耗量 V_3。

(4)再从前述同一容量瓶中，用移液管吸取 25mL 溶液，置于 300mL 三角瓶中，加 150mL 蒸馏水稀释。然后依次加入三乙醇胺溶液 5mL、20% 氢氧化钠溶液 5mL，放入约 0.1g 钙指示剂。此时溶液呈酒红色。

(5)用 EDTA 二钠标准溶液滴定，直至溶液由酒红色变为纯蓝色即为滴定终点，记录耗用 EDTA 二钠标准溶液体积 V_4。

(五)计算

氧化镁的百分含量按式(试 2-5)计算。

$$X = \frac{T_{MgO}(V_3 - V_4) \times 10}{m \times 1000} \times 100 \quad (试 2-5)$$

式中：X——氧化镁的含量(%)；

T_{MgO}——EDTA 二钠标准溶液对氧化镁的滴定度；

V_3——滴定钙、镁含量消耗 EDTA 二钠标准溶液的体积(mL)；

V_4——滴定钙消耗 EDTA 二钠标准溶液的体积(mL)；

10——总溶液对分取溶液的体积倍数；

m——试样质量(g)。

对同一石灰样品至少应取两个试样进行两次测定，读数精确至 0.1mL。取两次测定结果的平均值作为最终结果。

2-2 水泥细度试验方法(筛析法)(JTG 3420—2020/T 0502—2020)

(一)目的与适用范围

本方法规定了水泥及水泥混凝土用矿物掺合料细度的试验方法。

本方法适用于通用硅酸盐水泥、道路硅酸盐水泥及指定采用本方法的其他品种水泥与矿物掺合料。

(二)仪器设备

(1)试验筛：

①试验筛由圆形筛框和筛网组成，分负压筛和水筛两种，见试图 2-1、试图 2-2。负压筛为 45μm 方孔筛，并附有透明筛盖，筛盖与筛上口应有良好的密封性。

试图 2-1 负压筛

试图 2-2 水筛

②筛网应紧绷在筛框上，筛网和筛框接触处应用防水胶密封，防止水泥嵌入。

(2)负压筛析仪：

①负压筛析仪由旋风筒、负压源、收尘系统、筛座、控制指示仪和负压筛盖组成。负压筛析

仪由筛座、负压筛、负压源及收尘器等组成，其中筛座由转速为30r/min ±2 r/min 的喷气嘴、负压表、控制板、微电机及壳体等部分构成，见试图2-3。

试图2-3　负压筛析仪

②筛析仪负压可调范围为4000～6000Pa。

③喷气嘴上口平面与筛网之间距离为2～8mm。

④负压源和收尘器由功率不小于600W的工业吸尘器和小型旋风收尘筒或由其他具有相当功能的设备组成。

(3)水筛架和喷头：直径为55mm，面上均匀分布90个孔，孔径为0.5～0.7mm。但其中水筛架上筛座内径为140 $^{+0}_{-3}$mm。

(4)天平：量程应不小于100g，感量不大于0.01g。

(三)试验步骤

试验准备：水泥样品应充分拌匀，通过0.9mm方孔筛，记录筛余情况，要防止过筛时混进其他水泥。

1. 负压筛法

(1)筛析试验前，应把负压筛放在筛座上，盖上筛盖，接通电源，检查控制系统，调节负压至4000～6000Pa范围内。

(2)称取试样10g，精确至0.01g。

(3)置于洁净的负压筛中，盖上筛盖，放在筛座上，开动筛析仪连续筛析120s，在此期间如有试样附着在筛盖上，可轻轻地敲击，使试样落下。筛毕，用天平称量筛余物质量，精确至0.01g。

(4)当工作负压小于4000Pa时，应清理吸尘器内水泥，使负压恢复正常。

2. 水筛法

(1)筛析试验前，调整好水压及水筛架的位置，使其能正常运转，喷头底面和筛网之间距离为35～75mm。

(2)称取试样50g，置于洁净的水筛中，立即用淡水冲洗至大部分细粉通过后，放在水筛架上，用水压为0.05MPa ±0.02MPa的喷头连续冲洗180s。筛毕，用少量水把筛余物冲至蒸发皿中，待水泥颗粒全部沉淀后，小心倒出清水，烘干并用天平称量筛余物质量，精确至0.01g。

3. 试验筛的清洗

试验筛必须保持洁净，筛孔通畅，使用10次后要进行清洗。金属筛框、铜丝网筛洗时应用专门的清洗剂，不可用弱酸浸泡。

(四)计算

水泥试样筛余百分数按式(试2-6)计算。

$$F = \frac{R_s}{m} \times 100 \tag{试 2-6}$$

式中：F——水泥试样的筛余百分数(%)；

R_s——水泥筛余物的质量(g)；

m——水泥试样的质量(g)。

结果计算精确至0.1%。

注：负压筛法与水筛法测定的结果发生争议时，以负压筛法为准。

2-3 水泥标准稠度用水量、凝结时间、安定性试验方法(JTG 3420—2020/T 0505—2020)

(一)目的与适用范围

本方法规定了水泥标准稠度用水量、凝结时间和体积安定性的试验方法。

本方法适用于通用硅酸盐水泥、道路硅酸盐水泥及指定采用本方法的其他品种水泥。

(二)仪器设备

(1)水泥净浆搅拌机：应符合《水泥净浆搅拌机》(JC/T 729—2005)的规定。

(2)标准法维卡仪：应符合《水泥净浆标准稠度与凝结时间测定仪》(JC/T 727—2005)的规定，如试图2-4、试图2-5所示。

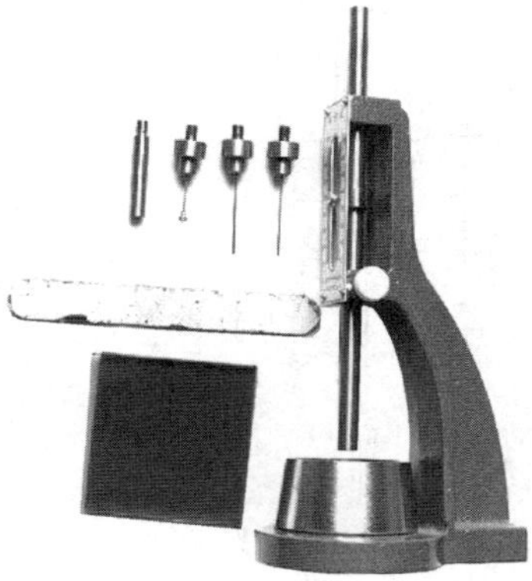

试图2-4 水泥净浆标准稠度及凝结时间测定仪

标准稠度测定用试杆[试图2-5c)]有效长度为50mm ± 1mm，由直径为10mm ± 0.05mm的圆柱形耐腐蚀金属制成。试针由钢制成，其有效长度初凝针为50mm ± 1mm，终凝针为30mm ± 1mm，直径为1.13mm ± 0.05mm[试图2-5d)、e)]。滑动部分的总质量为300g ± 1g，与试杆、试针连接的滑动杆表面应光滑，能靠重力自由下落，不得有紧涩和旷动现象。

盛装水泥净浆的试模[试图2-5a)]应由耐腐蚀的、有足够硬度的金属制成。试模深为

40mm ±0.2mm，圆锥台顶内径为65mm ±0.5mm、底内径为75mm ±0.5mm，每只试模应配备一个边长或直径约100mm、厚4 ~5mm的平板玻璃底板或金属底板。

（3）代用法维卡仪：应符合《水泥净浆标准稠度与凝结时间测定仪》（JC/T 727—2005）的规定。

（4）沸煮箱：应符合《水泥安定性试验用沸煮箱》（JC/T 955—2005）的规定。

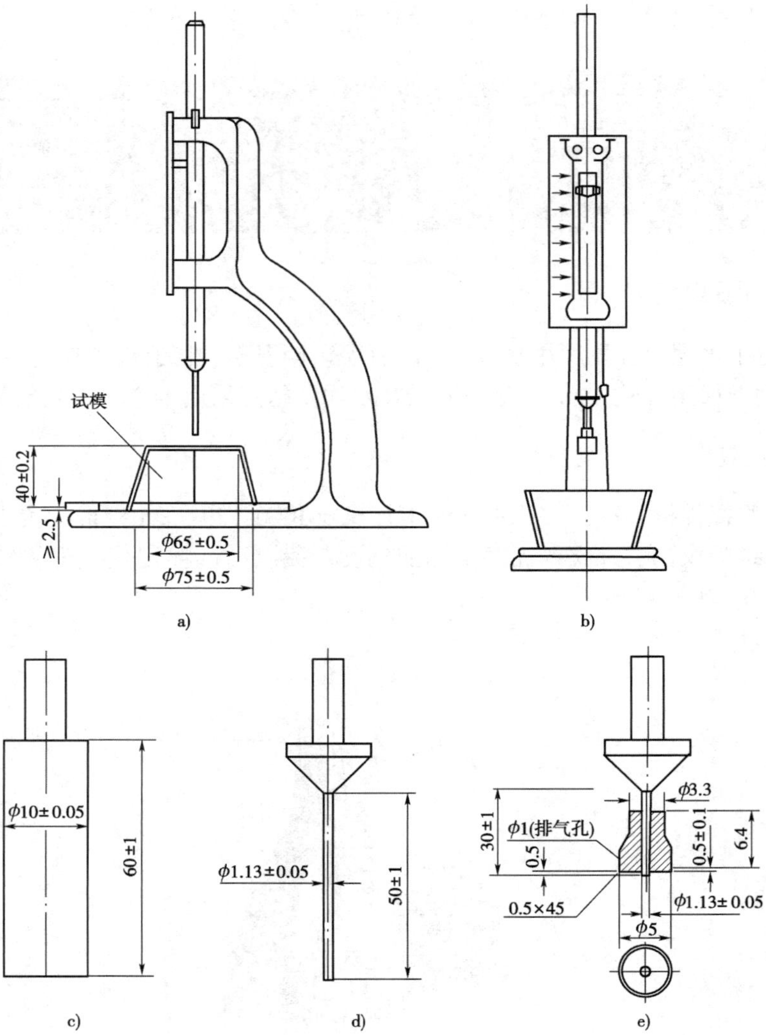

试图2-5 测定水泥标准稠度和凝结时间用的维卡仪示意图（尺寸单位：mm）

（5）雷氏夹膨胀仪：由铜质材料制成，其结构如试图2-6所示。当一根指针的根部先悬挂在一根金属丝或尼龙丝上，另一根指针的根部再挂上300g质量的砝码时，两根指针的针尖距离增加应在17.5mm ±2.5mm范围内，当去掉砝码后针尖的距离能恢复至挂砝码前的状态。雷氏夹受力示意图，如试图2-7所示。

(6)量水器:分度值为0.5mL。

(7)天平:最大称量不小于1000g,感量不大于1g。

(8)水泥标准养护箱:温度控制在20℃ ±1℃,相对湿度大于90%。

(9)雷氏夹膨胀值测定仪:如试图2-8所示,标尺最小刻度为0.5mm。

(10)秒表:分度值为1s。

试图2-6　雷氏夹

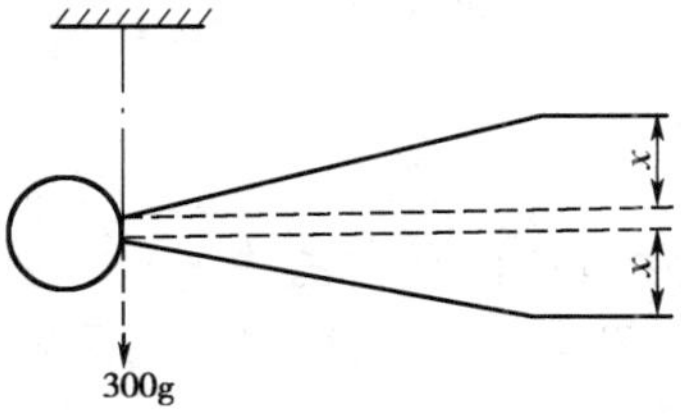

试图2-7　雷氏夹受力示意图

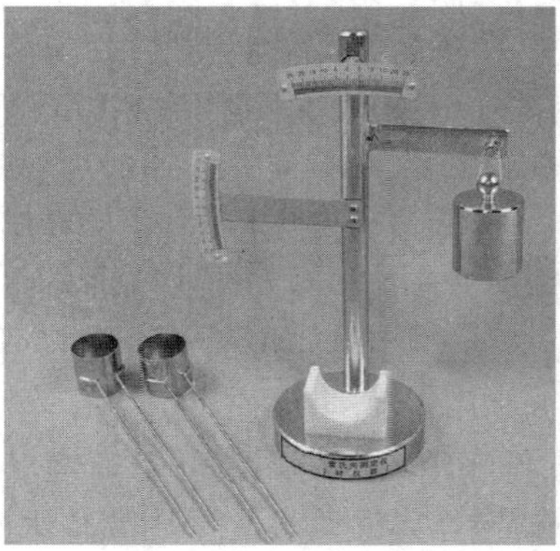

试图2-8　雷氏夹膨胀值测定仪

(三)试验准备

(1)水泥试样应充分拌匀,通过0.9mm方孔筛,并记录筛余物情况,但要防止过筛时混进其他粉料。

(2)试验用水宜为洁净的饮用水,有争议时可用蒸馏水。

(四)试验步骤

试验室温度为20℃ ±2℃,相对湿度不低于50%;水泥试样、拌和水、仪器和用具的温度应与试验室内室温一致。

1. 标准稠度用水量的测定

1）标准稠度用水量的测定（标准法）

试验前必须做到：

①维卡仪的金属棒能够自由滑动。试模和玻璃底板用湿布擦拭（但不允许有明水），将试模放在底板上。

②调整至试杆接触玻璃板时指针对准零点。

③水泥净浆搅拌机运行正常。

（1）水泥净浆的拌制

用水泥净浆搅拌机搅拌，搅拌锅和搅拌叶片先用湿棉布擦过，将拌和水倒入搅拌锅内，然后在5～10s内小心将称好的500g水泥加入水中，防止水和水泥溅出；拌和时，先将锅放在搅拌机的锅座上，升至搅拌位置，启动搅拌机，低速搅拌120s，停15s，同时将叶片和锅壁上的水泥浆刮入锅中间，接着高速搅拌120s停机。

（2）标准稠度用水量的测定步骤

①拌和结束后，立即取适量水泥净浆一次性将其装入已置于玻璃板上的试模中，浆体超过试模上端，用宽约25mm的直边刀轻轻拍打超出试模部分的浆体5次以排除浆体中的孔隙，然后在试模上表面约1/3处，略倾斜于试模分别向外轻轻锯掉多余净浆，再从试模边沿轻抹顶部一次，使净浆表面光滑。在锯掉多余净浆和抹平的操作过程中，注意不要压实净浆。

②抹平后迅速将试模和底板移到维卡仪上，将其中心定在试杆下，降低试杆直至与水泥净浆表面接触，拧紧螺钉1～2s后突然放松，使试杆垂直自由地沉入水泥净浆中。在试杆停止沉入或释放试杆30s时记录试杆距底板之间的距离，升起试杆后，立刻擦净。

③整个操作应在搅拌后90s内完成。以试杆沉入净浆并距底板6mm±1mm的水泥净浆为标准稠度净浆。其拌和水量为该水泥的标准稠度用水量（P），按水泥质量的百分比计，结果精确至1%。

④当试杆距玻璃板距离小于5mm时，应适当减水，重复水泥浆的拌制和上述过程；若距离大于7mm，则应适当加水，并重复水泥浆的拌制和上述过程。

2）标准稠度用水量的测定（代用法）

（1）标准稠度用水量的测定可用调整水量法和不变水量法两种方法中的任一种测定，发生争议时，以调整水量法为准。采用调整水量法测定标准稠度用水量时，拌和水量应按经验找水；采用不变水量法测定时，拌和水量为142.5mL，水量精确到0.5mL。

（2）试验前须检查项目：仪器金属棒应能自由滑动；试锥降至模顶面位置时，指针应对准标尺零点；搅拌机运转应正常等。

（3）水泥净浆的拌制：用符合要求的水泥净浆搅拌机搅拌，搅拌锅和搅拌叶片先用湿棉布擦过，将称好的500g水泥试样倒入搅拌锅内。拌和时，先将锅放到搅拌机锅座上，升至搅拌位置，启动机器，同时徐徐加入水拌和，慢速搅拌120s，停拌15s，接着快速搅拌120s后停机。

（4）标准稠度用水量的测定

①拌和结束后，立即将拌好的净浆装入锥模中，用宽约25mm的直边刀在浆体表面轻轻插捣5次，再轻振5次，刮去多余净浆，抹平后迅速放到试锥下面固定位置上，将试锥降至净浆表面拧紧螺钉1～2s，然后突然放松，让试锥垂直自由沉入净浆中，到试锥停止下沉时记录试锥

下沉深度。整个操作应在搅拌后90s内完成。

②用调整水量法测定时，以试锥下沉深度30mm ± 1mm时的净浆为标准稠度净浆。其拌和水量为该水泥的标准稠度用水量（P），按水泥质量的百分比计。如下沉深度超出范围，须另称试样，调整水量，重新试验，直至达到30mm ± 1mm时为止。

③用不变水量法测定时，标准稠度用水量按式（试2-7）计算。

$$P = 33.4 - 0.185S \quad \text{（试2-7）}$$

式中：P——标准稠度用水量（%）；

S——试锥下沉深度（mm）。

结果计算精确至1%。

当试锥下沉深度小于13mm时，应改用调整水量法测定。

2. 凝结时间的测定

（1）测定前准备工作：调整凝结时间测定仪的试针接触玻璃板时，指针对准零点。

（2）试件的制备：以标准稠度用水量制成标准稠度净浆（记录水泥全部加入水中的时间，作为凝结时间的起始时间），一次装满试模，振动数次刮平，立即放入湿汽养护箱中。

（3）初凝时间的测定：

①记录水泥全部加入水中至初凝状态的时间作为初凝时间，以分钟（min）计。

②试件在湿汽养护箱中养护至加水后30min时进行第一次测定。测定时，从湿汽养护箱中取出试模放到试针下，降低试针与水泥净浆表面接触，拧紧螺钉，1 ~ 2s后突然放松，试针垂直自由沉入水泥净浆，观察试针停止下沉或释放试针30s时指针的读数。

③临近初凝时每隔5min（或更短时间）测定一次。当试针沉至距底板4mm ± 1mm时，为水泥达到初凝状态。

④当达到初凝时应立即重复测一次，当两次结论相同时才能定为达到初凝状态。

（4）终凝时间的测定：

①由水泥全部加入水中至终凝状态的时间为水泥的终凝时间，以分钟（min）计。

②为了准确观测试针沉入的状况，在终凝针上安装了一个环形附件［试图2-5e）］。在完成初凝时间测定后，立即将试模连同浆体以平移的方式从玻璃板取下，翻转180°，直径大端向上，小端向下放在玻璃板上，再放入湿气养护箱中继续养护。

③临近终凝时间每隔15min（或更短时间）测定一次，当试针沉入试体0.5mm时，即环形附件开始不能在试体上留下痕迹时，为水泥达到终凝状态。

④达到终凝时需要在试体另外两个不同点测试，结论相同时才能确定达到终凝状态。

（5）测定时应注意，在最初测定的操作时应轻轻扶持金属柱，使其徐徐下降，以防止试针撞弯，但结果以自由下落为准；在整个测试过程中，试针沉入的位置至少要距试模内壁10mm。每次测定不能让试针落入原针孔，每次测试完毕须将试针擦净放回湿气养护箱内，整个测试过程要防止试模振动。

3. 安定性的测定

1）标准法

（1）测定前的准备工作

每个试件需要两个试件，每个雷氏夹需配两个边长或直径约80mm、厚4～5mm的玻璃板，凡与水泥净浆接触的玻璃板和雷氏夹表面都要稍稍涂上一层油。

(2)雷氏夹试件的准备方法

将预先准备好的雷氏夹放在已稍擦油的玻璃上，并立即将已制好的标准稠度净浆装满试模。装模时一只手轻轻扶持试模，另一只手用宽约25mm的直边刀在浆体表面轻轻插捣3次，然后抹平，盖上稍涂油的玻璃板，接着立刻将试模移至湿汽养护箱内养护24h ±2h。

(3)沸煮

①调整好沸煮箱内的水位，使之在整个沸煮过程中都能没过试件，无须中途添补试验用水，同时又能保证在30min ±5min内升至沸腾。

②脱去玻璃板取下试件，先检查试饼是否完整(如已开裂、翘曲，要检查原因，确定无外因时，该试饼已属不合格品，不必沸煮)，在试饼无缺陷的情况下，用雷氏法测定时，先测量雷氏夹指针间的距离(A)，精确到0.5mm，接着将试件放入沸煮箱中的试件架上，指针朝上，试件之间互不交叉，然后在30min ±5min内加热至沸腾并恒沸180min ±5min。

(4)结果判别

沸煮结束后，立即放掉沸煮箱中的热水，打开箱盖，待箱体冷却至室温，取出试件进行判别。

测量试件指针尖端间的距离(C)，精确至0.5mm，当两个试件煮后增加距离($C-A$)的平均值不大于5.0mm时，即认为该水泥安定性合格；当两个试件煮后增加距离($C-A$)的平均值大于5.0mm时，应用同一样品重做一次试验，以复检结果为准。

2)代用法

(1)试验前的准备工作

每个样品需准备两块约100mm×100mm的玻璃板。凡与水泥净浆接触的玻璃板都要稍稍涂上一层油。

(2)试饼的成型方法

将制好的净浆取出一部分分成两等份，使之成球形，放在预先准备好的玻璃板上，轻轻振动玻璃板并用湿布擦过的小刀由边缘向中央抹，做成直径为70～80mm、中心厚约10mm、边缘渐薄、表面光滑的试饼，接着将试饼放入湿气养护箱内养护24h ±2h。

(3)沸煮

①调整好沸煮箱内的水位，使之在整个沸煮过程中都能没过试件，不需中途添补试验用水，同时又能保证在30min ±5min内能沸腾。

②脱去玻璃板取下试件，当用饼法测定时，先检查试饼是否完整(如已开裂、翘曲，要检查原因，确定无外因时，该试饼已属不合格品，不必沸煮)，在试饼无缺陷的情况下将试饼放在沸煮箱的水中箅板上，然后在30min ±5min内加热至水沸腾，并恒沸180min ±5min。

(4)结果判别

沸煮结束后，立即放掉沸煮箱内的热水，打开箱盖，待箱体冷却至室温，取出试件进行判别。目测试饼未发现裂缝，用直尺检查也没有弯曲(使钢直尺和试饼底部紧靠，以两者间不透光为不弯曲)的试饼为安定性合格，反之为不合格。当两个试饼判别结果有矛盾时，该水泥的安定性为不合格。

2-4 水泥胶砂强度试验方法(ISO 法)(JTG 3420—2020/T 0506—2020)

(一)目的与适用范围

本方法规定了水泥胶砂强度的试验方法(ISO 法)。

本方法适用于通用硅酸盐水泥、道路硅酸盐水泥及指定采用本方法的其他品种水泥。

(二)仪器设备

(1)胶砂搅拌机(试图 2-9):胶砂搅拌机属行星式,其搅拌叶片和搅拌锅做相反方向的转动。叶片和锅由耐磨的金属材料制成,叶片与锅底、锅壁之间的间隙为叶片与锅壁最近的距离。制造质量应符合《行星式水泥胶砂搅拌机》(JC/T 681—2005)的规定。

(2)振动台:应符合《水泥胶砂试体成型振实台》(JC/T 682—2005)的规定(试图 2-10)。由装有两个对称偏心轮的电动机产生振动,使用时固定于混凝土基座上。座高约 400mm,混凝土的体积约 0.25m^3,质量约 600kg。为防止外部振动影响振实效果,可在整个混凝土基座下放一层厚约 5mm 的天然橡胶弹性衬垫。

试图 2-9 水泥胶砂搅拌机

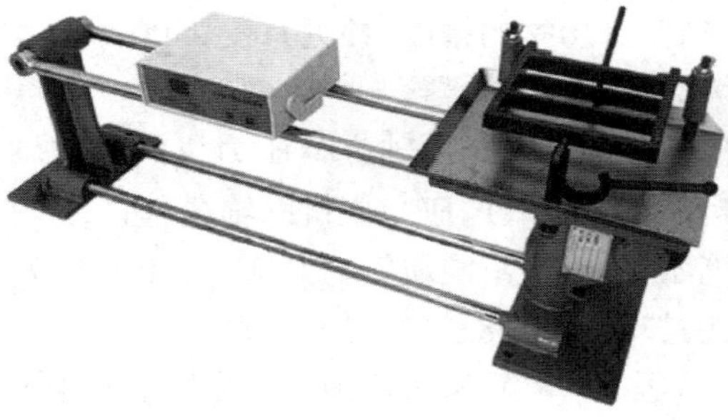

试图 2-10 胶砂振实台

将仪器用地脚螺钉固定在基座上,安装后设备呈水平状态,仪器底座与基座之间要铺一层砂浆以确保它们的完全接触。

(3)代用振动台:频率为 2800 ~ 3000 次/min,振动台为全波振幅 0.75mm ± 0.02mm。代用胶砂振动台应符合《水泥胶砂振动台》(JC/T 723—2005)的规定。

(4)试模及下料漏斗:

试模为可装卸的三联模,由隔板、端板、底座等部分组成,制造质量应符合《水泥胶砂试模》(JC/T 726—2005)的规定。可同时成型三条尺寸为 40mm × 40mm × 160mm 的棱形试件。

下料漏斗:由漏斗和模套两部分组成。漏斗用厚为 0.5mm 的白铁皮制作,下料口宽度一般为 4 ~ 5mm。模套高度为 20mm,用金属材料制作。套模壁与模型内壁应重叠,超出内壁不应大于1mm。

(5)抗折试验机和抗折夹具：

①抗折试验机(试图2-11)：应符合《水泥胶砂电动抗折试验机》(JC/T 724—2005)的规定。一般采用双杠杆式的，也可采用性能符合要求的其他试验机。加荷与支撑圆柱必须用硬质钢材制造。三根圆柱轴的三个竖向平面应平行，并在试验时继续保持平行和等距离垂直试件的方向，其中一根支撑圆柱能轻微地倾斜使圆柱与试件完全接触，以便荷载沿试件宽度方向均匀分布，同时不产生任何扭转应力。

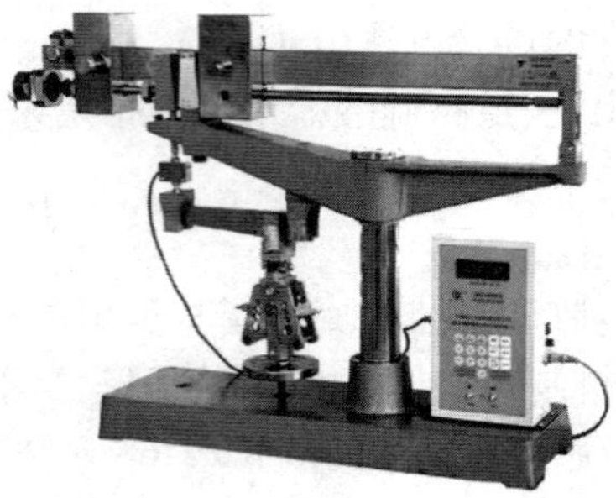

试图2-11　抗折试验机

②抗折夹具：应符合《水泥胶砂电动抗折试验机》(JC/T 724—2005)的规定。

③抗折强度也可用抗压强度试验机来测定，此时应采用符合上述规定的夹具。

(6)抗压试验机和抗压夹具：

抗压试验机：以200～300kN为宜。抗压试验机，在较大的4/5量程范围内使用时，记录的荷载应有±1.0%的精度，并具有按2400N/s±200N/s速率加荷的能力，应具有一个能指示试件破坏时荷载的指示器。

压力机的活塞竖向轴应与压力机的竖向轴重合，而且活塞作用的合力要通过试件中心。压力机的下压板表面应与该机的轴线垂直，并在加荷过程中一直保持不变。

抗压夹具：应由硬质钢材制成，受压面积为40mm×40mm，并应符合《40mm×40mm水泥抗压夹具》(JC/T 683—2005)的规定。

(7)天平：量程不小于2000g，感量不大于1g。

(8)水泥：水泥试样从取样到试验要保持24h以上时，应将其储存在基本装满和气密的容器中，这个容器不能和水泥反应。

(9)试验用砂：ISO标准砂。

(10)试验用水：饮用水。仲裁试验时用蒸馏水。

(三)试验步骤

1.试验环境

(1)试件成型试验室应保持在试验室温度为20℃±2℃(包括强度试验室)，相对湿度大于50%。水泥试样、ISO标准砂、拌和水及试模等的温度应与室温相同。

(2)养护箱或雾室温度为20℃±1℃，相对湿度大于90%；养护水的温度为20℃±1℃。

(3)试件成型试验室空气温度和相对湿度应在工作期间早晚至少各记录一次。养护箱或雾室温度和相对湿度至少每4h记录一次。

2. 试件成型

(1)成型前将试模擦净,四周的模板与底座的接触面上应涂黄油,紧密装配,防止漏浆,内壁均匀地刷一薄层机油。

(2)水泥与ISO标准砂的质量比为1:3,水灰比为0.5。火山灰质硅酸盐水泥、粉煤灰硅酸盐水泥、复合硅酸盐水泥和掺火山灰质混合材料的流动度小于180mm时,应以0.01整倍数递增的方法将水灰比调整至胶砂流动度不小于180mm为止。

(3)每成型三条试件需称量的材料及用量为:水泥450g±2g,ISO标准砂1350g±5g,水225mL±1mL。

(4)将水加入锅中,再加入水泥,把锅放在固定架上。然后立即开动机器,低速搅拌30s后,在第二个30s开始的同时均匀将砂子加入,机器再高速搅拌30s。停拌90s,在第一个15s内用胶皮刮具将叶片和锅壁上的胶砂刮入锅中。在高速下继续搅拌60s。在各个阶段时间误差应在±1s内。

(5)用振动台时,将空试模和模套固定在振动台上,用适当的勺子直接从搅拌锅中将胶砂分为两层装入试模。装第一层时,每个槽里约放300g砂浆,用大播料器垂直架在模套顶部,沿每个模槽来回一次,将料层播平,接着振实60次。再装入第二层胶砂,用小播料器播平,再振实60次。移走模套,并用刮尺以90°的角度架在试模顶的一端,沿试模长度方向以横向锯割动作慢慢向另一端移动,一次将超出试模的胶砂刮去。并用同一直尺将试件表面抹平。

(6)用代用振动台成型时,同时将试模及下料漏斗卡紧在振动台台面中心。将搅拌好的全部胶砂均匀地装于下料漏斗中,开动振动台120s±5s停车。振动完毕,取下试模,用刮平尺按上述方法刮去多余胶砂并抹平试件。

(7)在试模上做标记或加字条表明试件的编号和试件相对于振动台的位置。两个龄期以上的试件,编号时应将同一试模中的三条试件分在两个以上的龄期内。

(8)试验前或更换水泥品种时,搅拌锅、叶片和下料漏斗等须抹擦干净。

3. 养护

(1)编号后,将试模放入养护箱养护,养护箱内箅板必须水平。水平放置时刮平面应朝上。对于24h龄期的,应在破型试验前20min内脱模。对于24h以上龄期的,应在成型后20h~24h内脱模。脱模时要非常小心,应防止试件损伤。硬化较慢的水泥允许延期脱模,但须记录脱模时间。

(2)试件脱模后即放入水槽中养护,试件之间间隔或试体上表面的水深不得小于5mm。每个养护池只养护同类的水泥试件,并应保持恒定水位,不允许养护期间全部换水。

(3)除24h龄期或延迟48h脱模的试件外,任何到龄期的试件应在试验(破型)前15min从水中取出。抹去试件表面沉淀物,并用湿布覆盖。

4. 强度试验

1)抗折强度试验

(1)以中心加荷法测定抗折强度。采用杠杆式抗折试验机进行试验时,放入试件前,应使杠杆呈水平状态。试件放入后，调整夹具，使杠杆在试件折断时尽可能地接近水平位置。

(2)抗折试验机加荷速度为50N/s ±10N/s，直至折断。并保持两个半截棱柱体处于潮湿状态，直至抗压试验。

(3)抗折强度按式(试2-8)计算。

$$R_f = \frac{1.5F_f L}{b^3} \tag{试2-8}$$

式中：R_f——抗折强度(MPa)；

F_f——破坏荷载(N)；

L——支撑圆柱中心距(mm)；

b——试件断面正方形的边长，取40mm。

结果计算精确至0.1MPa。

(4)取三块试件抗折强度测定值的算术平均值，结果精确至0.1MPa。当3个强度值中有超过平均值±10%的值时，应剔除后再平均，以平均值作为抗折强度试验结果。

2)抗压强度试验

(1)抗折试验后的两个断块应立即进行抗压试验。抗压试验须用抗压夹具进行，试件受压面为试件成型时的两个侧面，面积为40mm×40mm。试验前应清除试件受压面与加压板间的砂粒或杂物。试验时以试件的侧面作为受压面，试件的底面靠紧夹具定位销，并使夹具对准压力机压板中心。

(2)压力机加荷速度应控制在2400N/s ±200N/s速率范围内，在接近破坏时更应严格掌握。

(3)抗压强度按式(试2-9)计算。

$$R_c = \frac{F_c}{A} \tag{试2-9}$$

式中：R_c——抗压强度(MPa)；

F_c——破坏时的最大荷载(N)；

A——受压部分面积，40mm×40mm = 1600mm²。

结果计算精确至0.1MPa。

(4)取6个抗压强度测定值的算术平均值，结果精确至0.1MPa。如果6个强度值中有一个值超过平均值±10%，应剔除后再以剩下的5个结果取平均值。如果5个值中再有超过平均值±10%的，则此组试件无效。

第三章
CHAPTER THREE

无机结合料稳定材料试验

3-1 无机结合料稳定材料试件制作方法(圆柱形)(JTG E51—2009/T 0843—2009)

(一)目的与适用范围

本方法适用于无机结合料稳定材料的无侧限抗压强度、间接抗拉强度、室内抗压回弹模量、动态模量、劈裂模量等试验的圆柱形试件。

(二)仪器设备

(1)方孔筛:孔径53mm、37.5mm、31.5mm、26.5mm、4.75mm和2.36mm的筛各一个。
(2)试模(试图3-1)。
①细粒土:试模的直径×高=ϕ50mm×50mm。
②中粒土:试模的直径×高=ϕ100mm×100mm。
③粗粒土:试模的直径×高=ϕ150mm×150mm。

试图3-1 试模

(3)电动脱模器。

(4)反力架:反力为400kN以上。

(5)液压千斤顶:200~1000kN。

(6)钢板尺:量程200mm或300mm,最小刻度为1mm。

(7)游标卡尺:量程200mm或300mm。

(8)电子天平:量程15kg,感量0.1g;量程4000g,感量0.01g。

(9)压力试验机:可替代千斤顶和反力架,量程不小于2000kN,行程、速度可调。

(三)试验准备

(1)试件的径高比一般为1:1,根据需要也可成型1:1.5或1:2的试件。试件的成型根据需要的压实度水平,按照体积标准,采用静力压实法制备。

(2)将具有代表性的风干试料(必要时,也可以在50℃烘箱内烘干),用木槌捣碎或用木碾碾碎,但应避免破碎粒料的原粒径。按照公称最大粒径的大一级筛,将土过筛并进行分类。

(3)在预定做试验的前一天,取有代表性的试料测定其风干含水率。对于细粒土,试样应不少于100g;对于中粒土,试样应不少于1000g;对于粗粒土,试样应不少于2000g。

(4)用击实试验法确定无机结合料混合料的最佳含水率和最大干密度。

(5)根据击实结果,称取一定质量的风干土,其质量随试件大小而变。对于ϕ50mm×50mm的试件,1个试件需干土180~210g;对于ϕ100mm×100mm的试件,1个试件需干土1700~1900g;对于ϕ150mm×150mm的试件,1个试件需干土5700~6000g。

对于细粒土,一次可称取6个试件的土;对于中粒土,一次宜称取3个试件的土;对于粗粒土,一次只能称取1个试件的土。

(6)将准备好的试料分别装入塑料袋中备用。

(四)试验步骤

(1)调试成型所需的各种设备,检查是否运行正常;将成型用的模具擦拭干净,并涂抹机油。成型中、粗粒土时,试模筒的数量应与每组试件的个数相配套。上下垫块应与试模筒相配套,上下垫块能够刚好放入试筒内上下自由移动(一般来说,上下垫块直径比试筒内径小约0.2mm),且上下垫块完全放入试筒后,试筒内未被上下垫块占用的空间体积能满足径高比为1:1的设计要求。

(2)对于无机结合料稳定细粒土,至少应该制备6个试件,对于无机结合料稳定中粒土和粗粒土,至少应该分别制备9个和13个试件。

(3)根据击实结果和无机结合料的配合比按式(试3-1)计算每份料的加水量、无机结合料的质量。

(4)将称好的土放在长方盘(约400mm×600mm×70mm)内。向土中加水拌料、闷料。对于石灰稳定材料、水泥和石灰粉煤灰综合稳定材料,可将石灰或粉煤灰和土一起拌和,将拌和均匀的试料放在密闭容器内浸润备用。

对于细粒土(特别是黏性土),浸润时的含水率较最佳含水率小3%;对于中粒土和粗粒土按最佳含水率加水;对于水泥稳定类材料,加水量应比最佳含水率小1%~2%。应加的水量可按式(试3-1)计算。

$$m_w = \left(\frac{m_n}{1+0.01w_n} + \frac{m_c}{1+0.01w_c}\right) \times 0.01w - \frac{m_n}{1+0.01w_n} \times 0.01w_n - \frac{m_c}{1+0.01w_c} \times 0.01w_c \quad (试3\text{-}1)$$

式中:m_w——混合料中应加的水量(g);

m_n——混合料中素土(或集料)的质量(g),其原始含水率为 w_n,即风干含水率(%);

m_c——混合料中水泥或石灰的质量(g),其原始含水率为 w_c(%)(水泥的 w_c 通常很小,也可以忽略不计);

w——要求达到的混合料的含水率(%)。

浸润时间:黏性土为12~24h;粉性土、砂砾土、红土砂砾、级配砂砾等可缩短到4h左右;含土很少的未筛分碎石、砂砾及砂可以缩短到2h,浸润时间一般不超过24h。

(5)在试件成型前1h内,加入预定数量的水泥并拌和均匀。在拌和过程中,应将预留的水(细粒土为3%,水泥稳定类为1%~2%)加入土中,使混合料达到最佳含水率。对于拌和均匀的加有水泥的混合料,应在1h内按下述方法制成试件,超过1h的混合料应作废。其他结合料稳定土的混合料虽不受此限,但也应尽快制成试件。

(6)用反力框架和液压千斤顶,或采用压力试验机制件。将试模的下压柱放入试模的下部,并外露2cm左右。将称量的规定数量 m_2 的稳定材料混合料分2~3次灌入试模中,每次灌入后用夯棒轻轻均匀插实。如制作 ϕ50mm×50mm的小试件,则可以将混合料一次倒入试模中,然后将与试模配套的上垫块放入试模内,使其也外露2cm左右(即上下垫块露出试模外的部分应相等)。

(7)将整个试模(连同上下垫块)放到反力框架内的千斤顶上(千斤顶下应放一扁球座)或压力机,以1mm/min的加载速率加压,直到上下垫块都压入试模为止。维持压力2min。

(8)解除压力后,取下试模,并放到脱模器上将试件顶出。用水泥稳定有黏结性的材料(如黏质土)时,制件后可立即脱模;用水泥稳定无黏结性的细粒土时,过2~4h再脱模。对中、粗粒土的无机结合料稳定材料,宜过2~6h再脱模。

(9)在脱模器上取试件时,应用双手抱住试件侧面的中下部,然后沿水平方向轻轻旋转,待感觉到试件移动后,再将试件轻轻捧起,放置到试验台上,切勿直接将试件向上拔起。

(10)称试件的质量 m_2,小试件精确到0.01g,中试件精确到0.01g,大试件精确到0.1g。然后用游标卡尺量试件的高度 h,精确到0.1mm。检查试件的高度和质量,不满足成型标准的试件作为废件。

(11)试件称量后应立即放在塑料袋中封闭,并用潮湿的毛巾覆盖,移放至养护室。

(五)计算

1. 单个试件的标准质量

$$m_0 = V \times \rho_{max} \times (1 + w_{opt}) \times \gamma \quad (试3\text{-}2)$$

考虑到试件成型过程中的质量损耗,实际操作过程中每个试件的质量可增加0~2%,即:

$$m'_0 = m_0 \times (1 + \delta) \quad (试3\text{-}3)$$

每个试件的干料(包括干土和无机结合料)总质量:

$$m_1 = \frac{m'_0}{1 + w_{opt}} \tag{试3-4}$$

每个试件中的无机结合料质量:

外掺法

$$m_2 = m_1 \times \frac{\alpha}{1 + \alpha} \tag{试3-5}$$

内掺法

$$m_2 = m_1 \times \alpha \tag{试3-6}$$

每个试件中的干土质量:

$$m_3 = m_1 - m_2 \tag{试3-7}$$

每个试件中的加水量:

$$m_w = (m_2 + m_3) \times w_{opt} \tag{试3-8}$$

验算:

$$m'_0 = m_2 + m_3 + m_w \tag{试3-9}$$

式中: V——试件体积(cm^3);

w_{opt}——混合料最佳含水率(%);

ρ_{max}——混合料最大干密度(g/cm^3);

γ——混合料压实度标准(%);

m_0、m'_0——混合料质量(g);

m_1——干混合料质量(g);

m_2——无机结合料质量(g);

m_3——干土质量(g);

δ——计算混合料质量的冗余量(%);

α——无机结合料的掺量(%);

m_w——加水质量(g)。

2. 结果整理

(1)小试件的高度误差范围应为 -0.1 ~0.1cm,中试件的高度误差范围应为 -0.1 ~0.15cm,大试件的高度误差范围应为 -0.1 ~0.2cm。

(2)质量损失:小试件应不超过标准质量 5g,中试件应不超过 25g,大试件应不超过 50g。

3-2 无机结合料稳定材料无侧限抗压强度试验方法(JTG E51—2009/T 0805—1994)

(一)目的与适用范围

本方法适用于测定无机结合料稳定材料(包括稳定细粒土、中粒土和粗粒土)试件的无侧限抗压强度。

（二）仪器设备

（1）标准养护室。

（2）水槽：深度应大于试件高度 50mm。

（3）压力机或万能试验机［也可用路面强度仪（试图 3-2）和测力计］：压力机应符合相应的要求，其测量精度为 ±1%，同时应具有加载速率指示装置或加载速率控制装置。上下压板平整并有足够刚度，可以均匀地连续加载和卸载，可以保持固定荷载。开机、停机均灵活自如，能够满足试件吨位要求，且压力机加载速率可以有效控制在 1mm/min。

（4）电子天平：量程 15kg，感量 0.1g；量程 4000g，感量 0.01g。

（5）量筒、拌和工具、大小铝盒、烘箱等。

（6）球形支座。

（7）机油：若干。

试图 3-2　路面材料强度试验仪

（三）试验准备

（1）试件制备。

①细粒土：试模的直径 × 高 = ϕ50mm × 50mm。

②中粒土：试模的直径 × 高 = ϕ100mm × 100mm。

③粗粒土：试模的直径 × 高 = ϕ150mm × 150mm。

（2）按照前文 3-1 的方法成型径高比为 1∶1 的圆柱形试件。

（3）按照前文 3-1 的标准养护方法进行 7d 的标准养护。

（4）将试件两顶面用刮刀刮平，必要时可用快凝水泥砂浆抹平试件顶面。

（5）为保证试验结果的可靠性和准确性，每组试件的数目要求为：小试件不少于 6 个，中试件不少于 9 个，大试件不少于 13 个。

（四）试验步骤

（1）根据试验材料的类型和一般的工程经验，选择合适量程的测力计和压力机，试件破坏荷载应大于测力量程的 20% 且小于测力量程的 80%。在球形支座和上下顶板涂上机油，使球形支座能够灵活转动。

（2）将已浸水一昼夜的试件从水中取出，用软布吸去试件表面的水分，并称试件的质量 m_4。

（3）用游标卡尺量试件的高度 h，精确到 0.1mm。

（4）将试件放到路面材料强度试验仪或压力机上，并在升降台上先放一扁球座，进行抗压试验。试验过程中，应保持速率约为 1mm/min。记录试件破坏时的最大压力 P(N)。

（5）从试件内部取有代表性的样品（经过打破），按照《公路工程沥青及沥青混合料试验规程》（JTG E20—2011）的方法，测定其含水率 w。

（五）计算与结果整理

（1）试件的无侧限抗压强度 R_c，按式（试3-10）计算。

$$R_c = \frac{P}{A} \tag{试3-10}$$

式中：R_c——试件的无侧限抗压强度（MPa）；

P——试件破坏时的最大压力（N）；

A——试件的截面面积（mm^2），$A = \pi D^2/4$；

D——试件的直径（mm）。

（2）数据处理。

①抗压强度保留1位小数。

②同一组试件试验中，采用3倍均方差方法剔除异常值，小试件可允许有1个异常值，中试件允许有1～2个异常值，大试件允许有2～3个异常值。异常值数量超过上述规定的试验重做。

③同一组试验的变异系数 C_V（%）符合下列规定，方为有效试验：小试件 $C_V \leq 6\%$，中试件 $C_V \leq 10\%$，大试件 $C_V \leq 15\%$。如果不能保证试验结果的变异系数小于规定的值，则应按允许误差10%和90%概率重新计算所需的试件数量，增加试件数量并另做新试验。对新试验结果与老试验结果一并重新进行统计评定，直到变异系数满足上述规定。

（3）报告应包括以下内容：

①材料的颗粒组成；

②水泥的种类和等级，或石灰的等级；

③重型击实的最佳含水率（%）和最大干密度（g/cm^3）；

④无机结合料类型及剂量；

⑤试件干密度（保留3位小数，单位为 g/cm^3）或压实度；

⑥吸水量以及测抗压强度时的含水率（%）；

⑦若干个试验结果的最小值、最大值、平均值 $\overline{R}_c$、标准差 S、变异系数 C_V 和95%概率的值 $R_{c0.95}$（$R_{c0.95} = \overline{R}_c - 1.645S$）。

第四章
CHAPTER FOUR
水泥混凝土和砂浆试验

4-1 水泥混凝土拌合物稠度试验方法(坍落度仪法)(JTG 3420—2020/T 0522—2020)

(一)目的与适用范围

本方法规定了采用坍落度仪测定水泥混凝土拌合物稠度的试验方法。

本方法适用于坍落度大于10mm、集料最大粒径不大于31.5mm的水泥混凝土坍落度的测定。

(二)仪器设备

(1)坍落筒:如试图4-1所示,坍落筒为铁板制成的截头圆锥筒,厚度不小于1.5mm,内侧平滑,没有铆钉头等突出物,在筒上方约1/3高度处有2个把手,近下端两侧焊有2个踏脚板,保证坍落筒可稳定操作。坍落筒尺寸见试表4-1。

试图4-1 坍落筒

坍落筒尺寸表 试表4-1

集料公称最大粒径(mm)	筒的名称	筒的内部尺寸(mm)		
		底面直径	顶面直径	高度
≤31.5	标准坍落筒	200±2	100±2	300±2

(2)捣棒：为直径16mm、长约600mm并具有半球形端头的钢质圆棒。

(3)钢尺：分度值为1mm。

(4)其他：小铲、木尺、抹刀和钢平板等。

(三)试验步骤

(1)试验前将坍落筒内外洗净，放在经水润湿过的平板上(平板吸水时应垫塑料布)，并踏紧踏脚板。

(2)将代表样分三层装入筒内，每层装入高度稍大于筒高的1/3，用捣棒在每一层的横截面上均匀插捣25次。插捣在全部面积上进行，沿螺旋线由边缘至中心，插捣底层时插至底部，插捣其他两层时，应插透本层并插入下层20～30mm，插捣须垂直压下(边缘部分除外)，不得冲击。在插捣顶层时，装入的混凝土高出坍落筒，随插捣过程随时添加拌合物，当顶层插捣完毕后，将捣棒用锯和滚的动作，清除多余的混凝土，用抹刀抹平筒口，刮净筒底周围的拌合物，而后立即垂直地提起坍落筒，提筒宜控制在3～7s内完成，并使混凝土不受横向及扭力作用。从开始装料到提出坍落筒整个过程应在150s内完成。

(3)将坍落筒放在锥体混凝土试样一旁，筒顶平放木尺，用钢尺量出木尺底面至试样顶面最高点的垂直距离，即为该混凝土拌合物的坍落度，精确至1mm。

(4)当混凝土试件的一侧发生崩坍或一边剪切破坏，则应重新取样另测。如果第二次仍发生上述情况，则表示该混凝土和易性不好，应记录。

(5)当混凝土拌合物的坍落度大于160mm时，用钢尺测量混凝土扩展后最终的最大直径和最小直径，在这两个直径之差小于50mm的条件下，用其算术平均值作为坍落扩展度值；否则，此次试验无效。

(6)进行坍落度试验的同时，可用目测方法评定混凝土拌合物的下列性质，并予记录。

①棍度：按插捣混凝土拌合物时难易程度评定，分“上”“中”“下”三级。

“上”表示插捣容易；

“中”表示插捣时稍有石子阻滞的感觉；

“下”表示很难插捣。

②黏聚性：观测拌合物各组成分相互黏聚情况。评定方法是用捣棒在已坍落的混凝土锥体侧面轻打，如锥体在轻打后逐渐下沉，表示黏聚性良好；如锥体突然倒坍、部分崩裂或发生石料离析现象，则表示黏聚性不好。

③保水性：指水分从拌合物中析出情况，分“多量”“少量”“无”三级评定。

“多量”表示提起坍落筒后，有较多水分从底部析出；

“少量”表示提起坍落筒后，有少量水分从底部析出；

“无”表示提起坍落筒后，没有水分从底部析出。

(四)结果整理

混凝土拌合物坍落度和坍落扩展值以毫米(mm)为单位，测量值精确至1mm，结果修约至5mm。

4-2 水泥混凝土拌合物稠度试验方法(维勃仪法)(JTG 3420—2020/T 0523—2020)

(一)目的与适用范围

本方法规定了用维勃稠度仪测定水泥混凝土拌合物稠度的试验方法。

本方法适用于集料最大粒径不大于 31.5mm 的水泥混凝土及维勃时间在 5～30s 的干稠性水泥混凝土的稠度测定。

(二)仪器设备

(1)稠度仪(维勃仪):如试图 4-2 所示。

试图 4-2　维勃稠度仪

①容量筒:为金属圆筒,内径为 240mm ± 5mm,高 200mm,壁厚 3mm,底厚 7.5mm。容器应不漏水并有足够刚度,上有把手,底部外伸部分可用螺母将其固定在振动台上。

②坍落筒:筒底部直径为 200mm ± 2mm、顶部直径为 100mm ± 2mm、高度为 300mm ± 2mm、壁厚不小于 1.5mm,上、下开口并与锥体轴线垂直,内壁光滑,筒外安有把手。

③透明圆盘:用透明塑料制成,上装有滑杆。滑杆可以穿过套筒垂直滑动。套筒装在一个可用螺栓固定位置的旋转悬臂上。悬臂上还装有一个漏斗。坍落筒在容器中放好后,转动旋臂,使漏斗底部套在坍落筒上口。旋臂装在支柱上,可用定位螺栓固定位置。滑杆和漏斗的轴线应与容器的轴线重合。

圆盘直径为 230mm ± 2mm、厚 10mm ± 2mm,圆盘、滑杆及荷重块组成的滑动部分总质量为 2.75kg ± 0.05kg。滑杆刻度可用来测量坍落度值。

④振动台:工作频率为 50Hz ± 3Hz,空载振幅为 0.5mm ± 0.1mm,上有固定容器的螺栓。

(2)捣棒:为直径 16mm、长约 600mm 并具有半球形端头的钢质圆棒。

(3)秒表：分度值为0.5s。

(三)试验步骤

(1)将容量筒用螺母固定在振动台上，放入润湿的坍落筒，把漏斗转到坍落筒上口，拧紧螺栓，使漏斗对在坍落筒口上方。

(2)按坍落度试验步骤，分三层经漏斗装拌合物，每装一层用捣棒从周边向中心螺旋形均匀插捣25次，插捣底层时捣棒应贯穿整个深度，插捣第二层时，捣棒应插透本层至下一层的表面，捣毕第三层混凝土后，拧松螺栓，把漏斗转回到原先的位置，并将筒模顶上的混凝土刮平，然后轻轻提起筒模。

(3)拧紧定位螺栓，使圆盘可定向地向下滑动，仔细转圆盘到混凝土上方，并轻轻与混凝土接触。检查圆盘是否可以顺利滑向容器。

(4)开动振动台并按动秒表，通过透明圆盘观察混凝土的振实情况，当圆盘整个底面刚被水泥浆布满时，立即按停秒表和关闭振动台，记录秒表时间，精确至1s。

(5)仪器每测试一次后，必须将容器、筒模及透明圆盘洗净擦干，并在滑杆等处涂薄层黄油，以备下次使用。

(四)结果整理

水泥混凝土拌合物稠度的维勃时间用秒(s)表示；以两次试验结果的平均值作为混凝土拌合物稠度的维勃时间，结果精确到1s。

水泥混凝土稠度对照及分级表见试表4-2。

水泥混凝土稠度对照及分级表 试表4-2

级别	维勃时间(s)	坍落度(mm)	级别	维勃时间(s)	坍落度(mm)
特干硬	≥30	—	低塑	10～5	50～90
很干稠	30～21	—	塑性	≤4	100～150
干稠	20～11	10～40	流态	—	>160

4-3 水泥混凝土抗压强度试验方法(JTG 3420—2020/T 0553—2020)

(一)目的与适用范围

本方法规定了水泥混凝土抗压强度的试验方法。

本方法适用于各类水泥混凝土立方体试件的抗压强度试验，也适用于高径比1∶1的钻芯试件。

（二）仪器设备

（1）压力机或万能试验机：上下压板平整并有足够刚度，可以均匀地连续加荷、卸荷，可以保持固定荷载，能够满足试件破型吨位要求。

（2）球座：钢质坚硬，转动灵活。球座最好放置在试件顶面（特别是棱柱试件），并凸面朝上，当试件均匀受力后，一般不宜再敲动球座。

（3）钢尺。

（4）混凝土棱柱体强度等级大于或等于 C50 时，试件周围应设置防崩裂网罩。

（三）试验准备

（1）混凝土抗压强度试件以边长 150mm 的正立方体为标准试件，其集料公称最大粒径为 31.5mm。

（2）混凝土抗压强度采用非标准试件时，其集料粒径应符合试表 4-3 的规定。

（3）混凝土抗压强度试件同龄期者应为 1 组，每组为 3 个同条件制作和养护的混凝土试块。

抗压强度试件尺寸 试表 4-3

集料公称最大粒径（mm）	试件尺寸（mm）
31.5	150×150×150
26.5	100×100×100
53	200×200×200

（四）试验步骤

（1）至试验龄期时，自养护室取出试件，应尽快试验，避免其湿度变化。

（2）取出试件，检查其尺寸及形状，相对两面应平行。量出棱边长度，精确至 1mm。

（3）以成型时侧面为上下受压面，试件中心应与压力机几何对中。圆柱体应对端面进行处理，确保端面的平行度。

（4）混凝土强度等级小于 C30 时取 0.3～0.5MPa/s 的加荷速度；混凝土强度等级大于或等于 C30 且小于 C60 时，取 0.5～0.8MPa/s 的加荷速度；混凝土强度等级大于或等于 C60 时，取 0.8～1.0MPa/s 的加荷速度。当试件接近破坏而开始迅速变形时，应停止调整试验机油门，直至试件破坏，记下破坏极限荷载 F。

（五）计算与结果整理

（1）混凝土立方体试件抗压强度按式（试 4-1）计算。

$$f_{cu} = \frac{F}{A} \tag{试 4-1}$$

式中：f_{cu}——混凝土立方体抗压强度（MPa）；

F——极限荷载(N)；

A——受压面积(mm^2)。

结果计算精确至0.1MPa。

(2)混凝土强度等级小于C60时,用非标准试件的抗压强度应乘以尺寸换算系数(试表4-4),并应在报告中注明。

立方体抗压强度尺寸换算系数　　试表4-4

试件尺寸(mm)	尺寸换算系数
100×100×100	0.95
150×150×150	1.00
200×200×200	1.05

(3)当混凝土强度等级大于或等于C60时,宜采用150mm×150mm×150mm标准试件,使用非标准试件时,换算系数由试验确定。

(4)以3个试件测量值的算术平均值为测定值,结果精确至0.1MPa。3个试件测量值的最大值或最小值中如有一个与中间值之差超过中间值的15%,则取中间值为测定值;如最大值和最小值与中间值的差值均超过中间值的15%,则该组试验结果无效。

4-4 水泥混凝土弯拉强度试验方法(JTG 3420—2020/T 0558—2020)

(一)目的与适用范围

本方法规定了水泥混凝土弯拉强度的试验方法。

本方法适用于各类水泥混凝土棱柱体试件。

(二)仪器设备

(1)压力机或万能试验机:应符合前文4-3的规定。

(2)弯拉试验装置(即三分点处双点加荷和三点自由支承式混凝土弯拉强度与弯拉弹性模量试验装置),如试图4-3所示。

试图4-3　混凝土抗弯拉试验装置图

（三）试验准备

（1）试件尺寸应符合试表4-5的规定，同时在试件长向中部1/3区段内表面不得有直径超过5mm、深度超过2mm的孔洞。

抗弯拉强度试件尺寸 试表4-5

集料最大公称粒径(mm)	试件尺寸(mm)	备 注
31.5	150×150×550	标准尺寸
	150×150×600	标准尺寸
26.5	100×100×400	非标准尺寸

（2）混凝土弯拉强度试件应取同龄期者为一组，每组3根同条件制作和养护的试件。

（四）试验步骤

（1）试件取出后，用湿毛巾覆盖并及时进行试验，保持试件干湿状态不变。在试件中部量出其宽度和高度，精确至1mm。

（2）调整两个可移动支座，将试件安放在支座上，试件成型时的侧面朝上，几何对中后，应使支座及承压面与活动船形垫块的接触面平稳、均匀，否则应垫平。

（3）加荷时，应保持均匀、连续。当混凝土的强度等级小于C30时，加荷速度为0.02～0.05MPa/s；当混凝土的强度等级大于或等于C30且小于C60时，加荷速度为0.05～0.08MPa/s；当混凝土的强度等级大于或等于C60时，加荷速度为0.08～0.10MPa/s。当试件接近破坏而开始迅速变形时，不得调整试验机油门，直至试件破坏，记下破坏极限荷载F。

（4）记录下最大荷载和试件下边断裂的位置。

（五）计算与结果整理

（1）当断面发生在两个加荷点之间时，试件的弯拉强度按式（试4-2）计算。

$$f_{\mathrm{f}} = \frac{FL}{bh^2} \qquad \text{(试4-2)}$$

式中：f_{f}——抗弯拉强度（MPa）；

F——极限荷载（N）；

L——支座间距离（mm）；

b——试件宽度（mm）；

h——试件高度（mm）。

（2）采用100mm×100mm×400mm非标准试件时，在三分点加荷的试验方法同前，但所取得的弯拉强度值应乘以尺寸换算系数0.85。当混凝土强度等级大于或等于C60时，应采用150mm×150mm×550mm标准试件。

（3）以3个试件测量值的算术平均值为测定值。3个试件测量值的最大值或最小值中如有一个与中间值之差超过中间值的15%，则把最大值和最小值舍去，以中间值作为试件的弯拉强度。如有两个测量值与中间值的差值均超过15%时，则该组试验结果无效。

(4)3个试件中如有一个断裂面位于加荷点外侧，则混凝土弯拉强度按另外两个试件的试验结果计算。如这两个测量值的差值不大于这两个测量值中最小值的15%，则以两个测量值的平均值为测试结果，否则结果无效。如有两试件均出现断裂面位于加荷点外侧，则该组结果无效。

4-5 水泥砂浆拌和及稠度试验方法(JTG 3420—2020/T 0587—2020)

(一)目的与适用范围

本方法规定了水泥砂浆拌和及稠度的试验方法。

本方法适用于水泥砂浆及指定采用本方法的其他材料，稠度试验适用于稠度小于120mm的砂浆。

(二)仪器设备

(1)砂浆搅拌机：应符合《试验用砂浆搅拌机》(JG/T 3033—1996)的规定。

试图4-4 砂浆稠度仪

(2)砂浆稠度仪：由试锥、圆锥筒和支座三部分组成，如试图4-4所示。试锥高度为145mm、锥底直径为75mm，试锥连同滑杆的质量应为300g ±2g；圆锥筒为钢板制成的密闭圆锥，筒高180mm，锥筒上口内径为150mm，体积约为1060mL；支座分底座、支架及刻度盘三个部分，由铸铁、钢及其他金属制成。

(3)钢制捣棒：直径为10mm，长350mm，端部为半球形。

(4)秒表等辅助工具。

(三)试验准备

(1)试验室内温度应控制在20℃ ±5℃，相对湿度不小于50%。砂浆拌和用原材料应放置试验室内至少24h。

(2)砂应过9.5mm的方孔筛，4.75mm筛上分计筛余不超过10%，且砂料应翻拌均匀；水泥及掺合料不允许有结块，使用前应过0.9mm筛。

(3)砂料应为干燥状态，含水率不超过0.2%，含水率按《公路工程集料试验规程》(JTG E42—2005)的规定进行测定。

(4)材料用量以质量计。称量精度：水泥及掺合料、水和外加剂为±0.5%；砂为±1%。

（四）试验步骤

（1）砂浆拌和。

①将砂浆搅拌锅清洗干净，并保持锅内润湿；按照配合比，先拌制不少于30%容量同配比砂浆，使搅拌机内壁挂浆，将剩余料卸出。

②将称好的砂料、水、水泥及外掺料等依次倒入机内，立即开动搅拌机，搅拌时间不应少于120s。掺有掺合料和外加剂的砂浆，其搅拌时间不应少于180s。一次拌和量不宜少于搅拌机容量的30%，且不宜大于搅拌机容量的70%。

（2）将圆锥筒和试锥表面用湿布擦干净，并用少量润滑油轻擦滑杆，然后将滑杆上多余的油用吸油纸擦净，使滑杆能自由滑动。

（3）将砂浆拌合物一次装入圆锥筒，使砂浆表面低于圆锥筒口10mm左右，用捣棒自圆锥筒口心向边缘插捣25次，然后用木锤在圆锥筒周围距离大致相等的四个不同部位轻轻敲击5～5次，使砂浆表面平整，随后将圆锥筒置于砂浆稠度仪的底座上。

（4）调节试锥滑杆的固定螺栓，缓慢向下移动滑杆，当试锥尖端与砂浆表面刚接触时，拧紧固定螺栓，使齿条测杆下端刚接触滑杆上端，读出刻度盘上的读数 H_0（精确至1mm）。

（5）拧开固定螺栓，同时计时，10s后立即拧紧固定螺栓，将齿条测杆下端接触滑杆上端，从刻度盘上读数 H_1、H_0 和 H_1 的差值，即为砂浆的稠度值，精确至1mm。

（6）圆锥筒内的砂浆只允许测定一次稠度，重复测定时，应重新取样。

（五）结果整理

以两次平行试验测值的算术平均值作为试验结果，精确至1mm；如两次测值之差大于10mm，则重新试验。

4-6 水泥砂浆保水性试验方法（JTG 3420—2020/T 0591—2020）

（一）目的与适用范围

本方法规定了水泥砂浆保水性的试验方法。
本方法适用于测定水泥砂浆及指定采用本方法测定的其他材料。

（二）仪器设备

（1）金属或硬塑料圆环试模：内径100mm、内部高度25mm。
（2）可密封的取样容器：应清洁、干燥。
（3）2kg的重物。
（4）金属滤网：网格尺寸45μm，圆形，直径为100mm±1mm。
（5）医用棉纱：尺寸为110mm×110mm，宜选用纱线稀疏、厚度较薄的棉纱。

(6)超白滤纸：应符合《化学分析滤纸》(GB/T 1914—2017)中速定性滤纸的要求，直径110mm，密度200g/m^2。

(7)两片金属或玻璃的方形或圆形不透水片，边长或直径应大于110mm。

(8)天平：量程为200g，感量为0.1g；量程为2000g，感量为1g。

(9)烘箱。

(三)试验步骤

(1)砂浆含水率试验步骤

称取100g±10g砂浆拌合物试样，记为m_1，置于一干燥并已称重的盘中，在105℃±5℃的烘箱中烘干至恒重，称取质量为m_2。

(2)砂浆保水率试验步骤

①称量底部不透水片与干燥试模质量m_3和15片中速定性滤纸质量m_4。

②将砂浆拌合物一次性装入试模，并用抹刀插捣数次，当填充砂浆略高于试模边缘时，用抹刀以45°角一次性将试模表面多余的砂浆刮去，然后再用抹刀以较平的角度在试模表面反方向将砂浆刮平。

③抹掉试模边的砂浆，称量试模、底部不透水片与砂浆总质量m_5。

④用两片医用棉纱覆盖在砂浆表面，再在棉纱表面放上15片滤纸，用底部不透水片盖在滤纸表面，以2kg的重物把不透水片压着。

⑤静止2min后移走重物及不透水片，取出滤纸(不包括棉纱)，迅速称量滤纸质量m_6。

(四)计算与结果整理

(1)砂浆保水率应按式(试4-3)计算：

$$W=\left[1-\frac{m_6-m_4}{\alpha\times(m_5-m_3)}\right]\times 100 \tag{试4-3}$$

式中：W——保水率(%)；

m_3——底部不透水片与干燥试模质量(g)；

m_4——15片滤纸吸水前的质量(g)；

m_5——试模、底部不透水片与砂浆总质量(g)；

m_6——15片滤纸吸水后的质量(g)；

α——砂浆含水率(%)。

计算结果精确至0.1%。

(2)砂浆含水率应按式(试4-4)计算：

$$\alpha=\frac{m_1-m_2}{m_1}\times 100 \tag{试4-4}$$

式中：α——砂浆含水率(%)；

m_1——砂浆拌合物试样的总质量(g)；

m_2——烘干砂浆拌合物试样的总质量(g)。

计算结果精确至0.1%。

以两次平行试验结果的算术平均值作为试验结果,若两次试验结果中有一个超出平均值的5%,则重新试验。

4-7 水泥砂浆立方体抗压强度试验方法(JTG 3420—2020/T 0570—2020)

(一)目的与适用范围

本方法规定了测定水泥砂浆抗压强度的试验方法。

本方法适用于各类水泥砂浆的70.7mm×70.7mm×70.7mm立方体试件。

(二)仪器设备

(1)试模:70.7mm×70.7mm×70.7mm立方体(有底试模),具有足够的刚度且拆装方便;试模的内表面应机械加工,其不平度为每100mm不超过0.05mm,组装后各相邻面的不垂直度不超过±0.5°。

(2)钢制捣棒:直径为10mm、长为350mm,端部为半球形。

(3)压力试验机:应符合《液压式万能试验机》(GB/T 3159—2008)的规定。

(4)垫板:试验机上下压板及试件之间可垫以钢垫板,垫板的尺寸应大于试件的承压面,其不平度为每100mm不超过0.02mm。

(5)钢尺:量程为500mm,分度值为1mm。

(三)试验准备

(1)制作砌筑砂浆试件时,将试模内壁事先涂刷薄层机油或脱模剂。

(2)向试模内一次注满砂浆,用捣棒均匀地由外向内按螺旋方向插捣25次,为了防止低稠度砂浆插捣后可能留下孔洞,允许用油灰刀沿模壁插数次,使砂浆高出试模顶面6~8mm。

(3)当砂浆表面开始出现麻斑状态时(15~30min),将高出部分的砂浆沿试模顶面削去抹平。

(4)试件制作后应在温度为20℃±5℃、湿度大于50%的环境下,停置一昼夜(24h±2h);当气温较低时,可适当延长时间,但不应超过两昼夜。应对试件进行编号并拆模。试件拆模后,应在标准养护条件下继续养护至28d,然后进行试压。

(5)标准养护的条件:

①水泥混合砂浆:标准养护的条件为温度20℃±2℃、相对湿度60%~80%。

②水泥砂浆和微沫砂浆:标准养护的条件为温度20℃±2℃、相对湿度90%以上。

③养护期间,试件彼此间隔10mm以上。

(四)试验步骤

(1)试件从养护地点取出后,应尽快进行试验,以免试件内部的温度、湿度发生显著变化。

先将试件擦拭干净，检查其外观，并测量尺寸，精确至1mm。如果实测尺寸与公称尺寸之差不超过1mm，按公称尺寸进行计算。

(2)将试件安放在试验机的下压板正中间，试件的承压面应与成型时的顶面垂直，试件中心应与试验机下压板(或下垫板)中心对准。

(3)开动试验机，当上压板与试件(或下垫板)接近时，如有明显偏斜，应调整球座，使接触面均衡受压。

(4)承压试验应连续而均匀加荷，加荷速度为0.3~0.5MPa/s(砂浆强度不大于5MPa时，取下限为宜)，当试件接近破坏而开始迅速变形时，停止调整试验机油门，直至试件破坏，然后记录破坏荷载。

(五)计算与结果整理

(1)砂浆立方体抗压强度应按式(试4-5)计算。

$$f_{m,cu} = \frac{F_u}{A} \tag{试4-5}$$

式中：$f_{m,cu}$——砂浆立方体抗压强度(MPa)；

F_u——破坏荷载(N)；

A——试件承压面积(mm^2)。

计算结果精确至0.1MPa。

(2)以3个试件的算术平均值作为该组试件的抗压强度，结果精确至0.1MPa。当3个试件的最大值或最小值与中间值的差超过中间值的15%时，以中间值作为该组试件的抗压强度。当两个测试值与中间值的差值均超过中间值的15%时，该组试验结果无效。

第五章
CHAPTER FIVE

沥青材料试验

5-1 沥青针入度试验(JTG E20—2011/T 0604—2011)

(一)目的与适用范围

本方法适用于测定道路石油沥青、聚合物改性沥青针入度及液体石油沥青蒸馏或乳化沥青蒸发后残留物的针入度,以 0.1mm 计。其标准试验条件为温度 25℃,荷重 100g,贯入时间 5s。

针入度指数 PI 用以描述沥青的温度敏感性,宜在 15℃、25℃、30℃等 3 个或 3 个以上温度条件下测定针入度后按规定的方法计算得到,若 30℃时的针入度值过大,可采用 5℃代替。当量软化点 T_{800} 是相当于沥青针入度为 800 时的温度,用以评价沥青的高温稳定性。当量脆点 $T_{1.2}$ 是相当于沥青针入度为 1.2 时的温度,用以评价沥青的低温抗裂性能。

(二)仪器设备

(1)针入度仪:为提高测试精度,针入度试验宜采用能够自动计时的针入度仪(试图 5-1)进行测定,要求针和针连杆在无明显摩擦的情况下垂直运动针贯入深度精确至 0.1mm。针和针连杆组合件总质量为 50g ± 0.05g,另附 50g ± 0.05g 砝码一只,试验时总质量为 100g ± 0.05g。当采用其他试验条件时,应在试验结果中注明。仪器应有放置平底玻璃保温皿的平台,并有调节水平的装置,针连杆应与平台相垂直。应有针连杆制动按钮,使针连杆可自由下落。针连杆易于装拆,以便检查其质量。仪器还设有可自由转动与调节距离的悬臂,其端部有一面小镜或聚光灯泡,借以观察针尖与试样表面接触情况。应对自动装置的准确性经常校验。当采用其他试验条件时,应在试验结果中注明。

(2)标准针:由硬化回火的不锈钢制成,洛氏硬度 HRC54 ~ 60,表面粗糙度 Ra 0.2 ~ 0.3μm,针及针杆总质量 2.5g ± 0.05g,针杆上应打印有号码标志,针应设有固定用装置盒

(筒),以免碰撞针尖,每根针必须附有计量部门的检验单,并定期进行检验。

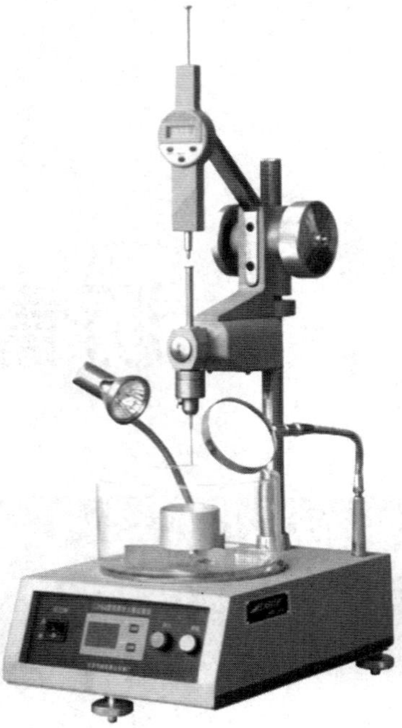

试图 5-1　沥青针入度仪

(3)盛样皿:金属制,圆柱形平底。小盛样皿的内径为55mm,深35mm(适用于针入度小于200 的试样);大盛样皿内径为70mm,深45mm(适用于针入度为200~350 的试样);对针入度大于350 的试样需使用特殊盛样皿,其深度不小于60mm,试样体积不小于125mL。

(4)恒温水槽:容量不小于10L,控温的准确度为0.1℃。水槽中应设有一带孔的搁架,位于水面下不得小于100mm,距水槽底不得小于50mm 处。

(5)平底玻璃皿:容量不小于1L,深度不小于80mm,内设有一不锈钢三脚支架,能使盛样皿稳定。

(6)温度计或温度传感器:精度为0.1℃。

(7)计时器:精度为0.1s。

(8)位移计或位移传感器:精度为0.1mm。

(9)盛样皿盖:平板玻璃,直径不小于盛样皿开口尺寸。

(10)溶剂:三氯乙烯等。

(11)其他:电炉或砂浴、石棉网、金属锅或瓷把坩埚等。

(三)试验准备

32-沥青取样法

(1)按《公路工程沥青及沥青混合料试验规程》(JTG E20—2011)规定的方法准备试样[**资源32**]。

(2)按试验要求将恒温水槽调节到要求的试验温度25℃,或15℃、30℃(或5℃),保持稳定。

(3)将试样注入盛样皿中,试样高度应超过预计针入度值10mm,并盖上盛样皿,以防落入灰尘。盛有试样的盛样皿在15～30℃室温中冷却不少于1.5h(小盛样皿)、2h(大盛样皿)或3h(特殊盛样皿)后,应移入保持规定试验温度±0.1℃的恒温水槽中,并应保温不少于1.5h(小盛样皿)、2h(大试样皿)或2.5h(特殊盛样皿)。

(4)调整针入度仪使之水平。检查针连杆和导轨,以确认无水和其他外来物,无明显摩擦。用三氯乙烯或其他溶剂清洗标准针,并擦干。将标准针插入针连杆,用螺钉固紧。按试验条件,加上附加砝码。

(四)试验步骤

(1)取出达到恒温的盛样皿,并移入水温控制在试验温度±0.1℃(可用恒温水槽中的水)的平底玻璃皿中的三脚支架上,试样表面以上的水层深度不小于10mm。

(2)将盛有试样的平底玻璃皿置于针入度仪的平台上。慢慢放下针连杆,用适当位置的反光镜或灯光反射观察,使针尖恰好与试样表面接触,将位移计或刻度盘指针复位为零。

(3)开始试验,按下释放键,这时计时与标准针落入试样同时开始,至5s时自动停止。

(4)读取位移计或刻度盘指针的读数,准确至0.1mm。

(5)同一试样平行试验至少3次,各测试点之间及与盛样皿边缘的距离不应小于10mm。每次试验后应将盛有盛样皿的平底玻璃皿放入恒温水槽,使平底玻璃皿中水温保持试验温度。每次试验应换一根干净标准针或将标准针取下用蘸有三氯乙烯溶剂的棉花或布揩净,再用干棉花或布擦干。

(6)测定针入度大于200的沥青试样时,至少用3根标准针,每次试验后将针留在试样中,直到3次平行试验完成后,才能将标准针取出。

(7)测定针入度指数PI时,按同样的方法在15℃、25℃、30℃(或5℃)3个或3个以上(必要时增加10℃、20℃等)温度条件下分别测定沥青的针入度,但用于仲裁试验的温度条件应为5个。

(五)计算与结果整理

(1)同一试样3次平行试验结果的最大值和最小值之差在下列允许误差范围内时,计算3次试验结果的平均值,取整数作为针入度试验结果,以0.1mm计。试验结果要求如表5-1。

试验结果要求　　试表5-1

针入度(0.1mm)	允许误差(0.1mm)	针入度(0.1mm)	允许误差(0.1mm)
0～49	2	150～249	12
50～149	4	250～500	20

当试验值不符合此要求时,应重新进行试验。

(2)允许误差:

①当试验结果小于50(0.1mm)时,重复性试验的允许误差为2(0.1mm),再现性试验的允许误差为4(0.1mm)。

②当试验结果等于或大于50(0.1mm)时，重复性试验的允许误差为平均值的4%，再现性试验的允许误差为平均值的8%。

5-2 沥青延度试验(JTG E20—2011/T 0605—2011)

（一）目的与适用范围

(1)本方法适用于测定道路石油沥青、聚合物改性沥青、液体石油沥青蒸馏残留物和乳化沥青蒸发残留物等材料的延度。

(2)沥青延度的试验温度与拉伸速度可根据要求采用，通常采用的试验温度为25℃、15℃、10℃或5℃，拉伸速度为5cm/min ±0.25cm/min。当低温采用1cm/min ±0.05cm/min拉伸速度时，应在报告中注明。

（二）仪器设备

(1)延度仪：延度仪的测量长度不宜大于150cm，仪器应有自动控温、控速系统。应满足试件浸没于水中，能保持规定的试验温度及规定的拉伸速度拉伸试件，且试验时无明显振动。该仪器的形状及组成如试图5-2所示。

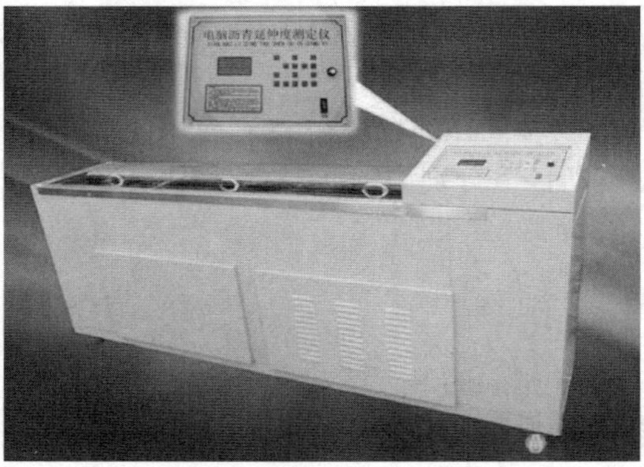

试图5-2　沥青延度仪

(2)试模：黄铜制，由两个端模和两个侧模组成，试模内侧表面粗糙度为Ra 0.2μm，其形状如试图5-3所示。

(3)试模底板：玻璃板或磨光的铜板、不锈钢板(表面粗糙度Ra 0.2μm)。

(4)恒温水槽：容量不小于10L，控制温度的准确度为0.1℃，水槽中应设有带孔搁架，搁架距水槽底不得小于50mm。试件浸入水中深度不小于100mm。

(5)其他：温度计，量程0～50℃，分度值为0.1℃。

(6)砂浴或其他加热炉具、甘油滑石粉隔离剂(甘油与滑石粉的质量比2:1)、平刮刀、石棉网、酒精、食盐等。

（三）试验准备

(1)将隔离剂拌和均匀,涂于清洁干燥的试模底板和两个侧模的内侧表面,并将试模在试模底板上安装妥当。

试图 5-3　延度试模

(2)按 JTG E20—2011 规定的方法准备试样,然后将试样仔细自试模的一端至另一端往返数次缓缓注入模中,最后略高出试模。灌模时不得使气泡混入。

(3)试件在室温中冷却不少于 1.5h,然后用热刮刀刮除高出试模的沥青,使沥青面与试模面齐平。沥青的刮法应自试模的中间刮向两端,且表面应刮得平滑。将试模连同底板再浸入规定试验温度的水槽中保温 1.5h。

(4)检查延度仪延伸速度是否符合规定要求,然后移动滑板使其指针正对标尺的零点。将延度仪注水,并保温达试验温度 ±0.1℃。

（四）试验步骤

(1)将保温后的试件连同底板移入延度仪的水槽中,然后将试模自试模底板上取下,将试模两端的孔分别套在滑板及槽端固定板的金属柱上,并取下侧模。水面距试件表面应不小于 25mm。

(2)开动延度仪,并注意观察试样的延伸情况。此时应注意,在试验过程中,水温应始终保持在试验温度规定范围内,且仪器不得有振动,水面不得有晃动;当水槽采用循环水时,应暂时中断循环,停止水流。试验中,如发现沥青细丝浮于水面或沉入槽底,应在水中加入酒精或食盐,调整水的密度至与试样相近后,重新试验。

(3)试件拉断时,读取指针所指标尺上的读数,以厘米(cm)计。在正常情况下,试件延伸时应呈锥尖状,拉断时实际断面接近于零。如不能得到这种结果,则应在报告中注明。

（五）结果整理

(1)同一样品,每次平行试验不少于 3 个,如 3 个测定结果均大于 100cm,试验结果记作“ >100cm”;特殊需要也可分别记录实测值。3 个测定结果中,当有一个以上的测定值小于 100cm 时,若最大值或最小值与平均值之差满足重复性试验要求,则取 3 个测定结果的平均值的整数作为延度试验结果,若平均值大于 100cm,记作“ >100cm”;若最大值或最小值与平均值之差不符合重复性试验要求时,试验应重新进行。

（2）允许误差：当试验结果小于100cm时，重复性试验的允许误差为平均值的20%，再现性试验的允许误差为平均值的30%。

5-3 沥青软化点试验（环球法）（JTG E20—2011/T 0606—2011）

（一）目的与适用范围

本方法适用于测定道路石油沥青、聚合物改性沥青的软化点，也适用于测定液体石油沥青、煤沥青蒸馏残留物或乳化沥青蒸发残留物的软化点。

（二）仪器设备

（1）软化点试验仪：如试图5-4所示，由下列部件组成。

①钢球：直径9.53mm，质量3.5g±0.05g。

②试样环：由黄铜或不锈钢等制成，形状如试图5-5所示。

③钢球定位环：由黄铜或不锈钢制成，形状如试图5-5所示。

④金属支架：由两个主杆和三层平行的金属板组成。上层为一圆盘，直径略大于烧杯直径，中间有一圆孔，用以插放温度计。中层板上有两个孔，各放置金属环，中间有一小孔可支持温度计的测温端部。一侧立杆距环上面51mm处刻有水高标记。环下面距下层底板为25.4mm，而下底板距烧杯底不小于12.7mm，且不得大于19mm。三层金属板和两个主杆由螺母固定在一起。

试图5-4　沥青软化点仪

⑤耐热玻璃烧杯：容量为800～1000mL，直径不小于86mm，高度不小于120mm。

⑥温度计：量程为0～100℃，分度值为0.5℃。

（2）加热炉具：应采用带有振荡搅拌器的加热电炉，振荡子置于烧杯底部。

（3）试样底板：金属板（表面粗糙度应达Ra 0.8μm）或玻璃板。

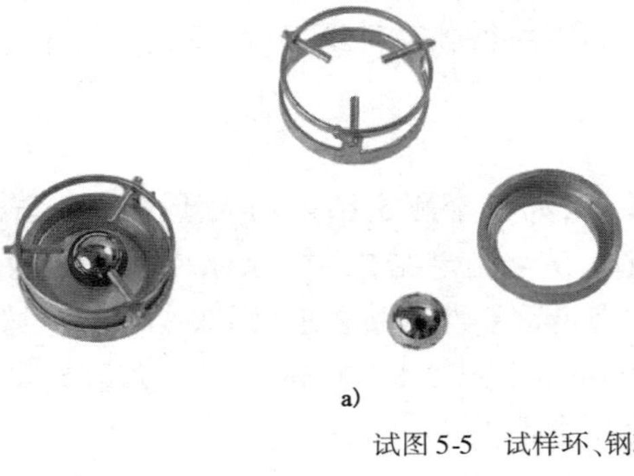

a)

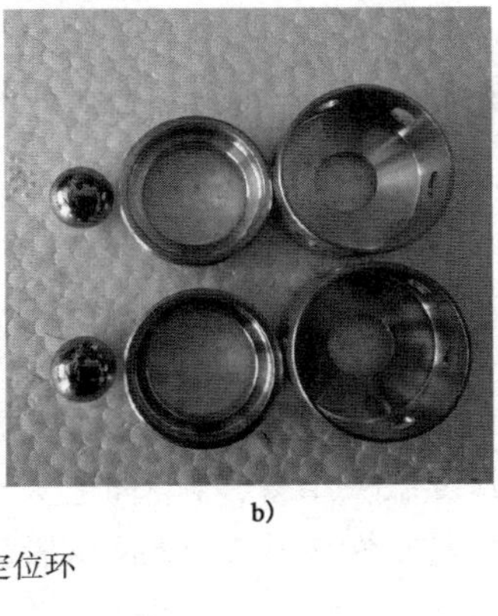

b)

试图5-5　试样环、钢球定位环

(4)恒温水槽:控温的准确度为 ±0.5℃。

(5)平直刮刀。

(6)甘油、滑石粉隔离剂(甘油与滑石粉的质量比为 2:1)。

(7)蒸馏水或纯净水。

(8)其他:石棉网等。

(三)试验准备

(1)将试样环置于涂有甘油滑石粉隔离剂的试样底板上。按规定方法将准备好的沥青试样徐徐注入试样环内至略高出环面为止。

如估计试样软化点高于 120℃,则试样环和试样底板(不用玻璃板)均应预热至 80~100℃。

(2)试样在室温冷却 30min 后,用热刮刀刮除环面上的试样,应使其与环面齐平。

(四)试验步骤

(1)试样软化点在 80℃以下者:

①将装有试样的试样环连同试样底板置于装有 5℃ ±0.5℃水的恒温水槽中至少 15min;同时将金属支架、钢球、钢球定位环等亦置于相同水槽中。

②在烧杯内注入新煮沸并冷却至 5℃的蒸馏水或纯净水,水面略低于立杆上的深度标记。

③从恒温水槽中取出盛有试样的试样环放置在支架中层板的圆孔中,套上定位环;然后将整个环架放入烧杯中,调整水面至深度标记,并保持水温为 5℃ ±0.5℃。环架上任何部分不得附有气泡。将 0~100℃的温度计由上层板中心孔垂直插入,使端部测温头底部与试样环下面齐平。

④将盛有水和环架的烧杯移至放在石棉网的加热炉具上,然后将钢球放在定位环中间的试样中央,立即开动电磁振荡搅拌器,使水微微振荡,并开始加热,使杯中水温在 3min 内调节至维持每分钟上升 5℃ ±0.5℃。在加热过程中,应记录每分钟上升的温度值。如温度上升速度超出此范围,则应重做试验。

⑤试样受热软化逐渐下坠,至与下层底板表面接触时,立即读取温度,准确至 0.5℃。

(2)试样软化点在 80℃以上者:

①将装有试样的试样环连同试样底板置于装有 32℃ ±1℃甘油的恒温槽中至少 15min;同时将金属支架、钢球、钢球定位环等亦置于甘油中。

②在烧杯内注入预先加热至 32℃的甘油,其液面略低于立杆上的深度标记。

③从恒温槽中取出装有试样的试样环,按上述的方法进行测定,准确至 1℃。

(五)结果整理

同一试样平行试验两次,当两次测定值的差值符合重复性试验允许误差要求时,取其平均值作为软化点试验结果,准确至 0.5℃。

(1)当试样软化点小于 80℃时,重复性试验的允许误差为 1℃,再现性试验的允许误差为 4℃。

(2)当试样软化点大于或等于 80℃时,重复性试验的允许误差为 2℃,再现性试验的允许误差为8℃。

5-4 沥青旋转薄膜加热试验（JTG E20—2011/T 0610—2011）

（一）目的与适用范围

本方法适用于测定道路石油沥青、聚合物改性沥青旋转薄膜烘箱加热（简称RTFOT）后的质量变化，并根据需要测定旋转薄膜加热后，沥青残留物的针入度、黏度、延度及脆点等性质的变化，以评定沥青的老化性能。

试图5-6 旋转薄膜烘箱

（二）仪器设备

（1）旋转薄膜烘箱：烘箱恒温室形状如试图5-6所示。烘箱具有双层壁，电热系统应有温度自动调节器，可保持温度为163℃ ±0.5℃，其内部尺寸为高381mm、宽483mm、深445mm ±13mm（关门后）。烘箱门上有一双层耐热的玻璃窗，其宽为305～380mm、高203～229mm，可以通过此窗观察烘箱内部试验情况。最上部的加热元件应位于烘箱顶板的下方25mm ±3mm，烘箱应调整成水平状态。

烘箱的顶部及底部均有通气口。底部通气口面积为150mm² ±7mm²，对称配置，可供均匀进入空气的加热之用。上部通气口匀称地排列在烘箱顶部，其开口面积为93mm² ±4.5mm²。

烘箱内有一内壁，烘箱与内壁之间有一个通风空间，间隙为38.1mm。在烘箱宽的中点上，且从环形金属架表面至其轴间152.4mm处，有一外径133mm、宽73mm的鼠笼式风扇，并用一电动机驱动旋转，其速度为1725r/min。鼠笼式风扇将以与叶片相反的方向转动。

烘箱温度的传感器装置在距左侧25.4mm及空气封闭箱内上顶板下约38.1mm处，以使测温元件处于距烘箱内后壁约203.2mm位置。将测试用的温度计悬挂或附着在顶板的一个距烘箱右侧中点50.8mm的装配架上。温度计悬挂时，其水银球与环形金属架的轴线相距25.4mm以内。温度控制器应能使全部装好沥青试样后，在10min之内达到试验温度。

烘箱内有一个直径为304.8mm的垂直环形架，架上装备有适当的能锁闭及开启8个水平放置的玻璃盛样瓶的固定装置。垂直环形架通过直径19mm的轴，以15r/min ±0.2r/min速度转动。

烘箱内装备有一个空气喷嘴，在最低位置上向转动玻璃盛样瓶喷进热空气。喷嘴孔径为1.016mm，连接着一根长为7.6m、外径为8mm的铜管。铜管水平盘绕在烘箱的底部，并连通着一个能调节流量、新鲜的和无尘的空气源。为保证空气充分干燥，可用活性硅胶作为指示剂。在烘箱表面上装备有温度指示器，空气流量计的流量应为4000mL/min ±200mL/min。

(2)盛样瓶:耐热玻璃制,高 139.7mm ±1.5mm,外径为 64mm ±1.2mm,壁厚 2.4mm ±0.3mm,口部直径为 31.75mm ±1.5mm。

(3)温度计:量程 0 ~200℃,分度值 0.5℃。

(4)分析天平:感量不大于 1mg。

(5)溶剂:汽油、三氯乙烯等。

(三)试验准备

(1)用汽油或三氯乙烯洗净盛样瓶后,置温度 105℃ ±5℃烘箱中烘干,并在干燥器中冷却后编号称其质量(m_0),准确至 1mg。盛样瓶的数量应能满足试验的试样需要,通常不少于 8 个。

(2)将旋转加热烘箱调节水平,并在 163℃ ±0.5℃下预热不少于 16h,使箱内空气充分加热均匀。调节好温度控制器,使全部盛样瓶装入环形金属架后,烘箱的温度应在 10min 以内达到 163℃ ±0.5℃。

(3)调整喷气嘴与盛样瓶开口处的距离为 6.35mm,并调节流量计,使空气流量为 4000mL/min ±200mL/min。

(4)按 JTG E20—2011 T 0602 的方法准备沥青试样,分别注入已称质量的盛样瓶中,其质量为 35g ±0.5g,放入干燥器中冷却至室温后称取质量(m_1),准确至 1mg。需测定加热前后沥青性质变化时,应同时灌样测定加热前沥青的性质。

(四)试验步骤

(1)将称量完后的全部试样瓶放入烘箱环形架的各个瓶位中,关上烘箱门后开启环形架转动开关,以 15r/min ±0.2r/min 速度转动。同时开始将流速 4000mL/min ±200mL/min 的热空气喷入转动着的盛样瓶的试样中,烘箱的温度应在 10min 回升到 163℃ ±0.5℃,使试样在 163℃ ±0.5℃温度下受热时间不少于 75min。总的持续时间为 85min。若 10min 内达不到试验温度,则试验不得继续进行。

(2)到达时间后,停止环形架转动及喷射热空气,立即逐个取出盛样瓶,并迅速将试样倒入一洁净的容器内混匀(进行加热质量变化的试样除外),以备进行旋转薄膜加热试验后的沥青性质的试验,但不允许将已倒过的沥青试样瓶重复加热来取得更多的试样。所有试验项目应在 72h 内全部完成。

(3)将进行质量变化试验的试样瓶放入真空干燥器中,冷却至室温,称取质量(m_2),准确至 1mg。此瓶内的试样即予废弃(不得重复加热用来进行其他性质的试验)。

(五)计算与结果整理

1. 计算

(1)沥青旋转薄膜加热试验后质量变化按式(试 5-1)计算,准确至 3 位小数(质量减少为负值,质量增加为正值)。

$$L_T = \frac{m_2 - m_1}{m_1 - m_0} \times 100 \qquad (试 5-1)$$

式中：L_T——试样旋转薄膜加热质量变化(%)；

m_0——盛样瓶质量(g)；

m_1——旋转薄膜加热前盛样瓶与试样合计质量(g)；

m_2——旋转薄膜加热后盛样瓶与试样合计质量(g)。

(2)沥青旋转薄膜加热试验后，残留物针入度比以残留物针入度占原试样针入度的比值按式(试5-2)计算。

$$K_P = \frac{P_2}{P_1} \times 100 \qquad (试5\text{-}2)$$

式中：K_P——试样旋转薄膜加热后残留物针入度比(%)；

P_1——旋转薄膜加热前原试样的针入度(0.1mm)；

P_2——旋转薄膜加热后残留物的针入度(0.1mm)。

(3)沥青旋转薄膜加热试验的残留物软化点增值按式(试5-3)计算。

$$\Delta T = T_2 - T_1 \qquad (试5\text{-}3)$$

式中：ΔT——旋转薄膜加热试验后软化点增值(℃)；

T_1——旋转薄膜加热试验前软化点(℃)；

T_2——旋转薄膜加热试验后软化点(℃)。

(4)沥青旋转薄膜加热试验黏度比按式(试5-4)计算。

$$K_\eta = \frac{\eta_2}{\eta_1} \qquad (试5\text{-}4)$$

式中：K_η——旋转薄膜加热试验前后60℃黏度比；

η_2——旋转薄膜加热试验后60℃黏度(Pa·s)；

η_1——旋转薄膜加热试验前60℃黏度(Pa·s)。

(5)沥青的老化指数按式(试5-5)计算。

$$C = \lg\lg(\eta_2 \times 10^3) - \lg\lg(\eta_1 \times 10^3) \qquad (试5\text{-}5)$$

式中：C——沥青旋转薄膜加热试验的老化指数。

2. 报告

(1)同一试样平行试验两次，两个盛样皿的蒸发损失百分率之差符合重复性试验的精度要求时，求取其平均值作为试验结果，准确至小数点后2位。

(2)允许误差。

①当旋转薄膜加热后质量变化小于或等于0.4%时，重复性试验的允许误差为0.04%，再现性试验的允许误差为0.16%。

②当旋转薄膜加热后质量变化大于0.4%时，重复性试验的允许误差为平均值的8%，再现性试验的允许误差为平均值的40%。

③残留物针入度、软化点、延度、黏度等性质试验的允许误差应符合相应试验方法的规定。

第六章
CHAPTER SIX
沥青混合料试验

6-1 沥青混合料试件制作方法(击实法)(JTG E20—2011/T 0702—2011)

(一)目的与适用范围

(1)本方法适用于采用标准击实法或大型击实法制作沥青混合料试件,以供试验室进行沥青混合料物理力学性质试验使用。

(2)标准击实法适用于标准马歇尔试验、间接抗拉试验(劈裂法)等所使用的 ϕ101.6mm × 63.5mm 圆柱体试件的成型。大型击实法适用于大型马歇尔试验和 ϕ152.4mm ×95.3mm 大型圆柱体试件的成型。

(3)沥青混合料试件制作时的条件及试件数量应符合下列规定:

①当集料公称最大粒径小于或等于 26.5mm 时,采用标准击实法。一组试件的数量不少于4个。

②当集料公称最大粒径大于 26.5mm 时,宜采用大型击实法。一组试件数量不少于 6 个。

(二)仪器设备

(1)自动击实仪:击实仪应具有自动记数、控制仪表、按钮设置、复位及暂停等功能(试图 6-1)。按其用途分为以下两种:

①标准击实仪。由击实锤、ϕ98.5mm ±0.5mm 平圆形压实头及带手柄的导向棒组成。用机械将压实锤提升,从 457.2mm ±1.5mm 高度沿导向棒自由落下击实。标准击实锤质量为 4536g ±9g。

②大型击实仪。由击实锤、ϕ149.5mm ±0.1mm 平圆形压实头及带手柄的导向棒组成。用机械将压实锤提升,从 457.2mm ±2.5mm 高度沿导向棒自由落下击实。大型击实锤质量为 10210g ±10g。

(2)试验室用沥青混合料拌和机:能保证拌和温度并充分拌和均匀,可控制拌和时间,容量不小于10L,如试图6-2所示。搅拌叶自转速度为70~80r/min,公转速度为40~50r/min。

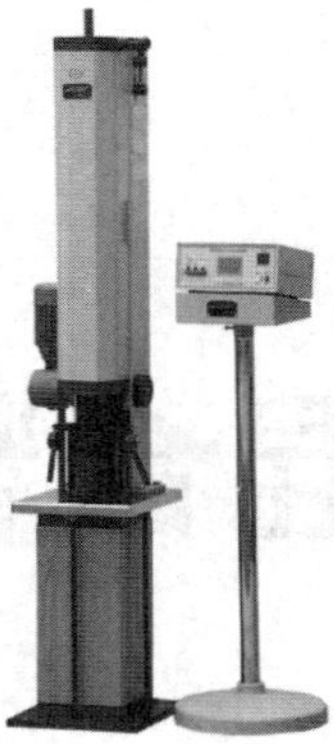

试图6-1 马歇尔电动击实仪

试图6-2 沥青混合料拌和机

(3)试模由高碳钢或工具钢制成,几何尺寸如下:

①标准击实仪试模的内径为101.6mm±0.2mm,圆柱形金属筒高87mm,底座直径约120.6mm,套筒内径为104.8mm、高70mm。

②大型击实仪的试模与套筒尺寸:套筒外径为165.1mm,内径为155.6mm±0.3mm,总高83mm。试模内径为152.4mm±0.2mm,总高115mm;底座板厚12.7mm,直径为172mm。

(4)脱模器:电动或手动,应能无破损地推出圆柱体试件,备有标准试件及大型试件尺寸的推出环。

(5)烘箱:大、中型各一台,应有温度调节器。

(6)天平或电子秤:用于称量矿料的,感量不大于0.5g;用于称量沥青的,感量不大于0.1g。

(7)布洛克菲尔德黏度计。

(8)温度计:分度值为1℃。宜采用有金属插杆的插入式数显温度计,金属插杆的长度不小于150mm。量程为0~300℃。

(9)其他:电炉或煤气炉、沥青熔化锅、拌和铲、标准筛、插刀或大螺丝刀滤纸(或普通纸)、胶布、卡尺、秒表、粉笔、棉纱等。

(三)试验准备

1. 确定制作沥青混合料试件的拌和温度与压实温度

(1)按JTG E20—2011的规定测定黏度,绘制黏温曲线。按试表6-1的要求选择适宜于沥青混合料拌和及压实的等黏温度。

(2)当缺乏沥青黏度测定条件时,试件的拌和温度与压实温度可按试表6-2选用,并根据沥青品种和标号作适当调整。针入度小、稠度大的沥青取高限,针入度大、稠度小的沥青取低限,一般取中值。

(3)对改性沥青,应根据实践经验选择改性剂的品种和用量,适当提高混合料的拌和温度和压实温度,对大部分聚合物改性沥青,需要在普通沥青温度的基础上提高 10 ~ 20℃。掺加纤维时,尚需再提高 10℃左右。

(4)常温沥青混合料的拌和及压实在常温下进行。

沥青混合料拌和及压实的沥青等黏温度 试表 6-1

沥青混合料种类	黏度与测定方法	适宜于拌和的沥青混合料黏度(Pa·s)	适宜于压实的沥青混合料黏度(Pa·s)
石油沥青	表观黏度(JTG E20 T 0625—2011)	0.17 ±0.02	0.28 ±0.03

沥青混合料拌和及压实温度参考表 试表 6-2

沥青结合料种类	拌和温度(℃)	压实温度(℃)
石油沥青	140 ~ 160	120 ~ 150
改性沥青	160 ~ 175	140 ~ 170

2. 沥青混合料试件的制作条件

(1)在拌和厂或施工现场采取沥青混合料制作试件时,按《公路工程沥青及沥青混合料试验规程》(JTG E20—2011)的方法取样,将试样置于烘箱中加热或保温,在混合料中插入温度计测量温度,待混合料温度符合要求后成型。需要拌和时,可倒入已加热的室内沥青混合料拌和机中适当拌和,时间不超过 1min。不得在电炉或明火上加热炒拌。

(2)在试验室人工配制沥青混合料时,试件的制作按下列步骤进行:

①将各种规格的矿料置于 105℃ ±5℃的烘箱中烘干至恒重(一般不少于 4 ~6h)。

②将烘干分级的粗、细集料,按每个试件设计级配要求称其质量,在一金属盘中混合均匀,矿粉单独放入小盆里,然后置于烘箱中预热至沥青拌和温度以上约 15℃(采用石油沥青时通常为 163℃,采用改性沥青时通常需 180℃)备用。一般按一组试件(每组 4 ~6 个)备料,但进行配合比设计时宜对每个试件分别备料。常温沥青混合料的矿料不应加热。

(3)将规定方法采集的沥青试样用烘箱加热至规定的沥青混合料拌和温度,但不得超过 175℃。当不得已采用燃气炉或电炉直接加热进行脱水时,必须使用石棉垫隔开。

(四)试验步骤

1. 拌制沥青混合料

(1)黏稠石油沥青混合料:

①用蘸有少许黄油的棉纱擦净试模、套筒及击实座等,置于 100℃左右烘箱中加热 1h 备用。常温沥青混合料用试模不加热。

②将沥青混合料拌和机提前预热至拌和温度以上 10℃左右。

③将加热的粗、细集料置于拌和机中,用小铲子适当混合,然后加入需要数量的沥青(如沥青已称量在一专用容器内时,可在倒掉沥青后用一部分热矿粉将沾在容器壁上的沥青擦拭并一起倒入拌和锅中),开动拌和机一边搅拌一边将拌和叶片插入混合料中拌和 1 ~1.5min,

暂停拌和，加入加热的矿粉，继续拌和至均匀为止，并使沥青混合料保持在要求的拌和温度范围内。标准的总拌和时间为3min。

(2)液体石油沥青混合料：将每组(或每个)试件的矿料置于已加热至55～100℃的沥青混合料拌和机中，注入要求数量的液体沥青，并将混合料边加热边拌和，使液体沥青中的溶剂挥发至50%以下。拌和时间应事先试拌确定。

(3)乳化沥青混合料：将每个试件的粗、细集料置于沥青混合料拌和机(不加热，也可用人工炒拌)中；再注入计算的用水量(阴离子乳化沥青不加水)后，拌和均匀并使矿料表面完全湿润；再注入设计的沥青乳液用量，在1min内使混合料拌匀，然后加入矿粉后迅速拌和，使混合料拌至呈褐色为止。

2. 成型方法

(1)击实法的成型步骤如下：

①将拌好的沥青混合料，用小铲适当拌和均匀，称取一个试件所需的用量(标准马歇尔试件约1200g，大型马歇尔试件约4050g)。当已知沥青混合料的密度时，可根据试件的标准尺寸计算并乘以1.03得到要求的混合料数量。当一次拌和几个试件时，宜将其倒入经预热的金属盘中，用小铲适当拌和均匀分成几份，分别取用。在试件制作过程中，为防止混合料温度下降，应连盘放在烘箱中保温。

②从烘箱中取出预热的试模及套筒，用蘸有少许黄油的棉纱擦拭套筒、底座及击实锤底面。将试模装在底座上，放一张圆形的吸油性小的纸，用小铲将混合料铲入试模中，用插刀或大螺丝刀沿周边插捣15次，中间捣10次。插捣后将沥青混合料表面整平。对大型击实法的试件，混合料分两次加入，每次插捣次数同上。

③插入温度计，至混合料中心附近，检查混合料温度。

④待混合料温度符合要求的压实温度后，将试模连同底座一起放在击实台上固定，在装好的混合料上面垫一张吸油性小的圆纸，再将装有击实锤及导向棒的压实头放入试模中，开启电机将击实锤从457mm的高度自由落下击实规定的次数(75次、50次)。对大型试件，击实次数为75次(相应于标准击实50次)或112次(相应于标准击实75次)。

⑤试件击实一面后，取下套筒，将试模翻面，装上套筒，然后以同样的方法和次数击实另一面。

乳化沥青混合料试件在两面击实后，将一组试件在室温下横向放置24h，另一组试件置于温度为105℃±5℃的烘箱中养护24h。将养护试件取出后再立即两面锤击各25次。

⑥试件击实结束后，立即用镊子取掉上下面的纸，用卡尺量取试件离试模上口的高度并由此计算试件高度。高度不符合要求时，试件应作废，并按式(试6-1)调整试件的混合料质量，以保证高度符合63.5mm±1.3mm(标准试件)或95.3mm±2.5mm(大型试件)的要求。

$$\text{调整后混合料质量} = \frac{\text{要求试件高度} \times \text{原用混合料质量}}{\text{所得试件的高度}} \qquad (\text{试}6\text{-}1)$$

(2)卸去套筒和底座，将装有试件的试模横向放置冷却至室温后(不少于12h)，置脱模机上脱出试件。用于现场马歇尔指标检验的试件，在施工质量检验过程中如急需试验，允许采用电风扇吹冷1h或浸水冷却3min以上的方法脱模；但浸水脱模法不能用于测量密度、空隙率等各项物理指标。

(3)将试件仔细置于干燥洁净的平面上,供试验用。

6-2 压实沥青混合料密度试验(表干法)(JTG E20—2011/T 0705—2011)

(一)目的与适用范围

(1)本方法适用于测定吸水率不大于 2% 的各种沥青混合料试件,包括密级配沥青混凝土、沥青玛𤥻脂碎石混合料(SMA)和沥青稳定碎石等沥青混合料试件的毛体积相对密度或毛体积密度。标准温度为 25℃ ±0.5℃。

(2)本方法测定的毛体积相对密度和毛体积密度适用于计算沥青混合料试件的空隙率、矿料间隙率等各项体积指标。

(二)仪器设备

(1)浸水天平或电子秤:当最大称量在 3kg 以下时,感量不大于 0.1g;当最大称量在 3kg 以上时,感量不大于 0.5g。应有测量水中质量的挂钩。

(2)网篮。

(3)溢流水箱:如试图 6-3 所示,使用洁净水,有水位溢流装置,保持试件和网篮浸入水中后的水位一定。能调整水温至 25℃ ±0.5℃。

(4)试件悬吊装置:天平下方悬吊网篮及试件的装置,吊线应采用不吸水的细尼龙线绳,并有足够的长度。对轮碾成型机成型的板块状试件可用铁丝悬挂。

(5)其他:秒表、毛巾、电风扇或烘箱等。

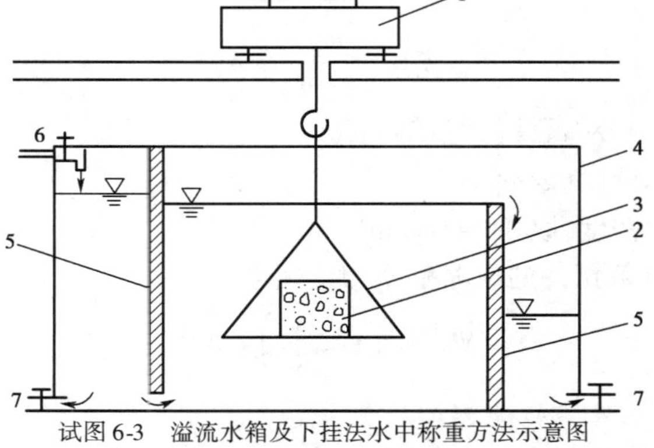

试图 6-3　溢流水箱及下挂法水中称重方法示意图

1-浸水天平或电子秤;2-试件;3-网篮;4-溢流水箱;5-水位搁板;6-注入口;7-放水阀门

(三)试验步骤

(1)准备试件。本试验可以采用室内成型的试件,也可以采用工程现场钻芯、切割等方法获得的试件。当采用现场钻芯取样时,应按照规定的方法进行。试验前,试件宜在阴凉处保存(温度不宜高于35℃),且放置在水平的平面上,注意不要使试件产生变形。

(2)选择适宜的浸水天平或电子天平,最大称量应满足试件质量的要求。

(3)除去试件表面的浮粒,称取干燥试件的空中质量(m_a),根据选择的天平的感量读数,准确至0.1g或0.5g。

(4)将溢流水箱水温保持在25℃±0.5℃。挂上网篮,浸入溢流水箱中,调节水位,将天平调平或复零,把试件置于网篮中(注意不要晃动水)浸水3~5min,称取水中质量(m_w)。若天平读数持续变化,不能很快达到稳定,说明试件吸水较严重,不适用于此法测定,应改用蜡封法测定。

(5)从水中取出试件,用洁净柔软的拧干湿毛巾轻轻擦去试件的表面水(不得吸走空隙内的水),称取试件的表干质量(m_f)。从试件拿出水面到擦拭结束不宜超过5s,称量过程中流出的水不得再擦拭。

(6)对从工程现场钻取的非干燥试件,可先称取水中质量(m_w)和表干质量(m_f),然后用电风扇将试件吹干至恒重(一般不少于12h,当不需进行其他试验时,也可用60℃±5℃烘箱烘干至恒重),再称取空气中质量(m_a)。

(四)计算与结果整理

(1)按式(试6-2)计算试件的吸水率,取1位小数。

$$S_a = \frac{m_f - m_a}{m_f - m_w} \times 100 \quad (试6\text{-}2)$$

式中:S_a——试件的吸水率(%);

m_a——干燥试件的空气中质量(g);

m_w——试件的水中质量(g);

m_f——试件的表干质量(g)。

(2)按式(试6-3)、式(试6-4)计算试件的毛体积相对密度和毛体积密度,取3位小数。

$$\gamma_f = \frac{m_a}{m_f - m_w} \quad (试6\text{-}3)$$

$$\rho_f = \frac{m_a}{m_f - m_w} \times \rho_w \quad (试6\text{-}4)$$

式中:γ_f——试件毛体积相对密度(无量纲);

ρ_f——试件毛体积密度(g/m^3);

ρ_w——25℃时水的密度,取0.9971g/m^3。

(3)按式(试6-5)计算试件的空隙率,取1位小数。

$$VV = \left(1 - \frac{\gamma_f}{\gamma_t}\right) \times 100 \quad (试6\text{-}5)$$

式中:VV——试件的空隙率(%);

γ_t——沥青混合料理论最大相对密度,按上述(7)的方法计算或实测得到(无量纲);

γ_f——试件的毛体积相对密度,无量纲,用表干法测定,当试件吸水率$S_a>2\%$时,由蜡封法测定;当按规定容许采用水中称重法测定时,也可用表观相对密度代替。

(4)按式(试6-6)计算矿料的合成毛体积相对密度,取3位小数。

$$\gamma_{sb}=\frac{100}{\frac{P_1}{\gamma_1}+\frac{P_2}{\gamma_2}+\cdots+\frac{P_n}{\gamma_n}} \tag{试 6-6}$$

式中：γ_{sb}——矿料的合成毛体积相对密度，无量纲；

$P_1\cdots P_n$——各种矿料占矿料总质量的百分率(%)，其和为 100；

$\gamma_1\cdots\gamma_n$——各种矿料的相对密度，无量纲；采用《公路工程集料试验规程》(JTG E42—2005)的方法测定，粗集料按 T 0304 方法测定；机制砂及石屑可按 T 0330 方法测定，也可以用筛出的 2.36～4.75mm 部分按 T 0304 方法测定的毛体积相对密度代替；矿粉(含消石灰、水泥)采用表观相对密度。

(5)按式(试 6-7)计算矿料的合成表观相对密度，取 3 位小数。

$$\gamma_{sa}=\frac{100}{\frac{P_1}{\gamma'_1}+\frac{P_2}{\gamma'_2}+\cdots+\frac{P_n}{\gamma'_n}} \tag{试 6-7}$$

式中：γ_{sa}——矿料的合成表观相对密度，无量纲；

$\gamma'_1\cdots\gamma'_n$——各种矿料的表观相对密度，无量纲。

(6)确定矿料的有效相对密度，取 3 位小数。

①对非改性沥青混合料，采用真空法实测理论最大相对密度，取平均值。按式(试 6-8)计算合成矿料的有效相对密度 γ_{se}。

$$\gamma_{se}=\frac{100-P_b}{\frac{100}{\gamma_t}-\frac{P_b}{\gamma_b}} \tag{试 6-8}$$

式中：γ_{se}——合成矿料的有效相对密度，无量纲；

P_b——沥青含量，即沥青质量占沥青混合料总质量的百分比(%)；

γ_t——实测的沥青混合料理论最大相对密度，无量纲；

γ_b——25℃时沥青的相对密度，无量纲。

②对改性沥青及沥青玛𤧛脂碎石混合料(SMA)等难以分散的混合料，有效相对密度宜直接曰矿料的合成毛体积相对密度与合成表观相对密度按式(试 6-9)计算确定，其中沥青吸收系数 C 值根据材料的吸水率由式(试 6-10)求得，合成矿料的吸水率按式(试 6-11)计算。

$$\gamma_{se}=C\times\gamma_{sa}+(1-C)\times\gamma_{sb} \tag{试 6-9}$$

$$C=0.033w_x^2-0.2936w_x+0.9339 \tag{试 6-10}$$

$$w_x=\left(\frac{1}{\gamma_{sb}}-\frac{1}{\gamma_{sa}}\right)\times 100 \tag{试 6-11}$$

式中：C——沥青吸收系数，无量纲；

w_x——合成矿料的吸水率(%)。

(7)确定沥青混合料的理论最大相对密度，取 3 位小数。

①对非改性沥青的普通沥青混合料，采用真空法实测沥青混合料的理论最大相对密度 γ_t。

②对改性沥青及 SMA 混合料宜按式(试 6-12)或式(试 6-13)计算沥青混合料对应油石比

的理论最大相对密度。

$$\gamma_t = \frac{100 + P_a}{\dfrac{100}{\gamma_{se}} + \dfrac{P_a}{\gamma_b}} \tag{试6-12}$$

$$\gamma_t = \frac{100 + P_a + P_x}{\dfrac{100}{\gamma_{se}} + \dfrac{P_a}{\gamma_b} + \dfrac{P_x}{\gamma_x}} \tag{试6-13}$$

式中：γ_t ——计算沥青混合料对应油石比的理论最大相对密度（无量纲）；

P_a ——油石比，即沥青质量占矿料总质量的百分比（%），$P_a = [P_b/(100 - P_b)] \times 100$；

P_x ——纤维用量，即纤维质量占矿料总质量的百分比（%）；

γ_{se} ——合成矿料的有效相对密度（无量纲）；

γ_b ——25℃时沥青的相对密度（无量纲）；

γ_x ——25℃时纤维的相对密度，由厂方提供或实测得到（无量纲）。

③对旧路面钻取芯样的试件缺乏材料密度、配合比及油石比的沥青混合料，可以采用真空法实测沥青混合料的理论最大相对密度 γ_t。

(8)按式（试6-14）~式（试6-16）计算试件的空隙率（VV）、矿料间隙率（VMA）和有效沥青的饱和度（VFA），取1位小数。

$$VV = \left(1 - \frac{\gamma_f}{\gamma_t}\right) \times 100 \tag{试6-14}$$

$$VMA = \left(1 - \frac{\gamma_f}{\gamma_{sb}} \times \frac{P_s}{100}\right) \times 100 \tag{试6-15}$$

$$VFA = \frac{VMA - VV}{VMA} \times 100 \tag{试6-16}$$

式中：VV——沥青混合料试件的空隙率（%）；

VMA——沥青混合料试件的矿料间隙率（%）；

VFA——沥青混合料试件的有效沥青饱和度（%）；

P_s ——各种矿料占沥青混合料总质量的百分率之和（%），$P_s = 100 - P_b$；

γ_{sb} ——矿料的合成毛体积相对密度（无量纲）。

(9)按式（试6-17）~式（试6-19）计算沥青结合料被矿料吸收的比例及有效沥青含量、有效沥青体积百分率，取1位小数。

$$P_{ba} = \frac{\gamma_{se} - \gamma_{sb}}{\gamma_{se} \times \gamma_{sb}} \times \gamma_b \times 100 \tag{试6-17}$$

$$P_{be} = P_b - \frac{P_{ba}}{100} \times P_s \tag{试6-18}$$

$$V_{be} = \frac{\gamma_f \times P_{ba}}{\gamma_b} \tag{试6-19}$$

式中：P_{ba} ——沥青混合料中被矿料吸收的沥青质量占矿料总质量的百分率（%）；

P_{be} ——沥青混合料中的有效沥青含量（%）；

V_{be}——沥青混合料试件的有效沥青体积百分率(%)。

(10)按式(试6-20)计算沥青混合料的粉胶比,取1位小数。

$$FB = \frac{P_{0.075}}{P_{be}} \tag{试6-20}$$

式中:FB——粉胶比,沥青混合料的矿料中0.075mm通过率与有效沥青含量的比值,无量纲;

$P_{0.075}$——矿料级配中0.075mm的通过百分率(水洗法)(%)。

(11)按式(试6-21)计算集料的比表面积,按式(试6-22)计算沥青混合料沥青膜有效厚度。各种集料粒径的表面积系数按试表6-3取用。

$$SA = \sum(P_i \times FA_i) \tag{试6-21}$$

$$DA = \frac{P_{be}}{\rho_b \times P_s \times SA} \times 1000 \tag{试6-22}$$

式中:SA——集料的比表面积(m^2/kg);

P_i——集料各粒径的质量通过百分率(%);

FA_i——各筛孔对应集料的表面积系数(m^2/kg),按试表6-3确定;

DA——沥青膜有效厚度(μm);

ρ_b——沥青25℃时的密度(g/cm^3)。

集料的表面积系数及比表面积计算示例 试表6-3

筛孔尺寸(mm)	19	16	13.2	9.5	4.75	2.36	1.18	0.6	0.3	0.15	0.075
表面积系数 FA_i(m^2/kg)	0.0041	—	—	—	0.0041	0.0082	0.0164	0.0287	0.0614	0.1229	0.3277
集料各粒径的质量通过百分率 P_i(%)	100	92	85	76	60	42	32	23	16	12	6
集料比表面积 $FA_i \times P_i$(m^2/kg)	0.41	—	—	—	0.25	0.34	0.52	0.66	0.98	1.47	1.97
集料比表面积总和 SA(m^2/kg)	SA = 0.41 + 0.25 + 0.34 + 0.52 + 0.66 + 0.98 + 1.47 + 1.97 = 6.60										

(12)粗集料骨架间隙率,可按式(试6-23)计算,取1位小数。

$$VCA_{mix} = 100 - \frac{\gamma_f}{\gamma_{ca}} \times P_{ca} \tag{试6-23}$$

式中:VCA_{mix}——粗集料骨架间隙率(%);

P_{ca}——矿料中所有粗集料占沥青混合料总质量的百分率(%),按式(试6-24)计算得到;

$$P_{ca} = P_s \times \frac{PA_{4.75}}{100} \tag{试6-24}$$

式中:$PA_{4.75}$——矿料级配中4.75mm筛余量,即100减去4.75mm通过率。

注:$PA_{4.75}$对于沥青混合料为矿料级配中4.75mm筛余量,对于公称最大粒径不大于

9.5mm的SMA，混合料为2.36mm筛余量，对于特大粒径，根据需要可以选择其他筛孔。

$$\gamma_{ca} = \frac{P_{1c} + P_{2c} + \cdots + P_{nc}}{\frac{P_{1c}}{\gamma_{1c}} + \frac{P_{2c}}{\gamma_{2c}} + \cdots + \frac{P_{nc}}{\gamma_{nc}}} \quad \text{（试 6-25）}$$

式中：$P_{1c}\cdots P_{nc}$ ——矿料中各种粗集料占矿料总质量的百分比（%）；

$\gamma_{1c}\cdots\gamma_{nc}$ ——矿料中各种粗集料的毛体积相对密度。

应在试验报告中注明沥青混合料的类型及采用的测定密度的方法。

试件毛体积密度试验重复性的允许误差为0.020g/cm³。试件毛体积相对密度试验重复性的允许误差为0.020。

6-3 沥青混合料马歇尔稳定度试验（JTG E20—2011/T 0709—2011）

（一）目的与适用范围

（1）本方法适用于马歇尔稳定度试验和浸水马歇尔稳定度试验，以进行沥青混合料的配合比设计或沥青路面施工质量检验。浸水马歇尔稳定度试验（根据需要，也可进行真空饱水马歇尔试验）供检验沥青混合料受水损害时抵抗剥落的能力时使用，通过测试其水稳定性检验配合比设计的可行性。

（2）本方法适用于按《公路工程沥青及沥青混合料试验规程》（JTG E20—2011）成型的标准马歇尔试件圆柱体和大型马歇尔试件圆柱体。

（二）仪器设备

（1）沥青混合料马歇尔试验仪（试图6-4）：分为自动式和手动式。自动马歇尔试验仪应具备控制装置、记录荷载—位移曲线、自动测定荷载与试件的垂直变形，能自动显示和存储或打印试验结果等功能。手动式由人工操作，试验数据通过操作者目测后读取数据。

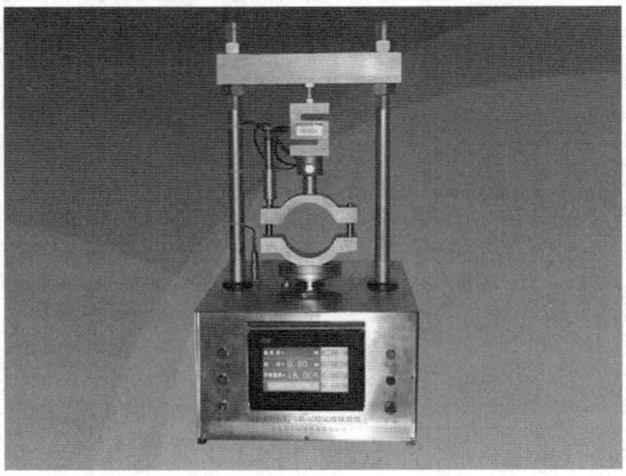

试图6-4　马歇尔稳定度试验仪

对用于高速公路和一级公路的沥青混合料,宜采用自动马歇尔试验仪。

①当集料公称最大粒径小于或等于26.5mm时,宜采用ϕ101.6mm×63.5mm的标准马歇尔试件,试验仪最大荷载不得小于25kN,读数准确至0.1kN,加载速率应保持50mm/min±5mm/min。钢球直径为16mm±0.05mm,上下压头曲率半径为50.8mm±0.08mm。

②当集料公称最大粒径大于26.5mm时,宜采用ϕ152.4mm×95.3mm的大型马歇尔试件,试验仪最大荷载不得小于50kN,读数准确至0.1kN,上下压头曲率半径为ϕ152.4mm±0.2mm,上下压头间距为19.05mm±0.1mm。

(2)恒温水槽:控温准确度为1℃,深度不小于150mm。

(3)真空饱水容器:包括真空泵及真空干燥器。

(4)其他:烘箱、天平、温度计、卡尺、棉纱、黄油等。

(三)试验准备和试验步骤

1.标准马歇尔试验方法

(1)试验准备

①按JTG E20—2011标准击实法成型马歇尔试件,标准马歇尔试件尺寸应符合直径101.6mm±0.2mm,高63.5mm±1.3mm的要求。对大型马歇尔试件,尺寸应符合直径152.4mm±0.2mm,高95.3mm±2.5mm的要求。一组试件的数量不得少于4个,并符合《公路工程沥青及沥青混合料试验规程》(JTG E20—2011)的规定。

②量测试件的直径及高度:用卡尺测量试件中部的直径,用马歇尔试件高度测定器或用卡尺在十字对称的4个方向量测离试件边缘10mm处的高度,准确至0.1mm,并以其平均值作为试件的高度。如试件高度不符合63.5mm±1.3mm或95.3mm±2.5mm要求或两侧高度差大于2mm时,此试件应作废。

③按规程规定的方法测定试件的密度,并计算空隙率、沥青体积百分率、沥青饱和度、矿料间隙率等体积指标。

④将恒温水槽调节至要求的试验温度,对黏稠石油沥青或烘箱养护过的乳化沥青混合料为60℃±1℃,对煤沥青混合料为33.8℃±1℃,对空气养护的乳化沥青或液体沥青混合料为25℃±1℃。

(2)试验步骤

①将试件置于已达规定温度的恒温水槽中保温,保温时间对标准马歇尔试件需30~40min,对大型马歇尔试件需45~60min。试件之间应有间隔,底下应垫起,离容器底部不小于5cm。

②将马歇尔试验仪的上下压头放入水槽或烘箱中达到同样温度。将上下压头从水槽或烘箱中取出擦拭干净内面。为使上下压头滑动自如,可在下压头的导棒上涂少量黄油。再将试件取出置于下压头上,盖上上压头,然后装在加载设备上。

③在上压头的球座上放妥钢球,并对准荷载测定装置的压头。

④当采用自动马歇尔试验仪时,将自动马歇尔试验仪的压力传感器、位移传感器与计算机或*X-Y*记录仪正确连接,调整好适宜的放大比例,压力和位移传感器调零。

⑤当采用压力环和流值计时,将流值计安装在导棒上,使导向套管轻轻地压住上压头,同时将流值计读数调零。调整压力环中百分表,对零。

⑥启动加载设备,使试件承受荷载,加载速度为50mm/min±5mm/min。计算机或*X-Y*记

录仪自动记录传感器压力和试件变形曲线并将数据自动存入计算机。

⑦当试验荷载达到最大值的瞬间，取下流值计，同时读取压力环中百分表读数及流值计的流值读数。

⑧从恒温水槽中取出试件至测出最大荷载值的时间，不得超过30s。

2. 浸水马歇尔试验方法

浸水马歇尔试验方法与标准马歇尔试验方法的不同之处在于，试件在已达规定温度恒温水槽中的保温时间为48h，其余均与标准马歇尔试验方法相同。

3. 真空饱水马歇尔试验方法

试件先放入真空干燥器中，关闭进水胶管，开动真空泵，使干燥器的真空度达到97.3kPa（730mmHg）以上，维持15min；然后打开进水胶管，靠负压进入冷水流使试件全部浸入水中，浸水15min后恢复常压，取出试件再放入已达规定温度的恒温水槽中保温48h。其余均与标准马歇尔试验方法相同。

（四）计算与结果整理

1. 计算

（1）试件的稳定度及流值

①当采用自动马歇尔试验仪时，将计算机采集的数据绘制成压力和试件变形曲线，或由*X-Y*记录仪自动记录的荷载-变形曲线，按试图6-5所示的方法在切线方向延长曲线与横坐标相交于O_1，将O_1作为修正原点，从O_1起量取相应于荷载最大值时的变形作为流值（FL），以毫米（mm）计，准确到0.1mm。最大荷载即为稳定度（MS），以千牛（kN）计，准确到0.01kN。

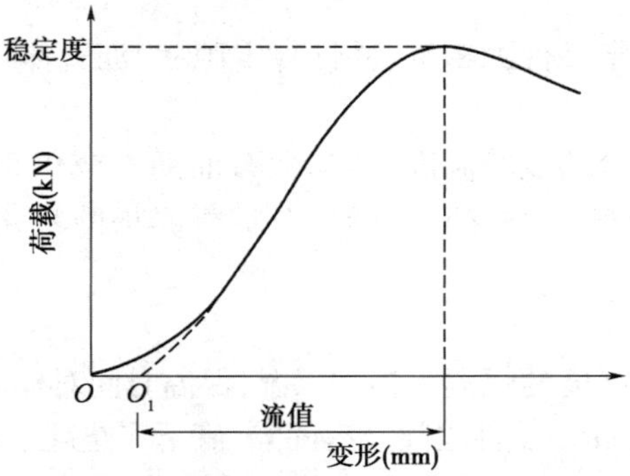

试图6-5　马歇尔试验结果的修正方法

②采用压力环和流值计测定时，根据压力环标定曲线，将压力环中百分表的读数换算为荷载值，或者由荷载测定装置读取的最大值即为试样的稳定度（MS），以千牛（kN）计，准确至0.01kN。由流值计及位移传感器测定装置读取的试件垂直变形，即为试件的流值（FL），以毫米（mm）计，准确至0.1mm。

（2）试件的马歇尔模数按式（试6-26）计算。

$$T = \frac{MS}{FL} \tag{试6-26}$$

式中：T——试件的马歇尔模数(kN/mm)；

MS——试件的稳定度(kN)；

FL——试件的流值(mm)。

(3)试件的浸水残留稳定度按式(试6-27)计算。

$$MS_0 = \frac{MS_1}{MS} \times 100 \qquad (试6\text{-}27)$$

式中：MS_0——试件的浸水残留稳定度(%)；

MS_1——试件浸水48h后的稳定度(kN)。

(4)试件的真空饱水残留稳定度按式(试6-28)计算。

$$MS'_0 = \frac{MS_2}{MS} \times 100 \qquad (试6\text{-}28)$$

式中：MS'_0——试件的真空饱水残留稳定度(%)；

MS_2——试件真空饱水后浸水48h后的稳定度(kN)。

2. 报告

(1)当一组测定值中某个测定值与平均值之差大于标准差的 k 倍时，该测定值应予舍弃，并以其余测定值的平均值作为试验结果。当试件数目 n 为3、4、5、6个时，k 值分别为1.15、1.46、1.67、1.82。

(2)报告中需列出马歇尔稳定度、流值、马歇尔模数，以及试件尺寸、试件密度、空隙率、沥青用量、沥青体积百分率、沥青饱和度、矿料间隙率等各项物理指标。当采用自动马歇尔试验时，试验结果应附上荷载—变形曲线原件或自动打印结果。

6-4 沥青混合料车辙试验(JTG E20—2011/T 0719—2011)

(一)目的与适用范围

(1)本方法适用于测定沥青混合料的高温抗车辙能力，供沥青混合料配合比设计的高温稳定性检验使用，也可用于现场沥青混合料的高温稳定性检验。

(2)车辙试验的温度与轮压(试验轮与试件的接触压强)应根据有关规定和需要选用，非经注明，试验温度为60℃，轮压为0.7MPa。根据需要，如在寒冷地区也可采用45℃，在高温条件下试验温度可采用70℃等，对重载交通的轮压可增加至1.4MPa，但应在报告中注明。计算动稳定度的时间原则上为试验开始后45～60min。

(3)本方法适用于按《公路工程沥青及沥青混合料试验规程》(JTG E20—2011)用轮碾成型机碾压成型的长300mm、宽300mm、厚50～100mm的板块状试件。根据工程需要也可采用其他尺寸的试件。本方法也适用于现场切割板块状试件，切割试件的尺寸根据现场面层的实际情况由试验确定。

(二)仪器设备

(1)车辙试验机:如试图 6-6 所示,主要由下列部分组成:

①试件台:可牢固地安装两种宽度(300mm 及 150mm)的规定尺寸试件的试模。

试图 6-6 车辙试验机

②试验轮:橡胶制的实心轮胎,外径为 200mm,轮宽 50mm,橡胶层厚 15mm。橡胶硬度(国际标准硬度)20℃时为 84 ±4,60℃时为 78 ±2。试验轮行走距离为 230mm ±10mm,往返碾压速度为 42 次/min ±1 次/min(21 次往返/min)。采用曲柄连杆驱动加载轮往返运行方式。

注:应检验轮胎橡胶硬度,不符合要求者应及时更换。

③加载装置:通常情况下,试验轮与试件接触压强在 60℃时为 0.7MPa ±0.05MPa,施加的总荷载为 780N 左右,根据需要可以调整接触压强大小。

④试模:由钢板制成,由底板及侧板组成,试模内侧尺寸宜采用长 300mm、宽 300mm、厚 50 ~ 100mm,也可根据需要对厚度进行调整。

⑤试件变形测量装置:自动采集车辙变形并记录曲线的装置,通常用位移传感器 LVDT 或非接触位移计。位移测量范围为 0 ~ 130mm,精度为 ±0.01mm。

⑥温度检测装置:自动检测并记录试件表面及恒温室内温度的温度传感器,精度为 ±0.5℃。温度应能自动连续记录。

(2)恒温室:恒温室应有足够的空间。车辙试验机必须整机安放在恒温室内,装有加热器、气流循环装置及装有自动温度控制设备,同时恒温室还应有至少能保温 3 块试件并进行试验的条件。保持恒温室温度在 60℃ ±1℃(试件内部温度为 60℃ ±0.5℃),根据需要亦可采用其他试验温度。

(3)台秤:称量 15kg,感量不大于 5g。

(三)试验准备

(1)试验轮接地压强测定:测定在 60℃时进行,在试验台上放置一块 50mm 厚的钢板,其上铺一张毫米方格纸,上铺一张新的复写纸,以规定的700N荷载后试验轮静压复写纸,即可在方格纸上得出轮压面积,并由此求得接地压强,当压强不符合0.7MPa±0.05MPa时,荷载应予以适当调整。

(2)按JTG E20—2011规程用轮碾成型法制作车辙试验试块。在试验室或工地制备成型的车辙试件,板块状试件尺寸为长300mm×宽300mm×厚50~100mm(厚度根据需要确定)。也可从路面切割得到需要尺寸的试件。

(3)当直接在拌和厂取拌和好的沥青混合料样品制作车辙试验试件检验生产配合比设计或混合料生产质量时,必须将混合料装入保温桶中,在温度下降至成型温度之前迅速送达试验室制作试件。如果温度稍有不足,可放在烘箱中稍事加热(时间不超过30min)后成型,但不得将混合料放冷却后二次加热重塑制作试件。重塑制件的试验结果仅供参考,不得用于评定配合比设计检验是否合格的标准。

(4)如需要,将试件脱模按规定的方法测定密度及空隙率等各项物理指标。

(5)试件成型后,连同试模一起在常温条件下放置的时间不得少于12h。对聚合物改性沥青混合料,放置的时间以48h为宜,使聚合物改性沥青充分固化后方可进行车辙试验,但室温放置时间也不得长于一周。

(四)试验步骤

(1)将试件连同试模一起,置于已达到试验温度为60℃±1℃的恒温室中,保温不少于5h,也不得超过12h。在试件的试验轮不行走的部位上,粘贴一个热电偶温度计(也可在试件制作时预先将热电偶导线埋入试件一角),控制试件温度稳定在60℃±0.5℃。

(2)将试件连同试模移置于轮辙试验机的试验台上,试验轮在试件的中央部位,其行走方向须与试件碾压或行车方向一致。开动车辙变形自动记录仪,然后启动试验机,使试验轮往返行走,时间约1h,或最大变形达到25mm时为止。试验时,记录仪自动记录变形曲线(试图6-7)及试件温度。

注:对试验时变形较小的试件,也可对一块试件在两侧1/3位置上进行两次试验取平均值。

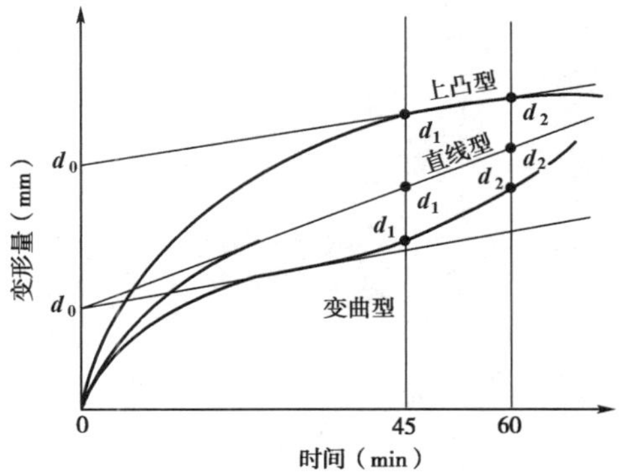

试图6-7 车辙试验自动记录的变形曲线

（五）计算与结果整理

1. 计算

（1）从试图 6-7 上读取 45min（t_1）及 60min（t_2）时的车辙变形 d_1 及 d_2，准确至 0.01mm。

当变形过大，在未到 60min 变形已达 25mm 时，则以达到 25mm（d_2）时的时间为 t_2，将其前 15min 为 t_1，此时的变形量为 d_1。

（2）沥青混合料试件的动稳定度按式（试 6-29）计算。

$$\mathrm{DS}=\frac{(t_2-t_1)\times N}{d_2-d_1}\times C_1\times C_2 \qquad \text{（试 6-29）}$$

式中：DS——沥青混合料的动稳定度（次/mm）；

d_1——对应于时间 t_1 的变形量（mm）；

d_2——对应于时间 t_2 的变形量（mm）；

C_1——试验机类型修正系数，曲柄连杆驱动加载轮往返运行方式为 1.0；

C_2——试件系数，试验室制备的宽 300mm 的试件为 1.0；

N——试验轮往返碾压速度，通常为 42 次/min。

2. 报告

（1）同一沥青混合料或同一路段的路面，至少平行试验 3 个试件。当 3 个试件动稳定度变异系数不大于 20% 时，取其平均值作为试验结果；当变异系数大于 20% 时应分析原因，并追加试验。如计算动稳定度值大于 6000 次/mm 时，记作“ >6000 次/mm”。

（2）试验报告应注明试验温度、试验轮接地压强、试件密度、空隙率及试件制作方法等。

（3）重复性试验动稳定度变异系数的允许误差不大于 20%。

第七章
CHAPTER SEVEN

建筑钢材试验

7-1 金属材料弯曲试验(GB/T 232—2010)

(一)目的与适用范围

本方法用以检验金属材料相关产品承受规定弯曲程度的弯曲变形性能,并显示其缺陷。但不适用于金属管材和金属焊接接头的弯曲试验。

(二)仪器设备

应在配备下列弯曲装置之一的试验机或压力机上完成试验。

(1)支辊式弯曲装置(试图7-1):支辊长度和弯曲压头的宽度应大于试样宽度或直径。弯曲压头的直径由产品标准规定。支辊和弯曲压头应具有足够的硬度。除非另有规定,支辊间距离 l 应按式(试7-1)确定。

$$l = (D + 3a) \pm a/2 \quad (试7\text{-}1)$$

此距离在试验期间应保持不变。

注:此距离在试验前期保持不变,对于180°弯曲试样,此距离会发生变化。

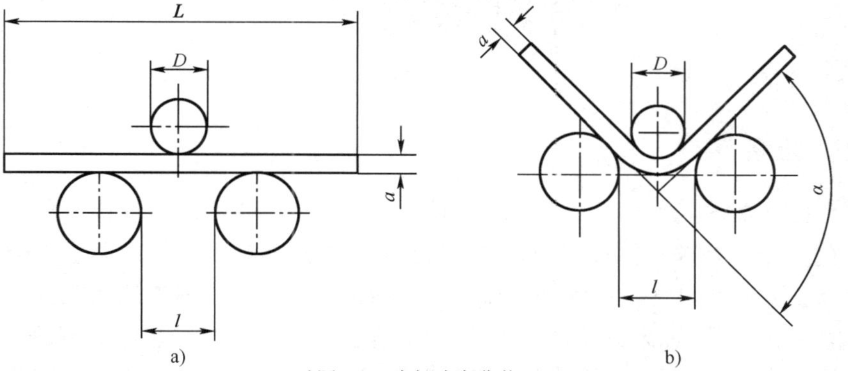

试图7-1 支辊式弯曲装置

(2)V 形模具式弯曲装置：模具的 V 形槽其角度应为 180° − α（试图 7-2），弯曲角度 α 应在相关产品标准中规定。模具的支承棱边应倒圆，其倒圆半径应为 1 ~ 10 倍试样厚度。模具和弯曲压头宽度应大于试样宽度或直径，并应具有足够的硬度。

(3)虎钳式弯曲装置：装置由虎钳及有足够硬度的弯曲压头组成（试图 7-3），可以配置加力杠杆。弯曲压头直径应按照相关产品标准要求，弯曲压头宽度应大于试样宽度或直径。

由于虎钳左端面的位置会影响测试结果，因此，虎钳的左端面（试图 7-3）不能达到或者超过弯曲压头中心垂线。

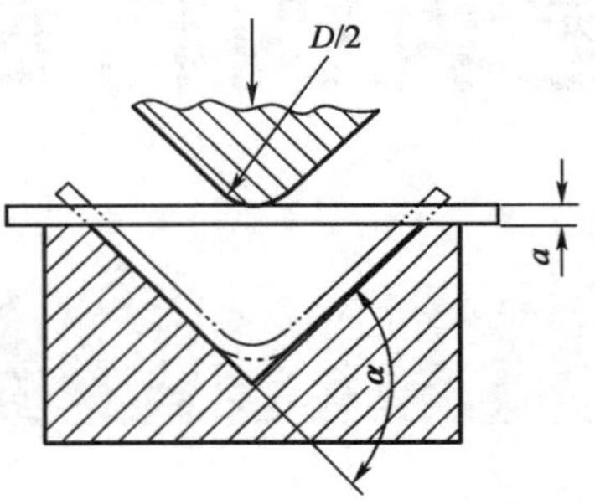

试图 7-2　V 形模具式弯曲装置

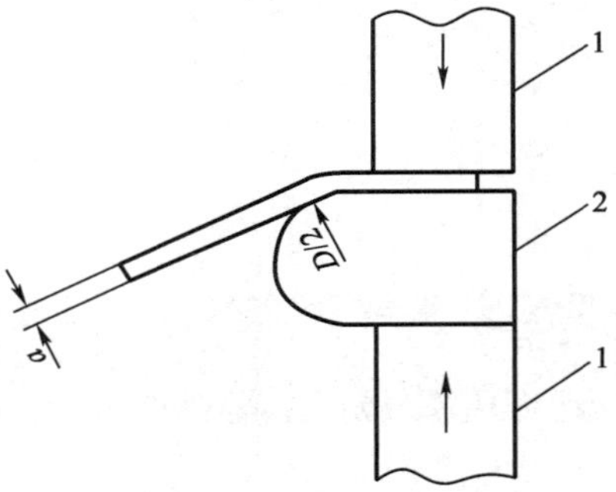

试图 7-3　虎钳式弯曲装置

1-虎钳；2-弯曲压头

(4)符合弯曲试验原理的其他弯曲装置（例如翻板式弯曲装置等，如试图 7-4 所示）亦可使用。

试图 7-4　翻板式弯曲装置

（三）试验准备

(1)试验使用圆形、方形、矩形或多边形横截面的试样。样坯的切取位置和方向应按照相关产品标准的要求。如未具体规定，对于钢产品，应按照《钢及钢产品　力学性能试验取样位置及试样制备》（GB/T 2975—2018）的要求，应去除试样由于剪切或火焰切割或类似的操作而影响了材料性能的部分，如果试验结果不受影响，允许不去除试样受影响的部分。

(2)矩形试样的棱边：试样表面不得有划痕和损伤。方形、矩形和多边形横截面试样的棱

边应倒圆,倒圆半径不能超过以下数值:

①1mm,当试样厚度小于10mm时;

②1.5mm,当试样厚度大于或等于10mm且小于50mm时;

③3mm,当试样厚度不小于50mm时。

棱边倒圆时不应形成影响试验结果的横向毛刺、伤痕或记得痕。如果试验结果不受影响,允许试样的棱边不倒圆。

(3)试样的宽度:试样宽度应按照相关产品标准的要求,如未具体规定,应按照以下要求:

①当产品宽度不大于20mm时,试样宽度为原产品宽度;

②当产品宽度大于20mm时:

a. 当产品厚度小于3mm时,试样宽度为(20 ±5)mm;

b. 当产品厚度不小于3mm时,试样宽度在20~50mm之间。

(4)试样的厚度:试样厚度或直径应按照相关产品标准的要求,如未具体规定,应按照以下要求:

①对于板材、带材和型材,试样厚度应为原产品厚度。如果产品厚度大于25mm,试样厚度可以机加工减薄至不小于25mm,并保留一侧原表面。弯曲试验时,试样保留的原表面应位于受拉变形一侧。

②直径(圆形横截面)或内切圆直径(多边形横截面)不大于30mm的产品,其试样横截面应为原产品的横截面。对于直径或多边形横截面内切圆直径超过30mm但不大于50mm的产品,可以将其机加工成横截面内切圆直径不小于25mm的试样。直径或多边形横截面内切圆直径大于50mm的产品,应将其机加工成横截面内切圆直径不小于25mm的试样(试图7-5)。试验时,试样未经机加工的原表面应置于受拉变形的一侧。

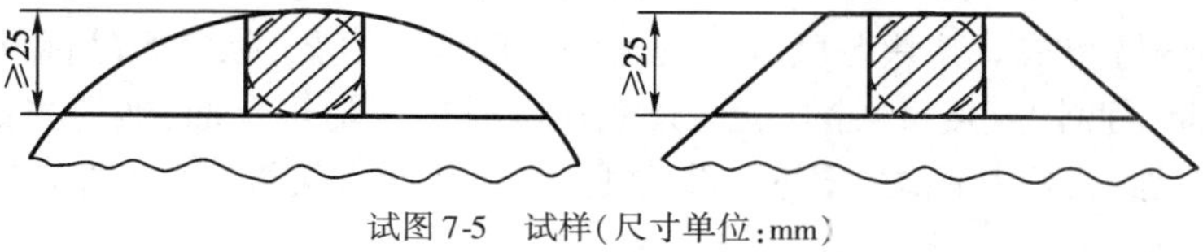

试图7-5 试样(尺寸单位:mm)

(5)锻材、铸材和半成品的试样:对于锻材、铸材和半成品,其试样尺寸和形状应在交货要求或协议中规定。

(6)大厚度和大宽度试样:经协议,可以使用大于上述(3)规定宽度和上述(4)规定厚度的试样进行试验。

(7)试样的长度:试样长度应根据试样厚度(或直径)和所使用的试验设备规定。

(四)试验步骤

特别提示:试验过程中应采取足够的安全措施和防护装置。

(1)试验一般在10~35℃的室温范围内进行。对温度要求严格的试验,试验温度应为23℃ ±5℃。

(2)按照相关产品标准规定,采用下列方法之一完成试验:

①试样在给定的条件和力的作用下弯曲至规定的弯曲角度(试图7-6);

②试样在力作用下弯曲至两臂相距规定距离且相互平行(试图 7-7)；

③试样在力作用下弯曲至两臂直接接触(试图 7-8)。

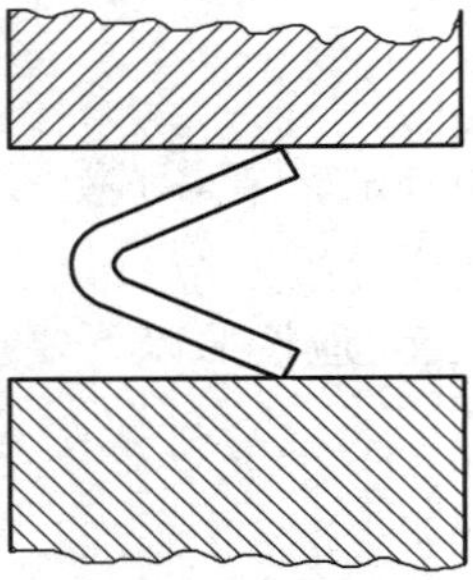

试图 7-6　试样置于两平行压板之间

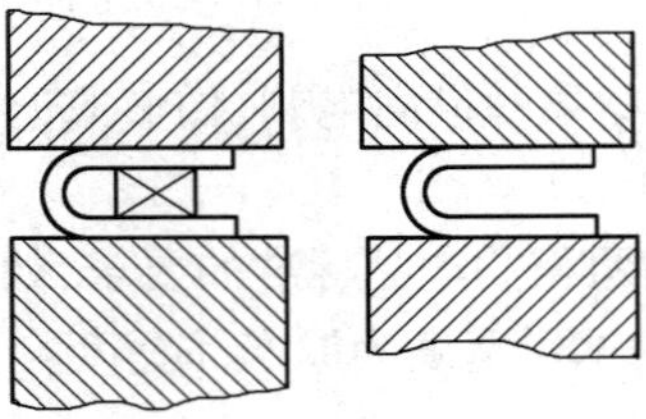

试图 7-7　试样弯曲至两臂平行

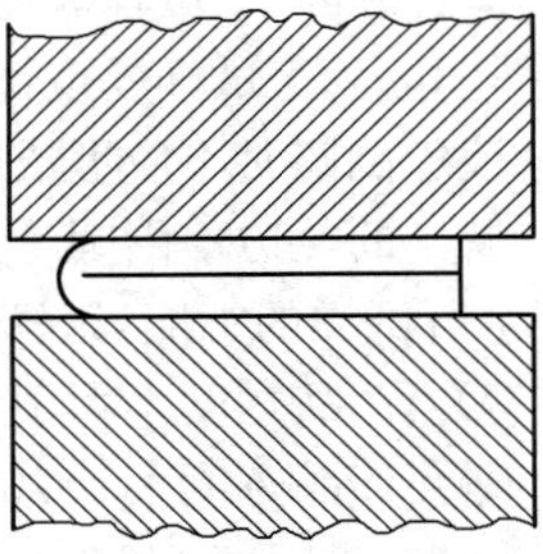

试图 7-8　试样弯曲至两臂直接接触

(3)试样弯曲至规定弯曲角度的试验，应将试样放于两支辊(试图 7-1)或 V 形模具(试图 7-2)上，试样轴线应与弯曲压头轴线垂直，弯曲压头在两支座之间的中心点处对试样连续施加力使其弯曲，直至达到规定的弯曲角度。弯曲角度 α 可以通过测量弯曲压头的位移计算得出。

可以采用试图 7-3 所示的方法进行弯曲试验。试样一端固定，绕弯曲压头进行弯曲，可以绕过弯曲压头，直至达到规定的弯曲角度。弯曲试验时，应当缓慢地施加弯曲力，以使材料能够自由地进行塑性变形。当出现争议时，试验速率应为 1mm/s ±0.2mm/s。

使用上述方法如不能直接达到规定的弯曲角度，可将试样置于两平行压板之间(试图 7-6)，连续施加力压其两端使进一步弯曲，直至达到规定的弯曲角度。

(4)试样弯曲至两臂相互平行的试验，首先对试样进行初步弯曲，然后将试样置于两平行压板之间(试图 7-6)，连续施加力，压其两端，使进一步弯曲，直至两臂平行(试图 7-7)。试验时可以加或不加内置垫块。垫块厚度等于规定的弯曲压头直径，除非产品标准中另有规定。

(5)试样弯曲至两臂直接接触的试验，首先对试样进行初步弯曲，然后将试样置于两平行压板之间，连续施加力，压其两端，使进一步弯曲，直至两臂直接接触(试图 7-8)。

(五)结果整理

(1)应按照相关产品标准的要求评定弯曲试验结果。如未规定具体要求，弯曲试验后不使用放大仪器观察，试样弯曲外表面无可见裂纹，应评定为合格。

(2)以相关产品标准规定的弯曲角度作为最小值；若规定弯曲压头直径，以规定的弯曲压头直径作为最大值。

7-2 金属材料室温拉伸试验(GB/T 228.1—2010)

(一)目的与适用范围

本部分规定了金属室温拉伸试验的试验设备、试验要求、试验步骤及成果整理，用以测定本方法所规定的一项或几项力学性能。

（二）仪器设备

（1）各种类型拉力试验机均可使用。试验机应按照相应的标准进行检验，并应为 1 级或优于 1 级准确度（试图 7-9）。

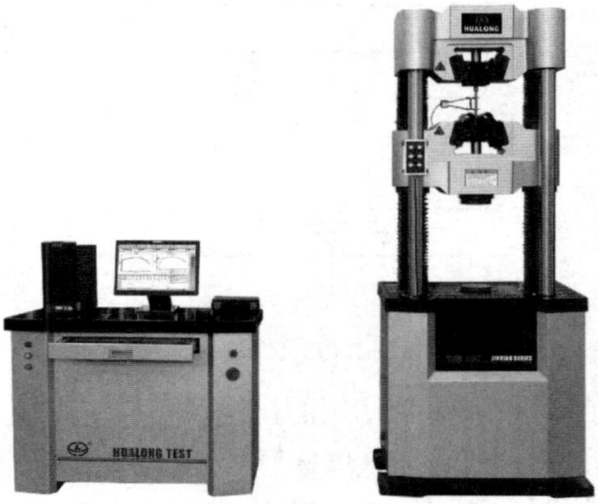

试图 7-9 拉力试验机

（2）各种类型的引伸计均可用以测定试样的伸长。测定上屈服强度、下屈服强度、规定非比例延伸强度等的验证试验，应使用不劣于 1 级准确度的引伸计；测定其他具有较大延伸率的性能，例如抗拉强度、断后伸长率等，应使用不劣于 2 级准确度的引伸计。

（三）试验准备

1. 试样

（1）试样分为比例试样和非比例试样两种。试样原始标距与原始横截面面积有 $L_0 = k\sqrt{S_0}$ 关系者为比例试样。国际上比例系数的值 k 为 5.65。原始标距应不小于 15mm。当试样横截面面积太小，比例系数可优先采用 11.3 或非比例试样。非比例试样其原始标距与其原始横截面面积无关。

比例试样如试图 7-10 所示。试样横截面可以为圆形、矩形、多边形、环形，特殊情况下可以为其他形状。

（2）样坯截取的部位、数量以及试样的纵轴方向（沿材料的纵向、横向、放射方向或切向方向）按有关标准、技术条件或双方协议之规定执行。由金属材料和制品中截取样坯时，一般应在切削机床上进行，必要时允许用烧割、冷剪或其他方法截取；必要时对样坯及不加工试样允许校直或校平，但在操作中必须保证不显著影响金属的性能。

2. 原始横截面面积 S_0 的测定

宜在试样平行长度中心区域以足够的点数测量试样的相关尺寸。原始横截面面积 S_0 是平均横截面面积，应根据测量的尺寸计算。

原始横截面面积的计算准确度依赖于试样本身特性和类型。下面给出了不同类型试样原始横截面面积 S_0 的评估方法，并提供了测量准确度的详细说明。

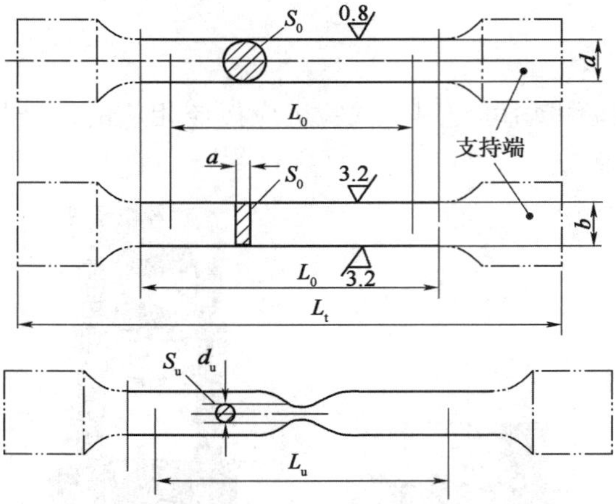

试图 7-10 比例试样

(1)厚度为0.1～3mm的薄板和薄带使用的试样类型。

原始横截面面积应根据试样的尺寸测量值计算得到。原始横截面面积的测定准确到±2%。当误差的主要部分是由于试样厚度的测量所引起的，宽度的测量误差不应超过0.2%。

为了减小试验结果的测量不确定度，建议原始横截面面积就准确至或优于±1%。对于薄片材料，需要采用特殊的测量技术。

(2)直径或厚度小于4mm的线材、棒材和型材使用的试样类型。

原始横截面面积的测定准确到±1%。

对于圆形横截面的产品，应在两个相互垂直方向测量试样的直径，取其算术平均值计算横截面面积。

可以根据测量的试样长度、试样质量和材料密度，按(试7-2)确定其原始横截面面积。

$$S_0 = \frac{1000m}{\rho L_t} \qquad \text{(试 7-2)}$$

式中：m——试样质量(g)；

ρ——试样材料密度(g/cm^3)；

L_t——试样的总长度(mm)。

(3)厚度大于或等于3mm的板材和扁材以及直径或厚度大于或等于4mm的线材、棒材和型材使用的试样类型。

对于圆形横截面和四面机加工的矩形横截面试样，如果试样的尺寸公差和形状公差均满足要求，可以用名义尺寸计算原始横截面面积。对于所有其他类型的试样，应根据测量的原始试样尺寸计算原始横截面面积 S_0，测量每个尺寸应准确到±0.5%。

(4)管材使用的试样类型

试样原始横截面面积的测定应准确到±1%。

管段试样、不带头的纵向或横向试样的原始横截面面积可以根据测量的试样长度、试样质量和材料密度，也按(试7-2)计算。

3. 原始标距 L_0 的标记

应用小标记、细滑线或细墨线标记原始标距，但不得用引起过早断裂的缺口做标记。对于比例试样，应将原始标距的计算值修约至最接近5mm的倍数，中间数值向较大一方修约。原始标距的标记应准确到±1%。如平行长度L_c比原始标距长许多，例如不经机加工的试样，可以标记一系列套叠的原始标距，有时可以在试样表面画一条平行于试样纵轴的线，并在此线上标记原始标距。

（四）试验步骤

1. 上屈服强度R_{eH}和下屈服强度R_{eL}的测定

（1）上屈服强度是试样发生屈服而力首次下降前的最高应力；下屈服强度是在屈服期间，不计初始瞬时效应时的最低应力。呈现明显屈服（不连续屈服）现象的金属材料，相关产品标准应规定测定上屈服强度或下屈服强度或两者都测定。

对于上、下屈服强度位置判定的基本原则如下（试图7-11）：

①屈服前的第1个峰值应力（第1个极大值应力）判为上屈服强度，不管其后的峰值应力比它大或比它小。

②屈服阶段中如呈现两个或两个以上的谷值应力，舍去第1个谷值应力（第1个极值应力）不计，取其余谷值应力中之最小者判为下屈服强度。如只呈现1个下降谷，此谷值应力判为下屈服强度。

③屈服阶段中呈现屈服平台，平台应力判为下屈服强度；如呈现多个而且后者高于前者的屈服平台，判第1个平台应力为下屈服强度。

④正确的判定结果应是下屈服强度一定低于上屈服强度。

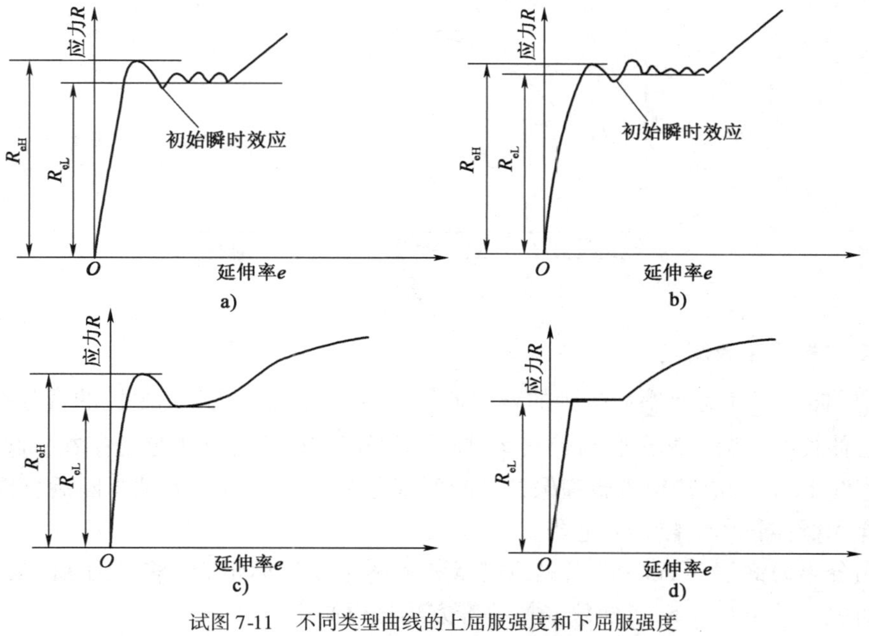

试图7-11　不同类型曲线的上屈服强度和下屈服强度

为提高试验效率，可以报告在上屈服强度之后延伸率为0.25%范围以内的最低应力为下屈服强度，不考虑任何初始瞬时效应。

注：此规定仅用于呈现明显屈服的材料和不测定屈服点延伸率的情况。

(2)图解方法：试验时记录力-位移曲线。从曲线图读取力首次下降前的最大力和不计初始瞬时效应时屈服阶段中的最小力或屈服平台的恒定力。将其分别除以试样原始横截面面积S_o得到上屈服强度和下屈服强度(试图7-11)。仲裁试验采用图解方法。

(3)指针方法：试验时，读取测力度盘指针首次回转前指示的最大力和不计初始瞬时效应时屈服阶段中指示的最小力或首次停止转动指示的恒定力。将其分别除以试样原始横截面面积S_o得到上屈服强度和下屈服强度。

(4)可以使用自动装置(例如微处理机等)或自动测试系统测定上屈服强度和下屈服强度，可以不绘制拉伸曲线图。

2. 抗拉强度R_m的测定

(1)抗拉强度是相应最大力F_m的应力。按照定义可采用图解方法或指针方法测定。

(2)对于呈现明显屈服(不连续屈服)现象的金属材料，从记录的力-延伸或力-位移曲线图，或从测力度盘，读取过了屈服阶段之后的最大力(试图7-12)；对于无明显屈服(连续屈服)现象的金属材料，从记录的力-延伸或力-位移曲线图，或从测力度盘，读取试验过程中的最大力。最大力除以试样原始横截面面积S_0得到抗拉强度。

(3)可以使用自动装置(例如微处理机等)或自动测试系统测定抗拉强度，可以不绘制拉伸曲线图。

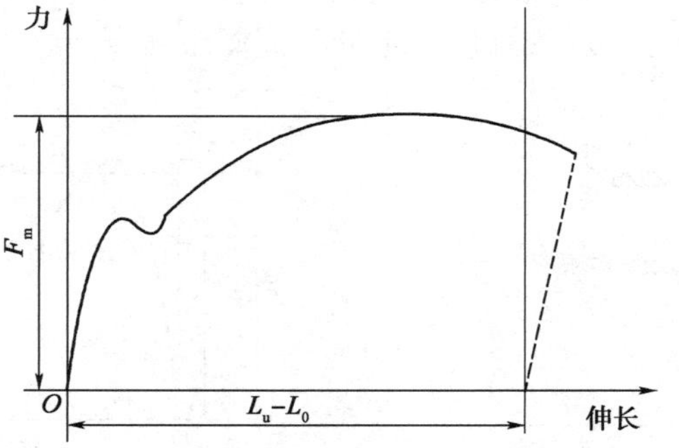

试图7-12 最大力F_m

3. 断后伸长率A的测定

(1)断后伸长率A是指断后标距的残余伸长L_u-L_0与原始标距L_0之比的百分率。按照定义测定断后伸长率。为了测定断后伸长率，应将试样断裂的部分仔细地配接在一起，使其轴线处于同一直线上，并采取特别措施确保试样断裂部分适当接触后测量试样断后标距。这对小横截面试样和低伸长率试样尤为重要。

应使用分辨力优于0.1mm的量具或测量装置测定断后标距L_u，准确到±0.25mm。如规定的最小断后伸长率小于5%，建议采用特殊方法进行测定。

原则上，只有断裂处与最接近的标距标记的距离不小于原始标距的1/3时方为有效。但断后伸长率大于或等于规定值时，不管断裂位置处于何处，测量均有效。

(2)能用引伸计测定断裂延伸的试验机，引伸计标距L_e应等于试样原始标距L_0，无须标出试样原始标距的标记。以断裂时的总延伸作为伸长测量时，为了得到断后伸长率，应从总延伸中扣除弹性延伸部分。原则上，断裂发生在引伸计标距以内方为有效，但断后伸长率等于或大于规定值，不管断裂位置处于何处，测量均有效。

注：如产品标准规定用一固定标距测定断后伸长率，引伸计标距应等于这一标距。

4. 断面收缩率 Z 的测定

(1) 断面收缩率 Z 是断裂后试样横截面面积的最大缩减量 S_0-S_u 与原始横截面面积 S_0 之比，以百分率表示。按照定义测定断面收缩率。断裂后最小横截面面积的测定应准确到 ±2%。

(2) 测量时，如需要，可将试样断裂部分仔细地配接在一起，使其轴线处于同一直线。对于圆形横截面试样，在缩颈最小处相互垂直方向测量直径，取其算术平均值计算最小横截面面积；对于矩形横截面试样，测量缩颈处的最大宽度和最小厚度（试图 7-13），两者之乘积为断后最小横截面面积。

原始横截面面积 S_0 与断后最小横截面面积 S_u 之差除以原始横截面面积的百分率得到断面收缩率。

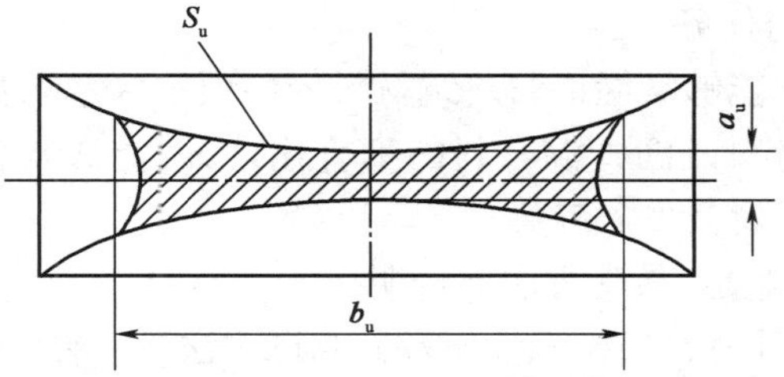

图 7-13 矩形横截面试样缩颈处最大宽度和最小厚度

(3) 薄板和薄带试样、管材全截面试样、圆管纵向弧形试样和其他复杂横截面试样及直径小于 3mm 的试样，一般不测定断面收缩率。如要求，应双方商定测定方法，断后最小横截面面积的测定准确度亦符合上述(1)的要求。

(五) 结果整理

试验测定的性能结果数值应按照相关产品标准的要求进行修约。如未规定具体要求，应按照如下要求进行修约：

(1) 强度性能值修约至 1MPa；

(2) 屈服点延伸率修约至 0.1%，其他延伸率和断后伸长率修约至 0.5%；

(3) 断面收缩率修约至 1%。

附·录

Appendix

教学参考建议

(1)本课程以物理、化学、材料力学、工程地质课程为先修课程,是公路设计、公路施工,桥梁设计、桥梁施工,公路工程检测技术等课程的基础。

(2)本课程教学目的与任务

学完本课程之后,学生能够掌握道路建筑材料的各项技术性能及其测试方法;会进行水泥混凝土、无机结合料稳定材料及沥青混合料的配合比设计;能参与各种材料的选择和性能测试;认识新材料的种类并了解其发展趋势。

(3)本课程教学重点、难点、教学方法等说明

本课程主要讲解了各种材料的技术性质及其测试方法,还讲述了水泥混凝土、无机结合料稳定材料及沥青混合料的配合比设计方法,这些是本课程的重点和难点。

本课程的教学难点还有根据实际情况进行各种混合材料的配合比设计及调整,以及实际动手操作能力的培养。所以,在教学过程中要做到理论和实际操作相结合,加强实践教学环节并要严格要求。

(4)本课程的实训项目主要是试验和大作业。教学过程中应保证留有一定的时间来完成。

(5)本课程很多内容与材料的试验规程有关,应做到熟悉并运用试验规程,并及时关注相应规范的变化更新。

(6)在使用本教材时,各高职院校教师应主要掌握常用的道路建筑材料的技术性质、组成设计和检验方法,还要对新技术、新材料与新工艺有所了解 。对教材中次要和提高部分(用仿宋体印刷),各校教师可酌情选用,学时数自行调整。

(7)试验项目及其学时分配如附表1所示。

试验项目及其学时分配 附表1

序号	试验项目	学时数
1	粗集料及集料混合料筛分试验	2
2	粗集料密度及吸水率试验(网篮法)	2
3	粗集料堆积密度与空隙率试验	

续上表

序号	试 验 项 目	学 时 数
4	粗集料压碎值试验、粗集料针片状颗粒含量试验	2
5	细集料筛分试验	2
6	细集料表观密度试验(容量瓶法)	2
7	细集料堆积密度及紧装密度试验	
8	有效氧化钙和氧化镁的测定	1
9	水泥细度检验方法(80mm 筛筛析法)	1
10	水泥标准稠度用水量与凝结时间、安定性检验方法	2
11	水泥胶砂强度检验方法(ISO 法)	1
12	无机结合料稳定材料无侧限抗压强度试验	2
13	水泥混凝土拌合物稠度试验	1
14	水泥混凝土立方体抗压强度试验	2
15	水泥混凝土抗弯拉强度试验	
16	沥青针入度试验	2
17	沥青延度试验	1
18	沥青软化点试验(环球法)	1
19	沥青混合料试件制作方法(击实法)	2
20	沥青混合料马歇尔稳定度试验	2
21	沥青混合料车辙试验	2
22	金属材料弯曲试验	2
23	金属材料室温拉伸试验	
合计		32

(8)学时分配建议表。

本课程教学总学时数为 84 学时,具体学时分配见附表 2。

学时分配建议表　附表 2

序号	课　题	教学时数(学时)		
		小计	讲授	试验
1	绪论	2	2	
2	砂石材料	20	10	10
3	石灰与水泥	11	6	5
4	无机结合料稳定材料	4	2	2
5	水泥混凝土与砂浆	17	14	3
6	沥青材料	10	6	4
7	沥青混合料	14	8	6
8	土工布与纤维材料	2	2	—
9	建筑钢材	4	2	2
合计		84	52	32

参考文献

[1] 中华人民共和国行业标准. 公路工程集料试验规程:JTG E42—2005[S]. 北京:人民交通出版社,2005.

[2] 中华人民共和国行业标准. 公路工程技术标准:JTG B01—2014[S]. 北京:人民交通出版社股份有限公司,2014.

[3] 中华人民共和国行业标准. 公路工程岩石试验规程:JTG E41—2005[S]. 北京:人民交通出版社,2005.

[4] 中华人民共和国国家标准. 建设用砂:GB/T 14684—2011[S]. 北京:中国标准出版社,2011.

[5] 中华人民共和国国家标准. 建设用卵石、碎石:GB/T 14685—2011[S]. 北京:中国标准出版社,2011.

[6] 中华人民共和国国家标准. 通用硅酸盐水泥:GB 175—2007[S]. 北京:中国标准出版社,2007.

[7] 中华人民共和国国家标准. 道路硅酸盐水泥:GB/T 13693—2017[S]. 北京:中国标准出版社,2017.

[8] 中华人民共和国行业标准. 公路工程无机结合料稳定材料试验规程:JTG E51—2009[S]. 北京:人民交通出版社,2009.

[9] 中华人民共和国行业标准. 普通混凝土配合比设计规程:JGJ 55—2011[S]. 北京:中国建筑出版社,2011.

[10] 中华人民共和国行业标准,公路工程水泥及水泥混凝土试验规程:JTG 3420—2020[S]. 北京:人民交通出版社股份有限公司,2020.

[11] 中华人民共和国国家标准. 混凝土物理力学性能试验方法标准:GB/T 50081—2019[S]. 北京:中国建筑工业出版社,2019.

[12] 中华人民共和国国家标准. 普通混凝土长期性能和耐久性能试验方法标准:GB/T 50082—2009[S]. 北京:中国建筑工业出版社,2009.

[13] 中华人民共和国国家标准. 混凝土强度检验评定标准:GB/T 50107—2010[S]. 北京:中国建筑工业出版社,2010.

[14] 中华人民共和国行业标准. 公路水泥混凝土路面施工技术细则:JTG/T F30—2014[S]. 北京:人民交通出版社股份有限公司,2014.

[15] 中华人民共和国行业标准. 公路水泥混凝土路面设计规范:JTG D40—2011[S]. 北京:人民交通出版社,2011.

[16] 中华人民共和国行业标准. 砌筑砂浆配合比设计规程:JGJ/T 98—2010[S]. 北京:中国建筑工业出版社,2010.

[17] 中华人民共和国行业标准. 公路工程沥青及沥青混合料试验规程:JTG E20—2011[S]. 北京:人民交通出版社,2011.

[18] 中华人民共和国行业标准. 公路沥青路面施工技术规范:JTG F40—2004[S]. 北京:人民

交通出版社,2004.
[19] 中华人民共和国行业标准.公路桥涵施工技术规范:JTG/T 3650—2020[S].北京:人民交通出版社股份有限公司,2020.
[20] 中华人民共和国行业标准.公路路面基层施工技术细则:JTG/T F20—2015[S].北京:人民交通出版社股份有限公司,2015.
[21] 中华人民共和国行业标准.公路工程 玄武岩纤维及其制品 第1部分 玄武岩短切纤维:JT/T 776.1—2010[S].北京:人民交通出版社,2010.
[22] 中华人民共和国行业标准.公路工程 玄武岩纤维及其制品 第2部分 玄武岩纤维单向布:JT/T 776.2—2010[S].北京:人民交通出版社,2010.
[23] 中华人民共和国行业标准.公路工程 玄武岩纤维及其制品 第3部分 玄武岩纤维土工格栅:JT/T 776.3—2010[S].北京:人民交通出版社,2010.
[24] 中华人民共和国行业标准.公路工程 玄武岩纤维及其制品 第4部分 玄武岩纤维复合筋:JT/T 776.4—2010[S].北京:人民交通出版社,2010.
[25] 中华人民共和国国家标准.水泥混凝土和砂浆用短切玄武岩纤维:GB/T 23265—2009[S].北京:中国标准出版社,2009.
[26] 团体标准.玄武岩纤维沥青路面施工技术指南:T/CHTS 10016—2019[S].北京:人民交通出版社股份有限公司,2019.
[27] 中华人民共和国国家标准.纤维增强复合材料建设工程应用技术指南:GB 50608—2010[S].北京:中国计划出版社,2011.
[28] 中华人民共和国国家标准.结构工程用纤维增强复合材料筋:GB/T 26743—2011[S].北京:中国标准出版社,2011.
[29] 中华人民共和国行业标准.沥青路面用纤维:JT/T 533—2020[S].北京:人民交通出版社股份有限公司,2020.
[30] 中华人民共和国行业标准.公路钢筋混凝土及预应力混凝土桥涵设计规范:JTG 3362—2018[S].北京:人民交通出版社股份有限公司,2018.
[31] 中华人民共和国行业标准.桥梁用预应力精轧螺纹钢筋张拉力检测方法:JT/T 1265—2019[S].北京:人民交通出版社股份有限公司,2019.
[32] 中华人民共和国国家标准.金属材料拉伸试验 第1部分:室温试验方法:GB/T 228.1—2010[S].北京:中国标准出版社,2010.
[33] 中华人民共和国国家标准.金属材料弯曲试验方法:GB/T 232—2010[S].北京:中国标准出版社,2010.
[34] 中华人民共和国国家标准.钢筋混凝土用钢 第1部分:热轧光圆钢筋:GB/T 1499.1—2017[S].北京:中国标准出版社,2017.
[35] 中华人民共和国国家标准.钢筋混凝土用钢 第2部分:热轧带肋钢筋:GB/T 1499.2—2018[S].北京:中国标准出版社,2018.
[36] 中华人民共和国国家标准.冷轧带肋钢筋:GB/T 13788—2017[S].北京:中国标准出版社,2017.
[37] 中华人民共和国国家标准.预应力混凝土用钢丝:GB/T 5223—2014[S].北京:中国标准

出版社,2014.
[38] 中华人民共和国国家标准. 预应力混凝土用钢绞线:GB/T 5224—2014[S]. 北京:中国标准出版社,2014.
[39] 中华人民共和国国家标准. 预应力混凝土用螺纹钢筋:GB/T 20065—2016[S]. 北京:中国标准出版社,2016.
[40] 中华人民共和国国家标准. 桥梁用结构钢:GB/T 714—2015[S]. 北京:中国标准出版社,2015.
[41] 严家伋. 道路建筑材料[M]. 北京:人民交通出版社,1996.
[42] 李立寒,等. 道路工程材料[M]. 6 版. 北京:人民交通出版社股份有限公司,2018.
[43] 郃连河. 道路建筑材料[M]. 北京:人民交通出版社,1999.
[44] 杨云芳. 公路建筑材料[M]. 北京:人民交通出版社,1998.
[45] 申爱琴,郭寅川. 水泥与水泥混凝土[M]. 2 版. 北京. 人民交通出版社股份有限公司,2019.
[46] 吴初航,等. 水泥混凝土路面施工及新技术[M]. 北京:人民交通出版社,2000.
[47] 殷岳川. 公路沥青路面施工[M]. 北京:人民交通出版社,2000.
[48] 吴科如,张雄. 土木工程[M]. 上海:同济大学出版社,2003.
[49] 西安建筑科技大学,等. 建筑材料[M]. 北京:中国建筑工业出版社,1997.
[50] 刁应祥,等. 建筑材料[M]. 长沙:湖南大学出版社,1997.
[51] 张登良. 沥青路面[M]. 北京:人民交通出版社,1998.
[52] 刘秉京. 混凝土技术[M]. 北京:人民交通出版社,1998.
[53] 沙爱民. 半刚性路面[M]. 北京:人民交通出版社,1998.
[54] 沙庆林. 高等级公路半刚性基层沥青路面[M]. 北京:人民交通出版社,1998.
[55] 姜志青. 道路建筑材料试验实训指导[M]. 北京:人民交通出版社,2006.
[56] 王春阳. 建筑材料[M]. 北京:高等教育出版社,2002.
[57] 林祖宏. 建筑材料[M]. 北京:北京大学出版社,2008.
[58] 李福普,李闯民. 公路工程试验检测人员考试用书:材料[M]. 2 版. 北京:人民交通出版社,2012.